Henke · Die Dresdner Bank 1933–1945

Die Dresdner Bank im Dritten Reich

Herausgegeben von Klaus-Dietmar Henke

Band 1
Die Dresdner Bank in der Wirtschaft des Dritten Reichs
Johannes Bähr

Band 2
Die Dresdner Bank und die deutschen Juden
Dieter Ziegler

Band 3
Die Expansion der Dresdner Bank in Europa
Harald Wixforth

Band 4
Die Dresdner Bank 1933–1945
Ökonomische Rationalität, Regimenähe, Mittäterschaft
Klaus-Dietmar Henke

Klaus-Dietmar Henke

Die Dresdner Bank 1933–1945

Ökonomische Rationalität, Regimenähe, Mittäterschaft

R. Oldenbourg Verlag München 2006

Bibliografische Information der Deutschen Bibliothek
Die Deutsche Bibliothek verzeichnet diese Publikation in der Deutschen Nationalbibliografie; detaillierte bibliografische Daten sind im Internet über <http://dnb.ddb.de> abrufbar.

Rosenheimer Straße 145, D-81671 München
Internet: http://www.oldenbourg.de

Gedruckt auf säurefreiem, alterungsbeständigem Papier (chlorfrei gebleicht)
Satz: Oldenbourg:digital, Kirchheim bei München
Druck und Bindung: Kösel, Krugzell

ISBN-13: 978-3-486-57868-3
ISBN-10: 3-486-57868-5

Inhalt

Vorbemerkung

In einer der umfassendsten unternehmensgeschichtlichen Untersuchungen überhaupt haben Johannes Bähr, Harald Wixforth, Dieter Ziegler und ihre Mitautorinnen und Mitautoren in siebenjähriger Arbeit die Geschichte der Dresdner Bank im Dritten Reich erforscht. Dieser Band legt nun, neben einem Seitenblick auf das historische Image des Geldhauses nach 1945, die methodischen Prämissen und die leitenden Fragestellungen dar, unter denen unser Vorhaben stand. Indem er die vielfältigen, in den drei sachthematisch angelegten Forschungsbänden jeweils herauspräparierten ökonomischen und politischen Stränge miteinander verflicht, macht der vierte Band den Versuch, die hauptsächlichen Erträge der Untersuchung in eine Entwicklungsgeschichte mehr zeitgeschichtlichen Zugriffs zu integrieren und so die Gesamtgestalt der Dresdner Bank in ihrem Wandel zwischen 1933 und 1945 anschaulich zu machen.

Die zehn Autoren haben ihrer Arbeit in völliger wissenschaftlicher Freiheit nachgehen können. Einmal zur gründlichen Aufklärung ihrer Geschichte in der nationalsozialistischen Zeit entschlossen,[1] hat uns die Dresdner Bank nicht nur ihre volle Unterstützung gewährt, sondern auch der beträchtlichen (und kostspieligen), im Laufe der Forschungen aber unabdingbar werdenden Ausweitung des ursprünglich vereinbarten Projektrahmens zugestimmt.

Der wissenschaftliche Fachbeirat in Gestalt von Prof. Dr. Alice Teichova (Cambridge/Wien), Prof. Dr. Christoph Buchheim (Mannheim), Prof. Dr. Gerald D. Feldman (Berkeley), Prof. Dr. Saul Friedländer (Los Angeles/Tel Aviv), Prof. Dr. Harold James (Princeton) und Prof. Dr. Hans Mommsen (Feldafing) unterzog sich der Aufgabe, die vorgelegten Texte zu begutachten und mit uns zu erörtern. Für den Gewinn, den wir daraus gezogen haben, sind wir dankbar. Die freundliche Professionalität von Christian Kreuzer, Cheflektor Geisteswissenschaften im Oldenbourg Verlag, war dieselbe wie immer, neu kennen gelernt haben wir die Akribie der Lektorin Cordula Hubert. Meine Mitarbeiterin am Dresdner Lehrstuhl für Zeitgeschichte, Maria Magdalena Verburg, hat ihre eigenen Dinge häufiger als zumutbar liegen lassen müssen. Viele Förderer und Helfer können an dieser Stelle nicht genannt werden. Ihnen danken die Hauptautoren jeweils gesondert. Der Herausgeber und Projektleiter, der die alleinige Verantwortung für alle in diesem Band getroffenen Wertungen trägt, nimmt sich jedoch die Freiheit zu bemerken, dass es wahrscheinlich genau dieser Forschergruppe bedurft hat, um eine so umfassende Untersuchung nicht nur in Angriff zu nehmen, sondern sie auch intellektuell so anregend und so vertrauensvoll zum Abschluss zu bringen.

[1] Zu den Beweggründen und zum Rahmen des Forschungsauftrags siehe das Vorwort des Herausgebers in Bd. 1, S. IX.

Wahrscheinlich habe ich, auf anfangs unvertrautem Terrain, dabei am meisten lernen dürfen.

Fast überflüssig hinzuzufügen, dass mein Freund Hans Woller auch diesmal wieder seine unsichtbare Hand mit im Spiel hatte. Am meisten habe ich, wie immer, Hella und Lutz zu danken.

Klaus-Dietmar Henke Dresden, Herbst 2005

I. Anschuldigung und Selbstverharmlosung: Das historische Image der Dresdner Bank nach 1945

Als die Nationalsozialisten die Herrschaft in Deutschland antraten, war die Dresdner Bank auf dem Tiefpunkt ihrer sechzigjährigen Geschichte angelangt. Ihr Schicksal hatte in der 1931 aufgebrochenen Bankenkrise unvermittelt am seidenen Faden gehangen, nur eine massive Stützung durch das Reich bewahrte sie vor dem Bankrott. Nach der Fusion mit der krisenauslösenden Darmstädter und Nationalbank 1932 war sie noch längst nicht konsolidiert, da wurde mit Adolf Hitler Anfang 1933 der Führer einer totalitären Bewegung Kanzler des Deutschen Reiches, die als entschiedene Gegnerin des Finanzkapitalismus und namentlich der Großbanken auftrat. Die politische und ökonomische Gefährdung des Berliner Geldhauses hätte, so schien es, bedrohlicher kaum sein können.

Als das Dritte Reich 1945 kapitulierte, konnte die Dresdner Bank jedoch auf eine stürmische Aufwärtsentwicklung und, auf dem Höhepunkt der deutschen Herrschaft über Europa, auf eine enorme Ausweitung ihrer Geschäftstätigkeit zurückblicken. Seit Beginn der NS-Zeit hatte sich ihre Bilanzsumme mehr als verdreifacht, der Bruttoüberschuss fast verzehnfacht. Das Betriebsergebnis sprang bis 1943 von 4,7 Mio. auf 34,7 Mio. Reichsmark, die Eigenkapitalrentabilität von 2,86% auf 15,42%. Der stärkste Anstieg beim Gewinn vor Steuern erfolgte im ersten Jahr der militärischen Expansion des Dritten Reiches. Er nahm von 1939 auf 1940 um beinahe 50% zu.[1] Insgesamt gewann die Dresdner Bank im nationalsozialistischen Europa nicht weniger als zwölf Tochtergesellschaften zwischen Krakau und Brüssel, Riga und Zagreb hinzu. Sie wuchsen, auch beim Betriebsgewinn, insgesamt schneller als das Mutterhaus und steuerten Mitte 1943 54% des gesamten Filialgeschäfts sowie 31% der Bilanzsumme des Konzerns bei.[2]

Der Zusammenhang zwischen diesem Geschäftserfolg und dem deutschen Raubzug auf dem Kontinent galt als so evident, dass das Schicksal der Dresdner Bank kurz vor ihrem 75-jährigen Firmenjubiläum neuerlich am seidenen Faden hing; das umso mehr, als sie viel engere Beziehungen zu den Machtblöcken Hermann Görings und Heinrich Himmlers unterhalten hatte als ihre Hauptrivalinnen Deutsche Bank und Commerzbank. Das war in der Branche bald nach Konsolidierung des NS-Regimes allgemein geläufig und rasch auch die Erkenntnis namentlich der amerikanischen Besatzungsmacht, die anfangs energisch auf ordnungspolitische und strafrechtliche Konsequenzen aus dem Zusammenspiel zwischen Nationalsozialismus und Großwirtschaft drängte. Da die Amerikaner die

[1] Bd. 1, Bähr, S. 175 ff.
[2] Bd. 3, Wixforth, S. 890.

Dresdner Bank nicht ohne Grund als besonders regimenah einstuften, traf es schließlich ihren Vorstandssprecher Karl Rasche, der im Wilhelmstraßenprozess als einziger aus der Führungsriege der deutschen Großbanken vor das U.S. Nuremberg Military Tribunal gestellt wurde.

Von jeder Deutung der Siegermächte, welche die privaten Großbanken als Mittäter des NS-Regimes einstufte, ging für diese in den ersten Besatzungsjahren eine existenzielle Bedrohung aus. Im Handumdrehen konnte daraus die Rechtfertigung oder ein Vorwand für einschneidendste Maßnahmen werden, zumal hier nicht nur die Sowjetunion einen eindeutigen Standpunkt einnahm, sondern es auch in der Finance Division der amerikanischen Militärregierung (OMGUS) starke Kräfte gab, die in der Tradition des New Deal und der Denkschule des zurückgetretenen Finanzministers Henry Morgenthau jr. standen. Am heimischen Vorbild orientiert, wollten sie der Machtzusammenballung im deutschen Bankwesen durch dessen Dezentralisierung und durch die Zerschlagung des politisch wie ökonomisch für gefährlich gehaltenen Universalbankensystems begegnen,[3] in dem das Kredit- und das Effektengeschäft unter einem Dach vereint sind. Neben dem mit politischen Anschuldigungen begründeten Strafziel bestimmte vor allem diese ordnungspolitische Stoßrichtung die Untersuchungen der Finanzabteilung.

Der im Frühjahr 1946 vorliegende, ohne Objektivitätsbemühen als reine Anklageschrift abgefasste Befund war vernichtend, für die Deutsche Bank, aber mehr noch für die Dresdner Bank. Sie habe die Bereicherungsmöglichkeiten, die ihr das Regime bot, skrupelloser genutzt als andere Finanzinstitute, hieß es. Die Bank habe ihre wirtschaftliche Macht nicht nur dazu eingesetzt, um „Beihilfe" zu dessen Untaten zu leisten, sondern sich „als integraler Bestandteil der NS-Kriegsmaschinerie" obendrein zum „Komplizen" der nationalsozialistischen Verschwörung gegen Frieden und Menschlichkeit gemacht. Beide, das Hitler-Regime wie die so apostrophierte „SS-Bank", hätten aus ihrer engen Beziehung große Vorteile gezogen: „Kein anderes führendes Kreditinstitut identifizierte sich so vollständig mit den Zielen der NSDAP, der Nazi-Regierung und der SS."[4] In diesem zunächst internen OMGUS-Befund, der nichts weniger als eine ideologisch begründete Mittäterschaft unterstellte, liegt der Ursprung des *einen* Bildes der Dresdner Bank im Dritten Reich.

Das entgegengesetzte historische Image, an dem die Bank sogleich selber zu arbeiten begann, entstand zur selben Zeit. Angesichts der amerikanischen Bestrafungs-, Zerschlagungs- und Neuordnungsabsichten, welche die gesamte Besatzungszeit über nicht verlässlich zu taxieren waren und durch die Verhaftung mehrerer Spitzenbankiers sowie die Aufspaltung der drei großen Aktienbanken in Regionalinstitute seit 1947/48 noch unterstrichen wurden, galt der Dresdner Bank die gezielte Selbstverharmlosung als schiere Überlebensnotwendigkeit. Das unter Druck geratene Geldhaus setzte neben der gemeinsam mit anderen Konzernen

[3] Vgl. Ralf Ahrens unter Mitarbeit von Ingo Köhler, Harald Wixforth, Dieter Ziegler, Die Dresdner Bank in Mithaftung. Konsequenzen der NS-Zeit 1945–1957, München 2006 (i.E.), und Theo Horstmann, Die Alliierten und die deutschen Großbanken. Bankenpolitik nach dem Zweiten Weltkrieg in Westdeutschland, Bonn 1991, S. 54ff.

[4] Office of Military Government of Germany, Ermittlungen gegen die Dresdner Bank (1946), bearbeitet von der Hamburger Stiftung für Sozialgeschichte des 20. Jahrhunderts, Nördlingen 1986 (Einleitung von Karl Heinz Roth), Zitate S. 8, 255, 11, 88, 201f.

vorgenommenen Lancierung apologetischer Darstellungen alle Hebel in Bewegung, um im Vorfeld des im Herbst 1947 beginnenden Rasche-Prozesses Argumente zu sammeln, die ihre passive und kaufmännisch stets korrekte Haltung während der NS-Zeit unter Beweis stellen sollten. Diese Strategie war „auf eine vollständige Entlastung der Dresdner Bank insgesamt“[5] abgestellt, also war, verständlicherweise, keine Geschichtsklitterung zu fadenscheinig. Ebenso wie andere Unternehmen setzte sie im Stile der Zeit dem Bild des Mittäters das Bild der Wirtschaft als Opfer nationalsozialistischer Gewaltherrschaft entgegen.[6]

Die amerikanische Anklagevertretung ließ es nicht an dem Bemühen fehlen, eine planvoll vorbereitete „systematische Partizipation“[7] der Dresdner Bank an der verbrecherischen Politik des NS-Staates plausibel zu machen und damit die Version einer ideologisch-ökonomischen Verschwörung aufrechtzuerhalten, die den Denkansatz und die Recherchen der OMGUS-Finanzabteilung geprägt hatte. Das Gericht folgte der Vorstellung von einem „konzertierten Handeln im Rahmen eines gründlich durchdachten Expansionsplans von deutschem Finanzkapital und deutschem Faschismus“ jedoch nicht und hob bei der Verurteilung Rasches im Frühjahr 1949 ausschließlich auf dessen individuelle Belastung ab. Die justizielle Ratifizierung des Bildes von der verschwörerischen Dresdner Bank blieb aus, aber genauso die Klärung ihrer tatsächlichen wirtschaftlichen Funktion und politischen Position im NS-Staat. Das Urteil brachte der Bank, die während des Prozesses die größtmögliche Distanz zwischen sich und ihren ehemaligen Spitzenmann legte, die erhoffte und als Rehabilitierung interpretierte Entlastung von den schweren Vorwürfen unmittelbar nach 1945. Der Richterspruch spiegelte zugleich die verständnisvollere Sicht auf das Handeln der Wirtschaftseliten im Dritten Reich wider, die sich im Klima von Blockbildung, Marshallplanhilfe und Weststaatsbildung bei den demokratischen Siegermächten und einer breiteren Öffentlichkeit der jungen Bundesrepublik nun endgültig durchgesetzt hatte.

Damit und mit dem bald in Gang kommenden Wiederaufstieg des Konzerns schien das heikelste Kapitel der Firmengeschichte abgeschlossen. Den führenden Mitarbeitern der Dresdner Bank, die zumeist wieder eine maßgebliche Rolle spielten, war natürlich bewusst, dass das gezielt produzierte Selbstbild eines mit den Bedrängnissen der NS-Zeit kämpfenden Unternehmens wenig mit den Realitäten zwischen 1933 und 1945 gemein hatte. Doch niemand mochte nachträglich daran rühren. Manche Vorwürfe und Maßnahmen wurden von den Siegern und jetzigen Partnern inzwischen selbst als fragwürdig angesehen. Auch die allmählich anlaufenden Verfahren zur Rückerstattung jüdischen Eigentums schienen keine unkluge Wahrheitsliebe zu gestatten. Einzelne Störfeuer aus dem kommunistischen Osten waren im Boom der Wirtschaftswunderjahre besonders ungeeignet, bei der Dresdner Bank wie im westdeutschen Wirtschaftsmilieu insgesamt Selbstreflexionen oder gar öffentliche Selbstrechtfertigungen auszulösen. Ohnehin waren es vor

[5] Vgl. Ralf Ahrens, Der Exempelkandidat. Die Dresdner Bank und der Nürnberger Prozess gegen Karl Rasche, in: VfZ 52 (2004), S. 660. Zu diesem Themenkomplex demnächst eingehend Ahrens, Mithaftung.

[6] Siehe hierzu S. Jonathan Wiesen, West German Industry and the Challenge of the Nazi Past, Chapel Hill 2001.

[7] Ahrens, Exempelkandidat, S. 639f.; das folgende Zitat ebd., S. 653.

allem die prominentere Deutsche Bank und deren überragende Figur Hermann Josef Abs, die sich Anfang der siebziger Jahre massiver Angriffe zu erwehren hatten, an denen akademisch-publizistische Kapitalismuskritiker und SED-Sympathisanten in Westdeutschland genauso beteiligt waren wie das ostdeutsche Politbüro und sein Staatssicherheitsdienst.[8]

Die wissenschaftliche Unzulänglichkeit dieser Attacken erlaubte es der Deutschen Bank, als juristischer Sieger aus der Kontroverse über ihr Verhalten während des Dritten Reichs hervorzugehen. Im Zuge der Auseinandersetzung wurde aber auch deutlich, dass unternehmensgeschichtliche Recherchen zur NS-Zeit noch immer unwillkommene Überraschungen und selbst für Großunternehmen lästige Debatten provozieren konnten. Im veränderten Klima, das seit den sechziger Jahren zunehmend von der Wiederentdeckung einer breiten Hineinverwicklung der deutschen Gesellschaft in den Nationalsozialismus und zugleich von einer erstarkenden kapitalismuskritischen Zeitströmung mitbestimmt war, wurde für die Deutsche Bank und auch für andere große Finanzinstitute der zwar nicht mehr existenzielle, aber doch den Ruf des Unternehmens tangierende Druck der im Dritten Reich aufgelaufenen historischen Hypothek fühlbar.

Es steigerte die Unsicherheit noch, dass ein Großteil der einschlägigen Unterlagen zur Tätigkeit der Banken und Wirtschaftsbehörden im NS-Staat in ostdeutschen oder sowjetischen Archiven lagerte und dort nicht oder nur selektiv zugänglich gemacht wurde. Das eröffnete die Möglichkeit zur Instrumentalisierung und Politisierung angeblicher oder tatsächlicher Belastungen aus der Vergangenheit, die zunehmend aufschießende öffentliche Reaktionen auslösten, ohne dass die Betroffenen oder die Zeitgeschichtsforschung Gelegenheit gehabt hätten, sich fundiert damit auseinanderzusetzen. Freilich war, wenn die Sprache auf die Geschäftsentwicklung zwischen 1933 und 1945 kam, die Neigung der meisten deutschen Unternehmen, ihre Firmenerfolge und Jubiläen „nicht nur zu feiern, sondern auch zu historischer Reflexion aufzufordern",[9] bis in die achtziger Jahre hinein nicht sehr stark entwickelt. Neben den Materialien der Nürnberger Prozesse waren da aber die reichhaltigen Akten der amerikanischen Militärregierung bereits zugänglich. 1972 hatte Abs es im Zuge seiner Auseinandersetzung mit den Vorwürfen aus der DDR noch für sinnvoll gehalten und es auch erreicht, die Veröffentlichung des OMGUS-Berichts über die Deutsche Bank von 1946 zu unterbinden.

Die Dresdner Bank blieb weitgehend im Schatten der aufflammenden Debatte über die Deutsche Bank im Dritten Reich. Zwar hatte sich auch in ihrer Geschäftsleitung längst ein Generationenwechsel vollzogen, der ein Umdenken erleichtert hätte, doch ihr nach 1945 fabriziertes historisches Image behielt Bestand. Mit dieser Haltung befand sie sich zwar in Übereinstimmung mit den meisten deutschen Konzernen, doch hielt diese Geschichtsvergessenheit beim Blick auf den Nationalsozialismus weiter an, als im Zuge einer Konkretisierung der NS-Forschung in den achtziger Jahren die Unternehmen stärker ins Blickfeld rückten und die ersten Firmen ihre Archive öffneten. Selbst als 1985 der OMGUS-Bericht

[8] Vgl. Lothar Gall, Der Bankier Hermann Josef Abs. Eine Biographie, München 2004, S. 398 ff.

[9] Gerald D. Feldman, Einleitung zu Lothar Gall/Gerald D. Feldman/Harold James/Carl-Ludwig Holtfrerich/Hans E. Büschgen, Die Deutsche Bank 1870–1995, München 1995, S. XVIII.

über die Dresdner Bank in einer von Hans Magnus Enzensberger herausgegebenen Buchreihe in deutscher Sprache erschien, erfolgte keine adäquate Reaktion. Die Deutsche Bank dagegen, die nun ebenfalls die Publikation der amerikanischen Expertise über ihre Rolle im Nationalsozialismus hinnehmen musste, brachte im Rahmen eines wissenschaftlichen Werkes zu ihrem 125-jährigen Gründungsjubiläum bald darauf einen ersten aus den Akten gearbeiteten Überblick über ihr Geschäftsgebaren im Dritten Reich auf den Weg.[10]

Das eigentlich Erstaunliche ist jedoch, dass die Dresdner Bank auch dann noch an ihrem vertrauten Eigenbild festhielt, als sich nach dem Zusammenbruch des Ostblocks die reichhaltigen Archive dort öffneten. Das zeigte sich, als der Vorstand zum 120-jährigen Firmenjubiläum 1992 von dem früheren Chefvolkswirt des Unternehmens eine anspruchsvolle, mehr als 400 Seiten umfassende Gesamtdarstellung der Firmengeschichte erarbeiten ließ, in der die Geschäftsleitung eingangs mitteilte, man habe sich entschlossen, die eigene Geschichte „gründlicher als bisher aufzuarbeiten", da das Bewusstsein dafür in der Bank inzwischen merklich gewachsen sei.[11]

Der Abschnitt über die Jahre 1933–1945 beginnt mit der Feststellung, die Bank sei während der nationalsozialistischen Herrschaft ebenso wie andere Großunternehmen „unter zunehmenden Druck" geraten, ihr Entscheidungsspielraum schrittweise eingeengt worden. Der 1951 verstorbene Karl Rasche und das im Mai 1945 freiwillig aus dem Leben geschiedene Vorstandsmitglied Emil H. Meyer, beide aus dem Wilhelmstraßenprozess und dem OMGUS-Bericht hinlänglich bekannt, hätten damals zwar zusammen mit einem Aufsichtsratsmitglied eine „NS-Gruppe" gebildet, die beiden seien aber „Vorzeige-Nazis", nach dem Urteil neutraler Beobachter „keineswegs ‚Fanatiker'" und im Übrigen „infolge ihrer Parteiverbindungen kaum ‚angreifbar'" gewesen. Gerade Meyer und Rasche hätten es den anderen Spitzenmanagern der Bank ermöglicht, „ihrer Arbeit relativ normal nachzugehen". Die Unternehmenspolitik der Dresdner Bank, die in der Zeit des Dritten Reichs nur zu einer „verhaltenen Geschäftsausweitung" geführt habe, hätten denn auch „weitgehend die der Partei nicht angehörenden Vorstandsmitglieder" gesteuert. Den Geschäftsbeziehungen zu Dienststellen von Staat, Wehrmacht und Partei, zu den Reichswerken Hermann Göring und den Wirtschaftsbetrieben der SS sei die Mehrheit des Vorstands „mit Skepsis gegenübergestanden, ohne sie jedoch verhindern zu können".

Das lag offenbar nicht einmal in der Macht des legendären Carl Goetz, des Vorstandsvorsitzenden von 1933 bis 1936, der danach in den Aufsichtsratsvorsitz wechselte, den er – von besatzungs- und entflechtungsbedingten Vakanzen abgesehen – bis zu seinem Tod Mitte der sechziger Jahre behielt. Goetz wird in der Jubiläumsfestschrift als „die dominierende Persönlichkeit in der Geschäftsführung" während der NS-Zeit bezeichnet wird. Das war Goetz gewiss, da er dank einer speziellen Abmachung „in der faktischen Doppelfunktion als Aufsichtsratsvorsit-

10 Harold James, Die Deutsche Bank und die Diktatur 1933–1945, in: Gall/Feldman/James/Holtfrerich/Büschgen, Deutsche Bank, S. 315 ff.

11 Hans G. Meyen, 120 Jahre Dresdner Bank. Unternehmenschronik 1972–1992, Frankfurt 1992, S. 5; die folgenden Zitate ebd., S. 102, 104, 103, 107, 104, 109, 100.

zender und leitendes Vorstandsmitglied"[12] auch nach seinem Wechsel in das Kontrollgremium bis in die zweite Kriegshälfte hinein alle Fäden in der Hand halten konnte.

Nach der Darstellung von 1992 habe der Vorstandsvorsitzende seit dem Machtantritt der Nationalsozialisten in „permanenten Auseinandersetzungen mit der Partei" gestanden.[13] Die unbedingte Entlastung des großen Carl Goetz von der Gesamtverantwortung für die Geschäftspolitik der Dresdner Bank in der NS-Zeit war immer ein vordringliches Bestreben des Geldhauses. Goetz selbst hatte schon bald nach Kriegsende mit der Verneblung seiner wahrlich „schillernden Rolle"[14] im Dritten Reich begonnen. So förderte er etwa die Legende, Ende 1942 durch einen politisch motivierten Putsch des „SS-Flügels" im Vorstand seiner weitreichenden Vollmachten als Aufsichtsratsvorsitzender beraubt worden zu sein.[15] Genauso unbegründet behauptete er gegenüber den Amerikanern seine „Beteiligung" am Widerstand des 20. Juli. Als ein führender Mitarbeiter in einem Verhör wahrheitsgemäß die eidesstattliche Erklärung abgab, in der Bank sei „an wichtigen Dingen nichts"[16] am Schreibtisch von Goetz vorbeigegangen, schaltete sich dieser persönlich ein und bewog den unvorsichtigen Kollegen zu einer Revision seiner kompromittierenden Aussage. Bis kurz vor Beginn des Prozesses gegen Karl Rasche war der Aufsichtsratsvorsitzende aufgrund der amerikanischen Ermittlungen nämlich selbst als Angeklagter in Nürnberg vorgesehen, entkam dem Militärgerichtsverfahren aber aus ungeklärtem Grund in letzter Minute.

Die 1937 reprivatisierte Dresdner Bank hatte sich, so verfolgte das Jubiläumswerk 1992 die eigene Geschichte weiter, trotz ihrer wiedergewonnenen Eigenständigkeit „dem staatlichen Willen unterzuordnen. Das galt auch für die Arisierungspolitik."[17] Hier habe die Bank in vielen Fällen versucht, sich „dem Druck seitens der NS-Behörden zu entziehen" sowie „die Anfeindungen, Demütigungen und Bedrängnisse ihrer jüdischen Mitarbeiter und Kunden zu mildern". Andererseits werde niemand ernsthaft bestreiten, dass es „in Einzelfällen auch bei Mitarbeitern der Kreditinstitute zu Verfehlungen gekommen ist"; möglicherweise bei Karl Rasche in einem Berliner Fall, zu dem ein spektakuläres Rückerstattungsverfahren Aufsehen erregt hatte. Besonders bedrückend sei die Verdrängung der jüdischen Kollegen gewesen. Generell habe sich die Bank hier aber bemüht, „dem Druck möglichst lange zu widerstehen".

Der Expansion der Dresdner Bank in Europa seit 1938 sind unter der Überschrift „Neue Stützpunkte im Ausland" fünf Seiten gewidmet. Die Ausweitung des Geschäftsstellennetzes und der Beteiligungen habe an alte Traditionen angeknüpft und sei keine „geschäftliche ‚Neueroberung'" gewesen. Namentlich ihr Engagement für die Reichswerke Hermann Göring im Protektorat Böhmen und Mähren habe der Dresdner Bank nach dem Krieg Vorwürfe eingebracht, beklagte die Studie. Es sei heute aber „schwer, zuverlässig zu prüfen, inwieweit hierbei

[12] Bd. 1, Ziegler, S. 100.
[13] Meyen, Dresdner Bank, S. 100.
[14] Bd. 1, Bähr, S. 126; zum Folgenden ebd., S. 114 und S. 123.
[15] Siehe unten, S. 210ff.
[16] Zit. nach Ahrens, Exempelkandidat, S. 659; zum Folgenden ebd., S. 649f.
[17] Meyen, Dresdner Bank, S. 116; die folgenden Zitate ebd., S. 117, 119, 121, 122.

Druck ausgeübt wurde und ob die Kaufpreise korrekt waren. Sicherlich hat bei solchen Transaktionen die damalige deutsche Machtposition im Protektorat eine Rolle gespielt". Diese unbestimmte Version, deren Anfechtung man nicht befürchten musste, solange die Tschechoslowakei zum sozialistischen Lager gehörte, atmete noch besonders kräftig den Geist der „Geschichtsklitterung" im Vorfeld des Wilhelmstraßenprozesses, die damals einen Höhepunkt in der Auffassung ihres verurteilten Vorstandsprechers fand, die Geschäfte in den besetzten Gebieten seien „völkerverbindender Natur" gewesen.[18] Um die Fragwürdigkeit der Anschuldigungen gegen die Dresdner Bank wegen ihres Verhaltens im ehemaligen Protektorat zu betonen, berief sich die Festschrift auf einen „wirklich sachkundigen Zeitzeugen", der die erhobenen Vorwürfe „entschieden" zurückwies[19] – niemand anderes als Freiherr Reinhold von Lüdinghausen, der als führender Akteur der Dresdner Bank die deutsche Landnahme in der zerschlagenen Tschechoslowakei selber in exemplarischer Brachialität vorangetrieben hatte.[20] Gegenüber den Mitarbeitern der übernommenen Auslandsbanken habe man sich im Übrigen fair gezeigt (allerdings „weitgehend" mit Ausnahme der Juden), jedoch sei es dort „nun etwas ‚preußischer' zugegangen".[21]

Aus der Rückschau seien fast alle 1938/39 im Ausland eingegangenen Beteiligungen oder Neugründungen „Fehlinvestitionen" gewesen, lautete das strikt betriebswirtschaftliche Fazit, was, ökonomisch betrachtet, freilich auf die gesamte Expansion des Deutschen Reichs zutraf. Die Banken seien im Krieg „ohnehin nicht frei in ihren Entscheidungen" gewesen. „Der Staat verlangte im Rahmen seiner wirtschaftspolitischen und kriegsbedingten Zielsetzungen eine Einschaltung der Kreditinstitute in die Wirtschaft der besetzten Ost- und Westgebiete und nötigte die Banken auch zur Übernahme bestimmter Beteiligungen." In Westeuropa hätten die Kreditinstitute ohnedies nur „Hilfestellung bei der ‚Verflechtung der Volkswirtschaften' " geleistet. „Außerdem wollten sie sich sicherlich eine günstige Ausgangsbasis für den entstehenden ‚großen europäischen Wirtschaftsraum' schaffen, von dem schon damals – allerdings deutsche Regie unterstellend – überraschend oft die Rede war."

So zementierte die offizielle Jubiläumsschrift der Dresdner Bank unberührt von der Debatte über die historische Verantwortung der großen Unternehmen im Nationalsozialismus noch 1992 das Eigenbild, das sie 1946/47 geschaffen hatte: ein Konzern unter dem Druck der Zeitverhältnisse, der sich den Zumutungen der nationalsozialistischen Herrschaft zwar nicht völlig entziehen kann, aber keinerlei ökonomische Interessenkonvergenz mit deren rassistischer und expansionistischer Zielsetzung hat, welcher den geringen Spielraum vielmehr nutzt, um selbst in schwerer Zeit weiterhin ökonomisch rational, kaufmännisch korrekt und menschlich anständig zu handeln; ein Unternehmen mithin, das keine kompromittierende Eigeninitiative im Windschatten der Gewaltherrschaft entfaltet und keinerlei Anhaltspunkte für eine Mittäterschaft bei der Unterjochung fremder Länder oder gar der Verfolgung der Juden bietet. Etwaige Verfehlungen Einzelner

[18] Ahrens, Exempelkandidat, S. 656 und 663.
[19] Meyen, Dresdner Bank, S. 122.
[20] Siehe unten, S. 107ff.
[21] Meyen, Dresdner Bank, S. 122f.; die folgenden Zitate ebd., S. 124.

oder in Einzelfällen, wie sie der OMGUS-Bericht, der Nürnberger Prozess oder die Rückerstattungsverfahren nahe legten, blieben Fehltritte jenseits der Geschäftspolitik der Dresdner Bank. Nicht einmal eine unwillkürliche, nolens volens erlittene „Verstrickung“ in das NS-System konzedierte das späte Selbstbild. Auf einem Berg sprechender Akten gefertigt, bot es – „bewusst irreführend“?[22] – über die nationalsozialistischen Zeit weniger als das, was schon seit langem bekannt war. Damit stellte sich die Dresdner Bank zu Beginn der neunziger Jahre noch einmal selbst einen Persilschein aus.

Selbst 1995, als neben der erwähnten Studie über die Deutsche Bank im Dritten Reich das Standardwerk von Christopher Kopper über die deutsche Bankenpolitik zwischen 1933 und 1939 erschien, das die Regimenähe und die aktive Mittäterschaft der Dresdner Bank in der Wirtschafts-, Rassen- und Expansionspolitik der Vorkriegszeit zweifelsfrei deutlich machte,[23] änderte die Bank ihre Haltung nicht. Sogar im Sommer 1997, als die internationale Debatte über das Verhalten der deutschen, österreichischen und schweizerischen Banken in der NS-Zeit für diese bereits bedrohliche, womöglich das Geschäft in den Vereinigten Staaten beeinträchtigende Formen angenommen hatte, beließ es der Vorstandssprecher der Bank in seiner Ansprache zur offiziellen Feier ihres 125-jährigen Jubiläums auf Schloss Pillnitz bei Dresden bei einer kargen Bemerkung über die Zeit des Nationalsozialismus. In seiner umfassenden Würdigung des glänzenden Aufstiegs der Dresdner Bank war nur in einem einzigen Satz von der „in allen Bereichen zunehmenden politischen Einflussnahme durch das NS-Regime“ die Rede. Carl Goetz, der nach dem Attentat auf Hitler monatelang in Gestapohaft gesessen habe, habe die Bank jedoch „mit diplomatischem Geschick um die Klippen der Zeit“ gesteuert.[24]

Das war zu viel bzw. zu wenig. Die öffentliche Reaktion fiel unter kräftigem Rückgriff auf den OMGUS-Bericht derart massiv aus, dass sich das Institut dazu entschloss, erstmals seine umfangreichen eigenen Quellenbestände zugänglich zu machen und ein Wissenschaftlerteam mit der Erarbeitung einer umfassenden Geschichte der Dresdner Bank im Dritten Reich zu beauftragen. Sie wird mit diesen Bänden nun vorgelegt. Wieder war es der Druck von außen, der die Bank zu einer Bestimmung ihrer Position gegenüber dem eigenen Verhalten in der NS-Zeit zwang. Doch diesmal verlangten die Zeitumstände von ihrer Geschäftsleitung nicht „verzweifelte Traditionsrettung, konstruierte Annahmen und vorgeschobene Unschuldsbehauptungen“,[25] sondern das genaue Gegenteil. Längst von persönlich gar nicht mehr betroffenen Managern gelenkt, hätte sie den Weg selbstkritischer Offenheit schon früher einschlagen können. Dass dies nicht geschah, mag wie bei anderen Institutionen und Funktionseliten in der verbreiteten und bis in die neunziger Jahre hinein salonfähigen Hoffnung auf ein allmähliches Vergehen einer unwillkommenen Vergangenheit begründet liegen, im Trotz gegenüber

[22] Bd. 3, Wixforth, S. 898.

[23] Christopher Kopper, Zwischen Marktwirtschaft und Dirigismus. Bankenpolitik im „Dritten Reich“ 1933–1939, Bonn 1995.

[24] Jürgen Sarrazin, Rede anlässlich des 125jährigen Jubiläums am 9. Juni 1997 in Dresden; Historisches Archiv der Dresdner Bank.

[25] Nicolas Berg, Lesarten des Judenmords, in: Ulrich Herbert (Hg.), Wandlungsprozesse in Westdeutschland. Belastung, Integration, Liberalisierung 1945–1980, Göttingen 2002, S. 138.

manchmal als „links“ geltenden moralischen Postulaten oder einfach in der Gleichgültigkeit gegenüber gesellschaftlichen Debatten, die den Kernbereich des eigenen Geschäftszwecks nicht zu berühren schienen. Dass eine solche Haltung dann doch untragbar wurde, war ein Nebeneffekt des Zusammenbruchs der ideologischen Frontstellungen und der ökonomischen Globalisierung,[26] genauso aber die Folge einer zunehmenden intellektuellen Internationalisierung der Auseinandersetzung mit dem Nationalsozialismus. Fast noch interessanter wäre die genaue Kenntnis der Umstände und Beweggründe, die bei der Dresdner Bank (und der Commerzbank[27]) eine unverstellte Annäherung an die eigene Geschichte über 50 Jahre hinweg blockiert haben.

[26] Gerald D. Feldman, Holocaust Assets and German Business History: Beginning or End?, in: German Studies Review 25 (2002), S. 26f.

[27] Zu ersten Ergebnissen eines ebenfalls Ende der neunziger Jahre beauftragten Wissenschaftlerteams unter der Leitung von Ludolf Herbst siehe ders./Thomas Weihe (Hg.), Die Commerzbank und die Juden, München 2004.

II. Die Dresdner Bank als Gegenstand historischer Analyse

Obgleich als Nebenertrag willkommen, war die Korrektur der zweckvoll verzerrten Fremd- und Eigenbilder nur der Ausgangsimpuls für die hier vorgelegte Geschichte der Dresdner Bank im Dritten Reich, nie ihr Hauptanliegen. Ihr Ziel ist es vielmehr, die Geschäftspolitik des damals zweitgrößten deutschen Geldinstituts zu rekonstruieren und seine Rolle während der NS-Zeit im Spannungsfeld von ökonomischer Rationalität, Regimenähe und Mittäterschaft zu bestimmen. Dafür bedurfte es keiner langwierigen Verständigung darüber, dass die Gesamtgestalt der Dresdner Bank im Dritten Reich nur dann wirklich greifbar werden konnte, wenn die historische Analyse der ökonomischen Entwicklung und des unternehmerischen Verhaltens durchweg eng auf die vom nationalsozialistischen Staat geschaffenen wirtschaftlichen, gesellschaftlichen und politischen Rahmenbedingungen bezogen würde.

Ökonomische Rationalität, Regimenähe und Mittäterschaft erweisen sich dabei als Kategorien, mit denen das Terrain gut abzustecken ist, auf dem sich große Unternehmen zwischen 1933 und 1945 bewegten. Diese Begriffe, die im Folgenden näher zu bestimmen sind, markieren gerade keine einander ausschließenden Handlungsalternativen, sondern eng miteinander verquickte Leitkategorien. Sie treten uns in den einzelnen Branchen und Unternehmen sowie in den verschiedenen Stadien der deutschen Diktatur in ganz unterschiedlichen Ausprägungen und Mischungsverhältnissen entgegen.

So war Regimenähe mal ökonomisch geboten, mal schwer zu umgehen, mal geschäftsschädigend. Mittäterschaft im ideologischen Kernbereich nationalsozialistischer Politik (worauf dieser Begriff zur Wahrung seiner Erklärungskraft beschränkt sei) konnte mal abgelehnt, mal in Kauf genommen, mal aktiv erstrebt werden. Weder Regimenähe noch Mittäterschaft lösten sich bei privaten Unternehmen in der Regel von dem Grundimpuls ökonomischer Rationalität. Regimenähe wurde auch nie zu einer gewissermaßen ubiquitär einlösbaren Vorzugswährung. Sie entfaltete ihren Wert nur auf bestimmten, intensiv betreuten Geschäftsfeldern oder in sorgsam gepflegten Personalbeziehungen. In anderen Sphären des machtpolitisch zerklüfteten Führerstaates konnte in Berlin oder in Krakau, in der Vierjahresplanbehörde oder im SS-Wirtschaftsverwaltungshauptamt gepflogene Regimenähe wertlos sein, wenn sich irgendein Reichskommissar, Gauleiter oder Sonderbeauftragter aus nicht beeinflussbaren Motiven quer stellte. Die vorliegenden Untersuchungen von Johannes Bähr, Harald Wixforth, Dieter Ziegler und ihrer Mitautoren und Mitautorinnen zeigen, weshalb, wann und wie ökonomische Rationalität, Regimenähe und Mittäterschaft auch die Unternehmenspolitik der Dresdner Bank geprägt haben.

Inzwischen ist es unstrittig, dass die Nationalsozialisten über keinen konsistenten Entwurf für eine Wirtschaftsordnung neuen Typs verfügten und auch kein eigenes Wirtschaftssystem errichten wollten. Ebenso wie Hitler persönlich, der ein „rein instrumentelles Wirtschaftsverständnis hatte",[1] verfolgte die NS-Führung einen Wirtschaftspragmatismus, der sich, wie schon Franz Neumann Anfang der vierziger Jahre feststellte, ganz von dem Gedanken der Effektivität leiten ließ,[2] einer ökonomischen Leistungsfähigkeit freilich, die sich in den Dienst übergeordneter Staatsziele zu stellen hatte. Dieser Primat der Politik über die Wirtschaft schlug sich in den vom nationalsozialistischen Regime verbindlich gemachten Hauptzielen der Durchsetzung einer totalitären Diktatur rassistischer Weltanschauung und eines kriegerischen Expansionismus zur Errichtung eines autarken europäischen Großraums unter deutscher Kontrolle nieder.

Da die Reichsregierung die unabdingbare Leistungsfähigkeit der deutschen Volkswirtschaft für den geplanten Krieg durch die systematische Anwendung von Zwang oder gar eine Zerschlagung der überkommenen privatkapitalistischen Ordnung selbst erschüttert hätte, durfte die Konsensneigung der Unternehmerschaft nicht im Kern tangiert werden. Darüber hinaus musste das neue Regime ein System von Profitanreizen und Risikoabsicherungen schaffen, welches das ökonomische Eigeninteresse der großen Konzerne stimulierte und ihre zügige Anpassung an die veränderten politischen Verhältnisse förderte. „Die Wirtschaft für seine Zwecke zu instrumentalisieren",[3] war zweifellos die klügere Alternative zu einer kontraproduktiven Gleichschaltung.

Die Rahmensetzung zur Einpassung der Wirtschaft in die politische Strategie zog in der reglementierten privatkapitalistischen Ökonomie des Nationalsozialismus[4] zwar sofort spürbare Handlungseinschränkungen nach sich, doch blieb mit der Fortgeltung der Vertragsfreiheit, dem privaten Verfügungsrecht über die Produktionsmittel und die Gewinne sowie der Respektierung der individuellen Investitionsentscheidung die klassische Grundlage unternehmerischen Handelns weitgehend unangetastet;[5] auch Wettbewerb und Konkurrenzdruck verschwanden nicht. Anders als ihre Manager es nach 1945 behaupteten, behielten die privaten Unternehmer im Nationalsozialismus ein beträchtliches Maß an Eigenständigkeit und den Freiraum, ihre Geschäftspolitik an den Kriterien der keineswegs stillgelegten betriebswirtschaftlichen Rationalität zu orientieren. Trotzdem wurde ihre unternehmerische Handlungsfreiheit im Vergleich zu vor 1933 zunehmend

[1] Richard J. Overy, War and Economy in the Third Reich, Oxford 1994, S. 31.

[2] Franz Neumann, Behemoth. Struktur und Praxis des Nationalsozialismus 1933–1944, Frankfurt/Main 1988 (Nachdruck), S. 279; siehe auch Wolfram Fischer, Die Wirtschaftspolitik des Nationalsozialismus, Hannover 1961, S. 36.

[3] Christoph Buchheim, Unternehmen in Deutschland und NS-Regime 1933–1945. Versuch einer Synthese, Manuskript, S. 31 (erscheint in der HZ), auch zum Folgenden. Ich danke dem Autor für die Überlassung des Aufsatzes vor seiner Drucklegung. Siehe ebenfalls Mark Spoerer, Von Scheingewinnen zum Rüstungsboom. Die Eigenkapitalrentabilität der deutschen Industrieaktiengesellschaften 1925–1941, Stuttgart 1996, S. 166 und 170.

[4] So schon Neumann, Behemoth, S. 313.

[5] Siehe etwa Ludolf Herbst, Die nationalsozialistische Wirtschaftspolitik im internationalen Vergleich, in: Wolfgang Benz/Hans Buchheim/Hans Mommsen (Hg.), Der Nationalsozialismus. Studien zur Ideologie und Herrschaft. Hermann Graml zum 65. Geburtstag, Frankfurt/Main 1993, S. 153 ff.

eingeschränkt, da die Staats- und Parteistellen „das ‚Milieu'" beeinflussten, in dem die Geschäftsleitungen ihr Investitionsentscheidungen trafen,[6] und weil die Geschäftsmöglichkeiten und Entscheidungsspielräume der Konzerne von übergeordneten Imperativen wie der Aufrüstung, der Regulierung der Kapital- und Devisenmärkte, von kriegswirtschaftlichen Notwendigkeiten oder der militärischen Lage geprägt waren.[7]

Das charakteristische Ineinander fortbestehender privater Verfügungsgewalt und forcierter staatlicher Reglementierung und Einflussnahme war unter den Prämissen des NS-Regimes ein unvermeidliches Dilemma, das die institutionellen Grenzen zwischen Unternehmen und Wirtschaftsbehörden tendenziell verwischte[8] und die Geschäftsleitungen zur permanenten Austarierung ihrer Balance von ökonomischer Rationalität, Regimenähe und Mittäterschaft zwang. Trotz ihrer Unentbehrlichkeit im nationalsozialistischen Aufrüstungs- und Expansionsprogramm konnten sich selbst große Konzerne nach 1933 allerdings nicht wirklich unangreifbar fühlen. Wegen der bis 1945 virulenten kapitalismusfeindlichen Tendenzen in der NSDAP, der Entstehung von Staats- und Parteikonzernen oder, später, wegen der Unberechenbarkeit eines Regimes in der Agonie war das „Umkippen" in eine Staatswirtschaft[9] für die Funktionseliten der Privatwirtschaft jedenfalls nie völlig auszuschließen. Auch vor willkürlich statuierten Exempeln waren unangepasste Betriebsführer nicht sicher. Das förderte trotz beibehaltener Verfügungsrechte die erwünschte „Fügsamkeit".[10]

Obgleich die permanente Interventionsdrohung mit zu den Grundgegebenheiten des Wirtschaftslebens in der Diktatur gehörte, waren es jedoch keineswegs staatlicher Zwang oder die Furcht vor Enteignungen und persönlichen Repressalien, die für die Privatwirtschaft nach 1933 etwa handlungsleitend geworden wären. Hauptkriterium unternehmerischen Verhaltens blieb weiterhin die betriebswirtschaftliche Rationalität mit ihren Kernelementen der Gewinnerzielung und langfristigen Bestandserhaltung[11] als eigenständiger Organisation des Wirtschaftslebens.[12] Aus dieser durchgehenden Orientierung am ökonomischen Eigeninte-

[6] Werner Plumpe, Unternehmen im Nationalsozialismus. Eine Zwischenbilanz, in: Werner Abelshauser/Jan-Otmar Hesse/ders., Wirtschaftsordnung, Staat und Unternehmen. Neue Forschungen zur Wirtschaftsgeschichte des Nationalsozialismus. Festschrift für Dietmar Petzina zum 65. Geburtstag, Essen 2003, S. 251 f.; auch zum Folgenden.

[7] Siehe etwa Gerald D. Feldman, Financial Institutions in Nazi Germany: Reluctant or Willing Collaborators?, in: Francis R. Nicosia/Jonathan Huener (Hg.), Business and Industry in Germany, New York 2004, S. 32.

[8] Hans-Erich Volkmann, Zum Verhältnis von Großwirtschaft und NS-Regime im Zweiten Weltkrieg, in: ders., Ökonomie und Expansion. Grundzüge der NS-Wirtschaftspolitik. Herausgegeben von Bernhard Chiari, München 2003, S. 94 und 100.

[9] Paul Erker, Einleitung: Industrie-Eliten im 20. Jahrhundert, in: ders./Toni Pierenkemper (Hrsg.), Deutsche Unternehmer zwischen Kriegswirtschaft und Wiederaufbau. Studien zur Erfahrungsbildung von Industrie-Eliten, München 1999, S. 7.

[10] Christopher Kopper, „Effizienz" der ideologischen Postulate in der Ökonomie, in: Lothar Gall/Manfred Pohl (Hg.), Unternehmen im Nationalsozialismus, München 1998, S. 42; siehe auch Henry A. Turner, Unternehmen unter dem Hakenkreuz, in: ebd., S. 18 ff.

[11] Die verzweigte Debatte über die Strategiebildung und ökonomische Rationalität von Banken ist derzeit, so scheint es, noch nicht so weit fokussiert, als dass sie im deutschen Kontext für die Zwecke der Zeitgeschichtsforschung bereits breit fruchtbar gemacht werden könnte; zur Vertiefung siehe etwa Axel Ockenfels, Fairneß, ökonomische Theorie und experimentelle Evidenz, Tübingen 1999.

[12] So Buchheim, Unternehmen in Deutschland, S. 25.

resse, das freilich nicht durchweg von einem unmittelbaren Kosten-Nutzen-Kalkül, sondern auch von eng mit den Regimezielen verknüpften Zukunftserwartungen geprägt war, ergab sich für die privatwirtschaftlich organisierten Unternehmen ganz von selbst eine Handlungslogik,[13] die, je nach Lage der Branche, natürlich alle vom NS-Staat eröffneten kommerziellen Entfaltungsmöglichkeiten zu nutzen trachtete. Das führte bei dem schrittweise deutlich werdenden mörderischen Charakter des Nationalsozialismus tendenziell alle Unternehmensleitungen – solange sie ihre internalisierte ökonomische Ratio nicht außer Kraft setzen wollten oder konnten – zu einer Hineinverwicklung in die Regimeverbrechen,[14] bei der sie „bewusst moralisch verwerfliches Handeln in Kauf" nahmen und die bis zu einer „moralischen und praktisch-politischen Komplizenschaft"[15] reichen konnte.

Da das nationalsozialistische Regime auf die ungetrübten Grundimpulse ökonomischen Eigeninteresses setzen konnte und setzen musste, um seine politischen Ziele rasch zu erreichen, trug das Verhältnis von privater Großwirtschaft und den Staats- und Parteistellen unbeschadet anfänglicher Skepsis auf beiden Seiten und scharfer Interessenskonflikte im Einzelnen bald die Züge einer „Symbiose",[16] waren die privaten Unternehmen viel stärker funktionaler „Teil"[17] des NS-Systems als, in apologetischer Lesart, durch immer neue Zumutungen drangsalierte Fremdkörper. Von diesem Zusammenwirken zu beiderseitigem Nutzen profitierten große Unternehmen der Industrie und des Bankensektors im Zuge der „Wehrhaftmachung" und der deutschen Expansion in Europa insgesamt durch Wachstumschancen und sehr hohe Erträge.

Diese Symbiose war allerdings ebenso unausgewogen wie prekär, denn ihre Ratio war auf Regimeseite und Unternehmensseite verschieden. Auf jener standen allgemeinverbindliche, aber höchst veränderliche politisch-militärische Zwecke im Vordergrund, auf dieser dominierte das konstante Motiv der eigenen ökonomischen Nutzenmaximierung. Sobald die Aussicht auf die Realisierung dieses vorherrschenden Bestrebens schwankend wurde, setzten in den Betrieben normalerweise vorsichtige Rückzugsmanöver aus den von Staats wegen geförderten oder gewünschten Engagements ein. Das Regime konnte solche Tendenzen nicht leicht identifizieren, nur punktuell sanktionieren und höchstens vorübergehend stoppen. Zwar verfügten die NS-Behörden in dieser asymmetrischen Symbiose über die wirkungsvolleren Macht- und Steuerungsmittel, sie mussten letztlich aber

[13] Siehe das Fazit bei Astrid Gehrig, Nationalsozialistische Rüstungspolitik und unternehmerischer Entscheidungsspielraum. Vergleichende Fallstudien zur württembergischen Maschinenbauindustrie, München 1996, S. 323 ff.; zur Orientierung der Unternehmen an wirtschaftlicher Zweckrationalität auch schon Gottfried Plumpe, Die I.G. Farbenindustrie AG. Wirtschaft, Technik und Politik 1904–1945, Berlin 1990, S. 741.

[14] So die Überlegungen bei Mark Spoerer, Die Automobilindustrie im Dritten Reich: Wachstum um jeden Preis?, in: Gall/Pohl (Hg.), Unternehmen im Nationalsozialismus, S. 68, und Buchheim, Unternehmen in Deutschland; das folgende Zitat ebd., S. 30; siehe auch Neil Gregor, Stern und Hakenkreuz. Daimler-Benz im Dritten Reich, Berlin 1997, S. 25.

[15] Volkmann, Großwirtschaft und NS-Regime, S. 100; so auch Overy, War and Economy, S. 18 („unavoidable complicity"), und Gerald D. Feldman, Die Allianz und die deutsche Versicherungswirtschaft 1933–1945, München 2001, S. 583.

[16] Rolf-Dieter Müller, Triebkräfte des Krieges oder: Die Suche nach den Ursachen der deutschen Katastrophe, in: Volkmann, Ökonomie und Expansion, S. 15.

[17] Paul Erker, „A new business history"? Neuere Ansätze und Entwicklungen in der Unternehmensgeschichte, in: Archiv für Sozialgeschichte 42 (2002), S. 577.

stumpf bleiben, wenn sich die Erwartungsbildung in den Unternehmensleitungen[18] hinsichtlich des Nutzens solcher Kooperation negativ veränderte.

Für die wirtschaftslenkenden Staats- und Parteibehörden verband sich mit einem schleichenden Rückzug privater Unternehmen aus dieser Symbiose, falls er nicht durch die Instrumentalisierung ihrer Konkurrenz untereinander verlangsamt werden konnte, die Aussicht einer Schwächung oder gar Desintegration eines Regimes, das ja gerade auf die Effizienz der Unternehmerinitiative setzte. Letztlich vermochte der NS-Staat aber nichts daran zu ändern, dass die Überlebenswahrscheinlichkeit des Regimes für die Konzerne bei der Sicherung ihrer eigenen Bestandserhaltung und Überlebensfähigkeit zu einem entscheidenden Kriterium wurde. Als sich 1942/43 der Zukunftshorizont des Dritten Reichs zu schließen begann, verflüchtigten sich die Kongruenzen oder Teilidentitäten der Interessen von Politik und Wirtschaft. Die Unternehmensleitungen begannen sich umzuorientieren und der Existenzsicherung Vorrang vor der Gewinnerzielung zu geben.[19] Trotz verstärkter Gemeinnutzpropaganda und Sanktionsdrohungen war letztlich kein Unternehmen bereit, das viel stärker verinnerlichte Betriebsinteresse und den unbedingten Willen zur Schadensbegrenzung einer vorgeblichen Staatsräson zu opfern, die von einer selbst um ihr Überleben kämpfenden NS-Führung definiert wurde.[20]

Da das Spannungsverhältnis von ökonomischer Rationalität, Regimenähe und Mittäterschaft, das die Unternehmenspolitik der Dresdner Bank in besonderem Maße bestimmte, zwischen 1933 und 1945 hochgradig veränderlich gewesen ist, würde nichts ärger fehlgehen als der Versuch, den Grad der Verquickung von Privatunternehmen und NS-Regime von deren Verhalten in der Endphase des Dritten Reichs her zu bestimmen (oder gar den Selbsterläuterungen der nach 1945 vorübergehend unter Druck geratenen Wirtschaftseliten zu folgen). Der tatsächliche Charakter des Zusammenspiels von Unternehmen und NS-Regime, sein beunruhigendes Potenzial, entpuppt sich vielmehr erst ganz in den Jahren der Euphorie[21] zwischen 1938 und 1942, als die Geschäftsaussichten zu „grenzenlosem Optimismus"[22] Anlass gaben, sich im Management der großen Unternehmen „Goldgräberstimmung"[23] ausbreitete und sogar Skeptiker zeitweilig in „siegestrunkene Harmonie"[24] mit der so überaus erfolgreichen Staatsführung fielen. Wie für jede Branche und für jedes Unternehmen ist der Grad von ökonomischer Rationalität, Regimenähe und Mittäterschaft auch für die Dresdner Bank für jede Regimephase eigens herauszuarbeiten; dies umso mehr, als die besondere politische Nähe des Finanzinstituts zum NS-Regime seine Geschäftsstrategie unmittelbar prägte.

[18] Instruktiv hierzu Plumpe, Unternehmen im Nationalsozialismus, S. 259ff.

[19] Hartmut Berghoff, Moderne Unternehmensgeschichte. Eine themen- und theorieorientierte Einführung, Paderborn 2004, S. 210.

[20] Siehe etwa Klaus-Dietmar Henke, Die amerikanische Besetzung Deutschlands, München 1995, S. 467f.

[21] Dieser Begriff schon 1981 bei Volkmann, Großwirtschaft und NS-Regime, S. 91.

[22] Volker Berghahn, Writing the History of Business in the Third Reich. Past Achievements and Future Directions, in: Nicosia/Huener (Hg.), Business and Industry, S. 144.

[23] Gerald D. Feldman, Die Allianz und die deutsche Versicherungswirtschaft 1933–1945, München 2001, S. 419.

[24] So Karl Heinz Roth in der Einleitung zum OMGUS-Bericht über die Dresdner Bank, S. LV.

Eine gewisse Nähe wirtschaftsleitender Eliten zu den staatlichen Instanzen, die für die Regulierung des ökonomischen Sektors zuständig sind, oder zu Parteivertretern, die hier einschlägiges Profil besitzen, ist in privatkapitalistisch organisierten Wirtschaftsordnungen im Rahmen der Branchenvertretung und des Firmenlobbyismus selbstverständlich. In der nationalsozialistischen Diktatur gewann die Nähe zu Entscheidungsträgern in Partei und Staat für Unternehmen jedoch schlechterdings überlebenswichtigen Rang. Ein tragfähiges Beziehungsnetz wurde für sie im reglementierten Geschäftsalltag wie in Ausnahmesituationen gleichermaßen unabdingbar, sei es um ihre Handlungsautonomie zu verteidigen, der Konkurrenz das Wasser abzugraben oder um mit den NS-Stellen „Allianzen" zur Durchsetzung ihrer Firmeninteressen zu bilden.[25] Die grundsätzliche Notwendigkeit, sich als Institution den neuen politischen Gegebenheiten anpassen zu müssen, stand in den Geschäftsleitungen der großen Unternehmen unabhängig von den individuellen Überzeugungen ihrer Mitglieder nie ernsthaft zur Debatte. Jede andere Option hätte ein existenzielles Risiko heraufbeschworen. In diesem rationalen Opportunismus unterschied sich das Wirtschaftsmanagement nach 1933 wenig von den Funktionseliten in anderen gesellschaftlichen Bereichen.

Allerdings war die neue Situation zunächst außerordentlich unübersichtlich, und es dauerte eine Weile, ehe sich die Macht- und Einflussstrukturen des Regimes herausbildeten, erkennbar und für die Unternehmen in ihrem Sinne nutzbar wurden. Das fundamentale Dilemma in den Beziehungen zwischen Privatwirtschaft und Politik im Dritten Reich bestand für erstere jedoch darin, dass diese Strukturen bis 1945 niemals eine verlässlich taxierbare Gestalt annahmen. Im Gegenteil, die stabile politische und rechtliche Rahmenbedingungen favorisierenden Firmenleitungen mussten sich auf den „Ausnahmezustand als Herrschaftstechnik des NS-Regimes"[26] einrichten und für sich das Beste daraus zu machen versuchen. Da die Führerherrschaft die institutionellen Grenzen in Staat, Wirtschaft und Gesellschaft zunehmend ignorierte und Macht vor allem über ein „Netzwerk von persönlichen Abhängigkeitsverhältnissen" und „miteinander konkurrierenden Cliquen" ausübte und so ein geradezu „dramatischer Verfall der bürokratischen Entscheidungsfindung"[27] eintrat, kam der Verbindung zu dem richtigen Machtzentrum und der Einflussnahme auf den gerade maßgeblichen Entscheidungsträger häufig essenzielle Bedeutung für den Geschäftserfolg zu. Das ist bei der Dresdner Bank gut zu beobachten.

Je stärker ein Konzern das rationale kapitalistische Motiv entwickelte, die Ziele des Regimes für seine eigenen Ziele zu nutzen, desto größere Nähe strebte er zu den Entscheidungsträgern des Regimes und ihrer Zuteilungsmacht gewöhnlich an.[28] Auch das war rational, da das NS-Regime in seiner extrem personalisierten

25 Harald Wixforth, Banken und Lobbyismus in der Weimarer Republik und der NS-Diktatur, in: Bankhistorisches Archiv, Beiheft 44 (2004), S. 31 ff.; das Zitat ebd., S. 56.

26 Hans Mommsen, Ausnahmezustand als Herrschaftstechnik des NS-Regimes, in: ders., Von Weimar nach Auschwitz. Zur Geschichte Deutschlands in der Weltkriegsepoche, München 2001, S. 248 ff.; die Zitate ebd., S. 257 und 261.

27 Lutz Budraß, Flugzeugindustrie und Luftrüstung in Deutschland 1918–1945, Düsseldorf 1998, S. 891.

28 Siehe Gehrig, Nationalsozialistische Rüstungspolitik, S. 325, und Paul Erker, Industrieeliten in der

Form des Politischen mehr und mehr „institutionelle Regeln durch bloß personelle Bindungen"[29] ersetzte. Das führte in der „hochpolitisierten Wirtschaft"[30] (oder jedenfalls in einer „zunehmenden Politisierung des Wettbewerbs"[31]) dazu, dass das politische Verhandlungsgeschick und die verlässliche Nähe ihrer Manager zur Politik von den Unternehmen zu einer starken Kompetenz entwickelt werden mussten.[32]

Je enger leitende Mitarbeiter ihre Nähe zu den bestimmenden Figuren an der Spitze oder in den Apparaten des Regimes gestalten konnten, desto größer waren im Allgemeinen die Chancen ihres Unternehmens, seine Geschäftsinteressen anzumelden und durchzusetzen.[33] Die Dresdner Bank verfügte nicht nur in besonderem Maße über geeignete Manager auf allen Hierarchiestufen, namentlich aber im Vorstand, die diese hochgradig personalisierten Beziehungen glaubwürdig pflegen konnten. Die Herbeiführung und Behauptung einer besonderen Regimenähe gehörte auch zu den Kernelementen ihrer „sorgsam geplanten" Geschäftsstrategie und ihres „wohl durchdachten und berechnenden" Kalküls, den dramatischen Einbruch von 1931/32 so rasch wie möglich zu überwinden. Gerade weil die Dresdner Bank ökonomisch und politisch so labil war, versuchte sie ihre ökonomische Stärke über eine besonders enge politische Anlehnung wiederzugewinnen. Weltanschaulicher Gleichklang zwischen einigen ihrer Spitzenbankiers und den Spitzen der Wirtschaftsbürokratie sowie des Terrorapparats des NS-Regimes förderte dieses Bestreben, im Kern blieb ihr Verhalten aber „bankkaufmännisch-rational begründet". Die Nähe von Bank und Regime war überdies kein einseitiges Bemühen, sondern lange eine Beziehung zu beiderlei Nutzen. Die Wirtschaftsbürokraten profitierten von dem Finanzinstitut als „Informationsagentur", die Bank von deren Weichenstellungen zu ihrem geschäftlichen Vorteil. Die Stoßrichtung und die Methoden der nationalsozialistischen Eroberungs- und Vernichtungspolitik, die während dieses engen Zusammenspiels frühzeitig zur Kenntnis genommen und genauestens beobachtet werden konnten, waren für die Leitungsmannschaft um Carl Goetz bis in die Endphase des Krieges hinein kein Grund, die besondere Regimenähe und die manifeste Mittäterschaft ihres Unternehmens zu überdenken.

Die Konkurrenz um politische Gewogenheit bei wirtschaftlichen Entscheidungen[34] eröffnete Chancen, barg aber auch Risiken. Die Unternehmen mussten, namentlich in den Expansionsjahren seit 1938, nicht nur immer mehr politische Vorgaben diverser rivalisierender NS-Stellen bis hinunter zu den Kreisleitungen aufnehmen und verarbeiten, sie liefen, da die regimeinternen Machtverschiebungen

NS-Zeit. Anpassungsbereitschaft und Eigeninteresse von Unternehmern in der Rüstungs- und Kriegswirtschaft 1939–1945, Passau 1993, S. 12.

29 Hans Mommsen/Manfred Grieger, Das Volkswagenwerk und seine Arbeiter im Dritten Reich, Düsseldorf 1996, S. 36.

30 Harold James, Banks and Business Politics in Nazi Germany, in: Nicosia/Huener (Hg.), Business and Industry, S. 52.

31 Bernhard Lorentz/Paul Erker, Chemie und Politik. Die Geschichte der Chemischen Werke Hüls 1938–1979. Eine Studie zum Problem der Corporate Governance, München 2003, S. 359.

32 Siehe Plumpe, Unternehmen im Nationalsozialismus, S. 261 und 265, auch zum Folgenden.

33 Mit Bezug auf die Dresdner Bank wird dies von Harald Wixforth eingehend in der Schlussbetrachtung von Band 3 erörtert; dort (S. 894 und 901) auch die folgenden Zitate.

34 Siehe Overy, War and Economy, S. 12.

prinzipiell unkalkulierbar waren, auch Gefahr, sich dabei zu verspekulieren, aufs falsche Pferd zu setzen und so gegenüber der Konkurrenz unverhofft ins Hintertreffen zu geraten. Manchmal zogen die Manager, die sich für das Unternehmen als politisch-wirtschaftliche Zwischengänger betätigten, aus der beflügelnden Tatsache, dass sie enge Allianzen mit hohen NS-Funktionären schmieden konnten, falsche Schlüsse über deren Dauerhaftigkeit, oder sie wurden sich deren Zweischneidigkeit erst spät bewusst. In dem Hochgefühl, mit der nationalsozialistischen Elite und den starken Männern der Partei- und Staatswirtschaft an einem Strang zu ziehen, ließen manche von ihnen den nahe liegenden Gedanken wohl lange nicht an sich heran, dass so enge Partner in den Machtapparaten jederzeit und mit sehr unwillkommenen Konsequenzen auch das entsprechende Verständnis für ihre eigenen Belange einfordern konnten und dass die gemeinsamen Interessen kaum immer ungetrübt parallel laufen konnten. Wirtschaftsführer und Bankiers wie Karl Rasche mochten die strukturelle Asymmetrie ihrer erstrebten Symbiose nicht erkennen, sich zeitweilig darüber hinwegtäuschen oder sie eben als gegeben hinnehmen – beheben konnten sie sie nicht.

So sehr dem Element des Persönlichen bei der Betrachtung des Verhältnisses von Politik und Ökonomie im Nationalsozialismus die Aufmerksamkeit zu gelten hat, so unstrittig ist es, dass die massive Hineinverwicklung der Wirtschaft in die Verbrechen des Dritten Reiches nicht auf die persönlichen politischen Neigungen ihrer Unternehmer und Manager,[35] sondern auf institutionelle Mechanismen zurückzuführen ist, sie sich „fast zwangsläufig aus Faktoren ergab, die typisch für die kapitalistische Wirtschaftsform sind“[36]. Ganz normales betriebswirtschaftliches Handeln verwandelte sich in einem immer weniger normalen Umfeld in ein opportunistisches *business as usual*, bei dem die Profitorientierung und das Überlebensinteresse des Unternehmens maßgebliche Bezugspunkte blieben.[37]

Da nach 1933 fast alle Geschäftsleitungen die „abnormen Geschäftsmöglichkeiten, die ihnen das Regime offerierte, als normales und akzeptables Geschäft behandelten“,[38] musste das nach und nach zu einer „unvermeidlichen Komplizenschaft mit den rassischen und imperialistischen Zielen“ des Dritten Reiches führen.[39] Trotz einer etwaigen Distanz zu den nationalsozialistischen Bestrebungen konnten die Wirtschaftseliten so „im betrieblichen Alltag zu Mittätern“[40] werden. Auch den nichtnationalsozialistischen Hermann Josef Abs brachten sein „wirtschaftlicher Machiavellismus“[41] und die konsequente Wahrnehmung der Geschäftsinteressen der Deutschen Bank „in engen Zusammenhang“[42] mit dem nationalsozialistischen Expansionismus. Weil sie in der Verfolgung ihres ökonomischen Eigeninteresses die Beteiligung an Verbrechen nicht nur akzeptierten, son-

35 Hans Mommsen, Konnten Unternehmer im Nationalsozialismus apolitisch bleiben?, in: Gall/Pohl (Hg.), Unternehmen im Nationalsozialismus, S. 69ff.

36 Buchheim, Unternehmen in Deutschland, S. 30.

37 So früh Peter Hayes, Industry and Ideology. IG Farben in the Nazi Era, Cambridge 1987.

38 Feldman, Financial Institutions, S. 30.

39 Overy, War and Economy, S. 18.

40 Gehrig, Nationalsozialistische Rüstungspolitik, S. 327.

41 Gerald D. Feldman, Der Bankier Herman Josef Abs aus Sicht des 21. Jahrhunderts: Überlegungen zu Lothar Galls Biographie, S. 14. Ich danke dem Autor für die Überlassung des Manuskripts.

42 Gall, Abs, S. 77.

dern aktiv daran mitwirkten, und weil sie das keineswegs unter Zwang taten, haben sich, wie Christoph Buchheim betont, Banken und Industrieunternehmen an dem deutschen zivilisatorischen Bankrott mitschuldig gemacht.[43] Der Grad dieses Versagens muss freilich, wie hier für die Dresdner Bank, für jedes einzelne Unternehmen gesondert bestimmt werden. Die partielle Identität, manchmal die Koinzidenz[44] der Interessen der Wirtschaftseliten mit denen der politischen Funktionäre führt nicht nur zu der oft wiederholten Feststellung, man habe nicht Anhänger des Nationalsozialismus sein müssen, um dessen Ziele zu befördern. Genauso konnte man als Nationalsozialist trefflich nicht genuin nationalsozialistische Interessen fördern.

Begünstigt wurde das moralische Versagen auch der Funktionseliten durch überindividuelle Trends und Traditionen, die der „Verformung der öffentlichen und privaten Moral“[45] Vorschub leisteten. Zur Übersteigung an sich akzeptierter Hemmschwellen kaufmännischen Anstands und menschlicher Gesittung trugen neben den Imperativen privatkapitalistischen Wirtschaftshandelns ebenso die Aufweichung der rechtlichen und institutionellen Strukturen, Autoritätsverhaftung und eine Staatsgläubigkeit bei, die für die „öffentliche Rechtfertigung verbrecherischen Handelns als nationaler Tat“ empfänglich war; manchmal war es wohl auch nur die Bewunderung der „unheimlichen Kraft“ des neuartigen Führerstaats.[46] Diese Internalisierung veränderter Spielregeln und die „langfristige Gewöhnung an moralische Indifferenz“,[47] die auch in anderen Bereichen von Staat und Gesellschaft spürbar wurde, erfolgten ebenso in gleitenden Übergängen wie die Radikalisierung des NS-Regimes selbst.[48] Was mit Ablehnung, Skepsis oder „Appeasement“ begonnen hatte, „endete unweigerlich als Kollaboration und in der Realisierung von Profiten, solange es sie gab und wo immer sie auch herkamen“.[49] Der Begriff der Verstrickung im Sinne eines eher unbewussten, passiven, mitunter gar tragischen Hineingezogenwerdens ist zur Kennzeichnung dieser aktiven Teilhabe an den Untaten des Nationalsozialismus gänzlich inadäquat.

Es mag sein, dass sich in dem ansonsten so realitätsorientierten und realitätsbezogenen Management der großen deutschen Unternehmen dieser oder jener fand, der sich darüber hinwegzutäuschen vermochte, „wie eng er in Wirklichkeit bereits mit dem System verbunden war und ihm praktisch zuarbeitete“.[50] Sehr erstaunlich aber wäre es, wenn große Teile ausgerechnet des Bankierstandes, der von Berufs wegen angehalten ist, noch der unscheinbarsten Information nachzuspüren

[43] Siehe Buchheim, Unternehmen in Deutschland, S. 30ff.
[44] Ingo Loose, Die deutschen Kreditinstitute und die Ausraubung Polens 1939–1945, (Diss.) Berlin 2005, S. 519. Ich danke Herrn Loose für die Einsichtnahme in seine grundlegende Studie vor ihrer Drucklegung.
[45] So Hans Mommsen, Die Realisierung des Utopischen: Die „Endlösung der Judenfrage“ im „Dritten Reich“, in: GuG 9 (1983), S. 420; das folgende Zitat ebd.
[46] Siehe auch die Einleitung zu Gall/Pohl (Hg.), Unternehmen im Nationalsozialismus, insbesondere S. 12; das Zitat bei Turner, Unternehmen unter dem Hakenkreuz, S. 20.
[47] Hans Mommsen, Erfahrungen mit der Geschichte der Volkswagenwerke GmbH im Dritten Reich, in: Gall/Pohl (Hg.), Unternehmen im Nationalsozialismus, S. 52.
[48] Vgl. Avraham Barkai, Die „stillen Teilhaber“ des NS-Regimes, in: ebd., S. 117ff., und Erker, „New Business History“?, S. 577.
[49] Feldman, Financial Institutions, S. 39.
[50] Gall, Abs, S. 9; das folgende Zitat ebd., S. 54.

und daraus ein möglichst unverstelltes Bild seines näheren und weiteren Umfelds zu verfertigen, unter den Herausforderungen des Nationalsozialismus und namentlich der elektrisierenden Landnahme in Europa, deren „Teilhaber" sie doch nun wurden, in eine selbstgenügsame, Realitätsmissachtung einschließende Passivität verfallen sein sollten – wenn in allererster Linie nur jene mit „zerstörerischer Tatkraft ausgestatteten ‚neuen Männer'" die aktive Mitwirkung der Finanzinstitute an Regimeverbrechen zu verantworten hätten.[51]

Gewiss waren nach 1933 von den neuen Machthabern „neue Männer" in die Führungsetagen vieler Unternehmen gedrückt worden, gerade bei der Dresdner Bank, dennoch befanden sie sich im privaten Bankwesen nirgends in der Mehrheit. Die großen alten Männer schritten keineswegs ein, wenn die Geschäftsdynamik der neuen Männer das Betriebsergebnis steigern und den Kundenstamm erweitern half. Richtig ist, dass Bankiers sich im Dritten Reich nicht des Prestiges eines Generals oder Industriekapitäns erfreuen konnten, auch wenn sie vielleicht nicht gerade „fortschreitender gesellschaftlicher Missachtung" anheim fielen. Zogen sie sich deswegen bei boomendem Geschäft aber tatsächlich „in jene Welt zurück, mit der sie am meisten vertraut waren: in die behagliche Sicherheit der ökonomischen Rationalität"? Waren sie durch eine solche Abwertung nicht vielmehr dazu gezwungen, „ihre Existenz gegenüber dem Regime dadurch zu legitimieren, dass sie ihm besser dienen konnten als ihre Kritiker", wie Gerald Feldman annimmt?[52] Konzentrierten sich die Bankiers im NS-Staat gar „immer mehr darauf, ja nicht über die eigene Nasenspitze hinauszublicken"?[53] Die Geschichte der Dresdner Bank im Dritten Reich bestätigt diese Vermutung nicht.

Die Forschungen von Johannes Bähr, Harald Wixforth, Dieter Ziegler und ihrer Mitautorinnen und Mitautoren bieten wenig Anhaltspunkte für die wohlwollende Lesart von der zurückgezogenen Passivität und apolitischen Professionalität der Funktionseliten in den Finanzinstitutionen, aber sie bestätigen die Einsicht, dass bereits die gewöhnlichen Antriebe privatkapitalistischen Wirtschaftshandelns hinreichten, um eine Mittäterschaft an den nationalsozialistischen Verbrechen zu befördern. Ihre Ergebnisse reichen jedoch weiter. Sie öffnen auch den Blick dafür, dass solches Durchschnittsgebaren zwar ganz im Rahmen der seinerzeitigen „Verhaltenskontexte" (M. Rainer Lepsius) steht, die von den jeweiligen tatsächlichen Handlungsalternativen unter Beachtung einer „Normalmoral" bestimmt waren,[54] dass diese Haltung aber nur das konventionelle Basisverhalten in einem breiten Fächer von Handlungsmöglichkeiten markiert. Zwar ist es richtig, auf die regimestabilisierende Qualität bereits des durchschnittlichen Normalverhaltens von Wirtschaftseliten zu verweisen. Diese Feststellung zieht jedoch die Aufmerksamkeit von jenen Unternehmern, Vorstandsmitgliedern, Betriebsleitern oder Handlungsbevollmächtigten ab, welche auf die vom NS-System eröffneten

[51] Harold James, Die Deutsche Bank im Dritten Reich, München 2003, S. 221; die folgenden Zitate ebd., S. 223.
[52] Feldman, Financial Institutions, S. 24.
[53] James, Die Deutsche Bank im Dritten Reich, S. 223.
[54] Siehe hierzu die Überlegungen bei M. Rainer Lepsius, Plädoyer für eine Soziologisierung der beiden deutschen Diktaturen, in: Christian Jansen/Lutz Niethammer/Bernd Weisbrod (Hg.), Von der Aufgabe der Freiheit. Politische Verantwortung und bürgerliche Gesellschaft im 19. und 20. Jahrhundert. Festschrift für Hans Mommsen zum 5. November 1995, Berlin 1995; hier S. 614.

Chancen nicht nur im Sinne ihrer selbstverständlichen Orientierung am ökonomischen Eigeninteresse reagierten, sondern die „mit den Schlüsselelementen von Hitlers Strategie übereinstimmten und aktiv für deren Erfolg arbeiteten".[55] Und so zutreffend es ist, dass mancher dem Regime zugearbeitet habe, der dessen „ideologische Prämissen und weiterreichende Absichten" nicht befürwortete[56] – viele Wirtschaftsführer teilten sie und verstärkten damit die rassistische und imperialistische Dynamik der NS-Diktatur noch. Volker R. Berghahn hat deswegen schon vor längerem darauf aufmerksam gemacht, wie „tief und aktiv"[57] deutsche Wirtschaftseliten in den Nationalsozialismus involviert waren und wie deutlich diese begeisterte Regimenähe und überzeugte Mittäterschaft auf dem Gipfel der deutschen Macht in Europa zum Vorschein kam. Auch dies zeigen die vorgelegten Bände für eine Reihe der unter die Lupe genommenen Bankiers sehr deutlich.

Ludolf Herbst hat darauf verwiesen, dass der Anpassungsprozess nach 1933 auch im Bereich der privaten Großwirtschaft „von der personalpolitischen Ebene her induziert" worden sei.[58] Durch Druck von innen und Intervention von außen (meist eine Kombination aus beidem) versuchten die Nationalsozialisten in der Tat Manager zu fördern, die auf ihrer Linie lagen. Dabei verschaffte die Zeitnot, in der Hitler mit seiner Kriegsvorbereitung nach eigenem Empfinden stand, häufig denen „die Oberhand, die ein schnelles und reibungsloses Funktionieren sicherstellen konnten".[59] Für die im Gefolge der Wirtschafts- und Bankenkrise bis 1937 in Staatsbesitz befindliche Dresdner Bank trifft das gewiss zu, denn mit Karl Rasche und Emil H. Meyer wurden Ende 1934 von Hitlers Wirtschaftsberater Wilhelm Keppler zwei Bankiers in der Geschäftsleitung platziert, die sich bald ungewöhnlicher Regimenähe rühmen konnten und gemeinsam mit einem breiten Kreis von Helfern und Zuarbeitern auf allen Hierarchiestufen[60] wesentlich dazu beitrugen, dass das zweitgrößte deutsche Geldhaus ein „hohes Maß an Anpassungsbereitschaft an die Zielvorgaben des NS-Regimes"[61] an den Tag legte.

Meyer und Rasche, die ebenso wie Carl Goetz der Generation des neuen Reichskanzlers angehörten, können nicht der Spezies der indoktrinierten Youngster und der angeblich schwer bezähmbaren „neuen Männer" zugeschlagen werden. Erst recht waren sie keine bloßen Vorzeige-Nazis, die nun überall in die Führungsetagen einrückten[62] und ihren Betrieben manchen Konflikt mit dem Regime abwettern halfen. Die beiden mit Hilfe höchster Protektion Aufgestiegenen waren im Vorstand aber auch keine Außenseiter oder eine isolierte „NS-Gruppe",[63] son-

55 So Volker Berghahn (in seiner Besprechung der Pionierstudien von Peter Hayes und Gerhard Th. Mollin), Big Business in the Third Reich, European History Quarterly 21 (1991), S. 102.
56 Gall, Abs, S. 10.
57 Berghahn, Big Business, S. 106.
58 Ludolf Herbst, Der Krieg und die Unternehmensstrategie deutscher Industrie-Konzerne in der Zwischenkriegszeit, in: Martin Broszat und Klaus Schwabe in Verbindung mit Ludolf Herbst, Heinz Hürten, Peter Krüger, Klaus-Jürgen Müller und Hans-Erich Volkmann (Hg.), Die deutschen Eliten und der Weg in den Zweiten Weltkrieg, München 1989, S. 128.
59 Ludolf Herbst, Der Totale Krieg und die Ordnung der Wirtschaft. Kriegswirtschaft im Spannungsfeld von Politik, Ideologie und Propaganda 1939–1945, Stuttgart 1982, S. 150.
60 Siehe Bd. 3, Wixforth, S. 898 ff.
61 Ebd., S. 2.
62 Erker, Einleitung: Industrie-Eliten, S. 5.
63 Meyen, Dresdner Bank, S. 104.

dern ein überaus durchschlagskräftiges strategisches Potenzial, dessen sich die Dresdner Bank wie das NS-Regime in den Jahren des Aufbruchs und der Expansion zwischen 1937/38 und 1941/42 häufig genug einvernehmlich und zu beiderseitigem Nutzen bediente. Mit ihnen und mit der Billigung von Vorstand und Aufsichtsrat vollzog die Dresdner Bank den keineswegs in erster Linie ideologisch, sondern rational begründeten Schritt von der anfangs erzwungenen zur „eindeutig intentional gewollten"[64] Regimenähe. Die entschlossene Verfolgung ihrer Geschäftsinteressen über die größtmögliche Nähe zu den Machtblöcken Görings und Himmlers, die nur die Kehrseite ihrer anfänglichen ökonomischen Schwäche war, führten die Dresdner Bank unfehlbar in eine noch tiefere Hineinverwicklung in die Verbrechen des Nationalsozialismus als ihre Konkurrentinnen Deutsche Bank und Commerzbank, welche die wirtschaftlichen Turbulenzen zu Beginn der dreißiger Jahre glimpflicher überstanden hatten.

Ihre Orientierung an ökonomischen Rationalitätskriterien und die Verfolgung des eigenen Geschäftsinteresses bei besonderer Nähe zum NS-Regime schlugen bei der Dresdner Bank immer wieder in eindeutige Mittäterschaft um, in eine aktive Mitwirkung bei der Umsetzung nationalsozialistischer Kernziele also. Dazu wird man finanzielle Engagements in der Rüstungs- und Kriegswirtschaft, die Übernahme mancher Aufgaben für deutsche Besatzungsbehörden oder etwa diverse Tarngeschäfte für die Wehrmacht (wie sie auch für andere Institute bekannt sind) kaum zählen wollen, wohl aber beispielsweise die herausragende Rolle der Dresdner Bank als Ideengeberin und Werkzeug der Vierjahresplanbehörde bei der „Arisierung" und „Germanisierung" der tschechoslowakischen Kohle- und Stahlindustrie für den Machtblock Hermann Görings. Auch in die Austreibungs- und Umsiedlungsmaßnahmen einer völkischen Flurbereinigung war sie eingeschaltet. Des weiteren erstrebte und gewann das Institut frühzeitig die Stellung einer Vertrauensbank der SS, die keineswegs auf Zwang, sondern auf Einverständnis gründete. Das verschaffte dem „Schwarzen Orden" zusätzliche finanzielle Manövrierfähigkeit und eine willkommene Abschirmung gegenüber den Revisoren der Partei. Der Bank brachte diese Sonderbeziehung neben dem Prestigegewinn nicht nur Krediteinnahmen und die Verwaltung hoher Summen auf heiklen Konten des Himmler-Imperiums, sondern sie führte sie auch in ein unmittelbares Geschäftsverhältnis mit SS-Betrieben, in denen sich jüdische Häftlinge zu Tode arbeiten mussten.

Überhaupt hatte die Dresdner Bank an dem politisch-ideologischen Programm der Judenverfolgung einen Anteil, der weit über die bloße Umsetzung staatlicher Vorgaben hinausging. Das zeigte sich an dem früh und mehrfach aktiv gesuchten Zusammenspiel mit Partei- und Polizeistellen zur Erreichung geschäftlicher Zwecke genauso wie in der aus freiem Ermessen vorgenommenen Schlechterstellung der eigenen „nichtarischen" Mitarbeiter. In Holland etwa scheute die Bank nicht vor einer gemeinschaftlichen Planung zur Ausplünderung der Juden mit einem engen Vertrauten Adolf Eichmanns zurück und auch nicht vor der Mitwirkung an der Lösegelderpressung von Auswanderungswilligen. Auf dem Höhepunkt des Judenmords im Generalgouvernement bemühte sich das Vorstandsmitglied

[64] Bd. 3, Wixforth, S. 893.

Meyer persönlich und erfolgreich um eine exklusive Geschäftsbeziehung zu den obersten Exekutoren der Massenvernichtung.

Solche Mittäterschaft ist nur ein Aspekt der Wirtschaftstätigkeit der Dresdner Bank im Dritten Reich, aber gewiss der verwerflichste. Denn wie Johannes Bähr, Harald Wixforth und Dieter Ziegler vielfach belegen, handelte es sich dabei nicht um Ausnahmetatbestände oder Eigenmächtigkeiten ideologisch verbohrter Mitarbeiter, sondern um eine Generallinie der Nutzbarmachung jedweder Geschäftsmöglichkeit, welche ihren Ausgangspunkt im Vorstand der Dresdner Bank selbst hatte. Diese konsequente Nutzung nicht nur der ökonomischen, sondern auch der politisch-ideologischen Konjunktur und ihrer besonderen Regimenähe für die eigenen geschäftlichen Zwecke zeigte sich schon bald nach dem Machtantritt der Nationalsozialisten, nahm während der atemberaubenden Expansion im Schatten der deutschen diplomatischen und militärischen Erfolge zunehmend Züge eines Gleichklangs an und fand innerhalb der Bank keinen nennenswerten Widerspruch. Solange es sich auszahlte, fand sich wenig Anlass, die immer rascher voranschreitende Entfernung von der eigenen Tradition und den noch wenige Jahre zuvor akzeptierten Normen des „Bankenanstands" zu überdenken. Der Kontrast des Verhaltens der Dresdner Bank vor 1945 zu ihrer Selbstverharmlosung nach 1945 könnte größer nicht sein.

Doch erst wenn unsere Kenntnis der anderen Finanzinstitute weiter gediehen ist, wird der Grad der „professionellen Enthemmung"[65] und des moralischen Ausnahmezustands in der damals zweitgrößten deutschen Bank vergleichend bestimmt werden können. In der Geschichte der Dresdner Bank im Dritten Reich, das wird kein Leser der vorliegenden Bände übersehen, bedingten ökonomische Rationalität, Regimenähe und Mittäterschaft einander jedenfalls. In Übereinstimmung mit der neueren NS-Forschung bestätigt sich hier, dass erst die Analyse des Verhaltens der großen Geldinstitute während ihrer Expansion in Europa deren volles Handlungsspektrum ausloten und die beruflichen und moralischen Deformationserscheinungen bei ihren Managern verdeutlichen kann. Das öffnet zugleich den Blick für den auch aus anderen Milieus vertrauten Reimport der neuen Robustheit ins Altreich.

Die besondere, über frühe personalpolitische Interventionen induzierte Regimenähe der Dresdner Bank hat ihre Geschäftsstrategie und ihre Geschäftsmethoden stark mitbestimmt. Das bestätigt einen weiteren allgemeinen Befund, wonach Unterschiede im Verhalten der Unternehmen offensichtlich „mit dem Grad ihrer Penetration durch politisch überzeugtes Leitungspersonal zusammenhängen".[66] Ebenso bemerkenswert ist es freilich, dass die mit solchen Managern tagtäglich zusammenarbeitenden, politisch weniger oder überhaupt nicht überzeugten Mitglieder der Geschäftsleitung normalerweise solange nicht willens waren, den Kurs ihrer Kollegen zu neutralisieren oder zu konterkarieren, wie er den Geschäftserfolg mehrte. Das wird am Beispiel der Dresdner Bank ganz besonders deutlich, wo der gesamte Vorstand wie auch der Aufsichtsrat einschließlich seines dominierenden Vorsitzenden Carl Goetz die Usancen der forscheren Kollegen natürlich

[65] Kopper, Bankenpolitik im „Dritten Reich", S. 348.
[66] Plumpe, Unternehmen im Nationalsozialismus, S. 263.

kannte. „Sie billigten diese Art der Geschäftspolitik", urteilt Harald Wixforth. „Jedenfalls lässt sich kein Veto nicht nationalsozialistisch eingestellter Bankiers gegen die von Rasche und Meyer eingeleiteten Geschäfte nachweisen."[67] Gleichviel, ob überzeugte Billigung, Indifferenz oder Nichtwissenwollen: Von einem möglichen freiwilligen Rückzug aus den Leitungs- und Aufsichtsgremien aus grundsätzlichen Erwägungen ist für die Jahre vor den 1941/42 einsetzenden Machtverschiebungen innerhalb des NS-Regimes nicht zu berichten; für die Zeit seit dem 1942/43 absehbaren Niedergang des Dritten Reichs und die folgenden beiden Jahre der Schadensbegrenzung und vorsichtigen Dissoziierung vom Nationalsozialismus (in denen Divergenzen mit NS-Stellen dem Ansehen nach dem verlorenen Krieg an sich nur nützen konnten) ebenfalls nicht.

Bei dem erklärbaren moralischen Versagen der Geschäftsleitungen großer Unternehmen im Allgemeinen und der Dresdner Bank im Speziellen stand also nicht nur internalisierte ökonomische Rationalität, sondern auch politische Irrationalität Pate. Neben der betriebswirtschaftlichen Analyse durchzieht die vorgelegten Bände – soweit das beim gegenwärtigen Forschungsstand zur Geschichte der deutschen Finanzinstitute möglich ist – deswegen immer auch die Frage danach, wo, wann und wieso die führenden Mitarbeiter der Dresdner Bank den durchschnittlichen Verhaltenskontext im damaligen Bankgeschäft verlassen haben, wie sie ihre zwar verengten, aber nach wie vor gegebenen Handlungsspielräume und ihre weiterhin bestehende Entscheidungsfreiheit gebraucht oder missbraucht haben. Dennerst aus solchen Abweichungen vom Normalverhalten[68] (so beklagenswert dieses uns heute erscheinen mag) erschließen sich die Charakteristika und die Unterschiede unternehmerischen Verhaltens in der Diktatur. Dabei ergibt sich kein einfacher oder gar zwingender Zusammenhang zwischen besonderer Regimenähe und besonders hohen Erträgen.[69] Das gilt auch für die Dresdner Bank, die ungeachtet ihrer besonderen Regimenähe gegenüber ihren beiden Hauptkonkurrentinnen jedenfalls keinen entscheidenden geschäftlichen Vorsprung herausholen konnte. Eher dürfte sie dadurch weniger an Terrain verloren haben als sonst wohl. Dieser Befund zeigt darüber hinaus, dass das Regime die Bäume der Dresdner Bank, durchaus zu deren Enttäuschung, bewusst nicht in den Himmel wachsen ließ und dass selbst eine erhebliche Protegierung durch die NS-Stellen die fortbestehenden Konkurrenzmechanismen und die ökonomische Machtverteilung im privaten Großbankensektor nicht nachhaltig veränderte.

In der Ideologie des Nationalsozialismus waren die großen Privatbanken eine beliebte Zielscheibe politisch aufgeladener Vorurteile. Diese knüpften an die virulente Kritik an der „Macht der Banken"[70] an und konnten sich überdies die hartnäckigen Ressentiments gegen ein als anrüchig geltendes, schwer zu durchschauendes Kreditwesen zunutze machen. Das in Krisenzeiten regelmäßig aufwallende *odium bancarum* und die öffentliche Kritik an der vermeintlich überwältigenden

[67] Bd. 3, Wixforth, S. 899.
[68] Siehe Plumpe, Unternehmen im Nationalsozialismus, S. 265.
[69] Siehe Spoerer, Scheingewinne, S. 170.
[70] Zum Folgenden Harald Wixforth, Die Macht der Banken. Debatten, Untersuchungskonzepte, Ergebnisse, Arbeitspapier Nr. 2/1997 der Gesellschaft für Unternehmensgeschichte, Münster 1997, sowie Gregor Brendel, Zur Macht der Banken in Deutschland. Eine empirisch-historische Untersuchung, Münster 2001.

Bankenmacht hatten schon den Aufstieg der großen deutschen Aktienbanken im letzten Drittel des 19. Jahrhunderts begleitet, wo sie als Finanziers der boomenden Industrie unentbehrlich waren, sich bei Rückschlägen aber schnell auf der Anklagebank wiederfanden. Noch vor dem Ersten Weltkrieg verwissenschaftlichten sich auf der Linken die Angriffe auf das stark expandierende, Kredit- und Wertpapiergeschäft verbindende Universalbankensystem mit seinen überregional ausgreifenden Filialnetzen zu einer einflussreichen Theorie. Danach würde sich die Macht der Banken wegen der wachsenden Konzentration in der Wirtschaft und ihrer strategischen Position darin unweigerlich zu einer Herrschaft des „Finanzkapitals" über die gesamte Wirtschaft eines Landes ausweiten – letztlich zur „Errichtung der Bankenherrschaft in einer modernen Industriegesellschaft".[71] An solche Vorstellungen, welche die tatsächliche Machtstellung der Großbanken in der Volkswirtschaft des Kaiserreichs bereits zum Zeitpunkt ihrer Entstehung stark überzeichneten,[72] konnte die an Theorie und Empirie nur mäßig interessierte radikale Rechte nach 1918 anknüpfen und sie mit ihren eigenen antikapitalistisch-rassistischen Glaubenssätzen verbinden.

Die Wirtschaftsideologen der NSDAP beschränkten sich nicht darauf, lediglich in den heterogenen Chor der Bankengegner einzustimmen; sie versuchten auch eine Deutung des Finanzkapitalismus zu geben. An ältere Auffassungen anknüpfend, unterschieden die Nationalsozialisten bekanntlich zwischen dem „schaffenden" Industriekapital und dem „raffenden" Finanzkapital[73] und glaubten damit eine ähnlich grundlegende analytische Kategorie wie den Antagonismus von Kapital und Arbeit in der marxistischen Lehre gefunden zu haben. Während Unternehmerkapitalisten in dem dichotomischen Modell der NSDAP ausdrückliche Unterstützung erfuhren und Industriekapitäne wie Siemens, Krupp oder Borsig sich großer Wertschätzung erfreuten, galten ihr Finanzkapitalisten als eigensüchtige Geldakrobaten und parasitäre Spekulanten. Deren Bekämpfung und denunziatorische Abgrenzung von einer hart und ehrlich arbeitenden Bevölkerung stigmatisierte das Geldkapital als Spaltpilz einer Volkswirtschaft, deren produktive Entfaltung nach der volksgemeinschaftlichen Vision der Hitler-Bewegung „nur in Harmonie, nicht im Konflikt zwischen Unternehmern und Arbeitern stattfinden könne". Diesen beiden Gruppen, die nach dieser Ansicht gleichgerichtete Interessen verfolgen könnten, wurden die dubiosen Betreiber von Geldgeschäften und Zinsnehmer als „Konfliktpartner und Störenfried" gegenüber gestellt. So schoss sich auch der nationalsozialistische Antikapitalismus auf das seit langem im Gerede stehende Bank- und Finanzkapital ein.[74]

Da sich in den Augen der nationalsozialistischen Wirtschaftsideologen die gesamte produzierende Wirtschaft in der „Zinsknechtschaft" des Geldkapitals befand, musste zur Befreiung der deutschen Volkswirtschaft die anonyme Herrschaft des international und deshalb national verantwortungslos operierenden

71 Wixforth, Macht der Banken, S. 7.
72 Siehe Neumann, Behemoth, S. 380.
73 Vgl. etwa ebd., S. 377f.; Avraham Barkai, Das Wirtschaftssystem des Nationalsozialismus. Ideologie, Theorie, Politik 1933–1945, Frankfurt/Main 1988, S. 27ff.; Carl-Ludwig Holtfrerich, Die Banken aus makroökonomischer Sicht, in: Gall/Pohl (Hg.), Unternehmen im Nationalsozialismus, S. 37ff.; die folgenden Zitate ebd., S. 39.
74 Siehe Neumann, Behemoth, S. 378.

Leihkapitals gebrochen werden. In der angebliche Dominanz der großen Aktienfilialbanken erblickten die Nationalsozialisten zudem eine der Machtquellen des bereits gefährlich weit gediehenen Einflusses des „internationalen Judentums". Mit diesem Modell glaubten Theoretiker wie der von Hitler lange hoch geschätzte Gottfried Feder nicht nur einen Schlüssel zum Verständnis der bedrückenden Gegenwart, sondern auch eine Art staatswissenschaftliche Fundierung des aggressiven Antisemitismus der NS-Bewegung gefunden zu haben. Hitler selbst hat darin wohl schon früh eine willkommene „rationale" Bestätigung seines Judenhasses gesehen.[75]
Neben den aggressiven Tiraden gegen das „internationale Finanzjudentum" und dem unspezifischen Lamento über die Macht der Banken gewannen in der Wirtschaftskrise auch speziellere Vorwürfe gegen die großen Berliner Aktienbanken an Boden. Sie kamen aus der Branche selbst, und zwar von den an ihr regionales Einzugsgebiet gebundenen Sparkassen, die ihren Weizen mit dem Erstarken des Nationalsozialismus blühen sahen und gegenüber der überregional und international tätigen Konkurrenz nun zunehmend schärfere Töne anschlugen. Sie lasteten den großen Geldhäusern unter anderem eine verfehlte Industrialisierungspolitik an, weil sie wie „Absaugeapparate"[76] Kapital aus der Provinz herauszögen, um es in die industriellen Ballungsgebiete zu pumpen, der Landwirtschaft und dem Mittelstand dabei aber kurzfristigen Kredit zu tragbaren Zinsen vorenthielten. Nur ein lokal verwurzeltes und öffentlich kontrolliertes Kreditwesen konnte in dieser Optik die vom spekulativen Großkapital überwucherte Wirtschaftsstruktur reinigen, den Bedürfnissen des bodenständigen Handwerks und Kleinunternehmertums - einer frühen Klientel des Nationalsozialismus – gerecht werden und zu einer moralischen Gesundung des deutschen Erwerbslebens führen. Innerhalb des beargwöhnten Bankensektors stilisierten sich die Lobbyisten des öffentlichen Kreditwesens so zu Vorkämpfern des „Gemeinnutzes", der im NSDAP-Programm zu einer nicht näher definierten ethisch-moralischen Norm erhoben war. Für die großen Aktienbanken, die für die verheerenden wirtschaftlichen und sozialen Verwerfungen am Ende der ersten deutschen Demokratie mitverantwortlich gemacht wurden, blieb in diesem ebenso simplen wie düsteren Entwurf nur die Schmuddelecke eines wurzel- und rücksichtslosen „Eigennutzes". Der beharrlich uminterpretierte Sozialismus bedeutete für die NS-Bewegung, wie gesagt, nicht die Abschaffung privaten Eigentums, „sondern Gleichheit der sozialen Chancen und eine Wirtschaftsgesinnung, die auf dem Grundsatz des nationalsozialistischen Parteiprogrammes von 1920 ‚Gemeinnutz geht vor Eigennutz' beruhte".[77]

In der Endphase der Weimarer Republik konnten die Nationalsozialisten bei ihrem Kampf gegen das Finanzkapital, ihr „höchster ökonomischer Grundsatz",[78] besonders plausibel an die Erfahrungen eines wirtschaftlich stark unter Druck ge-

[75] Ian Kershaw, Hitler 1889–1936, Stuttgart 1998, S. 170.
[76] Simon Niklas Hellmich, Großbanken und Sparkassen aus der Sicht der nationalsozialistischen Wirtschafts- und Soziallehren, in: Harald Wixforth (Hg.), Finanzinstitutionen in Mitteleuropa während des Nationalsozialismus, Stuttgart 2000, S. 22, auch zum Folgenden.
[77] Heinrich August Winkler, Der lange Weg nach Westen. Deutsche Geschichte vom Ende des Alten Reiches bis zum Untergang der Weimarer Republik, München 2000, S. 492.
[78] Neumann, Behemoth, S. 377.

ratenen Mittelstandes anknüpfen und dort auch ihren politischen Durchbruch erzielen. Das sehr hohe Zinsniveau ließ vielen die großen Banken tatsächlich wie Profiteure der Wirtschaftskrise erscheinen, während kleine und mittlere Betriebe nicht selten wegen dieser Belastung massenhaft Insolvenz anmelden mussten. Dass „die Banken und oftmals jüdischen Bankiers in dieser Situation den Schuldendienst aus Kreditverträgen geltend machen mussten",[79] befeuerte den Hass auf das große Geld noch.[80] Von da war es kein weiter Weg mehr zur erfolgreichen Instrumentalisierung der verbreiteten Sehnsucht nach einem wirksamen Schutz des mittelständischen Gewerbes vor den so empfundenen „Übergriffen des Großkapitals"[81] und einer politischen „Brechung der Zinsknechtschaft".

Es tat der Angriffslust der nationalsozialistischen Wirtschaftsideologen und der Wirkung ihrer Agitation keinen Abbruch, dass sich ihr Antikapitalismus im Vorfeld des Machtwechsels 1933 gegen einen Feind austobte, der die Bankenkrise nur mit Mühe überstanden hatte und noch nie so wenig bedrohlich gewesen war wie gerade jetzt. Dass sich die Wirtschaftsideologen gegen ihre pragmatischeren Parteigenossen nicht durchsetzen und das Universalbankensystem 1933 nicht sogleich überrennen konnten, bedeutet nicht, dass damit der Großbankenfeindschaft der NSDAP bereits endgültig das Genick gebrochen gewesen wäre. Sie blieb die gesamte NS-Zeit hindurch, mal offener, mal latenter, ein jederzeit verfügbares Instrument, um den Finanzsektor zu disziplinieren und jenen „vorauseilenden Gehorsam und korrupten Opportunismus zu erzeugen, von dem das Regime abhing".[82] Bei Hitlers Machtantritt schienen den großen Aktienfilialbanken schwere Zeiten bevorzustehen, zumal sie „politisch verwundbar und, natürlich, finanziell durch die Große Depression geschwächt in das Dritte Reich" gingen.

Im Bogen dieser Fragen und Erkenntnisse zur Geschichte großer Unternehmen im Dritten Reich steht die Dresdner Bank als Gegenstand der historischen Analyse. Die vorliegende Untersuchung versucht das Handeln, die Haltung und die Stellung des Berliner Finanzinstituts in der NS-Diktatur so genau wie möglich zu klären und darzustellen. Dabei schenkt sie seiner Geschäftsstrategie und seiner Wirtschaftstätigkeit dieselbe Aufmerksamkeit wie den Implikationen, die sich daraus für seine Mitarbeiter, seine Kunden, sein geschäftliches Umfeld und natürlich für die verschiedenen Institutionen des NS-Staates ergaben, mit denen die Dresdner Bank in diesen zwölf Jahren in vielfältiger Weise in Beziehung stand. Nach den skizzierten zeit- und unternehmensgeschichtlichen Prämissen unseres Forschungsprojekts braucht nicht wiederholt zu werden, wie intensiv sich die politische und die wirtschaftliche Sphäre in der politischen Ökonomie des Nationalsozialismus durchdrangen und dass das Ineinander der beiden Sphären und die Interaktion ihrer jeweiligen Akteure deswegen besondere Aufmerksamkeit verlangt.

79 Holtfrerich, Banken aus makroökonomischer Sicht, S. 39.

80 Vgl. Harold James, Verbandspolitik im Nationalsozialismus. Von der Interessenvertretung zur Wirtschaftsgruppe: Der Centralverband des Deutschen Bank- und Bankiergewerbe 1932–1945, München 2001, S. 19.

81 Karl Dietrich Bracher, Die deutsche Diktatur. Entstehung, Struktur, Folgen des Nationalsozialismus, Köln 1969, S. 172.

82 Feldman, Financial Institutions, S. 22; das folgende Zitat ebd., S. 19; siehe auch James, Verbandspolitik, S. 45.

Bei einer monströsen Weltanschauungsdiktatur wie der nationalsozialistischen muss das direkt zur sorgfältigen Prüfung der Frage führen, wie und in welchem Ausmaß die untersuchte Bank zur Stabilisierung und Entfaltung dieses auch von manchem Zeitgenossen im Finanzgewerbe schon als selbstzerstörerisch und prinzipiell menschheitsfeindlich erkannten Systems und darüber hinaus zur „Akkumulation der Unmenschlichkeit"[83] (Hans Mommsen) in diesen Jahren beigetragen hat. Insgesamt sollten sich, so Absicht und Hoffnung des Herausgebers und der Autoren, aus dieser wissenschaftlichen Anstrengung vertiefte Einblicke in die changierende Symbiose von Politik und Ökonomie im Dritten Reich und weiterführende Einsichten in die Funktionsweise des nationalsozialistischen Führerstaats generell ergeben.

Die Geschichte der Dresdner Bank ist in den vorgelegten Bänden über die gesamten zwölf Jahre der NS-Zeit hinweg, auf allen relevanten Gebieten des Bankgeschäfts und unter vollständiger Berücksichtigung ihrer zahlreichen Tochtergesellschaften beschrieben. Ihre äußere Entfaltung erfährt dieselbe Beachtung wie ihre inneren Strukturveränderungen. Ein starker Akzent liegt dabei auf der betriebswirtschaftlichen Analyse der einzelnen Geschäftssparten vor dem Hintergrund der allgemeinen wirtschaftlichen Entwicklung in der „Wehrhaftmachung" des Deutschen Reiches und dann des Krieges. Dabei tritt zugleich das Handeln der führenden Persönlichkeiten der Bank deutlich vor Augen.

Der primär an den ökonomischen Kennziffern interessierte Leser findet eine Vielzahl in mitunter aufwändiger Berechnung erstellter Tabellen und Schaubilder zur Entwicklung der Bilanzsumme und der Eigenkapitalrendite der Dresdner Bank, der Gewinn- und Vermögensentwicklung, zur Liquidität, zu den Kapitalbeteiligungen usw. Daneben werden in dem Projektteil von Johannes Bähr, aber auch bei Harald Wixforth die einzelnen Geschäftsbereiche etwa in Aufstellungen zur Debitoren- und Kreditorenentwicklung, in Tabellen zum Kreditengagement in den verschiedenen Branchen oder in aufgeschlüsselten Übersichten von Kreditbewilligungen an bedeutende Geschäftspartner transparent. Die Untersuchung des im OMGUS-Bericht so überschätzten[84] Beitrags der Bank und ihrer Tochtergesellschaften zur Finanzierung der Rüstungs- und Kriegswirtschaft nimmt breiten Raum ein, zeichnet die näheren Umstände dieses Engagements häufig bis ins Detail nach und widmet sich genauso den Konsortialbildungen und -konditionen. Das Auslandsgeschäft als weitere klassische Sparte oder das, was nach 1933 davon übrig blieb, ist, so gut es die Überlieferungslage erlaubt, bis Kriegsbeginn rekonstruiert. Für die Kriegszeit werden die Beziehungen zu den deutschen Satellitenstaaten und den neutralen Ländern unter die Lupe genommen, die verdeckten Auslandsaktivitäten im eigenen Interesse und für das Reich dabei zum Teil erstmals ans Licht gebracht. Besondere Beachtung erfährt dabei natürlich die Geschäftspolitik des Mutterhauses und seiner Affiliationen in den von der Wehrmacht zerschlagenen und okkupierten Ländern. Das Effektengeschäft als dritte Säule der klassischen Banktätigkeit erlitt während der NS-Zeit ebenso wie die beiden vorgenannten einen erheblichen Bedeutungsverlust. Die Studie geht diesen

83 Hans Mommsen, Hitlers Stellung im nationalsozialistischen Herrschaftssystem, in: ders., Von Weimar nach Auschwitz, S. 239.

84 Siehe etwa den OMGUS-Bericht über die Dresdner Bank, S. 36.

Verschiebungen nach, führt die größeren Emissionen im Einzelnen auf, gibt einen Überblick über ihr Volumen und berechnet die Erträge daraus. Das vom Regime gezielt geförderte und gewaltig anwachsende, von neuartigen Werbeanstrengungen flankierte Spargeschäft, bei dem sich die Einlagen zwischen 1933 und 1945 etwa verzwanzigfachten, ist ebenso eingehend dargestellt wie das Genossenschaftsgeschäft oder die Anlagepolitik des Geldhauses einschließlich der Aufschlüsselung seines immer stärker anschwellenden Bestandes an Staatspapieren.

Die am ökonomischen Kern des Unternehmens Dresdner Bank orientierte Untersuchung beleuchtet aber auch die personelle Entwicklung des Konzerns genau. Der Struktur der Beschäftigten und ihrer Veränderung ist breiter Raum gegeben, deren Arbeitsbedingungen und ihrem Aderlass im Krieg. Dieter Ziegler befasst sich eingehend mit den Nationalsozialisten im Betrieb, wie weit sie das Klima zu beeinflussen, die Personal- und Geschäftspolitik formal oder informell mitzubestimmen vermochten. Daneben verfolgt er mit größtmöglicher Akribie den Weg und das Schicksal der jüdischen Mitarbeiterinnen und Mitarbeiter der Bank auf allen Hierarchieebenen. Die Mitglieder des Vorstands, des Aufsichtsrats, die verschiedenen regionalen Beiräte, die leitende Angestelltenschaft in der Zentrale wie in den Affiliationen und Filialen (über die ein Anhang mit über 60 Kurzbiographien nähere Auskunft gibt) werden nicht allein auf ihr professionelles und politisches Profil hin abgeklopft; sie treten dort, wo es angezeigt ist, als lebendige Persönlichkeiten in den vielfältigen Konstellationen und Situationen des Bankenalltags, aber auch in strategischen Schlüsselmomenten und politisch fundamental kompromittierenden Aktionen hervor. Wir erkennen ihre politische Vernetzung und erleben ihre internen Machtkämpfe – insgesamt ist es der Versuch, neben der betriebswirtschaftlichen Ökonomie die „politische und moralische Ökonomie“[85] eines großen deutschen Unternehmens so plastisch wie möglich zur Anschauung zu bringen. Ökonomische Rationalität, Regimenähe und Mittäterschaft sind die Kernkriterien der untersuchten Entwicklung, denen im vorliegenden Band spezielle Aufmerksamkeit gilt.

Die Orientierung am bankkaufmännisch rationalen Kalkül bei der Wahrnehmung von Geschäftsmöglichkeiten in einer Diktatur irrationaler Wertefundierung machte die Hineinverwicklung der Großbanken in deren Ziele und Herrschaftspraxis erwartbar und ließ sie gewöhnlich an der politisch-moralischen Herausforderung scheitern, vor der sie standen. Zu untersuchen bleibt allein, wie weit diese Integration in das NS-Regime reichte, zu dessen Wesensmerkmalen gerade das Neben- und Ineinander von Normalität und Ausnahmezustand, von Alltag und Verbrechen zählte. Die Frage ist, ob und wo es überhaupt Grenzen gab, die sich auf Gewinnerzielung und längerfristige Existenzsicherung verpflichtete Geschäftsleitungen, für die politische Systemkonformität zu einem „Bestandteil der Risikominimierung“[86] wurde, selber hätten ziehen müssen.

Jedenfalls ergibt sich aus ihrem damaligen Verhalten ihre historische Verantwortung. Jenseits von besonderer Regimenähe und Mittäterschaft ist Mitverantwortung nicht nur dann gegeben, wenn ein Unternehmen politische Entscheidun-

[85] Feldman, Allianz, S. 11.
[86] Loose, Ausraubung, S. 11.

gen im Raum der ideologischen Kernüberzeugungen des Nationalsozialismus beeinflussen konnte und sich bei deren Umsetzung beteiligte. Mitverantwortung bemisst sich auch daran, in welchem Maße Unternehmensleitungen die Verfolgung der Ziele der NS-Herrschaft behindert, ermöglicht oder erleichtert haben. Deren Förderung war, wie ausgeführt, häufig schon bei der ausschließlichen Konzentration auf den eigenen Zweck gegeben. Selbstverständlich lag es sehr am Rande des damaligen Verhaltenskontextes, sich als Konzernvorstand etwa aus humanitären oder gar politischen Gründen freiwillige Selbstbeschränkung aufzuerlegen.[87] Wo nicht offene Mittäterschaft vorliegt, lassen sich individuelle Unterschiede bei apolitisch-professionellem Verhalten am ehesten an den feinen Abstufungen zwischen aktiven, opportunistischen und passiven Geschäftsstrategien und -methoden ablesen, an einer Besinnung auf die ungeschriebenen Standesregeln oder an Manifestationen menschlichen Anstands in einer zunehmend moralisch verwahrlosenden professionellen und gesellschaftlichen Umgebung, die solchen Erwägungen immer weniger förderlich war. Ökonomisches Denken und Handeln ist jedoch niemals wertneutral. „Auch erfolgreiches Wirtschaften schließt die Frage nach der Methode nicht aus, mit der die Ergebnisse erzielt wurden."[88] Unter solchen Prämissen ist der Grad der Amalgamierung von Geschäfts- und Regimepolitik infolge temporären Gleichklangs der Interessen am erfolgversprechendsten in den Gravitationszentren des Nationalsozialismus zu prüfen: auf dem Feld des Lebensraum-Imperialismus und der Rassenpolitik.

Diese Überlegung, die handhabbare Strukturierung und die Bewältigung eines gewaltigen Stoffes verlangten es, die Untersuchung in drei Schwerpunkten zu fokussieren, in Band 1 von Johannes Bähr: Die Dresdner Bank in der Wirtschaft des Dritten Reichs; in Band 2 von Dieter Ziegler: Die Dresdner Bank und die deutschen Juden; in Band 3 von Harald Wixforth: Die Expansion der Dresdner Bank in Europa.

Da die leitenden Fragestellungen in den drei Forschungsbänden jeweils eingehend dargelegt sind, mögen hier zu ihrem deren Profil einige Stichworte genügen. Band 1 arbeitet die besondere Regimenähe der Dresdner Bank heraus und zeigt, wie sich deren nationalsozialistische Infiltrierung und Selbstanpassung vollzogen, wie sie ihre Geschäftspolitik im Einzelnen gestaltete und in welchem Maße sie dabei von ihren politischen Verbindungen und von nationalsozialistischem Unrecht profitierte. Er geht von der Unternehmensentwicklung aus und untersucht neben den Alltagsroutinen namentlich diejenigen Geschäftsfelder, die für die Zusammenarbeit mit dem NS-Regime von besonderer Bedeutung waren, darunter in einer zeitgeschichtlichen Pionierleistung die Geschäfte der Dresdner Bank mit der SS, mit der „die Untersuchung zur unmittelbarsten Zusammenarbeit des Unternehmens mit dem Macht- und Terrorapparat des NS-Regimes"[89] vorstößt. Dabei orientiert sich der Band an der klassischen Leitfrage nach den Motiven und der Erwartungsbildung der Akteure, nach der Entstehung und Umsetzung ihrer unternehmerischen Strategien sowie nach den dabei gegebenen Entscheidungsspielräumen über die gesamte NS-Zeit hinweg.

87 Vgl. Spoerer, Automobilindustrie, S. 68.
88 Ludwig Poullain, Ungehaltene Rede, in: Frankfurter Allgemeine Zeitung v. 16. 7. 2004.
89 Bd. 1, Bähr, S. 7.

Band 2 behandelt die Verdrängung der jüdischen Angestellten und Betriebsrentner der Dresdner Bank und ihr weiteres Schicksal, die Beteiligung des Geldhausesan der „Arisierung" von gewerblichem wie an der Konfiskation von privatem jüdischen Vermögen auf dem Gebiet des Altreichs. Die Verwicklung der Bank in die nationalsozialistische „Judenpolitik" in den eingegliederten und besetzten Gebieten kommt im dritten Band zur Sprache, da sie direkt von der jeweils sehr unterschiedlichen Besatzungspolitik dort bestimmt wurde. Auch in diesem Teil, der prüft, inwieweit die Beteiligung der Bank an den antijüdischen Maßnahmen des Regimes „einem betrieblich rationalen Kalkül entsprach",[90] steht die Frage nach der Motivstruktur und den Handlungsmöglichkeiten des Bankhauses im Mittelpunkt, wobei mit der eingehenden Untersuchung der zunehmend kaltschnäuzigeren Behandlung der „nichtarischen" Angestellten durch ihren Arbeitgeber wissenschaftliches Neuland betreten wird.

Band 3 war besonders umfassend anzulegen, da hier die enorme Expansion in Europa in den Blick kommt, welche die Dresdner Bank mit eben zurückerlangter Handlungsautonomie als reprivatisiertes Institut im Windschatten der Anschlusspolitik und des militärischen Ausgreifens des Dritten Reichs betrieb. Hier erreichte ihre Teilhabe an der zunehmend radikalisierten Rasse- und Eroberungspolitik des NS-Regimes „eine neue Qualität",[91] denn ihre Entfaltungsmöglichkeit hing direkt von der sehr unterschiedlichen deutschen Gangart im unterworfenen Europa ab. Neben einer Untersuchung ihrer Geschäftsstrategie und Geschäftsentwicklung sowie des Mitwirkens der Bank an der Judenverfolgung untersucht dieser Teil vor allem ihren mit den größten Erwartungen begonnenen Aufbruch in alle Himmelsrichtungen und die dabei „angewandten Methoden, die ihnen zugrunde liegenden Motive und die dafür notwendige vielfältige Vernetzung mit den Entscheidungsträgern in Berlin und dem NS-Herrschaftsapparat vor Ort". Die zentrale Annahme des dritten Projektteils ist es, dass die in den einzelnen Ländern jeweils angewandte nationalsozialistische Herrschaftspraxis direkt auf das Verhalten der Bank durchschlug. Um dies nachvollziehbar vor Augen zu stellen und dabei einen Vergleich zwischen dem signifikant unterschiedlichen Bankverhalten im ausgeschlachteten und „neu geordneten" Osten und im Westen zu ermöglichen, geht der Band in tief eindringenden Fallstudien insbesondere auf die Tschechoslowakei, Polen und die Niederlande ein. Angesichts der Radikalisierung der NS-Diktatur seit 1938/39 und ihrer in der Vernichtung der Juden gipfelnden Verbrechen stellt sich hier die übergreifende Leitfrage nach dem Verhältnis von ökonomischer Rationalität, Regimenähe und Mittäterschaft mit besonderer Schärfe.

Im vorliegenden Band 4 schließlich umreißt der Herausgeber neben einer knappen Skizzierung des Selbst- und Fremdbildes der Dresdner Bank die hauptsächlichen methodischen Prämissen und die leitenden Fragestellungen, unter denen sich das Forschungsprojekt seinem Gegenstand nähert, und erläutert dessen unternehmens- und zeitgeschichtliche Schwerpunktsetzung. Weiter werden die hauptsächlichen Erträge der drei Forschungsbände in eine komprimierte Entwicklungsgeschichte integriert, welche die Gesamtgestalt der Dresdner Bank in ihrem Wandel

[90] Bd. 2, Ziegler, S. 8.
[91] Bd. 3, Wixforth, S. 4; das folgende Zitat ebd.

zwischen 1933 und 1945 anschaulich machen möchte. Diese Zusammenführung wesentlicher Entwicklungslinien stellt in ihrer Wiederverflechtung der vielfältigen, in den drei sachthematisch angelegten Bänden jeweils herauspräparierten ökonomischen und politischen Stränge die innere Kohärenz der Geschäftsstrategie der Dresdner Bank ebenso vor Augen wie den progressiven Verfall ihrer kaufmännischen und politisch-moralischen Standards. Der Autor des vierten Bandes wählt zwar eine eigene Perspektive, ist aber ganz den Forschungen von Johannes Bähr, Harald Wixforth, Dieter Ziegler und ihrer Mitautoren verpflichtet, die ihre Erkenntnisse in eingehenden Schlussbetrachtungen jeweils noch einmal reflektieren. Eine gewissermaßen allgemeinverbindliche, individuelles Urteil einebnende Gesamtsicht auf dem kleinsten gemeinsamen interpretatorischen Nenner der zehn beteiligten Autorinnen und Autoren ist schwerlich denkbar und wurde vom Herausgeber deshalb weder während der Forschungsarbeit noch in seinem resümierenden Teil angestrebt.

Blickt man auf die Hauptlinien in der Entwicklung des Forschungsstands zur Rolle der Großbanken in der NS-Zeit, so fallen zunächst die enormen Fortschritte auf, die hier in den zurückliegenden zehn Jahren erzielt wurden. Bis 1995 war die Geschichte des privaten Finanzsektors im Dritten Reich im Grunde eine *Terra incognita,* wo zur ersten Orientierung meist auf die Untersuchungen der amerikanischen Militärregierung zur Deutschen Bank und zur Dresdner Bank aus dem Jahre 1946 zurückgegriffen wurde.[92] Selbst grundlegende Abhandlungen über die Wirtschaft im Nationalsozialismus kamen auf die Großbanken meist nicht zu sprechen oder klammerten sie wegen des spärlichen Kenntnisstands explizit aus.[93] Gegenüber dem früher erwachten und viel stärkeren Interesse der wissenschaftlichen Unternehmensgeschichtsschreibung an der Rolle der großen Industriekonzerne im Dritten Reich[94] blieb die Frage von deren Finanzierung durch die Aktienfilialbanken ebenso unterbelichtet wie das Feld des „Finanzkapitalismus“ insgesamt. An sich hätte man hier mit mehr Aufmerksamkeit rechnen dürfen, war der angeblich bestimmende politische Einfluss des großen Geldes im Faschismus doch immerhin ein marxistisches Axiom.

Leider hat die Aufbewahrung großer Aktenbestände im kommunistischen Machtbereich und die fast 50 Jahre währende restriktive Haltung der großen Banken die zeitgeschichtliche Unternehmensforschung daran gehindert, sich über den Wert der Bankenakten wirklich klar zu werden, der weit über ihren eigenen Entstehungszusammenhang hinausweist. Wegen der Allgegenwärtigkeit finanzieller Transferprozesse, die alle Sphären des Gemeinwesens durchdringen und alle Wirt-

[92] Bis in die jüngste Zeit hinein wurden die OMGUS-Untersuchungen wie autoritative zeithistorische Studien veröffentlicht, etwa durch Christopher Simpson (Hg.), War Crimes of the Deutsche Bank and the Dresdner Bank: Office of Military Government (U.S.) Reports, New York 2001; siehe dazu aber Gerald D. Feldman, „Wer spinnt?“, in: German Politics and Society 20 (2002), S. 40ff.

[93] Siehe etwa Ian Kershaw, Der NS-Staat. Geschichtsinterpretationen und Kontroversen im Überblick, Reinbek 1994, S. 82ff., oder Volkmann, Großwirtschaft und NS-Regime, S. 75, Anm. 1.

[94] Ein Überblick über die Literatur und den Forschungsgang u.a. bei Ralf Banken, Kurzfristiger Boom oder langfristiger Forschungsschwerpunkt? Die neuere deutsche Unternehmensgeschichte und die Zeit des Nationalsozialismus, in: GWU 56 (2005), S. 183; bei Buchheim, Unternehmen in Deutschland, in der Einleitung zu Nicosia/Huener (Hg.), Business and Industry, S. 1ff., oder in Bd. 1, Bähr, S. 9ff.

schaftsteilnehmer mit umfassen, ermöglichen diese Unterlagen einen tiefen Einblick in die ökonomischen Auswirkungen von Politik und umgekehrt. Das gilt nicht nur für die tatsächlichen Strukturen und Machtverteilungen im ökonomischen Sektor selbst, sondern auch für wesentliche politisch-gesellschaftliche und soziale Entwicklungen, die von den Banken in einer intransparenten Diktatur natürlich ebenso registriert, analysiert und im Zuge ihrer internen Informationsverarbeitung abgebildet werden. Wie etwa die Abschnitte über den Umgang mit den jüdischen Betriebsrentnern in Band 2 oder jene über die eingegliederten Ostgebiete und das Generalgouvernement in Band 3 zeigen,[95] erhellen sich daraus weit über das rein Ökonomische hinaus wesentliche Sachverhalte zusätzlich und mitunter sehr deutlich – hier die Verdrängung, Ausraubung und Vernichtung der Juden.

Während die staatlichen Banken und die Sparkassen, die in der NS-Zeit eine enorme Aufwertung und Geschäftsausweitung erfuhren, noch immer im Schatten der Forschung liegen,[96] erfolgte für den Bereich der deutschen Aktienfilialbanken 1995 ein Durchbruch, als Harold James seinen erwähnten, später durch eine weitere Studie ergänzten Überblick über „Die Deutsche Bank und die Diktatur 1933–1945“[97] vorlegte und Christopher Kopper sein grundlegendes Werk über die deutsche Bankenpolitik von 1933 bis 1939 veröffentlichte.[98] Als das Schriftgut der Großbanken im Lauf der neunziger Jahre sukzessive benutzbar wurde[99] und als nach dem Zusammenbruch des Staatssozialismus auch russische und ostmitteleuropäische Archive ihre einschlägigen Unterlagen zugänglich machten, konnte eine Untersuchung der bis dahin mehr oder weniger im Dunkeln liegenden, im Osten eng mit den Verbrechen des Nationalsozialismus verquickten Auslandstätigkeit der Banken in Angriff genommen werden. Lothar Gall etwa geht auf die „Versuchung“ ein, die der „atavistische Expansionsstaat“ an das Vorstandsmitglied Abs bei der Verfolgung der Interessen der Deutschen Bank im Ausland herangetragen habe.[100]

Ein anderer Pionier auf einem Felde, das durch die Tätigkeit mehrerer Historikerkommissionen und Forschungsteams zusätzliche Aufmerksamkeit erfuhr,[101] ist Gerald D. Feldman. Neben Studien zu Tochtergesellschaften der Deutschen Bank[102] und der Dresdner Bank[103] in Österreich steht das Werk über die Versicherungsgesellschaft Allianz.[104] Ebenso wie die vorerwähnten Studien räumt es

[95] Siehe jetzt auch die vorzügliche Studie von Ingo Loose über die Tätigkeit der deutschen Kreditinstitute in Polen; wie Kap. II, Anm. 44.

[96] Siehe Harald Wixforths Einleitung zu ders. (Hg.), Finanzinstitutionen, S. 5 ff.

[97] Wie Kap. I, Anm. 10; ferner ders., Die Deutsche Bank im Dritten Reich (Kap. II, Anm. 51); ders., Verbandspolitik (Kap. II, Anm. 80); ders., Die Deutsche Bank und die „Arisierung“, München 2001.

[98] Wie Kap. I, Anm. 23.

[99] Siehe etwa Johannes Bährs Überblick „Die Akten der Dresdner Bank aus der NS-Zeit: Anmerkungen zur Quellenüberlieferung“, in: Bd. 1, Kapitel X, S. 571 ff.

[100] Gall, Abs, S. 87.

[101] Vgl. Feldman, German Business History, S. 26 ff.

[102] Ders., The Creditanstalt-Wiener Bankverein in the National Socialist Period, 1938 –1945 (Website Publikation: http://www.histcom.at).

[103] Ders., The Länderbank Wien AG in the National Socialist Period (Website Publikation: http://www.histcom.at).

[104] Wie Kap. II, Anm. 23; die folgenden Zitate ebd., S. 631.

gründlich mit der von den untersuchten Unternehmen lange gepflegten Vorstellung eigener Passivität während der NS-Zeit auf. Es hebt in seinem Resümee auf den „Verrat" an ihrer Verantwortung ab, die große Unternehmen mit für die Gesellschaft tragen, in der sie tätig sind. „Er war Ergebnis von bereitwilliger Mitarbeit und rückgratlosem Konformismus, engstirnigem und unbedachtem technokratischen Handeln, egoistischem Profitstreben und vor allem von Opportunismus."

Die größte Aufmerksamkeit hat bislang die Mitwirkung der Geldinstitute an der Vernichtung der jüdischen Gewerbetätigkeit und an der Konfiszierung jüdischen Privateigentums gefunden. Mit dem Buch von Harold James,[105] dem Sammelband in der Regie von Ludolf Herbst und Thomas Weihe[106] und dem Werk von Dieter Ziegler im Rahmen dieses Projektes liegen nun für alle drei ehemals Berliner Großbanken eingehende Untersuchungen ihrer Teilhabe an der nationalsozialistischen „Judenpolitik" vor. Es wird nun darauf ankommen, die Unterschiede und Gemeinsamkeiten in dem Vorgehen der einzelnen Institute in vergleichenden Studien noch genauer herauszuarbeiten als das bislang möglich gewesen ist.[107]

Die Dresdner Bank fand, von den vorab veröffentlichten Teilstudien dieses Projekts[108] abgesehen, bislang lediglich im OMGUS-Bericht und der umfangreichen Einleitung von Karl Heinz Roth dazu, in Arbeiten ohne wissenschaftlichen Anspruch,[109] in einigen verstreuten Bezügen in der Literatur und eingehender bei Christopher Kopper Beachtung. Deren Tenor läuft auf das Urteil hinaus, dass bei der Dresdner Bank während der NS-Zeit durchgehend ein aggressiveres und „politischeres" Geschäftsgebaren zu beobachten sei als bei ihren beiden Hauptkonkurrentinnen. So wird etwa festgestellt, „dass die Dresdner Bank vom Beginn der NS-Herrschaft an im trüben Geschäft des ‚Losklopfens' von jüdischen Kapitalwerten weiter ging als die anderen Großbanken";[110] die Bank habe in Österreich „bei der Partei bessere Karten"[111] gehabt und dies für sich ausgenutzt oder sie sei im Vorfeld der Zerschlagung der Tschechoslowakei „von einer noch provokativeren Direktheit" gewesen als die Konkurrenzinstitute. Ein andermal wird auf ihre im Vergleich mit der Deutschen Bank „engeren Kontakte zum Regime"[112] abgehoben.

Grundlagen, Stil und Motivation der Geschäftspolitik der Dresdner Bank versucht Kopper mit Blick auf die Vorkriegsjahre Relief zu geben. So sei die Bank in der zerstörten Tschechoslowakei „zum Teil ein Instrument staatlicher Befehls-

[105] Wie Kap. II, Anm. 97.
[106] Wie Kap. I, Anm. 27.
[107] Vgl. etwa Bernhard Lorentz, Die Commerzbank und die „Arisierung" im Altreich. Ein Vergleich der Netzwerkstrukturen und Handlungsspielräume von Großbanken in der NS-Zeit, in: VfZ 50 (2002), S. 237ff.
[108] Johannes Bähr unter Mitarbeit von Michael C. Schneider, Der Goldhandel der Dresdner Bank im Zweiten Weltkrieg, Leipzig 1999; Dieter Ziegler, Die Verdrängung der Juden aus der Dresdner Bank 1933–1938, in: VfZ 47 (1999), S. 187ff.; Harald Wixforth, Auftakt zur Ostexpansion. Die Dresdner Bank und die Umgestaltung des Bankwesens im Sudetenland 1938/39, Dresden 2001.
[109] Vgl. Bd. 1, Bähr, S. 7.
[110] So Karl Heinz Roth in seiner Einleitung zum OMGUS-Bericht über die Dresdner Bank, S. XLII.
[111] James, Deutsche Bank, S. 107; das folgende Zitat ebd., S. 120.
[112] Gall, Abs, S. 73.

wirtschaft und ökonomischer Expansionspolitik" geworden. „Sie verdankte ihre Führungsposition im österreichischen und tschechischen Industriegeschäft nicht etwa überlegener Professionalität oder besonderer finanzieller Leistungsfähigkeit, sondern speziellen persönlichen Loyalitätsbeziehungen mit der ‚neuen' Elite des staatlichen Wirtschaftssektors."[113] Aber auch bei der „Arisierung" sei das Institut von Carl Goetz im Vergleich zu den beiden anderen großen Banken „am aggressivsten" vorgegangen: „Die stärker gewinn- und expansionsorientierte Geschäftspolitik der Dresdner Bank und die moralische Indifferenz ihrer nicht nationalsozialistisch eingestellten Vorstandsmitglieder lässt sich mit dem Ehrgeiz erklären, den krisenbedingten Rückstand gegenüber der Deutschen Bank aufzuholen."

Es bleibe einstweilen dahingestellt, ob der Branchenführerin tatsächlich eine schwächer ausgeprägte Gewinn- und Expansionsorientierung zugeschrieben werden kann. Bei zwei Grundimpulsen der Dresdner Bank stand gewiss ökonomische Rationalität Pate: bei ihrer scharfen Konkurrenz vor allem zur Deutschen Bank und bei ihrem unbedingten Ehrgeiz, den Beinahebankrott in der Bankenkrise durch vermehrte wirtschaftliche Anstrengungen vergessen zu machen. Besondere, auch Mittäterschaft einschließende Regimenähe war dabei nach dem Machtantritt der Nationalsozialisten eine strategische Option, die zunächst von außen diktiert, bald akzeptiert und schließlich aktiv forciert wurde.

[113] Kopper, Bankenpolitik im „Dritten Reich", S. 360; die folgenden Zitate ebd., S. 290 und 291.

Die Entwicklung der Dresdner Bank 1933–1945

III. Druck und Anpassung 1933/34: Nationalsozialistische Revolution, Personalinfiltration, „Entjudung“[1]

1. Carl Goetz, Emil H. Meyer, Karl Rasche und die frühen Revirements

Nach der staatlichen Bankenneuordnung 1931/32, bei der das Reich mehrere hundert Millionen Reichsmark für die Sanierung der Dresdner Bank aufgewandt hatte, ging deren Aktienkapital in Höhe von 150 Mio. RM zu 91% in öffentlichen Besitz über. Zwar verlor das Institut infolge der Übernahme durch das Reich seine Handlungsautonomie, doch betrachteten alle Beteiligten, von der Regierung Brüning bis zur Geschäftsleitung der Bank selbst, die staatliche Intervention lediglich als eine vorübergehende Stabilisierungsmaßnahme und nicht etwa als Auftakt einer ordnungspolitisch motivierten Verstaatlichung. Die amtlichen Vertreter im Aufsichtsrat der Dresdner Bank, die nun etwa 25% kleiner als die Deutsche Bank und gut 40% größer als die Commerzbank war, drängten zwar auf die notwendigen Strukturmaßnahmen des mit der Darmstädter und Nationalbank fusionierten Geldhauses, sie machten aber keinen bestimmenden Einfluss auf die Geschäftspolitik geltend. Die Leitung der Bank hatte vielmehr Weisung, weiterhin nach privatwirtschaftlichen Gesichtspunkten zu handeln. Die Zusammenarbeit zwischen Aufsichtsrat und Vorstand verlief denn auch bis zum Ende der Staatsägide im Herbst 1937 reibungslos.[2]

Dieses Einvernehmen ist auf ein gemeinsames ordnungspolitisches Grundverständnis, aber auch darauf zurückzuführen, dass an der Spitze der Dresdner Bank jetzt das Unterste zuoberst gekehrt wurde. Insgesamt erfolgte das personelle Revirement in drei Schüben: zunächst als Konsequenz des Beinahe-Zusammenbruchs 1931, dann als Folge der Fusion 1932 und schließlich im Gefolge des Regimewechsels 1933. Als maßgebliche Führungspersönlichkeit entpuppte sich rasch Carl Goetz, der im September 1931 als 46-Jähriger in den Vorstand eingetre-

[1] Die folgende Entwicklungsgeschichte der Dresdner Bank 1933–1945 stützt sich ganz auf die Forschungsergebnisse, die in den Bänden von Johannes Bähr, Harald Wixforth und Dieter Ziegler dargelegt sind. Neben dem Verweis auf die jeweiligen Kapitel, in denen die erwähnten Sachverhalte im Detail abgehandelt sind, beschränken sich die Nachweise in der Regel auf wörtliche Zitate oder direkte sachliche Bezüge. Es entfallen, soweit nicht zwingend erforderlich, Hinweise auf Sekundärliteratur, die in den drei Forschungsbänden umfassend berücksichtigt und zitiert ist. Die Verweise auf die drei Forschungsbände nennen jeweils zuerst den Band, dann die Autorin bzw. den Autor und schließlich das Kapitel, auf das sich die jeweilige Passage bezieht.

[2] Im Einzelnen Bd. 1, Bähr, Kap. I, und Bd. 2, Ziegler, Kap. II. Die Deutsche Bank firmierte bis 1937 als Deutsche Bank und Disconto-Gesellschaft, die Commerzbank bis 1940 als Commerz- und Privatbank; im Folgenden nur Deutsche Bank und Commerzbank.

ten war und bereits zwei Jahre später dessen Vorsitz bekleidete. Der international erfahrene Ausnahmebankier kam von der Commerzbank und war der Wunschkandidat der Regierung Brüning. Er galt als Vertrauter des liberal-demokratischen Finanzministers Hermann Dietrich und wurde von Reichsbankpräsident Hans Luther wie von dessen im März 1933 berufenem Nachfolger Hjalmar Schacht gleichermaßen geschätzt.

Beim Machtantritt Hitlers war der Vorstand der Dresdner Bank kein Gremium, wie es sich die NSDAP wünschen konnte. Zehn von vierzehn Angehörigen der Geschäftsleitung, vier der sieben Vorstandsmitglieder waren Juden und verkörperten damit einen ausgeprägten Traditionsstrang des in der Berliner Behrenstraße residierenden Geldhauses. Seit der Gründung 1872 in Dresden spielten Bankiers jüdischer Herkunft eine herausgehobene Rolle. Alle Mitglieder der Geschäftsleitung von 1932, jüdische wie nichtjüdische, waren weltläufige Bankiers liberaler Gesinnung, die nichts mit der Weltanschauung des Nationalsozialismus verband. Anders als bei der Deutschen Bank, der Commerzbank oder der ebenfalls in Berlin angesiedelten Versicherungsgesellschaft Allianz unterhielt selbst nach dem Durchbruch der NSDAP zur Massenpartei im Herbst 1930 keines der Vorstandsmitglieder direkte Kontakte zu deren Granden oder gar zu Hitler persönlich, schon gar nicht solche, die als Parteinahme im Kampf gegen die Demokratie von Weimar und für eine Beteiligung der radikalen Führer-Partei an der Reichsregierung verstanden werden konnten. Die Dresdner Bank stand dem neuen Regime zunächst nicht nur ferner als ihre beiden Hauptkonkurrentinnen, sie verkörperte auch ziemlich genau das Feindbild, das die NSDAP vom „jüdischen Charakter" des Finanzkapitals und seiner zerstörerischen Rolle in der Volkswirtschaft pflegte.[3]

Ebenso wie in anderen Institutionen versuchte sich die nationalsozialistische Revolution auch in der Dresdner Bank sofort Geltung zu verschaffen.[4] Die beträchtliche Dynamik, die dabei fühlbar wurde, folgte jedoch nur teilweise dem Muster, das bei der Gleichschaltung sonst überall erkennbar war. Zwar wirkte hier ebenfalls der Druck von außen und innen zusammen, auch der zangenartige Zugriff von oben und von unten wurde wirksam. Als Protagonisten der Umwälzung traten aber vor allem euphorisierte kleine Parteigenossen innerhalb der Bank und einige größere Kaliber aus Hitlers Umgebung in Erscheinung. Das übliche Zusammenspiel von Parteiorganisation und staatlichen Instanzen dagegen blieb weitgehend aus. Der Druck auf die Bank speiste sich aus einer Mischung von Motiven, zu der neben einem klassenkämpferischen Impetus und einer judenfeindlichen Stoßrichtung die Entschlossenheit einiger „Alter Kämpfer" der NSDAP gehörte, die staatspolitische Umwälzung für den eigenen Aufstieg im Unternehmen zu nutzen. Die mitten in personeller Reorganisation befindliche Geschäftsleitung des reichseigenen und politischer Einflussnahme leicht zugänglichen Geldhauses entfaltete unter diesem Ansturm ein nachdrückliches Interesse daran, „sich ein Netz hochkarätiger Verbindungen zu den neuen Machthabern aufzubauen".[5]

[3] Hierzu und zum Folgenden Bd. 1, Ziegler, Kap. II.2 und III.1, III.2.
[4] Bd. 1, Ziegler, Kap. III.2 und IV.
[5] Bd. 1, Bähr, S. 584.

Mit etwa einem Prozent der Gesamtbelegschaft gab es bis 1933 in der Dresdner Bank nur wenige NSDAP-Angehörige, in der Geschäftsleitung überhaupt keine. Doch kaum war die Parteibasis durch den Zustrom neuer Mitglieder in den ersten Monaten des NS-Regimes verbreitert und die Betriebsvertretung von Altnationalsozialisten erobert, machten diese und die nationalsozialistische Betriebszelle durch scharfe Forderungen von sich reden. Sie verlangten eine Geschäftsführung im nationalsozialistischen Sinne und eine vollständige „Entjudung". Das Kesseltreiben von innen, das im Lichte der allgegenwärtigen Gewalttätigkeiten und der Boykottaktion gegen jüdische Geschäfte im Frühjahr 1933 umso bedrohlicher wirkte, richtete sich hauptsächlich, aber nicht ausschließlich gegen die Juden an der Spitze der Bank. Selbst Carl Goetz geriet als Mitglied einer Freimaurerloge vorübergehend ins Visier. Wochenlang kursierte das Gerücht, demnächst werde der gesamte Vorstand verhaftet.

Mit dem Druck, den die Nationalsozialisten in der Zentrale wie in den Filialen jetzt entfachten, sollten vor allem Personalentscheidungen in ihrem Sinne erzwungen werden. In Berlin begann das orchestrierte, auf eine massive Personalinfiltration zielende Zusammenwirken der Nationalsozialisten innerhalb und außerhalb des Unternehmens im April 1933. Es war kein Geringerer als Hitlers Vertrauter Otto Wagener, der Leiter der Wirtschaftspolitischen Abteilung der NSDAP und frühe Gegenspieler Görings, der die Dresdner Bank jetzt aufforderte, einen bestimmten „Alten Kämpfer" und Depositenkassenvorsteher in ihren Vorstand aufzunehmen. Da dieses Ansinnen aber zurückgewiesen wurde, eskalierte der Konflikt derart, dass die NS-Aktivisten mit einer Besetzung durch die SA drohten. An sich glaubte die Bank für solche Zudringlichkeiten vorgesorgt zu haben. Nach dem Ausscheiden eines 63-jährigen Vorstandsmitglieds, das als Angehöriger des Vorstands der Jüdischen Gemeinde Berlin und des Central-Vereins deutscher Staatsbürger jüdischen Glaubens das Unternehmen wohl nicht allzu markant belasten wollte, hatte man mit dem deutschnationalen Reichstagsabgeordneten Reinhold Quaatz nämlich schon wenige Wochen nach dem 30. Januar einen Vertrauten des allerdings bald resignierenden Wirtschafts- und Landwirtschaftsministers Hugenberg als politische Rückversicherung in den Vorstand eingebaut. Fast wie ein Abbild der bürgerlich-konservativen Hilflosigkeit bei der „Einrahmung" der nationalsozialistischen Regierungsmitglieder, vermochte der in dieser frühen Krise jedoch nichts auszurichten.

In ihrer Not sah sich die Geschäftsleitung der Dresdner Bank gezwungen, auf eine spezielle politische Beziehung zurückzugreifen, die sie schon unmittelbar nach dem Machtantritt Hitlers eingegangen war. Dabei handelte es sich um einen gut nationalsozialistischen Berliner Mannesmann-Manager, der enge Beziehungen zur Parteispitze unterhielt und ein Fliegerkamerad Hermann Görings war. Diese Verbindung funktionierte. Da er ohnehin dabei war, den lästigen Wirtschaftsideologen auszumanövrieren, schob Göring dem Ansinnen Wageners und seiner Gesinnungsgenossen in der Bank umgehend einen Riegel vor. Die hier erstmals angewandte Methode, den einen nationalsozialistischen Machtfaktor durch einen noch wirkungsvolleren auszuschalten, verschaffte der Bank zwar kurzfristig etwas Luft, sie verringerte damit aber selbst ihre Regimedistanz und senkte so die Schwelle für Einflussnahmen hoher NS-Funktionäre auf personelle Angelegenheiten des Unternehmens. Das war wohl unvermeidlich, denn für die Dresdner Bank vermengten sich die internen Umwälzungen im Gefolge der Bankenkrise mit den aggressiven Begleiterscheinungen der politischen Umwälzung in besonders dramatischer Weise. Der mitten im Umbruch begriffenen, leicht verwundbaren Geschäftsleitung kam es vor allem darauf an, das eigene Unternehmen durch eine dosierte Anpassung an die neuen Gegebenheiten eilends aus der politischen Schusslinie zu bringen und möglichst rasch personell, organisatorisch und wirtschaftlich zu konsolidieren.

Bereits das erste Zusammenspiel von NS-Aktivisten innerhalb und außerhalb der Dresdner Bank hatte gezeigt, dass sie dann besonders verwundbar war, wenn gesellschaftlich besonders exponierte Juden zur Zielscheibe wurden.[6] Ebenso war schnell klar geworden, dass die Stoßkraft der Attacken nicht zuletzt davon herrührte, dass die Durchsetzung des antisemitischen Credos in der Regel mit ordinärer Postenjägerei oder mit einer gezielten Personalinfiltration von außen Hand in Hand ging. Also versuchte der Vorstand der Dresdner Bank einen Weg zu finden, dem nationalsozialistischen Druck und der neuartigen Unkalkulierbarkeit der Politik Rechnung zu tragen und zugleich das bescheidene Maß institutioneller Eigenständigkeit zu wahren, das er besaß.

Die scharfen rassischen Ausschlussbestimmungen des im April 1933 ergangenen Berufsbeamtengesetzes waren auch auf die reichseigene Dresdner Bank anzuwenden, sie tangierten die jüdischen Mitglieder der Geschäftsleitung jedoch meist nicht, da sie „geschützte Nichtarier", also Frontkämpfer des Ersten Weltkriegs oder schon vor August 1914 in den Diensten der Bank waren. Die nationalsozialistische Betriebszelle scherte sich allerdings wenig darum und hielt die Agitation gegen ihre jüdischen Vorgesetzten bis zur Entfernung des letzten „Nichtariers" aufrecht. In den ersten beiden Jahren der NS-Diktatur verließen drei jüdische Vorstandsmitglieder und weitere fünf jüdische Mitglieder der Unternehmensleitung die Bank. Der nichtjüdische Personalvorstand nahm seinen Hut, weil er es offenbar missbilligte, dass alle Angestellten der Bank im Zuge der „Entjudung" Auskunft über ihren rassischen Status zu geben hatten. Da das Berufsbeamtengesetz meist keine Handhabe gegen diese leitenden Angestellten bot, kämpfte die NS-Betriebszelle mit härtesten Bandagen und schaltete obendrein den „Beauftragten des Führers für Wirtschaftsfragen" Wilhelm Keppler persönlich ein. Dagegen war kein Kraut gewachsen, das Feld für politisch opportune Neubesetzungen bereitet.

Hatte der Vorstand nach der Verabschiedung des Berufsbeamtengesetzes den Aufsichtsrat noch gewarnt, ein Vorgehen gegen jüdische Mitarbeiter käme wegen des großen jüdischen Kundenkreises und der Auslandsbeziehungen der Bank einer „Selbstzerstörung"[7] gleich, so setzte sich bei ihm doch schnell die Erkenntnis durch, dass jüdische Mitarbeiter in verantwortlicher Stellung auch dann nur mit größter Mühe gehalten werden konnten, wenn sie nach den Buchstaben des Gesetzes weiterbeschäftigt werden durften. Jedenfalls sah das Geldhaus davon ab, ausgerechnet im weltanschaulichen Kernbereich der neuen Herren eine Macht-

[6] Bd. 2, Ziegler, Kap. II.3; das Folgende nach Bd. 1, Ziegler, Kap. III.2 und IV.
[7] Zit. nach Bd. 2, Ziegler, S. 15.

probe zu riskieren und damit noch mehr Angriffsfläche zu bieten. Selbst die Deutsche Bank, die einen wesentlich größeren rechtlichen Spielraum besessen hätte, passte sich den neuen Verhältnissen umgehend an und säuberte ihre Geschäftsleitung zügig von jüdischen Kollegen.[8] Man wird annehmen dürfen, dass Reichsbankpräsident Schacht nicht nur die Deutsche Bank,[9] sondern auch die Dresdner Bank dazu drängte, sich den Wünschen der Partei in diesem sensiblen Bereich nicht zu widersetzen.

Carl Goetz und seine dezimierte Geschäftsleitung, welche die ausscheidenden Kollegen insgesamt kulant behandelten, konzentrierten sich nach dem antisemitischen Kahlschlag darauf, ihren Einfluss auf die fälligen, vom Reichswirtschaftsministerium zu genehmigenden Personalergänzungen so gut es ging zu wahren. Eine wichtige Voraussetzung dafür meinte die Bankleitung durch ihr ständiges Bemühen geschaffen zu haben, die „Alten Kämpfer" der NS-Betriebszelle mit üppigen Bevorteilungen friedlich zu stimmen und so eine Art hausinterner Regimenähe zu simulieren. Der Vorstand wusste genau, dass es den Altparteigenossen an der Basis mindestens ebenso um ihre persönlichen Vorteile wie um die Durchsetzung nationalsozialistischer Prinzipien ging, und erprobte deshalb verschiedenste Bestechungsvarianten. Das eine Mal wurde einem „Alten Kämpfer" das Gehalt verdoppelt, das nächste Mal beförderte man die prominentesten Parteiaktivisten gleich reihenweise, wieder ein anderes Mal erhielt der Obmann der Betriebszelle die Zusage, entgegen einer Betriebsvereinbarung bei Neueinstellungen arbeitslosen Parteigenossen gegenüber den eigenen Wartegeldempfängern den Vorzug zu geben. Diese offensichtliche Korruption trieb allerdings einige zu kurz gekommene Nationalsozialisten auf die Barrikaden, die nun ihrerseits anfingen, die eigenen Funktionäre zu denunzieren. Dadurch drohte der neue Personalvorstand einschließlich des ihm beigegebenen „Vertrauensrats" unter die Räder zu geraten, sie konnten den Kopf aber aus der Schlinge ziehen und sich nicht zuletzt mit Hilfe Kepplers der Angriffe aus dem eigenen Hause erwehren.

Dank der starken Stellung, die das nationalsozialistische Arbeitsordnungsgesetz dem Personalvorstand als „Betriebsführer" einräumte, wegen des nicht-konfrontativen Kurses der Geschäftsleitung gegenüber dem Vertrauensrat und nicht zuletzt dank einer als ausgesuchter Fürsorglichkeit nur schlecht getarnten Bestechung gelang es dem Vorstand in den ersten beiden Jahren des Dritten Reichs, die Energien der nationalsozialistischen Aktivisten in der Belegschaft zu kanalisieren. Einfluss auf die eigentliche Geschäftspolitik, den sie zu Beginn der braunen Revolution mit Nachdruck verlangt hatten, erlangten sie nicht, forderten ihn bald auch nicht mehr ein, da der Vorstand sie mit einem beschränkten Mitspracherecht in einfachen Personaldingen abfand und ablenkte. Die Bedeutung der NS-Aktivisten in der Bank nahm auch deswegen allmählich ab, weil die Geschäftsleitung bald selbst über enge Beziehungen zur Staats- und Parteiführung verfügte. Das änderte freilich nichts an dem „Klima der Denunziation",[10] dem alle Mitarbeiter der Bank ausgesetzt blieben. Diese außerordentliche Handhabe des Volksgenossen hatte der kleine Kassier genauso zu fürchten wie das Vorstandsmitglied.

[8] Siehe Kopper, Bankenpolitik im „Dritten Reich", S. 45.
[9] Siehe James, „Arisierung", S. 25.
[10] Bd. 1, Ziegler, S. 143.

In diesem politisch aufgeladenen Intrigendschungel gelangte ein Mann nach oben, der das Profil und die Geschäftspolitik der Dresdner Bank im Dritten Reich stark mitprägen sollte: der Syndikus der Genossenschaftsabteilung Dr. Emil Meyer, der fachlich als etwas limitiert galt, dafür aber mit dem Vorzug gesegnet war, Wilhelm Kepplers Vetter zu sein und damit über einen direkten Draht an die Spitze des Reiches zu verfügen.[11] Bis 1933 war Meyer kaum hervorgetreten, setzte jetzt aber alles daran, die politische Konjunktur für sein persönliches Fortkommen zu nutzen. Noch im Jahr der Machtübergabe an Hitler trat er in die NSDAP und die SS ein. Durch die Protektion Kepplers wurde Meyer in den Zentralausschuss der Reichsbank gedrückt, bald darauf zum Sachverständigen der eben anlaufenden Banken-Enquete und schließlich mit Hilfe des Frankfurter Oberbürgermeisters zum Professor ernannt. Sein Fortkommen innerhalb der Bank gestaltete sich ebenso rasant. Der Versuch des Vorstands, ihren prominent verwandten Mitarbeiter nach dem Machtantritt der Nationalsozialisten sogleich mit der Beförderung zum Abteilungsleiter in bewährter Manier ruhig zu stellen, fruchtete nichts. Dem Bestreben der NS-Aktivisten in der Bank, einem Gesinnungsfreund in die Führungsetage zu verhelfen, der Entschlossenheit Kepplers, einen Vertrauensmann in der Geschäftsleitung unterzubringen, und dem mit niederträchtigen Machenschaften gekoppelten Ehrgeiz Meyers konnte der Vorstand nicht lange standhalten. Obwohl sich Carl Goetz gegen eine weitere Beförderung des Parteikandidaten wehrte, musste er den Protegé schließlich akzeptieren. Mit anfangs recht beschränkten Zuständigkeiten wurde Meyer Ende 1934 in das oberste Leitungsgremium aufgenommen.

Das neue Vorstandsmitglied gehörte dem von Wilhelm Keppler ins Leben gerufenen Zirkel von Industriellen und Bankiers zur Unterstützung Hitlers seit der Gründung 1932 an und war ein „weltanschaulich überzeugter Nationalsozialist und SS-Offizier“. Er verkörperte den „im privaten Bankgewerbe seltenen Typ des ideologisch motivierten Parteibuchbankiers“, dessen Loyalität mehr dem Regime als der Bank galt.[12] Kepplers Schützling wusste, was von ihm erwartet wurde. Bald ließ er sich öffentlich mit einer Auffassung vernehmen, die keineswegs die Ansicht seiner Kollegen in der Geschäftsleitung wiedergab. Die deutschen Großbanken, schrieb er in einem Fachblatt, könnten „ihre Aufgabe nur erfüllen, wenn ihre Politik in absoluter Übereinstimmung steht mit den Zielen der Staatsführung“.[13]

Just an dem Tage, als Wilhelm Keppler bei der Dresdner Bank zugunsten seines Vetters intervenierte, legte er deren Vorstand einen weiteren Vorschlag zur Auffüllung der zahlreichen Vakanzen in der Geschäftsleitung vor. Er empfahl die Aufnahme des 42-jährigen Juristen Dr. Karl Rasche, eines Vorstandsmitglieds der Westfalen-Bank in Bochum, der zwar noch kein Parteigenosse war, als ehemaliger Freikorpskämpfer im Baltikum aber durchaus eine Schwäche für völkisches Gedankengut hatte. Im Unterschied zu Meyer galt er als ausgezeichneter Fachmann namentlich für die Sanierung von Industrieunternehmen und hatte bereits während der Weimarer Zeit eine steile berufliche Karriere gemacht. Diese Personalempfehlung war um einiges seriöser als die voraufgegangene, und die Dresdner

[11] Siehe ebd., S. 92ff.
[12] Zitate aus Bd. 1, Bähr, S. 481 und 126.
[13] Zit. nach ebd., S. 589.

Bank ließ sich nicht zuletzt deswegen darauf ein, weil sie mit Rasche einen profilierten Vertreter des gemäßigten Regionalbankenkonzepts vereinnahmen und damit den noch immer recht lautstarken Befürwortern einer Zerschlagung oder Dezentralisierung der Großbanken einigen Wind aus den Segeln nehmen konnte. Anders als Meyer verband Rasche NS-Ideologie mit marktwirtschaftlicher Logik, wenn er befand, nur rentable Banken könnten ihrer „dienenden" Rolle im neuen Staat gerecht werden.[14] Zu Jahresbeginn 1935 trat er als stellvertretendes Vorstandsmitglied ein, bereits im August wurde er zum ordentlichen Vorstandsmitglied berufen.[15] Nach dem Sprung aus der Provinz in den Adel der Berliner Bankenwelt entwickelte Rasche jedoch bald ein schärferes politisches Profil. Seit 1936 verkehrte er im „Freundeskreis Reichsführer SS", dem Meyer schon angehörte, drei Jahre später trat Rasche der NSDAP und auch der SS bei.[16]

Bei der Neubesetzung ihrer Geschäftsleitung nach Bankenkrise, Fusion und Regierungswechsel besaß die Dresdner Bank keine volle Handlungsfreiheit. Gegen die konzertierte Kampagne Kepplers und der NS-Betriebszelle vermochte sich der Vorstand auf Dauer nicht zu behaupten. Die Leitung einer reichseigenen Bank konnte wohl auch nicht umhin, den gemäßigten Großbankengegnern in der NSDAP sichtbare personelle Zugeständnisse zu machen. Dennoch führten die nationalsozialistische Personalinfiltration 1933/34 und die zu diesem Zeitpunkt tatsächlich noch erzwungene Regimenähe[17] nicht zu einer kompletten politischen Umfärbung der Geschäftsleitung. Carl Goetz verstand es vielmehr, auf der Ebene der stellvertretenden Vorstandsmitglieder fähige Fachleute einzubauen, die seiner Person stärker verbunden waren als dem Regime. Mit Hugo Zinßer, Hans Pilder und Alfred Busch wurden Bankiers in die Führungsspitze aufgenommen, die keine Sympathien für den Nationalsozialismus hegten. Dennoch entstand an der Spitze der Bank jetzt eine prekäre Balance, die durch die Sonderbeziehungen von Meyer und Rasche jederzeit im Sinne des Regimes politisch aufladbar war. Diese zweischneidige Konstellation ließ sich einerseits zum geschäftlichen Vorteil der Bank nutzen, sie barg andererseits aber die Gefahr, dass sich das NS-Regime des Geldhauses über diesen direkten Zugang zu bedienen trachtete und dabei dessen institutionelle Außengrenze aufweichte. Zwei Jahre nach dem Systemwechsel waren jedenfalls „die Weichen für eine Zusammenarbeit des Konzerns mit führenden Repräsentanten des NS-Regimes gestellt, die deutlich über die bestehenden, routinemäßigen Verbindungen zu den zuständigen Reichsministerien hinausging".[18]

[14] Ebd.
[15] Siehe Ahrens, Exempelkandidat, S. 642.
[16] Zu Rasches Lebensweg ebd., S. 641 ff.
[17] Bd. 3, Wixforth, S. 894.
[18] Bd. 1, Bähr, S. 584.

2. Ordnungspolitischer Druck der NSDAP

Die personellen Zugeständnisse an die neuen Herren sind auch als Reaktion auf den ordnungspolitischen Druck zu sehen, den die NSDAP sofort nach ihrem Machtantritt entfachte. Der Reichskanzler verbot zwar bald jeglichen willkürlichen Eingriff in das Bankwesen, doch die mitunter einschneidenden Übergriffe und die wüste Hetze gegen das raffende Finanzkapital ebbten erst ein gutes Jahr später ab. Bei dieser Eindämmung spielte der international renommierte Hjalmar Schacht eine maßgebliche Rolle. Seit er sich Ende 1930 als einer der ganz wenigen Bankiers von Format auf die Seite der NS-Bewegung geschlagen hatte, erlangte er in der innerparteilichen Auseinandersetzung zwischen den unternehmerfreundlichen Wirtschaftspragmatikern und den gemeinwirtschaftsgeneigten Wirtschaftsideologen um Feder, Wagener und Gregor Strasser zunehmend größeres Gewicht. Schacht war ein überzeugter Anhänger der gewachsenen Bankentradition und erwarb sich bei Hitler, der in ihm den „Garanten eines expansiven geldpolitischen Kurses zur Finanzierung eines Arbeitsbeschaffungs- und Aufrüstungsprogramms“[19] sah, rasch eine starke Stellung in den umkämpften Fragen der Finanzpolitik. Damit war die innerparteiliche Debatte über Bankenordnung und Kreditlenkung zwar nicht entschärft, die Radikalen bekamen es bei Schacht jedoch mit einem Gegengewicht zu tun, das es ihnen erschwerte, die Partei auf eine antikapitalistisch-großbankenfeindliche Position festzulegen. Er zögerte nicht, die Kampagnen der nationalsozialistischen Wirtschaftsideologen mit seiner Autorität als Reichsbankpräsident geschickt als mangelndes Vertrauen in den nationalsozialistischen Staat, als „unverantwortlich und gemeinschädlich“ zu brandmarken.

Hjalmar Schacht konnte sich in den ersten Jahren des Dritten Reiches soviel Deutlichkeit erlauben, weil der nach wie vor unabhängigen Reichsbank bei der Finanzierung von Arbeitsbeschaffung und Aufrüstung eine Schlüsselrolle zukam und ihr Präsident deswegen die uneingeschränkte Rückendeckung Hitlers genoss. Wie viele Nationalkonservative verkannte der ebenso brillante wie ehrgeizige Befürworter eines autoritären Staates und eines starken Reiches lange das zerstörerische Wesen des Nationalsozialismus und die imperialistischen Ziele seines zeitweiligen Protektors. Was den Regierungschef und seinen antidemokratischen Finanzkünstler zeitweilig miteinander verband, war die Überzeugung, dass ordnungspolitische Experimente im Kreditwesen die Belebung der Volkswirtschaft und den Wiederaufstieg Deutschlands durch eine massive „Wehrhaftmachung“, die Voraussetzung für eine Festigung des Führerstaats, empfindlich beeinträchtigen mussten.

Gleich nach seiner Ernennung startete der Reichsbankpräsident eine geschickt eingefädelte Offensive gegen die bankenfeindlichen Bestrebungen in der NSDAP. Da es seit der Bankenkrise 1931 als unabdingbar galt, schärfere gesetzliche Bestimmungen für das Kreditgewerbe zu schaffen, war es nichts Ungewöhnliches, dass Schacht sofort eine Banken-Enquete einleitete, zu der ihn der Reichskanzler ermächtigt hatte. Hauptsächlicher Nebenzweck war es allerdings, mit diesem Instrument die nationalsozialistischen Wirtschaftsideologen zu domestizieren. Als

[19] Kopper, Bankenpolitik im „Dritten Reich“, S. 27; die folgenden Zitate ebd., S. 108 und 97.

Vorsitzender des Untersuchungsausschusses machte sich Schacht selbst zum Herrn des Verfahrens, das 1933 mit ganzen Heerscharen von Sachverständigen durchgeführt wurde. Bereits durch die Zusammensetzung des Gremiums, in dem regimenahe Wirtschaftspragmatiker ein deutliches Übergewicht hatten, präjudizierte er das Untersuchungsergebnis. Der teilweise fundamentalistische Charakter dieser Auseinandersetzung über die Banken ist schon daran ablesbar, dass es die pragmatisch orientierten Mitglieder um den Reichsbankpräsidenten gleich zu Beginn der Enquete für erforderlich hielten, ihre Grundsatzposition dahingehend zu markieren, dass „der Kreditzins volkswirtschaftlich berechtigt, die Verteilung des Leihkapitals durch die Banken unumgänglich und die Totalverstaatlichung der Großbanken abzulehnen sei". Die nationalsozialistischen Wirtschaftsideologen, denen es um die Sozialisierung der Aktienbanken, um administrative Zinssenkungen und eine führende Rolle der genossenschaftlichen und öffentlich-rechtlichen Geldinstitute ging, waren bald an den Rand gedrängt.

Eines erhöhten argumentativen Aufwandes bedurfte es, um die Reformvorschläge Wilhelm Kepplers abzuwehren, die ebenfalls gegen die Berliner Großbanken gerichtet waren und ihre Dezentralisierung und Regionalisierung zum Ziel hatten. Im Ergebnis wies die Banken-Enquete, die in ihrem Abschlussbericht eine straffe staatliche Kontrolle der gesamten Kreditwirtschaft empfahl und damit die Grundlagen für das ein Jahr später erlassene Gesetz über das Kreditwesen legte, jedoch alle Vorschläge zurück, die auf eine Abschaffung oder weitere Schwächung der privaten Großbanken hinausliefen. Es blieb bei einer „Fortschreibung des Status quo",[20] der sich seit der Bankenkrise herausgebildet hatte. Angesichts der Attacken der nationalsozialistischen Wirtschaftsideologen und der über Monate hin anhaltenden willkürlichen Übergriffe der NS-Aktivisten konnten die Aktienfilialbanken das Ergebnis zwar durchaus als einen Sieg ansehen, doch war es weder ein vollständiger noch ein endgültiger. Zum einen ließen die Wirtschaftspragmatiker in den Reichsbehörden einschließlich Schachts keinerlei Zweifel daran, dass sich der nationalsozialistische Staat zur Erreichung seiner Ziele die großen Banken auch ohne deren Sozialisierung dienstbar machen werde. Zum anderen reichte in den Vorstandsetagen der Geldwirtschaft ein Mindestmaß an politischer Urteilskraft für die Erkenntnis aus, dass der bankenfeindliche Grundzug in der NS-Ideologie durch die anfängliche Etappenniederlage seiner Verfechter keineswegs getilgt war. Bei einer Verschiebung der Machtverhältnisse im Führerstaat oder einer Veränderung seiner ökonomischen Prioritäten mochte diese Strömung schnell wieder an Kraft gewinnen.

Und was war mit der einstweiligen Zurückdrängung der nationalsozialistischen Wirtschaftsideologen gewonnen? Die Wirtschaftspragmatiker um den Reichsbankpräsidenten hatten den Nationalsozialismus mit ihrer Enquete jedenfalls nicht geschwächt, sondern, im Gegenteil, zur Stärkung der NS-Diktatur beigetragen. Ebenso wie Hitler war Schacht immer davon überzeugt, dass eine Lenkung des Bankwesens wesentlich regimedienlicher sei als seine Verstaatlichung. Auch persönlich machte der Reichsbankpräsident unmissverständlich klar, dass die deutschen Bankiers ihre dienende Rolle im Sinne der nationalsozialistischen Dok-

20 Wixforth, Bankenlobbyismus, S. 44.

trin anzunehmen hatten. Anlässlich der Auflösung des Bankenverbandes im Februar 1934 drohte er, dass jeder Bankleiter, dem die „innere Verschmelzung mit dem neuen Staate nicht Herzenssache ist, in kürzester Frist von der Bildfläche verschwunden sein wird".[21]

[21] Zit. nach James, Verbandspolitik, S. 82.

3. „Entjudung“

Während ihrer Auseinandersetzung mit den frühen Machtansprüchen der NS-Aktivisten innerhalb und außerhalb ihres Unternehmens hatte die Geschäftsleitung der Dresdner Bank rasch herausgefunden, dass man sich mit den neuen Kräften in manchem arrangieren konnte, in der so genannten Judenfrage aber nicht. Da ein Scheitern der Hitler-Regierung anfänglich durchaus möglich erschien, war ein allzu bereitwilliges Einschwenken auf deren fixe Ideen allerdings risikobehaftet. Nach deren Sturz wäre ein Übermaß an Willfährigkeit bei der „Entjudung“ der Belegschaft mit peinlichen Erklärungsnöten gegenüber der ausgedehnten jüdischen Kundschaft und einem Ansehensverlust wenigstens im großbürgerlichen Wirtschaftsmilieu verbunden gewesen, in dem sich die führenden Bankiers bewegten. Noch im ersten Quartal 1933 wurde von der Dresdner Bank eine kleine Anzahl jüdischer Mitarbeiter eingestellt und sogar ein „halbjüdisches“ Vorstandsmitglied berufen. Doch sehr schnell zeichnete sich ab, dass es ausgeschlossen war, die Tradition als „jüdisches Bankhaus“ fortzusetzen. Die Frage war lediglich, wie rasch man damit brechen musste.

Nach den Kriterien der Nationalsozialisten gehörten der Gesamtbelegschaft der Dresdner Bank bei Beginn der antisemitischen Offensive mit 540 Personen ungefähr fünf Prozent „Nichtarier“ an. Bei den leitenden Angestellten war der Anteil sogar noch höher.[22] Anders als die Deutsche Bank und die Commerzbank, wo es wesentlich weniger Juden in der Belegschaft und auf den Führungsebenen gab,[23] musste die Dresdner Bank als reichseigenes Unternehmen die Bestimmungen des „Gesetzes zur Wiederherstellung des Berufsbeamtentums“ vom 7. April 1933 auf ihre Beschäftigten anwenden. Seit Ende Mai stand fest, dass der neuartige Staatsantisemitismus seine Opfer nicht nur unter einigen prominenten Bankiers an der Spitze, sondern in der Breite der gesamten Belegschaft suchte. Der absehbare Aderlass an schwer ersetzbaren Fachkräften auf allen Führungsebenen erschien so bedrohlich, dass sich die Dresdner Bank mit einem Vorschlag alten antisemitischen Musters an die Behörden wandte, nach dem ihr, entsprechend dem jüdischen Bevölkerungsanteil, ein Prozent der jüdischen Mitarbeiter belassen bleiben möge. Diesem Vorstoß lag weniger ein humanitäres als ein betriebswirtschaftliches Kalkül zugrunde, denn mit einer solchen Regelung hätten über hundert hoch qualifizierte Manager gehalten werden können. Dem wurde nicht stattgegeben. Die Bank musste darauf verzichten, bei der „Entjudung“ ein wirtschaftsrationales Kalkül zur Anwendung zu bringen.

Bereits im Sommer 1933 stellte die Personalabteilung den meisten „nicht geschützten Nichtariern“, also all denen das Kündigungsschreiben zu, die mindestens einen jüdischen Großelternteil hatten, jedoch nicht unter die Schutzregelung als Frontkämpfer oder als bereits seit August 1914 Beschäftigte fielen. Das geschah auf der Grundlage einer internen Umfrage, in der sämtliche Beschäftigte der

22 Bd. 2, Ziegler, Kap. II.

23 Vgl. Thomas Weihe, Die Verdrängung jüdischer Mitarbeiter und der Wettbewerb um Kunden im Nationalsozialismus, in: Herbst/ders. (Hg.), Die Commerzbank und die Juden, S. 46 ff. Bei der Deutschen Bank fehlen vor allem für die Ebenen unterhalb der Geschäftsleitung verlässliche Unterlagen; so James, „Arisierung“, S. 28.

Bank Auskunft über ihren rassischen Status geben mussten. Spätestens jetzt erfuhren sie am eigenen Leibe, wie ernst die Frage der „Abstammung" neuerdings zu nehmen war. Durch die interne Erhebung, die für die Betroffenen oftmals demütigend verlief, wurden in der Belegschaft der Dresdner Bank insgesamt 325 „nicht geschützte" ermittelt, die während der folgenden Monate entlassen wurden. Bei Erlass der Nürnberger Rassengesetze im Herbst 1935 war nur noch ein einziger Entlassungskandidat nach dem Beamtengesetz beschäftigt.

Die erste Welle der „Entjudung" war für die Bankleitung selber noch eine Art Lehrzeit im Umgang mit der staatlich forcierten Diskriminierung ihrer Mitarbeiter. Sie konnte die Entlassung der „nicht geschützten Nichtarier" nicht umgehen, sie nutzte deren Notlage in der Regel aber auch nicht aus. Doch bereits bei der Exekutierung des Berufsbeamtengesetzes wurden Tendenzen sichtbar, auch ein wenig Nutzen aus der neuen Apartheid zu ziehen. Die Versuchung dazu wuchs in dem Maße, wie niemand den Parias in der Öffentlichkeit zur Seite sprang und das Vorurteil von der Minderwertigkeit der jüdischen Deutschen augenscheinlich von vielen Volksgenossen geteilt wurde. Außerdem waren hier die NS-Betriebszelle und der aufsteigende Emil Meyer in ihrem Element. Sie überwachten das Vorgehen gegen die Diskriminierten mit Argusaugen und trachteten es durchweg zu verschärfen. Schon im Sommer 1933 nutzte die Personalabteilung die Entlassungsvorschriften, um weniger leistungsfähige Angestellte ohne Kündigungsfrist und Abfindung loszuwerden; wenn es zu Abfindungen kam, stellte sie Juden schlechter als bis dahin üblich. Bereits 1934 machte die Bank die so genannten allgemeinen Verhältnisse zu einem Kündigungsgrund für jüdische Mitarbeiter, die sie an sich nicht hätte entlassen müssen.

Schon vor dem Erlass der Nürnberger Gesetze hatten auch die „geschützten Nichtarier" einen immer schwereren Stand. Als die Rassengesetze in Kraft traten, war etwa ein Drittel von ihnen bereits entlassen oder in den Ruhestand versetzt. Manche verließen die Bank von sich aus, um sich dem Druck am Arbeitsplatz zu entziehen oder Deutschland den Rücken zu kehren. Insgesamt hatte die Dresdner Bank bis zum Herbst 1935 etwa drei Viertel ihrer jüdischen Mitarbeiter verloren. Den ausscheidenden „geschützten Nichtariern", die meist eine gehobenere Stellung innehatten, begegnete das Geldhaus großzügiger als den nach dem Beamtengesetz Entlassenen. Gleichwohl machte sich die Bank sogar hier die neuen Verhältnisse zunutze. So bekamen einige vor 1933 im Zuge des Fusionsabbaus lediglich in den Vorruhestand geschickte Mitarbeiter nach einer Art Auskämmaktion nun als Juden ihre Entlassungspapiere zugestellt. Wartegeldempfängern erging es ähnlich, einige an sich zur Anstellung vorgesehene Lehrlinge hatten das Nachsehen.

Im Umgang mit den eigenen jüdischen Mitarbeitern, den Dieter Ziegler minutiös analysiert hat, überlagerten schon früh betriebswirtschaftliche Interessen etwaige humanitäre Erwägungen. Selbst hinter dem Eintreten für bedrängte Kollegen, die man wegen ihrer Kompetenz nur ungern ziehen lassen wollte, standen so gut wie immer betriebswirtschaftliche Überlegungen. Das war freilich keine Spezialität der Dresdner Bank oder des Kreditgewerbes, sondern in abgewandelter Form in allen Bereichen von Wirtschaft und Gesellschaft gang und gäbe. Um diese Art ökonomische Rationalität zum Tragen zu bringen, bedurfte es bei den Verantwortlichen selbstverständlich keiner persönlichen antisemitischen Überzeugung. Von der „Entjudung“ profitierten im Sog der Personalinfiltration und ganz im Sinne der um ihre Klientel besorgten NS-Betriebszelle nichtjüdische Wartegeldempfänger, zuvor Gekündigte oder andere Einstellungsbewerber. Ihnen eröffneten sich neue Beschäftigungschancen, anderen Mitarbeitern unverhoffte Aufstiegsmöglichkeiten in die frei gewordenen Positionen. Da sich mittlerweile erste Anzeichen für eine geschäftliche Belebung bemerkbar machten, endete der fusionsbedingte Personalabbau der Dresdner Bank für den „arischen“ Teil der Belegschaft bereits 1933. Ende des Jahres zählte sie 11157 Beschäftigte, ein gutes Prozent mehr als im Vorjahr.[24]

[24] Bd. 1, Ziegler, S. 61.

IV. Als reichseigenes Institut in der „Wehrhaftmachung“ 1933–1937

1. Kapitallenkung und Rüstungsfinanzierung

Während sich die politischen Folgen des 30. Januars 1933 augenblicklich zeigten, wurden die rechtlichen und ökonomischen Rahmenbedingungen des Bankgeschäfts durch den Regimewechsel zunächst nicht in gleichem Maße berührt. Hier markierte bereits die Bankenkrise im Sommer 1931 die „scharfe Trennungslinie“[1] zwischen einem weitgehend selbstbestimmten und einem staatlich beaufsichtigten, zwischen einem scheinbar prosperierenden und einem krisengeschüttelten Bankwesen. Da die Geldinstitute nicht ohne eigenes Zutun an den Abgrund geraten waren und namentlich die Großbanken nur durch den massiven Einsatz von Steuergeldern überlebt hatten, war die noch unter Reichskanzler Heinrich Brüning einsetzende Reglementierung des Finanzsektors nur ein konsequenter Schritt. In einem Klima, in dem die Banken „froh sein konnten, wenn es bei einer staatlichen Bankenaufsicht blieb“, sollte dieser ordnungspolitische Systemwechsel eine verantwortungsvollere Geschäftspolitik erzwingen, neuerlichen Turbulenzen vorbeugen, Haushaltsrisiken begrenzen und das Vertrauen des Publikums wiedergewinnen helfen. Die Maßnahmen waren kaum umstritten, trugen einen weitgehend systemneutralen Charakter und waren kein Engpassfaktor, der die Geschäftsentwicklung der Großbanken eingeschränkt hätte. Zunächst war kaum zu entwirren, welche Schritte in der Kontinuität der Weimarer Bankenreglementierung lagen und welche bereits auf eine nationalsozialistische Ausrichtung der Volkswirtschaft hinauslaufen sollten. Mit dem Machtantritt Hitlers wurde der Wandel ihres politischen Gehalts jedoch bald deutlich. Der neue Reichskanzler machte die Wende, die seine Berufung auch für die Volkswirtschaft bedeutete, im Februar 1933 denn auch sogleich klar: Alle Anstrengungen von Staat und Wirtschaft seien künftig allein auf das eine Ziel der „Wiederwehrhaftmachung des deutschen Volkes“ auszurichten.[2]

Die Arbeitsbeschaffung war bereits eng mit der Aufrüstung verknüpft und führte infolge des rapiden Rückgangs der Arbeitslosigkeit zu einem starken Legitimationsschub für das NS-Regime. Dafür und für andere Elemente der „Wehrhaftmachung“ waren sehr hohe Summen zu beschaffen. Der Anteil der Ausgaben der Wehrmacht an den Gesamtausgaben der öffentlichen Haushalte sprang von 1933 auf 1934 von 4 auf 18%, um sich binnen zweier Jahre neuerlich mehr als zu

[1] Gerald D. Feldman, Die Deutsche Bank vom Ersten Weltkrieg bis zur Weltwirtschaftskrise 1914–1933, in: Gall u. a., Deutsche Bank, S. 306; das folgende Zitat ebd., S. 307.

[2] Herbst, Das nationalsozialistische Deutschland, S. 96.

verdoppeln.[3] Die Bereitstellung der Mittel für diese „Staatskonjunktur in extremer Form“[4] wurde durch einen geld- und kreditpolitischen Systemwechsel ermöglicht, den die Reichsbank bereitwillig herbeiführte und der die Geschäftswelt der Banken dauerhaft veränderte. In Verkennung von Hitlers unbedingtem Kriegswillen sah Schacht die gewaltige staatliche Kreditschöpfung als eine Übergangsmaßnahme an, durch die das Reich auf friedlichem Wege in den Kreis der großen Mächte zurückkehren würde und die nach einigen Jahren von einer strikten Schuldenkonsolidierung abgelöst werden sollte. Der Reichskanzler ließ sein nützliches Finanzgenie in diesem Glauben, ließ ihn zu einer Art Wirtschaftsdiktator aufsteigen und ließ ihm vor allem weitgehend freie Hand bei seinem Zugriff auf das Sozialprodukt. Leitgedanke der Reichsbankstrategie war es, den exorbitanten Finanzbedarf des NS-Staates für die Arbeitsbeschaffungs-, Aufrüstungs- und Autarkisierungsanstrengungen rasch zu sichern und die Geld- und Kapitalmarkt- sowie die Außenhandels- und Zahlungsbilanzpolitik rigoros diesen Zwecken zu unterwerfen.

Zur Sicherung des Vorrangs des staatlichen Kreditbedarfs vor dem privaten unternahm die Reichsbank eine Reihe von Schritten, mit denen der Wirtschaftspragmatiker Schacht mehr zum Bedeutungsverlust der deutschen „Hochfinanz“ beitrug als alle nationalsozialistischen Wirtschaftsideologen zusammengenommen. Bei Neuemissionen wurde dem Reich ein Übergewicht vor anderen Anlegern verschafft, man schuf Anreize, um die Nachfrage nach öffentlichen Wertpapieren und Reichstiteln zu fördern, und begrenzte die Dividendenausschüttung bei Aktien. Das führte zu einem veränderten Anlageverhalten bei den Banken und beim Publikum, deren Mittel das Reich für seine Zwecke nutzbar zu machen gedachte. Den industriellen Kapitalgesellschaften half es, ihre Gewinne zur Kredittilgung, für eine verstärkte Eigenfinanzierung und für eine gesteigerte Liquiditätsbildung zu verwenden.

Nicht weniger verheerend als der staatlich induzierte Strukturwandel des Geld- und Kapitalmarkts wirkte sich die völlige Veränderung der Außenwirtschaftsbeziehungen des Reiches aus. Wegen des dramatischen Abflusses von Auslandskapital hatte bereits die Regierung Brüning die Konvertibilität der Reichsmark aufheben und zur Devisenbewirtschaftung übergehen müssen. Die in einer neuerlichen Devisenkrise 1934 von Schacht eingeführten Maßnahmen führten zu einer „totalen Bewirtschaftung des Außenhandels“[5] und dienten jetzt der alles überlagernden deutschen „Wehrhaftmachung“. Da Abstriche an der Aufrüstung politisch ausgeschlossen waren, trat nun neben die Förderung des Exports zur Erlangung von Devisen und die Umstellung eines Teils des Außenhandels auf Warentauschgeschäfte eine äußerst rigide Devisenbewirtschaftung. So wurden die Großbanken von ihrem traditionell besonders einträglichen Auslandsgeschäft weitgehend abgeschnitten. Neben dem Effekten- und Emissionsgeschäft und der Industriekreditfinanzierung wurde damit gleich zu Beginn der NS-Diktatur die dritte Do-

[3] Hans-Ulrich Thamer, Verführung und Gewalt. Deutschland 1933–1945, Berlin 1986, S. 478f.

[4] Buchheim, Natur des Wirtschaftsaufschwungs, in: ders./Michael Hutter/Harold James (Hg.), Zerrissene Zwischenkriegszeit: Wirtschaftshistorische Beiträge. Knut Borchardt zum 65. Geburtstag, Baden-Baden 1994, S. 101.

[5] Herbst, Das nationalsozialistische Deutschland, S. 120; zum Folgenden ebd., S. 119ff.

mäne der Aktienfilialbanken erschüttert und die Bedeutung der großen Berliner Geldhäuser weiter geschwächt.

Der Rückgang der relativen ökonomischen Bedeutung der Deutschen Bank, der Dresdner Bank und der Commerzbank innerhalb der deutschen Finanzwirtschaft beschleunigte sich deshalb nach 1933. Belief sich der Marktanteil der drei Banken innerhalb des deutschen Bankgewerbes, an ihren Bilanzsummen gemessen, 1932 auf unter 15%, so schrumpfte er bis Kriegsbeginn auf unter 10%. Spezialbanken, Landesbanken und Sparkassen dagegen konnten ihren Geschäftsanteil bis Kriegsbeginn um mehr als 10% auf knapp 55% erhöhen. Außerdem setzten den Filialbanken jetzt neu gegründete Staatsbanken zu, die oft attraktivere Konditionen bieten konnten und deshalb eine enorme Kreditexpansion aufwiesen.[6]

Obgleich ihre Sanierungsmaßnahmen 1933 „weitgehend abgeschlossen" waren, steuerte die Dresdner Bank in einer Konjunkturlandschaft, in der das Bankgeschäft hinter dem gesamtwirtschaftlichen Wachstum und erst recht hinter der Entwicklung der Industrieproduktion zurückblieb, noch drei, vier Jahre einen strikten Konsolidierungskurs. Auch bei ihr besaß die Wiedergewinnung ausreichender Liquidität Vorrang vor einer Ausweitung des Geschäftsvolumens und einer Rentabilitätssteigerung. Durch den Abbau der hohen Altlasten und wegen des stagnierenden Geschäfts ging die Bilanzsumme der Dresdner Bank von 2,68 Mrd. Reichsmark (1933) stärker als bei den anderen Berliner Großbanken auf 2,44 Mrd. Reichsmark (1935) zurück. Die tatsächliche Gewinnentwicklung hatte mit einem Ergebnis von nur 518000 Reichsmark bei einem Gesamtertrag in Höhe von 78 Mio. Reichsmark 1933 einen Tiefpunkt erreicht. Erst zwei Jahre später stieg der Überschuss nach einer zehnprozentigen Steigerung des Ertrags auf 7,5 Mio. Reichsmark. Auch die Eigenkapitalrendite lag im ersten Jahr des Dritten Reiches mit 0,3% noch extrem niedrig, ehe sich 1935 mit 4,5% eine Verbesserung bemerkbar machte, die freilich weit hinter den Steigerungsraten im produzierenden Sektor zurückblieb.

Wenngleich sich die Spitzenmanager der großen Berliner Banken unschwer ausrechnen konnten, wie viel attraktivere Entwicklungsmöglichkeiten der konjunkturelle Aufschwung ihren Unternehmen ohne die Dominanz und die Reglementierungen des Staates geboten hätte, stellten sie sich 1933 selbstverständlich auf den Boden der Tatsache, dass ihre geschäftliche Entfaltung bis auf weiteres durch das Ziel rasanter Aufrüstung und die dafür betriebene staatliche Kapitallenkung eingeengt war. Dieser Rahmen schränkte die Dresdner Bank anfangs freilich noch kaum ein. Solange die eigene Konsolidierung nicht abgeschlossen war, wurde die massive staatliche Kreditschöpfung kaum als Konkurrenz, sondern sogar als vorübergehende „Entlastung"[7] aufgefasst. Noch hatte die Bank hohe Rückstellungen für notleidende Kredite zu bilden, ihren ebenfalls noch aus der Weltwirtschaftskrise herrührenden hohen und risikoträchtigen Debitorenstand zurückzuführen und ihre Geldflüssigkeit zu verbessern. Zurückhaltende Kreditvergabe war allerdings nur das Gebot der Stunde und kein Zukunftsprogramm, da in diesem Geschäftsbereich an sich hohe Erträge anfielen. Bald zeichnete es sich

[6] Hierzu und zum Folgenden im Detail Bd. 1, Bähr, Kap. V.1 und V.2; das folgende Zitat ebd., S. 169.
[7] Ebd., S. 180. Das Folgende vor allem nach ebd., Kap. V.2.

jedoch ab, dass es kaum zu einer Rückkehr zum normalen Ausleihegeschäft kommen würde. Zwar erreichte die Dresdner Bank bei den neu ausgelegten Krediten bis 1936 wieder das Niveau von 1933, doch die Kreditsumme stagnierte trotz des deutschen Wirtschaftsbooms bis in den Krieg hinein bei einem Volumen von ungefähr einer Milliarde Reichsmark. Damit blieb ihr Kreditgeschäft ähnlich wie bei ihren Konkurrentinnen immer weiter hinter den anderen Geschäftsbereichen zurück.

Für diesen Niedergang waren mehrere Ursachen verantwortlich. Dank des allgemeinen Aufschwungs, der namentlich der verarbeitenden Industrie eine regelrechte Gewinnexplosion bescherte, verfügten immer mehr Unternehmen über immer mehr liquide Mittel. Die Firmen waren immer weniger auf neuen Kredit angewiesen und obendrein in der Lage, ihre Altschulden in großem Stil zurückzuführen. Hinzu kamen neben der massiven öffentlichen Direktfinanzierung kriegswichtiger Vorhaben vielfältige staatliche Subventionen, günstige Darlehen und großzügige Anzahlungsleistungen auf Reichsaufträge, mit denen die Industrie einen Teil ihrer Betriebsmittelfinanzierung decken konnte. Auch die staatlichen Spezialbanken kamen immer stärker auf. Im Unterschied zu ihrer privaten Konkurrenz erzielten sie bei den kurzfristigen Krediten, dem angestammten Terrain der Großbanken, eine beachtliche Expansion. Ihr Anteil verdoppelte sich in den Friedensjahren des Dritten Reichs, während der Anteil der Aktienfilialbanken zurückging. Insgesamt wich die Kreditstruktur der Großbanken nicht allzu stark voneinander ab. Fast ein Drittel der Gelder ging 1933 an die verarbeitende Industrie, ca. 18% flossen in den Handel, gut 14% in die Grundstoffindustrie. Die stärkste Veränderung der Debitorenstruktur war der Anstieg der Industriekredite. Bei der Dresdner Bank nahmen sie zwischen 1936 und 1938 beträchtlich zu.[8] Da der Anteil der Großbanken an der Finanzierung der gewaltig expandierenden Industrieunternehmen insgesamt aber zurückging, verringerte sich der Einfluss der Berliner Geldhäuser auf die Geschäftspolitik gerade in dem Sektor, von dem die Kriegsrüstung hauptsächlich getragen wurde.

Das ist gut an der Entwicklung der Geschäftsbeziehungen zwischen der Dresdner Bank und der Fried. Krupp AG abzulesen, die traditionell eng waren.[9] Nach 1945 wurden sie als ein Musterbeispiel für die konzertierte Aggressionspolitik von Großbanken und Großindustrie im Nationalsozialismus hingestellt. Den Ermittlern der amerikanischen Militärregierung galt das berühmte Unternehmen als „Hauptdomäne" der Dresdner Bank, die auch hier die Geschäftspolitik angeblich mitbestimmt habe. Damit wurde die Realität freilich gründlich verkannt. In Wirklichkeit gaben dem Essener Konzern sein Nimbus, die Tatsache, dass sich fast alle Aktien im Familienbesitz befanden, sein ehernes Prinzip, den Einfluss einer einzigen Bank durch breit gestreute Finanzbeziehungen zu verhindern, seine hohe Liquidität und die großzügigen staatlichen Finanzhilfen eine Verhandlungsmacht, der die Geldinstitute wenig entgegenzusetzen hatten. Die Dresdner Bank

[8] Kopper, Bankenpolitik im „Dritten Reich", S. 186; Johannes Bähr, „Bankenrationalisierung" und Großbankenfrage. Der Konflikt um die Ordnung des deutschen Kreditgewerbes während des Zweiten Weltkrieges, in: Wixforth (Hg.), Finanzinstitutionen in Mitteleuropa während des Nationalsozialismus, S. 72ff; Meyen, Dresdner Bank, S. 107.

[9] Das Folgende nach Bd. 1, Ahrens, Kap. VII.4; Zitate ebd., S. 330 und 338.

trat in Essen in erster Linie als „privilegierter Dienstleistungsanbieter“ in Erscheinung, der sein Expertenwissen zur Verfügung stellte, und gerade nicht als einflussreicher Machtfaktor.

Die eingeschränkten Möglichkeiten in den alten Rüstungsindustrien und die fehlenden Alternativen auf dem Kapitalmarkt machten es allen Großbanken zu einem Gebot ökonomischer Rationalität, sich bei den gigantischen Autarkisierungs- und Rüstungsprogrammen des Reiches als Finanziers ins Spiel zu bringen. Nie waren es politische Gefälligkeit oder Zurückhaltung, die den Kurs der Banken hier bestimmten, sondern es lag in ihrem ureigenen Geschäftsinteresse, sich an diesen Großkrediten zu beteiligen. Auch die Dresdner Bank war so bei einem der ersten Rohstoffprojekte – es diente der Erweiterung der deutschen Kunstfaserkapazitäten – mit von der Partie.[10] Das Geldhaus wurde Ende 1934 sowohl von Rohstoffkommissar Wilhelm Keppler, dem soeben die Platzierung der beiden regimenahen Vorstandsmitglieder Meyer und Rasche geglückt war,[11] als auch von Schacht ins Spiel gebracht, der darin einen Beitrag zur beschleunigten Sanierung des reichseigenen Geldhauses gesehen haben dürfte. Als Führerin eines großen Konsortiums, dem auch die Deutsche Bank und die Commerzbank angehörten, hatte das Institut von Carl Goetz freilich einige Kröten zu schlucken. Obgleich es nichts unversucht ließ, attraktive Konditionen durchzusetzen, gestalteten sich die Ertragsmöglichkeiten schlechter als erhofft. Wollten die drei Berliner Großbanken und einige weitere Konsorten im Geschäft bleiben, mussten sie die Auffassung Kepplers akzeptieren, „der allzu strengen Bearbeitung der rein bankmäßigen Grundlagen der Kredithergabe“ sei bei einem so bedeutsamen staatlichen Projekt „eine natürliche Grenze“ gesetzt. Auch bei dem zweiten Rohstoffkonsortialkredit nahm die Dresdner Bank zwar die „schwerwiegenden Nachteile“ gegenüber einem herkömmlichen Bankgeschäft in Kauf, ging insgesamt aber kein unvertretbar hohes kaufmännisches Risiko ein. Ebenso wie ihre Rivalinnen blieb sie in diesem Geschäft und bekräftigte ihr Engagement als Konsortialführerin Ende 1936 gegenüber der Vierjahresplanbehörde sogar mit dem Bekenntnis, sie betrachte es als ihre „vornehmste Aufgabe“, an den deutschen Rohstoffprogrammen im Rahmen ihrer „bankmäßigen Möglichkeiten an führender Stelle mitzuwirken“. Diese Erklärung stammte nicht von Emil Meyer oder Karl Rasche, sondern von dem regimefernen Vorstandsmitglied und Leiter der Konsortialabteilung Alfred Busch. Sie entsprach dem Konsens des Vorstands.

In der Flugzeugindustrie, dem am stärksten expandierenden Rüstungszweig, waren die Großbanken anfangs besonders zurückhaltend geblieben.[12] Ein Engagement auf diesem ausnehmend risikoträchtigen, ganz von politischen und militärischen Zielen dominierten Feld passte schlecht zu ihrer Strategie der Risikominimierung. Andererseits war es eine lockende Vorstellung, den Rang einer Hausbank einzunehmen, sollte der 1933/34 enteignete Junkers-Konzern wie vorgesehen reprivatisiert werden. Obwohl Emil Meyer bereits frühzeitig Kreditverhandlungen mit dem Reichsluftfahrtministerium angebahnt hatte, war nicht seine regimenahe Haltung ausschlaggebend für das Zustandekommen des Kredits, son-

10 Nach Bd. 1, Schneider, Kap. VII.2.; Zitate S. 308 und 312.
11 Siehe oben, S. 44 ff.
12 Nach Bd. 1, Bähr, Kap. VII.8; Zitat S. 389.

dern sein in der Branche viel angesehenerer Kollege Samuel Ritscher, der sich hinter die Forderungen des drängenden Keppler stellte. Ritscher musste ein Jahr später als „Nichtarier" aus dem Vorstand der Dresdner Bank ausscheiden. Sein überraschendes Entgegenkommen gegenüber dem Luftfahrtministerium ist wohl kaum aus politischer Gefälligkeit oder in einer Anwandlung professioneller Leichtfertigkeit erfolgt. Vielleicht schob er die Bedenken seiner Kollegen wegen der Reprivatisierungsperspektive von Junkers beiseite, vielleicht erhoffte er sich von dem Schulterschluss mit Keppler und Meyer aber auch eine persönliche Rückversicherung vor seiner zunehmenden Diskriminierung als Jude. Jedenfalls hatte die Dresdner Bank damit die Gestaltung des Konsortialkredits präjudiziert. In den folgenden Jahren entwickelte sich die Dresdner Bank zur Hauptbankverbindung der dann doch nicht reprivatisierten Junkers-Werke. Emil Meyer und Karl Rasche wurden in den Aufsichtsrat gewählt, der Junkers-Chef erhielt einen Sitz in dem Kontrollgremium der Bank. Das starke Engagement bei den Luftfahrtkrediten ging zwar „ganz eindeutig auf die politischen Beziehungen der Dresdner Bank zurück", eröffnete neue Felder der Betätigung und schlug in den Bilanzen positiv zu Buche; von einer führenden Rolle bei der Aufrüstung der Luftwaffe kann dennoch nicht die Rede sein. Verglichen mit den Gesamtinvestitionen war der Anteil der Aktienfilialbanken daran beinahe zu vernachlässigen.

Auch in einem dritten Großprojekt der „Wehrhaftmachung", der synthetischen Benzingewinnung, profitierte die Dresdner Bank von ihren engen Beziehungen zu führenden nationalsozialistischen Wirtschaftsfunktionären. Im Herbst 1934 hatten sich die zehn größten Braunkohlegesellschaften auf staatlichen Druck hin zu einer „Pflichtgemeinschaft" zusammenschließen und die „Braunkohle-Benzin AG" (Brabag) zur Errichtung von Hydrierwerken gründen müssen.[13] Ihr Vorstandsmitglied Fritz Kranefuß, Himmlers Wirtschaftsreferent und Betreuer des „Freundeskreises Reichsführer SS", bezog in der Person Karl Rasches sogleich die Dresdner Bank in die Finanzplanungen ein. Kranefuß war ein Protegé von Wilhelm Keppler, der den Vorsitz im Aufsichtsrat der Brabag übernahm und sich erst kurz zuvor bei Carl Goetz energisch und mit Erfolg für die Aufnahme Rasches in den Bankvorstand eingesetzt hatte. Mit dem neuen Unternehmen ins Geschäft zu kommen, war für alle großen Banken attraktiv. Deswegen protestierte die Deutsche Bank, die „Hausbank" der ebenfalls zu den Trägern der Brabag gehörenden I.G. Farben, auch energisch gegen die Führungsposition ihrer Rivalin, die ab 1936 immer deutlicher sichtbar wurde. Bei einer zwischen Schacht, Kranefuß und dem bald in den Brabag-Aufsichtsrat einziehenden Rasche vorbesprochenen großen Industrieanleihe, deren Platzierung sich allerdings hinzog, erhielt die Dresdner Bank 1937 gleichwohl die Konsortialführung zugesprochen. Auch hier gelang es der Dresdner Bank, sich gegenüber der stärkeren Deutschen Bank zu behaupten und ihre Geschäftsposition in dem kapitalintensiven Sektor der synthetischen Treibstoffherstellung auszubauen.

Die Dresdner Bank fällte ihre geschäftlichen Entscheidungen auch als reichseigenes Institut nach wie vor in eigener Verantwortung. Sie war auch bei diesen politisch induzierten Engagements bestrebt, an den üblichen Rentabilitätskrite-

[13] Nach Bd. 1, Schneider, Kap. VII.3.

rien des Bankgewerbes festzuhalten und ihre geschäftlichen Interessen nicht hinter politischen Gefälligkeiten zurückzustellen; in der Regel zähmte das Vorstandskollegium die Neigung Emil Meyers, politische Opportunität höher zu veranschlagen als ökonomische Rationalität. In all dem unterschied sich die Dresdner Bank kaum von den anderen Geschäftsbanken, die genauso bereitwillig wie sie die Aufrüstung mittrugen. Bemerkenswert ist allerdings die frühzeitige Gewohnheit des Vorstands, seinen beiden von der NSDAP eingeschleusten regimenahen Mitgliedern Meyer und Rasche bei der Geschäftsanbahnung mit führenden nationalsozialistischen Wirtschaftsfunktionären freien Lauf zu lassen. „Von der Verbindung mit den neuen, stark expandierenden Rüstungskomplexen erwartete sie eine nachhaltige Belebung des zurückgebliebenen Kredit- und Emissionsgeschäfts", resümiert Johannes Bähr das Kalkül der Dresdner Bank.[14] Die Vorstandsmitglieder der Dresdner Bank haben dem Vorgehen ihrer regimenahen Kollegen Meyer und Rasche vielleicht nicht durchweg applaudiert. Sie trugen es aber mit, weil sie es letztlich als ökonomisch rational einstuften, und nicht, weil sie den Kriegskurs des Dritten Reiches bejahten oder weil der Vorstand sich inzwischen gewissermaßen kollektiv für die Weltanschauung des Regimes erwärmt hätte.

Mit ihrem zielstrebigen Hineindrängen in die neuen Industrien des Vierjahresplans vermochte die Dresdner Bank ihr Kredit- und Emissionsgeschäft zwar kurzfristig zu beleben, gegen den langfristigen Bedeutungsverlust dieser besonders einträglichen Sparten war unter den vom Dritten Reich gesetzten volkswirtschaftlichen Rahmenbedingungen jedoch nicht anzukommen. Trotz der fulminanten Expansion der rüstungsnahen Wirtschaft entwickelte sich neben der Kreditvergabe auch die Emission von Aktien und Anleihen insgesamt sehr schleppend. Das Gesamtvolumen der Effektenplatzierung erholte sich nach dem absoluten Tiefstand 1933 zwar beträchtlich, hatte fünf Jahre später sein Niveau aus der Zeit vor der Weltwirtschaftskrise aber immer noch nicht erreicht. Die besonders lukrativen Auslandsemissionen spielten gar keine Rolle mehr.

Der insbesondere mit den westlichen Industriestaaten zurückbleibende Außenhandel des Reiches beeinträchtigte auch das Auslandsgeschäft der Dresdner Bank, das vor allem ein Außenhandelsfinanzierungsgeschäft war.[15] Die Reglementierung der Ein- und Ausfuhr sowie deren strukturelle Verlagerung auf rohstoffexportierende Staaten einschließlich der Abwicklung über Verrechnungsabkommen führte einerseits zu einem Mengenrückgang mit dem entsprechenden Rückgang der Bankerträge aus Zinsen und Provisionen, andererseits zu kostenträchtigen betriebswirtschaftlichen Folgeinvestitionen. Um ihre alten und neu hinzugewonnenen Firmenkunden durch das Dickicht des wuchernden Vorschriftendschungels geleiten zu können, ging die Bank daran, eine eigene Dienstleistungssparte aufzubauen. Sie musste „für ihr Auslandsgeschäft ganze Stäbe neuer Mitarbeiter einstellen, ohne in diesem Bereich mit höheren Erträgen rechnen zu können"; dieser Zuwachs schlug sich in der kostentreibenden Beschäftigung von etwa 600 neuen Spezialisten nieder. Die Außenhandelsberatung gewann, die Außenhandelsfinanzierung verlor an Bedeutung. So kam es bereits in den Friedensjahren des Dritten

[14] Bd. 1, Bähr, S. 410.
[15] Nach Bd. 1, Bähr, Kap. V.2; Zitat S. 214.

Reichs zu einem markanten Strukturwandel, der sich in einer „Verschiebung des Bankgeschäfts vom Kapitalmarkt zum Geldmarkt und von Finanzierungsaufgaben zu Dienstleistungstätigkeiten“[16] zeigte. Diese erstreckten sich nicht nur auf die Wirtschaft und die Privatkunden, sondern zunehmend auch auf den Staat. Darin zeigte sich neben den strukturellen Veränderungen die pure ökonomische Notwendigkeit, unbedingt neue Geschäftsfelder zu erschließen, um die Stagnation und den Rückgang in den einstmals hauptsächlich gewinnbringenden Sparten einigermaßen wettzumachen. Dazu gehörte das exorbitant wachsende Spargeschäft. Dennoch verwalteten die Großbanken mit 3% bis 4% insgesamt nur einen verschwindend kleinen Teil der eingezahlten Spargelder.[17] Die Hauptsammelstellen privater Ersparnisse waren die Sparkassen. Sie erbrachten den Löwenanteil des längerfristigen Finanzbedarfs des Reiches. Doch auch den Großbanken blieb wegen mangelnder Alternativen für die Anlage der Spargelder ihrer Kundschaft meist nur der Erwerb wenig rentierlicher Reichstitel. Der Anteil der Schatzanleihen an ihrer Bilanzsumme stieg deshalb in den Vorkriegsjahren von 4% auf 27%. Dieser Entwicklung entging auch die Dresdner Bank nicht. Von 1933 über 1938 bis Kriegsende stieg die Summe der gehaltenen Schatzwechsel und Schatzanleihen von 124 Mio. über 390 Mio. auf 5,12 Mrd. Reichsmark. Damit war der Anteil der Staatspapiere an der Bilanzsumme schließlich von gut 4% über 14% auf 60% im Jahr 1944 angewachsen.[18] Ebenso wie die anderen Geldhäuser ermunterte die Dresdner Bank ihre Filialen auch dann noch, das Geschäft mit den Sparern zu pflegen, als sich die deutsche Niederlage schon klar abzeichnete. Sie würden ihr, so das zutreffende Kalkül, wahrscheinlich über den Krieg hinaus als Kunden erhalten bleiben. Angesichts der immensen Staatsverschuldung und des sicher erwartbaren Verfalls der Währung wussten die Bankiers, denen die Bürger ihr Geldvermögen anvertraut hatten, sehr genau, „dass der Staat die Sparer um ihre Einlagen betrog“.[19]

[16] Ebd., S. 173.
[17] Nach Bd. 1, Bähr, Kap. V.4.
[18] Siehe Kopper, Bankenpolitik im „Dritten Reich“, S. 159f., und Meyen, Dresdner Bank, S. 113.
[19] Bd. 1, Bähr, S. 227.

2. Hinausdrängung der letzten jüdischen Mitarbeiter

In den ersten Jahren der „Wehrhaftmachung“, als die Dresdner Bank alles daransetzte, das Terrain, das sie bei ihrem Beinahe-Bankrott 1931 verloren hatte, auch durch die gezielt angestrebte Nähe zu den neuen wehrwirtschaftlichen Industrien zurückzugewinnen, blieb die „Judenfrage“ stets gegenwärtig. Sie wurde allmählich zu einer politischen Rahmenbedingung, an die man sich gewöhnte oder die man zumindest hinnahm. Dass der wachsende Druck auf die Juden zur Vernichtung ihrer bürgerlichen Existenz und letztlich sogar zur physischen Vernichtung führen würde, war in den ersten Jahren des Dritten Reiches freilich noch nicht absehbar. Doch ebenso wie den gewandelten ökonomischen Gegebenheiten musste die Bank auch den neuartigen ideologischen Anforderungen Rechnung tragen. Das galt für den Umgang mit den eigenen Angestellten[20] und Geschäftspartnern ebenso wie für die Haltung gegenüber Unternehmen, die sich in jüdischem Besitz befanden. Hier war ebenfalls ein Weg zu finden, von dem sich das Geldhaus den größtmöglichen Nutzen erwarten konnte. Dazu zählten nicht nur Erträge und Gewinne. Es ging bei dieser Anpassungsbewegung genauso um die Wahrung seines Ansehens in der Geschäftswelt wie bei den neuen Machthabern.

„Ansehen“ ist freilich eine recht wandlungsfähige Ressource. Im Dritten Reich bemaß es sich nicht allein nach der Respektierung der überkommenen wirtschaftsethischen Standards ordentlichen Geschäftsgebarens, nach denen etwa aus der unverschuldeten Notlage eines Partners kein Kapital geschlagen werden sollte. Das Ansehen wurde jetzt von der durchaus volatilen Einschätzung einer antisemitisch indoktrinierten Gesellschaft mitbestimmt, von der es auch abhing, wieviel Fairness gegenüber einer stigmatisierten und der Apartheid anheim fallenden „Rasse“ im persönlichen, dienstlichen und geschäftlichen Umgang noch aufgebracht werden sollte. Wie die anderen Teile der Gesellschaft wurde, was das Verhältnis der jüdischen und der nichtjüdischen Deutschen zueinander anbetraf, auch das Milieu der Geldwirtschaft von einer fortschreitenden moralischen Unbekümmertheit erfasst. Doch mehr noch. Der Ruf, im Umgang mit jüdischen Mitarbeitern oder Geschäftspartnern „altmodisch“ zu denken, barg für jede Bank das Risiko, ihr Ansehen gerade bei jenen Stellen von Partei und Staat zu beeinträchtigen, die nicht nur bei der Ausschaltung der Juden, sondern in der NS-Wirtschaft generell beträchtliche ökonomische Entfaltungschancen gewähren oder eben vorenthalten konnten. Hier ein Wagnis einzugehen, war für die Dresdner Bank die schlechteste aller Optionen. Sie konnte nicht auf der einen Seite Nutzen aus ihrer besonderen Nähe zum Regime ziehen wollen und zugleich dessen Staatsdoktrin und Kerndogma indifferent begegnen.

Diese spezifische politische Selbsteinschränkung spielte für die Dresdner Bank anfangs allerdings noch keine besondere Rolle. Die Konsequenzen der nationalsozialistischen Judenfeindschaft wurden im Allgemeinen nur dann als Faktor in das ökonomische Kalkül einbezogen, wenn sie das überragende Ziel einer raschen und nachhaltigen Festigung der eigenen ökonomischen Position vorteilhaft oder nachteilig berührten. Im Spannungsfeld von eigenem Geschäftsinteresse, staat-

[20] Siehe oben, S. 49ff.

lich-parteilichen Erwartungen und der Behauptungsversuche einer verfolgten Minderheit verfügten alle Geldinstitute bis zur Verschärfung der antijüdischen Maßnahmen seit der Jahreswende 1937/38 über einen breiten Handlungsspielraum gegenüber ihren jüdischen Geschäftspartnern. Zeitlich war die Verdrängung der eigenen jüdischen Angestellten der Vernichtung der wirtschaftlichen Existenz der Juden im nationalsozialistischen Herrschaftsbereich vorgelagert.

Bei den Kapitalgesellschaften zielte der von der NSDAP entfachte Druck zunächst auf die Manager und weniger auf die Ausschaltung der Kapitaleigner. Unternehmen, die Gefahr liefen, durch Boykott oder den Ausschluss von öffentlichen Aufträgen wirtschaftliche Nachteile zu erleiden, waren rasch bereit, jüdischen Managern den Rückzug nahe zu legen oder sie dazu zu zwingen. Ebenso wie ihre Kollegen aus den anderen Branchen machten die Bankenvertreter, die über ihre Mandate in den Aufsichtsräten an dieser Verdrängung mitwirkten, in der Regel keine Anstalten, sich gegen den Zug der Zeit zu stellen. Für die Dresdner Bank, deren Geschäftsleitung nach der Hinausdrängung fast aller jüdischer Mitglieder 1934/35 ein ganz neues Profil erhalten hatte, war der personelle Abbau von „Nichtariern" inzwischen ohnehin Alltagserfahrung.[21] Da bei ihr vergleichsweise viele Juden leitende Positionen innehatten, war sie in den Aufsichtsräten zahlreicher Unternehmen durch jüdische Mitarbeiter vertreten. Weil das Geldhaus darin nicht zu Unrecht einen Nachteil gegenüber seinen Konkurrenten erblickte, reagierte es rasch. Unter dem Strich, und darauf kam es an, konnte die Bank durch einen massenhaften Austausch von Aufsichtsräten ihre Stellung in den Unternehmen gut behaupten. Die Konkurrenzbanken verhielten sich ähnlich.

Alle Zugeständnisse und erlittenen Zumutungen bewahrten die jüdischen Deutschen nicht davor, dass im Gefolge einer neuerlich geschürten Pogromstimmung im Spätsommer 1935 die Nürnberger Gesetze ergingen, mit denen sie formell zu Staatsbürgern zweiter Klasse gestempelt wurden. Bislang noch „geschützte Nichtarier" mussten bis Jahresende den öffentlichen Dienst verlassen. Anders als beim Berufsbeamtengesetz, fand diese Entlassungsbestimmung jedoch keine Anwendung auf die Dresdner Bank.[22] Es blieb ihr überlassen, wie sie mit den bislang verschont gebliebenen 125 Juden verfahren wollte. Zweifellos erkannte man in der Behrenstraße aber, dass nun eine zweite „Entjudungswelle" erwartet wurde. Niemand anderes als das eigene Vorstandsmitglied Emil Meyer zeichnete in der Diktion eines Parteifunktionärs öffentlich den höheren Orts gewünschten Kurs vor. Nach drei Jahren NS-Regierung könne „erwartet werden", dass das Problem der geschützten jüdischen Angestellten in den Bankunternehmen „in absehbarer Zeit bereinigt wird".[23]

Das geschah denn auch binnen zweier Jahre. Die Großbanken waren in dieser keineswegs als erstrangig empfundenen Frage bereit, ihre verbliebenen „geschützten Nichtarier" auch ohne gesetzliche Grundlage über so genannte freiwillige Vereinbarungen zum Ausscheiden zu bewegen. Um nicht durch ein unterschiedliches Vorgehen Konkurrenznachteile im jüdischen Wirtschaftssektor heraufzubeschwören, stimmten sich Deutsche Bank, Dresdner Bank und Commerzbank

[21] Nach Bd. 2, Ziegler, Kap. VII.1.
[22] Nach ebd., Ziegler, Kap. II.5.
[23] Weihe, Verdrängung, S. 71.

darüber ab, bis Anfang 1937 die Verträge mit allen verbliebenen jüdischen Mitarbeitern zu lösen. Dieses Ziel ließ sich nicht ganz pünktlich erreichen. Bis auf einige wenige Sonderfälle waren Ende des Jahres aber alle Juden aus ihren Diensten geschieden.[24]

Der Vorstand der Dresdner Bank besaß keine Möglichkeit, die vollständige „Entjudung" seines Hauses zu umgehen. Er macht indes auch keine Anstalten dazu. Es stand in seinem eigenen Ermessen, wie er mit den Mitarbeitern bei den Abfindungen, Betriebsrenten und Pensionsleistungen umgehen wollte. Dabei zeigte sich im Klima der offiziellen Judenfeindschaft ein von Jahr zu Jahr rascherer Verfall kollegialer Solidarität und menschlichen Anstands. Schon 1937 begann die Bank zu einer „offen judenfeindlichen Personalpolitik"[25] und zu einer Kaltschnäuzigkeit der Methoden überzugehen, die wenige Jahre zuvor noch undenkbar und zu diesem Zeitpunkt überdies betriebswirtschaftlich nicht erforderlich gewesen wäre, da es mit der Bank geschäftlich bereits aufwärts ging.[26] So erlebten die ab 1935 hinausgedrängten „geschützten Nichtarier" eine böse Überraschung. Da die meisten von ihnen (noch) nicht an eine Auswanderung dachten und den vorzeitigen Ruhestand einer Entlassung mit Abfindung vorzogen, war der ohnehin schon sehr hohe Bestand an Betriebsrentnern stark angestiegen. Deswegen ging die Dresdner Bank nun daran, die Juden unter den Betriebsrentnern gezielt zu diskriminieren, und konfrontierte sie mit einer willkürlich festgesetzten Absenkung ihrer Bezüge zwischen 5% und 20%. Die oftmals erschütternden Einzelfälle und Bittbriefe der Betroffenen zeigen, dass die Bank ihren breiten Ermessensspielraum dabei mit wachsender Rücksichtslosigkeit nutzte. Bei stetig verbesserter Geschäftslage zog sie immer härtere Saiten auf. Die Umwandlung von Pensionen in Abfindungen für ehemalige Mitarbeiter, die sich nun doch zur Emigration entschlossen, wurde mit verheerenden Folgen für die Auswanderungswilligen sehr viel restriktiver gehandhabt als zuvor. Einige hätten sich bei einer entgegenkommenderen Praxis der Dresdner Bank noch retten können.

Es waren bankexterne und bankinterne Umstände, welche die zunehmende Indifferenz der Geschäftsleitung beim Umgang mit ihren ehemaligen jüdischen Angestellten zwar nicht unvermeidlich, aber doch erwartbar machten. Die jüdischen Deutschen sanken immer weiter zu Parias herab, deren Recht- und Schutzlosigkeit risikolos ausgenutzt werden konnte. Wer dieser Versuchung nachgab, brauchte keinen langen inneren Anlauf, um sich hier mit dem augenscheinlich überaus populären „Führer" und Reichskanzler in Übereinstimmung zu fühlen. Da sich das Auslandsgeschäft zunehmend verengte, erschien eine Rücksichtnahme auf die Partner dort weniger dringlich als noch wenige Jahre zuvor. Auch vom jüdischen Wirtschaftssektor ging wegen seiner abnehmenden ökonomischen Bedeutung kein besonders dringlicher Appell mehr zur Wahrung des professionellen Anstands im Umgang mit jüdischen Partnern und Kollegen aus. Hinzu kam, dass der Stern Hjalmar Schachts im Sinken war. Auch er huldigte zwar einem Antisemitismus bürgerlich-konservativer Prägung, setzte sich im Einklang mit

[24] Zur Deutschen Bank liegen keine Informationen vor.
[25] Bd. 2, Ziegler, S. 439.
[26] Nach ebd., Kap. III.

seiner „Politik der ökonomischen Nichtdiskriminierung“[27] jedoch wiederholt bei Hitler für die wirtschaftliche Gleichberechtigung der Juden ein. Er konnte aber weder eine Kodifizierung dieses Prinzips erreichen noch den NSDAP-Chef dazu bewegen, sich bei seinen andauernden Auseinandersetzungen mit den eigenmächtigen Gauleitern auf seine Seite zu stellen. Die Aversion Hitlers und Hermann Görings gegen den immer wieder wirtschaftsrational argumentierenden Minister war im Zuge des forcierten Übergangs zur Wehrwirtschaft ständig gewachsen, und mit dem Rücktritt Schachts im Herbst 1937 war dann die letzte Barriere gegen die planmäßige Diskriminierung der Juden in der Wirtschaft gefallen – genau der Zeitpunkt, zu dem die Dresdner Bank die Gangart gegen ihre ehemaligen jüdischen Mitarbeiter verschärfte.

Es wäre verwunderlich, wenn es dem Vorstandsmitglied Emil Meyer bei seinen exzellenten Verbindungen zu höchsten Stellen des NS-Regimes entgangen wäre, wie wenig Chancen Schacht hatte, sich in dem Machtkampf mit Göring um die tonangebende Rolle in der deutschen Volkswirtschaft durchzusetzen. Meyer hatte sich als einer der ganz wenigen bekannten Bankiers schon 1936 mit seiner Forderung nach einer radikal antijüdischen Personalpolitik öffentlich exponiert. Als stellvertretender Betriebsführer harmonierte er darin sowohl mit dem nationalsozialistischen Personal-Chef Hans Schippel als auch mit den nationalsozialistischen Belegschaftsvertretern, die sich zur Kompensierung ihrer weitgehenden Einflusslosigkeit auf die Geschäftspolitik durch eine scharfe antisemitische Agitation hervortaten und selbstverständlich keinen Finger rührten, um ihren in die Enge getriebenen Arbeitskollegen an die Seite zu springen. Es gibt keine Anzeichen dafür, dass der Vorstand der Dresdner Bank solchen Tendenzen gegenzusteuern versucht hätte. Im Gegenteil, er nutzte das antisemitische Klima gezielt zu einer Teilreduzierung im Bereich der Personalkosten und wälzte diese Lasten auf die „ohnehin schon schwer Bedrängten ab“ – insgesamt, so Dieter Ziegler, „ein zynischer, gleichwohl im betriebswirtschaftlichen Sinne rationaler Abwägungsprozess“.[28] Der breite Handlungsspielraum, den die Dresdner Bank im Umgang mit ihren verdrängten Mitarbeitern hatte, ist gut an dem Verhalten einzelner Angestellter wie Georg Butz, dem stellvertretenden Leiter der Personalabteilung, abzulesen. Ohne damit Sanktionen auf sich herabzubeschwören, unterlief er immer wieder Vorgaben seiner Vorgesetzten, indem er Abfindungen eigenmächtig höher ansetzte oder für Arbeitszeugnisse freundlichere Wendungen fand, als sie von den Ausgestoßenen erwartet werden durften. Doch solche mitmenschliche Gesten blieben wie überall in Deutschland zu selten, als dass sie der auch in der Dresdner Bank eingerissenen Überzeugung gegensteuern konnten, beim Umgang mit Menschen zweiter Klasse seien in der neuen Zeit auch neue Methoden erlaubt.

[27] Kopper, Bankenpolitik im „Dritten Reich“, S. 226; abweichend Albert Fischer, Hjalmar Schacht und Deutschlands „Judenfrage“. Der „Wirtschaftsdiktator“ und die Vertreibung der deutschen Juden aus der Wirtschaft, Köln 1995.

[28] Bd. 2, Ziegler, S. 426 und 443.

3. Die Verdrängung der Juden aus dem Wirtschaftsleben bis 1937/38

Dass der zur Staatsdoktrin erhobene Judenhass die wirtschaftliche Stellung ihrer jüdischen Geschäftspartner schwächte, erkannte die Geschäftswelt schon 1933. Hitler selbst erwog bereits unmittelbar nach seinem Machtantritt die Diskriminierung „jüdischer" Unternehmen,[29] verzichtete unter dem Einfluss Schachts aber zunächst auf ihre gesetzliche Schlechterstellung. Es blieb den Gliederungen der NSDAP überlassen, für wachsenden Druck auf die jüdischen Gewerbetreibenden zu sorgen. Die geschäftsschädigenden Verunglimpfungen und Übergriffe, an denen die örtliche „arische" Konkurrenz häufig aktiv mitwirkte, trafen anfangs vor allem die einfachen Handwerksbetriebe, kleinen Einzelhandelsunternehmen und mittelständischen Personengesellschaften. Hier schritt die Vernichtung jüdischer Wirtschaftstätigkeit durch Liquidation oder durch Übertragung gewerblichen Eigentums von Juden auf Nichtjuden am raschesten voran. Nach fünf Jahren NS-Herrschaft waren ungefähr zwei Drittel der ursprünglich mehr als 100000 Unternehmen nicht mehr in jüdischen Händen.[30]

Bei der Verdrängung der Juden aus dem Wirtschaftsleben griffen gesellschaftliche Stigmatisierung und ökonomische Diskriminierung ineinander. Einige Drangsalierte ahnten, dass sie keine geschäftliche Perspektive mehr hatten, und gaben ihre kaufmännische Existenz auf. Andere, wie der Hamburger Bankier Max Warburg, waren entschlossen, ihre Unternehmen „wie eine Festung"[31] zu verteidigen; viele verharrten „zwischen Erwartungen und Hoffnungen".[32] Kaufmännisch gesehen, war die Verfolgung der Juden eine Störung des Wirtschaftslebens, die aus der Perspektive der Banken Risiken heraufbeschwor. Die absehbaren finanziellen Verluste bei den als „jüdisch" stigmatisierten Firmen gaben ebenso Anlass zur Sorge wie die Gefahr, bei einer Liquidation oder einem Eigentümerwechsel eine gute Kundenbeziehung einzubüßen. Solche Bedenken bezogen sich weniger auf die kleineren Gewerbetreibenden, die nur selten eine Großbankverbindung hatten, als auf die mittleren und großen Unternehmen.

Systematisch betrachtet, trat auch die Dresdner Bank bei drei Falltypen des Eigentumstransfers in Erscheinung: bei „jüdischen" Privatbanken als Erwerberin auf eigene Rechnung; bei (meist als Personengesellschaft verfassten) kleineren und mittleren Firmen als Vermittlerin zwischen dem „nichtarischen" Verkäufer und dem „arischen" Käufer; schließlich bei (meist als Kapitalgesellschaft organisierten) größeren Unternehmen als Erwerberin von Anteilen am Gesellschaftskapital,

[29] Saul Friedländer, Das Dritte Reich und die Juden. Die Jahre der Verfolgung, München 1998, S. 84.

[30] Avraham Barkai, Vom Boykott zur „Entjudung". Der wirtschaftliche Existenzkampf der Juden im Dritten Reich 1933–1943, Frankfurt/Main 1987, S. 123.

[31] Frank Bajohr, „Arisierung" als gesellschaftlicher Prozess. Verhalten, Strategien und Handlungsspielräume jüdischer Eigentümer und „arischer" Erwerber, in: Irmtrud Wojak/Peter Hayes (Hg.), „Arisierung" im Nationalsozialismus. Volksgemeinschaft, Raub und Gedächtnis, Frankfurt/Main 2000, S. 20.

[32] Ludolf Herbst, Banker in einem prekären Geschäft: Die Beteiligung der Commerzbank an der Vernichtung der jüdischen Gewerbetätigkeit im Altreich (1933–1940), in: ders./Weihe (Hg.), Die Commerzbank und die Juden, S. 75.

die so gut wie immer zum Weiterverkauf vorgesehen waren.[33] Selbstverständlich glich kein einziger Vermögenstransfer dem anderen, bestimmten von der Statur des Gauleiters und der Struktur der regionalen Wirtschaft bis hin zu dem Verkaufszeitpunkt unzählige Variablen dessen Ablauf. Lange behielten die Banken deshalb die Freiheit, selbst darüber zu befinden, wie sie sich in diesem „prekären Geschäft“[34] verhielten.

Carl Goetz hatte noch vor der erzwungenen Umprofilierung seiner Führungsmannschaft Überlegungen dazu angestellt, wie sich die Dresdner Bank auf dem neuen Geschäftsfeld der „Arisierung“ am geschicktesten bewegen könnte. Der schwierigen Materie, der zersplitterten Zuständigkeiten und der Gewinnchancen wegen schwebte ihm eine Zentralisierung des kommenden Vermögenstransfers vor. Im September 1933 schlug er deshalb führenden Industriellen wie Fritz Thyssen und Albert Vögler vor, eine Holding unter maßgeblicher Beteiligung seines Hauses zu gründen. Sie sollte Unternehmen aufkaufen, die „heute in jüdischen Händen sind und die aus den bekannten Gründen verkaufen müssen“.[35] Diese Firmen würden „selbstverständlich zu einem billigen Preis“ übernommen werden. Da es sich nach Auffassung des kommenden Dresdner-Bank-Chefs um „eine sehr gute Kapitalanlage“ handelte, zeigten sich die beiden Großindustriellen interessiert. Ende Oktober kamen Goetz aber Bedenken. Er machte einen Rückzieher, weil man, wie er schrieb, mit einer solchen Arisierungsgesellschaft „bei gewissen Stellen“ – vermutlich bei jüdischen Kunden im In- und Ausland – wohl wie ein „Nutznießer“ der Judenverdrängung erscheinen könne. Die Idee einer privaten Holding zur zentralisierten Verwertung jüdischer Vermögen war damit aber nicht vom Tisch. 1938, als solche Rücksichten nicht mehr zu nehmen waren, kam Carl Goetz noch einmal darauf zurück.[36] Die Einschaltung der Geldinstitute in die Vermittlung von „jüdischen“ Betrieben an nichtjüdische Kaufinteressenten blieb so ein ausgesprochen unübersichtliches Engagement.

Alle Geldinstitute bemühten sich darum, Verkäufer und Käufer zusammenzuführen, den Erwerber dabei gegebenenfalls mit einem Kredit auszustatten, unbedingt aber zu verhindern, dass das „arisierte“ Unternehmen im Zuge des Transfers als Kunde verloren ging. Im Idealfall glückte es der makelnden Bank, über den Käufer neue Geschäftsbeziehungen zu einem Unternehmen hinzuzugewinnen. Im ungünstigsten Fall ging ihr ein Kunde durch die Liquidation seines Betriebes oder dadurch verloren, dass ihr eine Firmenbeziehung durch eine Konkurrenzfiliale abgejagt wurde. An der Statusveränderung eines florierenden Betriebes hatten die Banken normalerweise kein Interesse.[37]

Schon unmittelbar nach der nationalsozialistischen Regierungsübernahme verschlechterten sich die Geschäftsperspektive und die Kreditwürdigkeit „jüdischer“ Unternehmen erheblich, doch in den ersten drei, vier Jahren konnten sich deren Inhaber noch weitgehend frei entscheiden, ob, wann, wem und zu welchem Preis sie ihren Besitz verkaufen wollten. Die scharfe Konkurrenz zwischen den örtli-

[33] Bd. 2, Ziegler, S. 123f.
[34] So Herbst, Banker, S. 74.
[35] Zit. nach einem Schreiben Vöglers an Thyssen v. 27. 9. 1933; Bd. 2, Janetzko, S. 182.
[36] Siehe unten, S. 94.
[37] Vgl. Herbst, Banker, S. 75ff.

chen Bankfilialen sorgte dabei meist für einen akzeptablen Verkaufserlös. Solange Partei und Staat noch nicht massiv in die Vermögensübertragungen eingeschaltet waren, führte der breite Ermessensspielraum der Zweigstellen zu einem von Stadt zu Stadt ganz unterschiedlichen Geschäftsgebaren. Für alle Banken typisch war jedoch das permanente Tauziehen zwischen der Zentrale und den Filialen. Setzten die Zweigstellen alles daran, sich bei den Eigentumstransfers in ihrem Einzugsgebiet so rührig wie möglich zu zeigen, so drängten die Kopffilialen und Zentralen auf eine Minimierung des Risikos bei der Kreditierung „jüdischer" Firmen und nicht ausreichend bekannter Kaufinteressenten.[38] Auch in den Nürnberger Gesetzen vom Herbst 1935 sahen sie eine Verschlechterung ihrer Risiken und mahnten die Filialen zu gesteigerter Vorsicht.

War die „Arisierung" zunächst kein Massengeschäft, so veränderten sich die Rahmenbedingungen 1936/37 nachhaltig. Als mit dem Einmarsch in das entmilitarisierte Rheinland das letzte Hindernis der „Wehrhaftmachung" beseitigt war, Göring mit der Vierjahresplanorganisation und Himmler mit der Verschmelzung von SS und Polizei ihre Macht erweitert hatten, konnten „Ideologie und Politik immer mehr im Gleichschritt marschieren". Es begann eine neue Phase des „antijüdischen Feldzuges",[39] in der sich der Vermögensentzug von einem gesellschaftlichen in einen halbstaatlichen Prozess zu wandeln begann. Jetzt mussten alle Vermögenstransaktionen von den Gauwirtschaftsberatern der NSDAP unter Beteiligung der regionalen Behörden genehmigt werden. Das beendete den bisherigen „Schwebezustand"[40] und die Vertragsfreiheit zwischen Käufer und Verkäufer. Nun sprachen die Parteiinstanzen nicht nur beim Kaufpreis und bei der Auswahl der Neuerwerber das letzte Wort. Sie konnten bei Bedarf auch Steuer-, Devisen- oder Polizeistellen in Marsch setzen und ihre notdürftig als „Gebühren" getarnten Bakschisch-Forderungen weitgehend willkürlich festlegen. Damit verschlechterte sich die Stellung des jüdischen Verkäufers in den noch immer „informellen ‚Arisierungen'"[41] gravierend. Zugleich entwickelte sich unter nur noch formaler Wahrung des Eigentumsrechts eine Günstlingswirtschaft und Korruptionsstruktur, in der gute politische Beziehungen zu den örtlichen Genehmigungsinstanzen zu einem wertvollen Kapital wurden. Vielen „jüdischen" Firmen blieb der Gedanke an eine Aufgabe aber auch jetzt noch fremd. Machte etwa eine Zweigstelle der Dresdner Bank ihre jüdischen Firmenkunden behutsam darauf aufmerksam, „dass diejenigen Firmen, die als erste den unvermeidlichen Prozess der Arisierung durchführen würden, am vorteilhaftesten abschneiden dürften", so konnte sie noch im Herbst 1937 mit selbstbewussten Antworten rechnen. Fast alle etwa in Krefeld angesprochenen Unternehmen verwiesen auf gestiegene Umsätze oder Exporte und mochten keine Notwendigkeit für einen Verkauf erkennen.[42]

Bis Anfang 1938, als die Reichsbehörden die Vernichtung der jüdischen Gewerbetätigkeit beschleunigten, entschied sich in jedem einzelnen Falle neu, wie sich die vermittelnde Bank gegenüber den Verhandlungspartnern verhielt. Das Inte-

[38] Nach Bd. 2, Janetzko, Kap. V.
[39] Zitate bei Friedländer, Juden, S. 197.
[40] Bajohr, „Arisierung", S. 340.
[41] James, „Arisierung", S. 125.
[42] Bd. 2, Janetzko, S. 194.

resse aller Großbanken in dieser strukturell asymmetrischen Vermittlungstätigkeit lief neben dem Erhalt oder der Ausweitungen ihrer Geschäftsbeziehungen darauf hinaus, ihr finanzielles Engagement an betriebswirtschaftlichen Maßstäben zu orientieren. Neben solchen Gemeinsamkeiten im geschäftlichen Kalkül offenbarten sich bei der Dresdner Bank allerdings schon früh Neigungen zu einer offensiven Gangart, die mit dem hergebrachten Komment des Bankwesens nicht mehr in Einklang stand. Das geschah in weitgehender Handlungsfreiheit insbesondere dann, wenn sie die Chance sah, auf diesem Weg ausstehende Verbindlichkeiten halbwegs sichern zu können. Im Umgang mit ihren jüdischen Geschäftspartnern trat die Erosion kaufmännischer und ethischer Normen hier sogar noch früher zu Tage als bei der Behandlung der eigenen „nichtarischen“ Mitarbeiter.

Bei der nur brachial zu nennenden Auseinandersetzung um den Berliner Engelhardt-Brauereikonzern ging es der Dresdner Bank um einen Abbau der bei ihr als Hausbank aufgelaufenen hohen Verbindlichkeiten und darum, dafür vorübergehend die Kapitalmehrheit zu erlangen. In diesem außerordentlich verwickelten, von Dieter Ziegler minutiös rekonstruierten Fall[43] nutzte die Bank gleich nach Beginn der NS-Diktatur die antisemitischen Kampagnen der Berliner NSDAP und die willkürlichen Übergriffe der Stadtverwaltung gegen eines der bedeutendsten deutschen Brau-Imperien konsequent für die Verfolgung ihrer eigenen Interessen. Um den eigenwilligen, einem Schuldenabbau abholden Generaldirektor Ignatz Nacher zu verdrängen und selber in die Position der Mehrheitseignerin zu gelangen, stimmte die Dresdner Bank ihre Strategie aber nicht nur eng mit den Berliner Stellen ab, sie ließ das knallharte Übernahmeszenario überdies von einem „industriellen Berater“ namens Hilarius Giebel exekutieren, der von ihr in Aufsichtsrat und Vorstand der Engelhardt-Brauerei entsandt wurde, von der Bank auch das Salär eines Vorstands erhielt, gleichwohl aber keinen Anstellungsvertrag mit ihr hatte. Das erleichterte es der Dresdner Bank unter anderem, vorteilhafte Beschlüsse in einer Aktionärsversammlung zuwege zu bringen, die mit der physischen Bedrohung von Nacher-Anhängern einherging, von Giebel fein orchestriert und mit SA-„Saalschutz“ gesichert war. Danach mussten mit Hilfe der NSDAP-Gauleitung und der Stadt Berlin noch weitere Hürden überwunden werden, doch erst die Verhaftung Ignatz Nachers und seines Vertrauensmannes im Sommer 1934 brachte den Durchbruch. Nach dieser erpresserischen Gewaltaktion setzte der zermürbte Eigentümer endlich seine Unterschrift unter eine Vereinbarung, die der Dresdner Bank die angestrebte Mehrheit von 51% sicherte.

Es existiert kein schriftliches Beweisstück dafür, dass die Dresdner Bank und Giebel die Verhaftung Nachers und seines Vertrauensmannes veranlasst hätten. Es gibt neben der Logik der Gesamtkonstellation und dem Eindruck mehrerer Betroffener jedoch weitere Indizien für diese Annahme. Die Verhaftung des Nacher-Vertrauten ging nämlich auf eine Denunziation durch niemand anderen als den „industriellen Berater“ der Dresdner Bank persönlich zurück. Am 12. Juni 1934 wandte der sich zu diesem Behufe schriftlich an die Kriminalpolizei in Berlin-Schöneberg und teilte ihr mit, es handele sich um „stinkende jüdische Interessen“, die Nachers Vertrauensmann vertrete. Anderntags und dann noch einmal drei

[43] Nach Bd. 2, Ziegler, Kap. IX.3.

Monate später hieb ein von Giebel eingespannter NS-Funktionär in dieselbe Kerbe. Vier Tage nach dem erpressten Vergleich taten das Aufsichtsratsmitglied der Dresdner Bank und ein Vorstandsmitglied der Engelhardt AG dann kund, bei ihnen bestehe kein Interesse an einer Inhaftierung Nachers, „umsomehr" als nunmehr alle Beziehungen zu ihm „in einer uns befriedigenden Weise" geregelt seien; von dieser Mitteilung könne bei den entsprechenden Stellen gerne Gebrauch gemacht werden.[44]

Neben der Kontrolle der Geschäftspolitik des Engelhardt-Konzerns bestand der Vorteil des dramatischen Vermögensentzugs darin, dass sich das Unternehmen mitsamt seinen Tochtergesellschaften dazu verpflichtete, wenigstens fünf Jahre lang alle Geldgeschäfte ausschließlich mit der Dresdner Bank abzuwickeln. Der Vorstand der Engelhardt AG musste den Generalversammlungen außerdem Personen für die Wahl in den Aufsichtsrat vorschlagen, die ihm von der Bank benannt wurden. Um ihre Position als Hausbank der verschuldeten Engelhardt-Brauerei zu behaupten, keineswegs um ein Industrie-Imperium aufzubauen, passte sich die Dresdner Bank (die ihre Anteile nach einigen Jahren wieder veräußerte) dem brachialen Gebaren der Berliner NSDAP-Gauleitung an und entsandte dazu einen Mann in die Konzernleitung, mit dem sie sich nach außen hin von einer unmittelbaren Verantwortung für die erzwungene „Arisierung" glaubte freihalten zu können. Nach getaner Arbeit ließ sie ihn fallen. Tatsächlich war die Bank jedoch über einen ihrer Direktoren, der stellvertretender Aufsichtsratsvorsitzender der Engelhardt AG war und mit Hilarius Giebel durchweg an einem Strang zog, als Mittäter unmittelbar am Geschehen beteiligt. Sollte dieser Direktor, was mehr als unwahrscheinlich ist, den Vorstand um Carl Goetz über den Gang der Dinge bei Engelhardt im Unklaren gelassen haben, so hätte die Geschäftsleitung der Dresdner Bank spätestens dann Gelegenheit gehabt einzuschreiten, als sie sich aus der Tagespresse über den Verlauf der skandalösen Generalversammlung mit SA-Schutz informieren konnte. Das geschah nicht.

Nicht die Dresdner Bank war der Auslöser der unnachsichtigen Verfolgung von Ignatz Nacher, sondern die Berliner NSDAP. Durch dessen eigenwilliges und kaufmännisch riskantes Gebaren schwer verstimmt, hatte das Bankhaus aber schon wenige Monate nach dem Machtantritt Hitlers „keinerlei Scheu, sich mit der NSDAP einzulassen, um ihre Interessen durchzusetzen", resümiert Ziegler. „Die Verantwortlichen in der Bank wussten, dass der Kampf um die ‚Arisierung' ohne jede gesetzliche Grundlage ein ziemlich dreckiges Geschäft werden würde. Deshalb delegierte sie mit Hilarius Giebel einen ‚Mann fürs Grobe' in den Engelhardt-Vorstand. Dahinter steckte zweifellos Methode." Unter normalen Umständen wäre die Dresdner Bank „niemals auf die Idee verfallen, in einer solchen, allen Regeln des Geschäftslebens widersprechenden Art und Weise vorzugehen. Aber die wirtschaftliche Verfolgung der Juden durch das NS-Regime eröffnete diese ungewöhnliche Möglichkeit."[45] Die Bank ergriff solche Chancen sehr früh und nahm damit bereits wenige Monate nach Errichtung der nationalsozialistischen Diktatur aktiv an der wirtschaftlichen Verfolgung der Juden teil. Dabei entdeckte

[44] Ebd., S. 320.
[45] Ebd., S. 330f.

sie, welche Vorteile es mit sich brachte, die neuen Verhältnisse im eigenen Geschäftsinteresse zu instrumentalisieren.

In dem Fall des berühmten Berliner Scala-Plaza-Varietékonzerns, der schon vor 1933 in die Krise geraten war, suchte die Dresdner Bank ebenfalls früh in das Zusammenspiel mit der NSDAP und den staatlichen Behörden. Dabei ging es der Bank neuerlich darum, aus einem verpfuschten Kreditengagement herauszukommen und die eigenen Verluste so niedrig wie möglich zu halten.[46] Das Geldhaus war an der bald einsetzenden „Entjudung“, die den Niedergang der Scala-Plaza noch beschleunigte, nicht beteiligt, sie versuchte deren verheerende Finanzlage aber dadurch in den Griff zu bekommen, dass sie sowohl die Deutsche Arbeitsfront als auch das Propagandaministerium zu einem Einstieg in das notleidende Unternehmen zu bewegen trachtete. Dafür führte sie die verlangte „Arisierung“ durch und hielt sich auch bei der künstlerischen Besetzung ganz an die Empfehlungen des Goebbels-Ministeriums. Der Versuch, so zu einer Schadensbegrenzung zu gelangen, scheiterte allerdings. Ihr Kalkül, aus betriebswirtschaftlicher Rationalität auf Kosten der jüdischen Eigentümer schon 1934 „‚mit dem Teufel‘ zu paktieren“, um das eigene finanzielle Engagement zu retten, zahlte sich nicht aus.

Auch bei der Übernahme jüdischen Vermögens auf eigene Rechnung wurde die Dresdner Bank schon früh aktiv. Dabei richtete sie ihr Augenmerk auf die Privatbanken,[47] von denen es 1933 noch gut 1000 gab, fast die Hälfte davon in der Hand jüdischer Unternehmer – darunter so illustre Namen wie Gebr. Arnhold in Dresden und Berlin, Sal. Oppenheimer jr. & Cie in Köln oder M. M. Warburg & Co in Hamburg. Dieser Sektor war bereits durch die Wirtschafts- und Bankenkrise schwer in Mitleidenschaft gezogen, doch im Dritten Reich verschlechterten sich ihre Geschäftsaussichten so rapide, dass sich ihre Anzahl nach fünf Jahren NS-Herrschaft nahezu halbiert hatte. Der größte Teil ging in Liquidation. Bei diesen Abwicklungen lassen sich zwischen 1935 und 1938 etwa 40 Konkursverwertungen nachweisen, an denen „nichtjüdische“ Kreditinstitute beteiligt waren; in „auffallend“[48] vielen Fällen die Dresdner Bank.[49]

Zur eigentlichen *cause celèbre* wurde die zwischen Ende 1935 und Anfang 1938 bewerkstelligte Übernahme des Bankhauses Gebr. Arnhold mit seinem Stammhaus in Dresden und der Außenstelle Gebr. Arnhold – S. Bleichröder in Berlin. Das Institut von Carl Goetz war die erste Großbank, die sich um den Erwerb von einem der fünf Flagschiffe unter den traditionsreichen „jüdischen“ Privatbanken bemühte.[50] Das altehrwürdige Familienunternehmen diente der sächsischen NSDAP schon vor 1933 als Zielscheibe judenfeindlicher Attacken. Gauleiter Martin Mutschmann, ein Pleitier, dem Gebr. Arnhold in den zwanziger Jahren mehrfach den Kredit verweigert hatte, entwickelte geradezu eine Obsession, die verhasste Familie aus Sachsen zu vertreiben. Schon bald nach der Installierung der

[46] Nach Bd. 2, Ziegler, Kap. IX.2; das Zitat ebd., S. 291.
[47] Nach ebd., Köhler, Kap. V.
[48] Ebd., Ziegler, S. 255.
[49] Ebd., Köhler, S. 162 und 170.
[50] Nach ebd., Köhler, Kap. V.3. Die Deutsche Bank übernahm 1938 das Traditionshaus Mendelssohn & Co unter für den Inhaber augenscheinlich akzeptablen Bedingungen (vgl. Gall, Abs, S. 58 ff.), die Commerzbank war an Transfers dieser Art nicht beteiligt.

Hitler-Regierung erwogen die Arnholds deswegen, den geschäftlichen Schwerpunkt auf ihre Berliner Filiale zu verlagern, die inzwischen wesentlich ertragstärker war und 1931 die angeschlagene Traditionsfirma S. Bleichröder, Bismarcks Bankier, faktisch übernommen hatte. Neben den Nachstellungen der neuen Staatspartei machte sich der Druck sofort auch in mehreren Wirtschaftsprozessen bemerkbar, die unter Einschaltung Mutschmanns und Wilhelm Kepplers zum Teil zehn Jahre zurückliegende Geschäftsvorgänge wieder aufwärmten. Durch das Zusammenwirken von Parteistellen und Behörden, Haussuchungen und Polizeiverhören wurden die Arnholds systematisch zermürbt und für die Geschäftsaufgabe präpariert.

In dieser Lage nahm die Familie im Herbst 1935 ein Kaufangebot der Dresdner Bank an. Die vereinbarten Konditionen schienen attraktiv, die Verhandlungen gingen zügig vonstatten, schon Anfang Dezember konnte der Vertrag unterzeichnet werden. Das unsanfte Erwachen folgte für die Dresdner Finanzdynastie freilich unmittelbar danach. Die Dresdner Bank setzte nämlich alles daran, um den Kaufpreis nachträglich zu drücken, indem sie dem Verkäufer mehrfache Vertragsverletzung vorwarf: angebliche Bilanzverschleierungen, die allerdings von der zuvor eingeschalteten Treuhandgesellschaft in detaillierten Untersuchungen nicht entdeckt worden waren; Anfechtung des Kaufpreises für die repräsentativen Firmenimmobilien, der aufgrund des Gutachtens eines unparteiischen Bausachverständigen einvernehmlich vereinbart worden war; schließlich die Verweigerung von Pensionszahlungen für einen übernommenen 72-jährigen ehemaligen Prokuristen, der sich entgegen des Anscheins als „nichtarisch" entpuppt hatte. Letzteres bewog das liberal gesinnte Mitglied des Dresdner-Bank-Vorstands Alfred Busch, der den Arnhold-Vertrag maßgeblich mit ausgehandelt hatte, zu einem internen Aktenvermerk, in dem er seine Zweifel daran kundtat, dass dessen Nichtübernahme trotz vorheriger Zusage „juristisch und moralisch haltbar"[51] sei. Folgen hatte das keine. Im Ergebnis verblieb der Familie ein nachträglich um 15% gedrückter Verkaufserlös, den sie größtenteils in ihre Berliner Dependance investierte.

Ende 1937 setzten sich Vertreter der Familie Arnhold neuerlich mit Verhandlungsführern der Dresdner Bank und deren Tochter Hardy & Co. an einen Tisch (neben Alfred Busch diesmal Carl Goetz und Karl Rasche persönlich), um die Konditionen für die Übernahme ihres finanziell insgesamt noch immer gesunden Geldhauses zu vereinbaren. Zwar lässt es sich nicht mehr zweifelsfrei klären, aber die Indizien sprechen dafür, dass die Verbindungsaufnahme zur Dresdner Bank nach den üblen Erfahrungen im ersten Geschäft „schon nicht mehr freiwillig" erfolgte.[52] Als Kurt Arnhold seine Verkaufsbereitschaft ganz offen mit einem Entgegenkommen der Finanzbehörden bei der geplanten Auswanderung der Familie zu verknüpfen versuchte, nahm ihn die Gestapo wegen angeblicher Erschleichung von Devisenvorteilen über den Jahreswechsel 1937/38 für mehrere Wochen in Haft. Anders als bei der Verhaftung des Engelhardt-Eigentümers Nacher muss offen bleiben, ob die Dresdner Bank ihrem Geschäftspartner hier ebenfalls mit Hilfe

[51] Bd. 2, Köhler, S. 145.
[52] Ebd., Ziegler, S. 440.

der Polizei auf die Sprünge helfen wollte. Der Effekt war der gleiche, denn der Kaufvertrag kam jetzt in kürzester Frist zustande. Dass die Polizei bei Verhandlungen der Dresdner Bank über bedeutsame Akquisitionen in der neuralgischen Gesprächsphase einschritt und einen zögerlichen Verkäufer in Haft nahm, geschah hier nicht zum ersten und nicht zum letzten Mal. Bald wiederholte sich dieses Muster erneut.[53]

Die Abwicklung des Kaufvertrags von Mitte Januar 1938 geriet rasch in den Strudel der jetzt einsetzenden radikalisierten Expropriierung „jüdischer" Vermögen. Das machte sich unter anderem dadurch bemerkbar, dass bei der Bewertung „jüdischer" Firmenschuldner das Risiko aus „politischen Gründen"[54] verstärkt mit in Rechnung gestellt wurde und sich dies in einem erhöhten Rückstellungsbedarf niederschlug. Das drückte den mit der Familie Arnhold vereinbarten Kaufpreis um fast ein Drittel. Die verzweifelte Lage des Verkäufers, dem sein Vermögen zerrann, fand in der weiteren Strategie der übernehmenden Bank keine Berücksichtigung. Im Gegenteil, sie bescherte den Arnholds mit verschiedenen Nachforderungen, von denen wenigstens eine nach genauer Prüfung wieder zurückgenommen werden musste, obendrein ein Déjà-vu-Erlebnis. Unter dem Strich verblieben der Dresdner Finanzdynastie nach der staatlichen Zwangsabgabe und dem extrem niedrigen Zwangsumtauschsatz Devisen im Gegenwert von 540 000 RM, im Ergebnis genau 3% der mit der Dresdner Bank ursprünglich vereinbarten, durch keinerlei „goodwill" aufgebesserten Verkaufssumme für die Geldhäuser in Dresden und Berlin.

Es war das NS-Regime, das die jüdischen Unternehmer beraubte, ruinierte und vertrieb, doch nutzte die Dresdner Bank die neuen politischen und geschäftlichen Möglichkeiten entschlossen, wenn der Imperativ der ökonomischen Rationalität es zu erfordern schien. Das offenbarte sich bei ihr schon unmittelbar nach dem Machtantritt der Nationalsozialisten und erst recht im Fahrwasser der 1937/38 forcierten „Arisierungspolitik". Die gezielte Ausnutzung der Notlage ihrer jüdischen Geschäftspartner und Mitarbeiter, das Zusammenspiel mit Staats-, Partei- und sogar Polizeistellen gehörten bereits zu ihrem geschäftspolitischen Repertoire, als sich mit dem Ausgreifen des Deutschen Reiches nach Österreich und in die Tschechoslowakei die Chance eröffnete, noch ungleich größere Vermögenstransaktionen ebenfalls zumeist aus jüdischem Besitz zu bewerkstelligen und dabei ihre besondere Regimenähe voll zum Tragen zu bringen.

[53] Siehe unten, S. 123, sowie Bd. 3, Wixforth, Kap. III.4.
[54] Bd. 2, Köhler, S. 157.

V. Neue Rahmenbedingungen und Aufbruch 1937/38

1. Reprivatisierung und Sonderstellung bei den Reichswerken „Hermann Göring"

Während das Dritte Reich nach seiner inneren Festigung und der Wiedergewinnung seiner außen- und wehrpolitischen Handlungsfreiheit die Vorbereitungen für die Expansion in Europa verstärkte, gewann auch die Dresdner Bank ihre unternehmerische Eigenständigkeit zurück. Ohne dass das reprivatisierte Institut den geringsten Einfluss auf die strategischen Weichenstellungen des Regimes gehabt hätte, wirkten die rüstungswirtschaftlichen Mobilisierungsschübe auf seine Geschäftsorientierung zurück, und auch für die Kräfteverteilung an der Spitze der Bank blieben sie nicht ohne Belang.

Im Sommer 1936, als die Devisenlage wegen der erhöhten Rohstoffeinfuhren erneut kritisch geworden war, die Drosselung der Rüstungskonjunktur aber den Ausbau der Wehrmacht gefährdet hätte, erhob der Reichskanzler in Verfolgung seines Kriegskurses „eine ebenso einfache wie auf den ersten Blick einleuchtende Alternative"[1] zum Richtmaß volkswirtschaftlicher Orientierung: die maximale Selbstversorgung mit heimischen bzw. synthetisierten Rohstoffen. Die sofort nach der Weichenstellung durch Hitlers geheime Denkschrift zum Vierjahresplan fühlbaren Strukturveränderungen in der Wirtschaftsverwaltung zerstörten bei den traditionellen Wirtschaftseliten die noch immer gehegte Hoffnung, Deutschland werde nach Erlangung einer annähernden Rüstungsgleichheit und der Rückkehr auf die Bühne der Großmächte zu einer Normalisierung seiner Wirtschaftspolitik zurückfinden. Diese Desillusionierung ging mit dem Bedeutungsverlust Hjalmar Schachts einher, der im Bankenmilieu als Fürsprecher wirtschaftlicher Vernunft galt.

Hermann Görings „ökonomische Machtergreifung", die den zweiten Mann in der NS-Hierarchie in eine „Kontrollposition über die Reichswirtschaftsbürokratie"[2] brachte, vollzog sich mit voller Rückendeckung des Kanzlers binnen eines Jahres. Seine Ambitionen in der Wirtschaft, seine betont kriegswirtschaftliche Rhetorik und die Eingriffe seines Sonderstabes in Schachts Kompetenzen machten sich schon seit dem Frühjahr bemerkbar, doch erst die offizielle Beauftragung Görings mit der Durchführung des Vierjahresplans im Herbst, die ihm kaum be-

1 Herbst, Das nationalsozialistische Deutschland, S. 163.
2 Gerhard Th. Mollin, Montankonzerne und „Drittes Reich". Der Gegensatz zwischen Monopolindustrie und Befehlswirtschaft in der deutschen Rüstung und Expansion 1936–1944, Göttingen 1988, S. 276.

grenzte Sondervollmachten in den Kernbereichen der Rohstoff- und Rüstungswirtschaft brachten, ließ den Machtkampf zwischen den beiden machtbewussten Kontrahenten unausweichlich werden. Schacht trat seit Anfang 1937 offen gegen die volkswirtschaftlich gefährliche Autarkiepolitik auf, doch ohne es seinem Minister zu erkennen zu geben, wusste der Kanzler längst, dass seine Ziele und dessen Auffassung „nicht mehr miteinander vereinbar waren".[3] Im November trat Schacht vom Amt des Reichswirtschaftsministers zurück.

In der Dresdner Bank schieden im Laufe des Jahres 1936 die letzten „Nichtarier" aus der Geschäftsleitung und dem Aufsichtsrat aus, darunter dessen langjähriger Vorsitzender Fritz Andreae und sein Stellvertreter.[4] Entscheidend aber war der Wechsel von Carl Goetz in den Aufsichtsratsvorsitz im Frühjahr. In einer ungewöhnlichen Vereinbarung, für die das Reichswirtschaftsministerium geradestand, konnte sich der 51-Jährige derart weitreichende Vollmachten sichern, dass er faktisch zum Chef beider Gremien avancierte. Als hauptamtlich tätigem Aufsichtsratsvorsitzenden wurde Goetz das Recht eingeräumt, an den Sitzungen des Vorstands teilzunehmen, über alle Geschäfte der Bank Auskunft zu verlangen und der Geschäftsleitung Weisungen zu erteilen. Ein später abgeschlossener Beratungsvertrag erteilte ihm die Befugnis, die Beziehungen zu den Großkunden und zu den Obersten Reichsbehörden zu pflegen. Bis zu seiner Zurückdrängung auf die Aufsichtsratsfunktionen Ende 1942[5] blieb er so auch seinen verbrieften Kompetenzen nach die beherrschende Figur, mit der vollen Verantwortung für den Kurs der Bank im Dritten Reich. Ihm wurde nicht nur das selbstbewusste Diktum „Die Dresdner Bank bin ich" zugeschrieben – einer seiner profiliertesten Direktoren bestätigte die Sonderstellung von Carl Goetz später mit der Feststellung, „dass nichts in der Dresdner Bank an wichtigen Dingen passiert wäre, was nicht Herrn Goetz vorgelegt worden wäre".[6]

Die Zementierung der Vollmachten des neuen Aufsichtsratsvorsitzenden erfolgte wohl aus zwei Gründen. Zum einen unterlief sie die Auswirkungen des Anfang 1937 verabschiedeten Aktiengesetzes, das die Befugnisse der Aufsichtsräte schwächte und den Vorstand von Aktiengesellschaften stärkte. Zum anderen erfolgte sie genau in dem Augenblick, als die Geschäftszahlen erstmals die Aussicht auf eine baldige Reprivatisierung der Dresdner Bank eröffneten. Seine neuen Vollmachten gaben Goetz maximale Handlungsfreiheit für die schwierige Operation. Dieser Schachzug kann nicht ohne die Zustimmung von Wirtschaftsminister Hjalmar Schacht erfolgt sein. Zwar schweigen die Quellen zu den Hintergründen dieser erstaunlichen Rochade, die wegen des Ausscheidens des profilierten „nichtarischen" Aufsichtsratsvorsitzenden notwendig wurde, man kann aber vermuten, dass sie in der Tradition der 1933 entwickelten autoritär-konservativen Vorstellung von einer „Einrahmung" oder „Zähmung" des revolutionären Nationalsozialismus erfolgte, als ein vielleicht weniger illusionärer personalpolitischer Behauptungsversuch und eine Positionssicherung in einer zunehmend unter die Regie Hermann Görings geratenen Wirtschaft. Plausibilität hatte ein solcher

[3] Dieter Petzina, Autarkiepolitik im Dritten Reich, Stuttgart 1968, S. 48.
[4] Siehe Bd. 1, Bähr, Kap. I, und ebd., Ziegler, Kap. II.2.
[5] Siehe unten, S. 210ff.
[6] Zit. nach Bd. 1, Bähr, S. 19.

Schritt angesichts der Konstellation in der Geschäftsleitung der Dresdner Bank, wo Emil H. Meyer und Karl Rasche mit zunehmendem Erstarken des Regimes an Einfluss gewannen. Es gab den Vorstandskollegen fraglos zu denken, dass inzwischen auch Karl Rasche zum „Freundeskreis Reichsführer SS" gestoßen war, in dem hohe SS-Führer, darunter des öfteren auch Himmler und Heydrich persönlich, Kontakt mit prominenten Unternehmensvertretern pflegten und so angesichts von Görings Aufstieg ihre eigenen Verbindungen zur Großwirtschaft festigen wollten.[7] Emil Meyer gehörte dem von Keppler ins Leben gerufenen Zirkel schon immer an. Er war seit 1933, Rasche dann seit 1939 Ehrenoffizier der SS, und beide entwickelten sich – sehr zum geschäftlichen Nutzen ihrer Bank – in kurzer Zeit zu „Vertrauensbankiers der SS" (Johannes Bähr).[8] So mag es nahe gelegen haben, Carl Goetz als ein Gegengewicht zu sehen, zumal sich nach und nach einige namhafte SS-Angehörige im Aufsichtsrat einfanden, darunter der Organisator des „Freundeskreises" und Brabag-Vorstand Fritz Kranefuß oder der SS-Brigadeführer und Führer des Reichsnährstands Wilhelm Meinberg.

Der Eindämmung des Einflusses des fanatisch nationalsozialistischen Meyer und des unideologischeren, als Bankier für das Regime und die Bank darum nur umso effektiveren Rasche sollte wohl auch eine weitere Personalentscheidung dienen. Im Frühjahr 1938 berief Goetz mit Carl Lüer einen alten Bekannten in den Vorstand und machte ihn gegen die erklärten Ambitionen Meyers zum „Betriebsführer". Lüer war zwar ein sehr einflussreicher „Alter Kämpfer", nach 1933 außerdem Präsident der Industrie- und Handelskammer Rhein-Main und Leiter der Reichsgruppe Handel, aber kein Wirtschaftsideologe, sondern ein Pragmatiker, der überdies mit dem von Hermann Göring installierten, politisch schwergewichtigen „Generalreferenten für Sonderaufgaben" im Reichswirtschaftsministerium, Hans Kehrl, befreundet war, also gerade keine Figur wie die des weltanschaulich unnachgiebigen Karrieristen Meyer, dessen Loyalität im Zweifel eher bei der Partei als bei dem eigenen Unternehmen zu suchen war. Ihn sollte Lüer im Vorstand wohl neutralisieren.

Wenn der starke Mann der Dresdner Bank damit den SS-nahen Kollegen im Vorstand „den Wind aus den Segeln nehmen" wollte (wie er nach dem Krieg vor einer Spruchkammer erklärte),[9] so ist das jedenfalls nicht geglückt. Bald nach dem 1937 beginnenden geschäftlichen Aufbruch der reprivatisierten Dresdner Bank entwickelten sich Meyer und Rasche vielmehr zu sehr einflussreichen, engen und aktiven Kollaborateuren der NS-Führung, als es in den euphorisierenden Jahren von 1938 bis 1942 galt, die militärische und ökonomische Expansion des Deutschen Reiches in Europa durch Vermögenstransaktionen und Bankgeschäfte zu flankieren.[10] Weil das der Dresdner Bank nicht weniger nützte als dem nationalsozialistischen Regime, wurden Meyer und Rasche von ihrem Aufsichtsratsvorsitzenden, der gerade während der größten Expansion des Dritten Reiches die größten Kompetenzen auf sich vereinigte, dabei keineswegs behindert oder gebremst. So ist es letztlich der beherrschende Carl Goetz selber, der die Verantwor-

[7] Vgl. ebd., Kap. IX.
[8] Ebd., S. 477.
[9] Zit. nach ebd., S. 105.
[10] Siehe unten, S. 107ff.

tung dafür trägt, dass der „SS-Flügel“[11] immer mehr Aufwind bekam und die Dresdner Bank bis weit in den Krieg hinein keinerlei Anstalten machte, etwas mehr Distanz zwischen sich und die neuen Herren Europas zu legen. Was sich stattdessen entwickelte, war eine Regimenähe, die enger war als bei den anderen Aktiengroßbanken, und eine Mittäterschaft zu gegenseitigem Nutzen, welche Bestand hatte, solange dem Dritten Reich die Zukunft zu gehören schien. Ob Carl Goetz, der keine Sympathien für die nationalsozialistische Weltanschauung hegte, diesem Kurs seines Hauses hätte gegensteuern können, wenn er es gewollt hätte, bleibe dahingestellt. Da er bis zum bitteren Ende an der Spitze des Aufsichtsrats der Dresdner Bank verharrte, war er vermutlich zu sehr Geschäftsmann, um dies zu wollen.

Seit Goetz in die existenziell gefährdete Dresdner Bank eingetreten war, bestand nie ein Zweifel daran, dass das vom Reich übernommene Geldinstitut nach der Sanierung wieder in private Hände zurückgeführt werden würde. Der Zeitpunkt dafür hing allein von der wirtschaftlichen Entwicklung in Deutschland und von dem unternehmerischen Geschick der Bank selbst ab. Also verfolgte ihre Geschäftsleitung einen strikten Konsolidierungskurs, um die Aktie der Dresdner Bank wieder zu einer attraktiven Kapitalanlage zu machen. Das wiederum verlangte neben der Steigerung der Ertragskraft und dem damit möglich werdenden Abbau der Altlasten die Ablösung der Verpflichtungen, die das Unternehmen nach den umfassenden Stützungsmaßnahmen der öffentlichen Hand gegenüber dem Reich eingegangen war. Bis 1935 hatte sich die Geschäftslage des Aktienfilialbanken schon deutlich verbessert. Ihre Eigenkapitalrenditen erreichten einen durchschnittlichen Wert von 4,08%, 1936 von 5,64%,[12] bei der Dresdner Bank waren es 4,5% und 5,4%. Ihr Reingewinn stieg von mageren 1,7 Mio. RM im Jahr 1934 über 7,52 Mio. RM 1935 auf 9,2 Mio. RM im folgenden Jahr an, um sich 1937 in einem Sprung auf 18,4 Mio. RM zu verdoppeln. War die Bilanzsumme der Dresdner Bank bis 1936 stetig gefallen, so stieg sie 1937 erstmals wieder geringfügig auf 2,51 Mrd. RM an.[13] Die Eigenkapitalbildung der Großbanken illustrierte aber auch ihren großen Rückstand bei der Krisenbewältigung und ihre „relative Stagnation in der Rüstungskonjunktur“.[14] Nahm sie in der Industrie zwischen 1933 und 1938 um fast 19% zu, so steigerte sie sich bei den Großbanken nur um gut 3%. Mit der Rückkehr zur Rentabilität führte die Dresdner Bank 1935 erstmals eine Gewinnabgabe in Höhe eines eher symbolischen Betrages von 1,3 Mio. RM an das Reich ab, zu der sie die Sanierungsverträge verpflichteten; im folgenden Jahr waren es 1,8 Mio. RM.[15] Eine Einschränkung ihrer Konsolidierungsbemühung war das aber nicht. Das Signal dafür, dass die Bank ins Geschäft zurückkehrte, bestand in der Ankündigung, ebenso wie ihre Konkurrentinnen für das Geschäftsjahr 1935 erstmals seit längerem wieder eine Dividende auszuschütten. Nachdem im folgenden Jahr dann auch noch die Absenkung des in der Wirtschaftskrise stark angewachsenen Debitorenbestandes um ein Drittel auf Normal-

[11] Bd. 1, Bähr, S. 104f.
[12] Kopper, Bankenpolitik im „Dritten Reich“, S. 199.
[13] Nach Bd. 1, Bähr, Kap. V.1.
[14] Kopper, Bankenpolitik im „Dritten Reich“, S. 201.
[15] Dies und das Folgende nach Bd. 1, Bähr, Kap. V.1, und ebd., Ziegler, Kap. II.3.

niveau gelungen war, neuerlich eine Dividende von 4% ausgeschüttet werden konnte und die Commerzbank im Herbst 1936 ein ermutigendes Beispiel für eine geglückte Reprivatisierung gegeben hatte, begann auch die Dresdner Bank, die Weichen dafür zu stellen. Das beflügelte die Phantasie der wenig verwöhnten Anleger, der Kurs der Dresdner-Bank-Aktie stieg zwischen Anfang 1936 und März 1937 um 15% auf 105% ihres Nominalwertes.

Die zweite Voraussetzung einer erfolgreichen Platzierung war, dass es sich bei der zum Verkauf kommenden Aktie tatsächlich um ein vollwertiges Papier handelte. Carl Goetz, der bei der Reprivatisierung alle Fäden in der Hand hielt, bemühte sich deshalb in langwierigen Verhandlungen mit dem Wirtschafts- und dem Finanzministerium um eine Abgeltung der Zahlungsverpflichtungen an das Reich, ohne die eine freie Gestaltung der Ertragsverwendung nicht möglich war. Tatsächlich erreichte er im September die Aufhebung der Gewinnabführungspflicht zu sehr vorteilhaften Bedingungen. Das Reich ließ sich seine Ansprüche gegen eine Pauschalzahlung von sechs Jahresraten à 5 Mio. RM ablösen und „verzichtete damit auf die gewaltige Summe von knapp 550 Mio. RM, die es im Laufe der Zeit für die Sanierung von Dresdner Bank und Danat-Bank zur Verfügung gestellte hatte“.[16] Daraufhin stieg die Aktie der Bank noch einmal um 8% auf 113%. In der folgenden Transaktion in kürzester Frist, die wegen ihres Volumens und der damit verbundenen Gefahr eines Kurssturzes sehr riskant und im Vorstand nicht unumstritten war, sorgte Carl Goetz für die breitest mögliche Kapitalstreuung, so dass kein Einzelaktionär nennenswerten Einfluss auf das Unternehmen erlangte. Das Wertpapier fand reißenden Absatz. Am 5. Oktober 1937 war die Reprivatisierung des zweitgrößten deutschen Geldhauses vollzogen. Nach dem Beinahe-Bankrott und einer langen Durststrecke der Konsolidierung trat die Dresdner Bank in einen neuen Abschnitt ihrer Geschichte ein. Der durchschlagende Erfolg der Privatisierung und die verbesserten Geschäftsperspektiven haben den Tatendrang der nunmehr vollständig autonomen Geschäftsleitung zweifellos stark beflügelt. Die neue Unabhängigkeit eröffnete umso erfreulichere Perspektiven, als die politischen und wirtschaftlichen Rahmenbedingungen sich ebenfalls in einer Weise entwickelten, die für den unternehmerischen Aufbruch der lange gefesselten Bank überaus förderlich waren.

Während die Dresdner Bank im Sommer 1937 ihre Reprivatisierung auf den Weg brachte, stampfte die immer mächtiger werdende Vierjahresplanbehörde gegen den Widerstand der Ruhrkonzerne und Schachts die Reichswerke AG für Erzbergbau und Eisenhütten „Hermann Göring“ aus dem Boden. Der neue Staatskonzern, dessen Aufsichtsratsvorsitz Hitlers Wirtschaftsdiktator selbst übernahm und der unter autarkiewirtschaftlicher Zielsetzung zunächst die Verhüttung eisenarmer einheimischer Erze in Angriff nehmen sollte, entwickelte sich rasch zum größten Industriekunden der Dresdner Bank. Der Wirtschaftsminister und mit ihm die Wirtschaftskapitäne der Ruhr, die der aggressiven Dynamik der Manager um Göring nichts entgegenzusetzen hatten, mussten spätestens im Herbst des Jahres erkennen, dass eine nationalsozialistische Sonderbehörde, die ihre Befugnisse unmittelbar aus der Führergewalt ableitete, nicht nur Loyalitäten

[16] Bd. 1, Ziegler, S. 70.

für sich mobilisieren konnte, die sich aus ökonomischem Spezialinteresse, aus weltanschaulichem Gleichklang oder aus einer Mischung von beidem speisten. Ein solches Amt war darüber hinaus jederzeit in der Lage, wirtschaftsrationale Argumente mit dem Hinweis auf höhere, mit den Kategorien der Betriebs- und Volkswirtschaftslehre nicht mehr erreichbare Zwecke des Führerstaates beiseite zu wischen, und schreckte auch vor Drohung und Zwang nicht zurück. Das war ein neuer Stil, der sich jetzt durchsetzte, aber eben auch eine neue Art der Versuchung. Sie eröffnete in der politisierten Ökonomie des Dritten Reiches Unternehmern, Managern und Bankiers die Chance, die Macht und die hemdsärmelige Rücksichtslosigkeit der nationalsozialistischen Wirtschaftsfunktionäre für die eigenen Ziele zu nutzen oder sogar gezielt zu mobilisieren. Einige Jahre lang wirkte das Wort „Vierjahresplan" nun wie „eine Art Zauberschlüssel, der alle Pforten öffnete".[17]

Ende 1937 waren die machtpolitischen Veränderungen in der Wirtschaft besiegelt.[18] Auch Joseph Goebbels war zufrieden; er sah in Schacht ohnehin den „Krebsschaden unserer Politik".[19] Über die Jahreswende wurde der riesige Apparat des Wirtschaftsministeriums dann von Görings Funktionären faktisch übernommen, mit der inzwischen mehr als tausend Mitarbeiter zählenden Vierjahresplanbehörde verschmolzen und in deren „Exekutivorgan"[20] umgewandelt. Diese mit Sondervollmachten Hitlers durchgeführte „Gleichschaltung"[21] schaffte freie Bahn für eine beschleunigte Autarkie- und Aufrüstungspolitik und verstärkte das persönliche Element in der deutschen Wirtschaftsverwaltung weiter. Die maßgeblichen Beamten unter dem seit Februar 1938 als Minister amtierenden, ganz von Göring dominierten Altparteigenossen Walter Funk kamen überwiegend aus der Entourage des Generalobersten. In den Augen der Staats- und Parteiführung erhöhte es das Gewicht dieser Fachleute sehr, dass sie „zugleich den Vorteil hatten, überzeugte Nationalsozialisten zu sein".

Neben Vertretern der Wehrmacht und der Industrie, die ihre Loyalität zum Regime seit längerem unter Beweis gestellt hatten, fanden sich auf den Führungsetagen der Mammutbehörde bald fast nur noch Personen, auf die sich Göring voll verlassen konnte, darunter „Alte Kämpfer", Experten mit hohen Parteiämtern und Manager, die sich seit 1934 in den Büros von Wilhelm Keppler ihre Sporen verdient hatten. Als Schlüsselfiguren, denen die Dresdner Bank viel verdankte, entpuppten sich bald Hans Kehrl und Paul Pleiger. Der Textilunternehmer Kehrl, zugleich NSDAP-Gauwirtschaftsberater Kurmark, wurde für die Textilwirtschaft zuständig und avancierte auf Betreiben Görings im Alter von 38 Jahren zum starken Mann im Wirtschaftsministerium. Kehrl verkörperte ein Paradebeispiel für die „innige Verknüpfung"[22] von Wirtschaft und Politik im Dritten Reich, stieg

[17] Hans Kehrl, Krisenmanager im Dritten Reich. 6 Jahre Frieden – 6 Jahre Krieg. Erinnerungen, Düsseldorf 1973, S. 79.
[18] Herbst, Das nationalsozialistische Deutschland, S. 166.
[19] Tagebucheintragung vom 4. November 1937, in: Die Tagebücher von Joseph Goebbels, hrsg. von Elke Fröhlich, Teil 1, Aufzeichnungen 1923–1941, Bd. 4, München 2000, S. 390.
[20] Barkai, Boykott, S. 128.
[21] Herbst, Das nationalsozialistische Deutschland, S. 168; das folgende Zitat ebd., S. 169.
[22] Rolf-Dieter Müller, Der Manager der Kriegswirtschaft. Hans Kehrl: Ein Unternehmer in der Politik des Dritten Reiches, Essen 1999, S. 7.

zum „Textilpapst"[23] und im Krieg zum einflussreichsten Manager Albert Speers auf. Seit 1936 auf Betreiben Kepplers in der SS und später im „Freundeskreis Reichsführer SS", machte der überzeugte Vertreter einer Unternehmenswirtschaft auch im „Schwarzen Orden" eine steile Karriere, wo er es bis zu dem Generalsrang eines SS-Brigadeführers brachte. Nach eigenem Bekunden verbanden ihn mit Karl Rasche „sehr herzliche Beziehungen".[24] Der ein Jahr ältere Pleiger, Maschinenbau-Fabrikant, Gauwirtschaftsberater im NSDAP-Gau Westfalen-Süd und ein „dynamisch-brutaler Ideologe von proletarischer Herkunft",[25] war ein besonders enger Vertrauter Görings. Er hatte in der Vierjahresplanorganisation das wichtige Hauptreferat Metalle inne und war die treibende Kraft hinter der Konfrontation zwischen der NS-Spitze und der Ruhrindustrie gewesen. Bei Gründung der Hermann-Göring-Werke wurde Pleiger folgerichtig Vorstandsvorsitzender und Generaldirektor. Kehrl und Pleiger, ein Duo wirtschaftspragmatischer Nationalsozialisten neuen Typs, erwiesen sich schon wenige Wochen später als Hauptfiguren der schwerindustriellen Landnahme des NS-Regimes in Österreich, im Sudetenland und im Protektorat Böhmen und Mähren.[26] Bereits im Stab von Keppler, zu dem sie ein enges persönliches Verhältnis unterhielten, hatten sie ein ebenso schlagkräftiges wie gefürchtetes Tandem gebildet, waren durch eine „feste Freundschaft" verbunden und stimmten sich „fast täglich" miteinander ab.[27] Für die eben privatisierte Dresdner Bank ergaben sich aus dem Revirement der nationalsozialistischen Wirtschaftsverwaltung glänzende Perspektiven, denn die regimenahen Vorstandsmitglieder Emil Meyer und Karl Rasche konnten ihre politischen Verbindungen jetzt noch einfacher und effektiver für ihr Institut nutzbar machen.

Das speziell für die Kriegsvorbereitung geschaffene nationalsozialistische Staatsunternehmen der Reichswerke entwickelte sich im Windschatten der deutschen Eroberungspolitik innerhalb weniger Jahre zum weltgrößten industriellen Konzern außerhalb der Vereinigten Staaten. Auf dem Höhepunkt seiner Expansion, die Görings Trust mit maßgeblicher Unterstützung der Dresdner Bank rasch vorantrieb, gehörten zu dem Firmenkonglomerat 228 Unternehmen. Es kontrollierte ein Gesamtkapital von 2,5 Mrd. Reichsmark und hatte insgesamt nicht weniger als 600000 Beschäftigte.[28] Ironischerweise war der Gründungsgedanke der Hermann-Göring-Werke, die deutsche Selbstversorgung mit Eisen und Stahl für einen langen Krieg zu sichern, in dem das Land von seinen Erzimporten abgeschnitten sein würde, schon bald nach der Gründung des Kolosses obsolet. Denn bereits ab 1938 war es weniger seine Autarkie- als seine Aggressionspolitik, mit der sich das Dritte Reich die viel beschworene Rohstoffbasis sicherte.[29] Die Reichswerke begannen im Herbst 1937 mit der Förderung der minderwertigen Salzgitter-Erze, sie trugen damit bis Kriegsbeginn aber nichts zur Verringerung der deutschen Erzeinfuhren bei. Noch 1940 stammten gerade einmal 2% der

23 Kehrl, Krisenmanager, S. 171.
24 Bd. 1, Bähr, S. 120.
25 Mollin, Montankonzerne, S. 110.
26 Siehe unten, S. 82ff. und S. 107ff.
27 Kehrl, Krisenmanager, S. 75; auch ebd., S. 66.
28 Vgl. Petzina, Autarkiepolitik, S. 106, und Mollin, Montankonzerne, S. 15.
29 Herbst, Das nationalsozialistische Deutschland, S. 176.

Eisenproduktion auf dem Gebiet des Altreichs von ihnen.[30] Die riesenhafte Ausweitung des Staatskonzerns kann denn auch nur „von dem Machtstreben und der Spekulation einer kleinen Gruppe um Göring sowie von dessen Ehrgeiz [her], größter Konzernherr Europas zu sein, begriffen werden".

Die Projekte der nationalsozialistischen Autarkiebürokratie waren, da das herkömmliche Industriefinanzierungsgeschäft lahmte, ein attraktives Terrain für die großen deutschen Banken. Aufmerksam registrierten sie alle Nachrichten und Gerüchte über die Vorhaben des expandierenden Göring-Imperiums, aus denen sich für sie eine Mitfinanzierungs- und Kreditperspektive oder die Chance ergab, dort zur bevorzugten Bankverbindung werden. Die Dresdner Bank dürfte von dem schon vor Verkündung des Vierjahresplans einsetzenden Drängen Görings und Pleigers auf eine verstärkte Verhüttung deutscher Erze gewiss nicht später erfahren haben als ihre Konkurrentinnen. Wie es das Schicksal wollte, verfügte sie mit Karl Rasche über einen renommierten Fachmann für Industriefinanzierung, der bis zu seiner Platzierung in der Dresdner Bank im Ruhrrevier tätig gewesen war. Er und der NSDAP-Wirtschaftsfunktionär Pleiger, ein genauer Kenner der Kohle- und Stahlwirtschaft, hatten ihren Aufstieg beide im westfälischen Industriemilieu gemacht und dort bei Unternehmenssanierungen zusammengearbeitet, seit Rasche Anfang 1933 in den Vorstand der Westfalen-Bank in Bochum gewechselt war. Der gedankliche Austausch dürfte umso unkomplizierter gewesen sein, als die Geschäftsleitung von Rasches Bank und die NSDAP-Gauleitung Westfalen-Süd in demselben Gebäude residierten.[31] Das alles waren hervorragende personelle Voraussetzungen für ökonomische Sonderbeziehungen zwischen der reprivatisierten Bank und dem nationalsozialistischen Montangiganten. Tatsächlich machte dessen Generaldirektor dem sofort vorpreschenden Karl Rasche auch sogleich eine weitreichende Zusage. Pleiger eröffnete für den neuen Konzern Konten bei der Dresdner Bank und sicherte ihrem Vorstandsmitglied kurzerhand zu, sein Institut solle „Hauptbankverbindung der Gesellschaft bleiben und bei künftigen Transaktionen die Konsortialführung haben".[32] Die Dresdner Bank bezog aus dieser Mitteilung nicht nur den Eindruck, dass der neue Trust ähnlich wie gegenüber den Ruhrindustriellen auch auf die Empfindlichkeiten in der Großbankenkonkurrenz wenig Rücksichten zu nehmen gedachte. Sie zog daraus auch die Schlussfolgerung, dass es ihr im Handstreich gelungen sei, eine bedeutsame neue Allianz zu schmieden und ihre große Rivalin, die Deutsche Bank, auszustechen.

Der Branchenprimus schätzte seine Position in diesem Prestigeduell allerdings anders ein. Als führendes Institut ging er wie selbstverständlich daran, sich auch hier die führende Rolle zu sichern. In dem fintenreichen Konkurrenzkampf gelang es der Deutschen Bank, die offenbar erst nach Monaten von Pleigers Zusage an die Dresdner Bank erfuhr,[33] letzten Endes aber nicht, ihre Rivalin bei der geplanten Kapitalerhöhung der Reichswerke A.G. auf den zweiten Platz zu verwei-

30 Petzina, Autarkiepolitik, S. 106; das folgende Zitat ebd.

31 Ahrens, Exempelkandidat, S. 641 f. Vgl. auch den wohl im Juli 1948 von ihm selbst verfassten Lebenslauf Rasches für seinen Prozess, in: Historisches Archiv der Dresdner Bank, Bestand 125 (Nürnberger Prozess), 14376-2000. Ich danke Herrn Dr. Ahrens für diesen Hinweis.

32 Nach Bd. 1, Wixforth, Kap. VII.5; Zitat ebd., S. 347.

33 Kopper, Bankenpolitik im „Dritten Reich", S. 177.

sen und die Konsortialführung zu erhalten. Pleigers gewiss nicht ohne Rücksprache mit dem Aufsichtsratsvorsitzenden Göring getroffene Entscheidung, von den beiden konkurrierenden Banken einen gemeinsamen Finanzierungsplan zu verlangen und über die Konsortialführung durch das Los zu entscheiden – es fiel auf die Dresdner Bank –, bedeutete für die Deutsche Bank eine unangenehme, öffentlich sichtbare Verschiebung der Gewichte zwischen den beiden Geldhäusern in einem zentralen Sektor der nationalsozialistischen Staatswirtschaft. Die Dresdner Bank konnte ihre perspektivenreiche Sonderbeziehung zu dem expansionsbereiten und extrem kapitalhungrigen Montanriesen behaupten.

Am 16. Februar 1938 stellte der Generaldirektor der Hermann-Göring-Werke an das soeben von Hermann Göring gleichgeschaltete Reichswirtschaftsministerium den umgehend genehmigten „Antrag" auf eine Kapitalerhöhung von 5 auf 400 Mio. Reichsmark. Unter der Konsortialführung der Dresdner Bank, die ebenso wie die Deutsche Bank über eine Quote von 23,5% verfügte, konnte so im Mai die größte Emission seit der Bankenkrise 1931 abgewickelt werden. Sie hatte aus der Sicht der Anleger, der Montanindustrie und auch der Banken allerdings mehrere Haken. Von den Inhaberstammaktien im Nennwert von 265 Mio. Reichsmark übernahm der Staat ungefähr 90% in sein Portefeuille. Den Rest hatten die widerspenstigen Ruhrkonzerne zu übernehmen, deren Lagerstätten-Enteignung auf diesem Wege die „befohlene Finanzierung des eigenen Konkurrenten"[34] folgte. Das war umso unschöner, als mit den Papieren kein Stimmrecht und keinerlei Einfluss auf den Salzgitter-Konzern verbunden war. Die zweite Tranche in Form von stimmrechtslosen Vorzugsaktien über 130 Mio. Reichsmark war auf Anweisung der Göring'schen Wirtschaftsbürokratie zu etwa drei Vierteln bei eisenverarbeitenden Unternehmen unterzubringen. Für die freie Platzierung im Publikum blieb dem aus 20 Banken bestehenden Konsortium[35] nur ein Rest von weniger als 10% der ausgegebenen Papiere.

Obgleich die Hermann-Göring-Werke vermutlich lange keine angemessene Rentabilität erreichen würden, setzten alle drei Großbanken auf die Zukunftsperspektive des neuen Riesenkonzerns. Darin standen die Deutsche Bank und die Commerzbank ihrer Konkurrentin aus der Behrenstraße in nichts nach. Ihnen waren die rauen Geschäftssitten der Reichswerke ebenso geläufig wie der Dresdner Bank, doch hinderte sie das nicht daran, hartnäckig zu versuchen, diese „aus ihrer Rolle als Hauptbankverbindung zu verdrängen". Das umso mehr, als die Expansion des Dritten Reiches in Europa inzwischen begonnen hatte. Am 12. März 1938 rückten deutsche Truppen in Österreich ein, ein Land mit großen Devisenreserven, wertvollen Eisenerzlagern und viel unausgelasteter Industriekapazität.

[34] Mollin, Montankonzerne, S. 150.

[35] Siehe Bd. 1, Wixforth, S. 350; das folgende Zitat ebd., S. 353.

2. Der „Anschluss" Österreichs

Durch die glänzend gelungene Reprivatisierung, aus der neuen Geschäftsbeziehung zu dem neuen Montangiganten Hermann Görings und mit dem Ausgreifen des Dritten Reichs auf seine Nachbarstaaten ergaben sich für die Dresdner Bank in den Monaten um die Jahreswende 1937/38 beinahe unvermittelt ganz neue Rahmenbedingungen. Sie erlaubten es ihr, über das zu Hause recht mühselig gewordene Bankgeschäft hinauszustreben und attraktive Erwerbschancen jenseits der deutschen Grenzen zu suchen. Wenn bei den Annexionen, die nun die Nation in Atem zu halten begannen, zunächst auch noch kein Schuss fiel, so war die Gewaltpolitik des Dritten Reiches schon jetzt die Vorbedingung des unerhörten geschäftlichen Aufbruchs, der die Manager der Deutschen Bank nicht weniger elektrisierte als die der Dresdner Bank. Dieses erfolgreiche Ausbrechen aus den eng gewordenen Verhältnissen des Altreichs lässt sich deshalb schon bei der Einverleibung Österreichs der einfachen Grundtatsache zuordnen, die ein Direktor der Deutschen Bank im Krieg einmal mit den treffenden Worten beschrieb, wenn man jetzt in Europa Kapitalbeteiligungen günstig erwerben könne, so „sei es letzten Endes ein Erfolg der deutschen Waffen".[36]

Seit Mitte 1936 verstärkte Berlin seine Bemühungen, Österreich ins Fahrwasser des Dritten Reichs zu bringen und mit Hilfe der dortigen Nationalsozialisten reif für den „Anschluss" zu machen. Es war namentlich Hermann Göring, der die Spannungen gezielt schürte und Hitler schließlich dazu drängte, die Wehrmacht in das Nachbarland einrücken zu lassen. Neben der Perspektive, mit der Einverleibung Österreichs das Tor zum autarkiewirtschaftlich bedeutsamen europäischen Südosten aufzustoßen, war der Blick von Görings Managern auf die bedeutenden Erzvorkommen und die Schlüsselunternehmen der Grundstoff- und Metallindustrie im Nachbarland gerichtet. Wiederum musste sich die Ruhrindustrie, namentlich der Vereinigte- Stahlwerke-Konzern, sogleich der erpresserischen nationalsozialistischen „Beuteökonomie"[37] beugen. In einer faktischen Enteignung übernahmen die Reichswerke deren hochkarätige Erzlagerstätten und Stahlwerke und gründeten bereits im Frühjahr 1938 als ihre Tochtergesellschaft Hüttenwerke in der „Führerstadt" Linz, die alleine etwa halb soviel Rohstahl produzieren sollten wie Krupp in seinen Spitzenjahren. Das war neuerlich eine eindrucksvolle Demonstration des von Hitler mit *plein pouvoir* ausgestatteten zweiten Mannes im Staat, die von den Großbanken aufmerksam registriert wurde, und überdies ein „Präzedenzfall", der in der weiteren Expansion des Dritten Reiches Schule machen sollte. Die Durchschlagskraft des neuen Staats- und Parteiunternehmens sogar gegenüber einem so mächtigen privaten Stahlkonzern beruhte nicht einmal in erster Linie auf seinen unbegrenzten finanziellen Mitteln, die ihm aus dem Staatshaushalt zuflossen, sondern auf der realistischen Einsicht an der Spitze der Vereinigten Stahlwerke, dass man dem ausgeübten „außerökonomischen Zwang nicht mehr lange widerstehen" konnte.

[36] Zit. nach James, Die Deutsche Bank im Dritten Reich, S. 140.
[37] Mollin, Montankonzerne, S. 116, auch zum Folgenden. Die folgenden Zitate ebd., S. 124.

Die größte Bank des Nachbarlandes hatte diese Lektion ebenfalls zu lernen. Die Österreichische Creditanstalt – Wiener Bank-Verein (CA),[38] die traditionell enge Beziehungen zur Deutschen Bank pflegte, verfügte über einen umfangreichen Industriebesitz und geriet deswegen sogleich ins Visier der Vierjahresplanbehörde. Diese Begehrlichkeiten vermischten sich mit der Bankenpolitik der maßgeblichen Berliner Stellen. Für die Deutsche Bank wie für die Dresdner Bank bestand das Problem bei ihrem ersten großen Expansionsschritt nämlich darin, dass die Reichsbehörden aus ordnungspolitischen und optischen Gründen nicht bereit waren, den deutschen Großbanken die Genehmigung zur Eröffnung von eigenen Filialen im eingemeindeten Österreich zu erteilen. Sie mussten deshalb dort über Tochtergesellschaften ins Geschäft kommen. Da die Deutsche Bank über keine Affiliation in Österreich verfügte, war sie umso nachdrücklicher an einer maßgeblichen Kapitalbeteiligung an dem Branchenführer in Wien interessiert. Auch die nun unter die Kontrolle des Reiches geratene CA selbst sah in einer „starken Beteiligung“[39] der Deutschen Bank den besten Schutz vor einer Bevormundung durch die deutschen Staats- und Parteistellen.

Obgleich sich sofort nach dem „Anschluss“ eine Delegation unter der Leitung des frisch gebackenen Vorstandsmitglieds Hermann Josef Abs zu Übernahmeverhandlungen nach Wien begab und dort auch rasch einen Vertrag mit der CA abschließen konnte, der einen Erwerb der Kapitalmehrheit durch die Deutsche Bank vorsah, blieb es ihr trotzdem bis Ende des Jahres versagt, in Österreich Fuß zu fassen. Diese Verzögerung, die vor allem der ungestörten Verwirklichung der deutschen Industrieinteressen diente, wurde im Wesentlichen von Wilhelm Keppler, als Freund Ribbentrops nun Staatssekretär im Auswärtigen Amt und „Reichsbeauftragter für Österreich“, sowie von Hans Kehrl, seinem Stellvertreter und zur Reichsstatthalterei in Wien abgestellten Emissär des Reichswirtschaftsministeriums, über mehrere Monate hinweg durchgesetzt. Dabei spannten die Berliner Kommissare auch den ganz von ihnen abhängigen Wiener Handels- und Finanzminister Karl Fischböck ein, der zugleich Wirtschaftsberater des österreichischen NSDAP-Chefs und Reichsstatthalters der „Ostmark“ Arthur Seyß-Inquart war. Gut möglich, dass bei Keppler, dem Förderer des Dresdner-Bank-Direktors Emil Meyer, und bei Kehrl, dem „Intimus“[40] des Dresdner-Bank-Direktors Karl Rasche, auch die Nebenabsicht im Spiel gewesen ist, der Deutschen Bank gezielt Steine in den Weg zu legen, um sie daran zu hindern, den Vorsprung vor der ihnen näher stehenden Dresdner Bank zu vergrößern.[41] Tatsächlich meldete sich das größte deutsche Finanzinstitut schon im Frühjahr 1938 mit dem Argument, es sei unfair, dass der Dresdner Bank freie Bahn gelassen, es selbst aber blockiert werde.[42] Bis Jahresende waren die Dinge dann soweit festgezurrt, der Industriebesitz der CA von den Reichswerken mittlerweile unter Dach und Fach gebracht, um nun auch die ungeduldig gewordene Deutsche Bank zum Zuge kommen zu lassen. Die „Neuordnung“ der Industriestruktur und des Bankwesens nach der

38 Siehe Feldman, CA (wie Kap. II, Anm. 102).
39 Gall, Abs, S. 54.
40 Mollin, Montankonzerne, S. 185.
41 So die Vermutung zu Keppler bei Kopper, Bankenpolitik im „Dritten Reich“, S. 298.
42 James, Die Deutsche Bank im Dritten Reich, S. 112.

Eingliederung Österreichs führte deren Vorstand noch deutlicher als bisher vor Augen, dass die regimefernere Deutsche Bank im Dschungel der Kompetenzrivalität zwischen den Instanzen von Partei und Staat und in dem Geflecht persönlicher Abhängigkeiten und Aversionen, das die Machtträger des Dritten Reiches miteinander verband, schlechtere Karten hatte als die Dresdner Bank. Fachmännisches Geschick blieb weiterhin erstrangiger Garant geschäftlichen Erfolges – nur schien es allein nicht mehr hinzureichen, um in der politisierten Ökonomie des NS-Staates das eigene ökonomische Potenzial maximal auszuschöpfen.

Während der Deutschen Bank und auch der Commerzbank der Zutritt zu den neuen Reichsgebieten zunächst verwehrt wurde, gelang es der Dresdner Bank sehr rasch, dort eine neue geschäftliche Plattform zu errichten. Ihr kam dabei zugute, dass sie die kleine Mercurbank in Wien, die ihr seit der Fusion mit der Danat-Bank gehörte, über Wasser gehalten und im Sinne auch der Weimarer Reichsregierungen als einen „Stützpunkt" deutscher Interessen behandelt hatte.[43] Schon vor dem Putschversuch gegen die Regierung Dollfuß 1934 bedrängten führende österreichische Nationalsozialisten über Berliner Kanäle die Dresdner Bank, ihre Wiener Tochter zu einem Rückhalt der nach Deutschland orientierten Kräfte zu machen und den Einfluss der in ihrer Geschäftsleitung stark vertretenen Juden zurückzudrängen. Der frisch berufene Emil Meyer fädelte schon politisch erwünschte Kredite an österreichische Gesinnungsgenossen ein, doch die Germanisierungs- und „Entjudungs"-Bestrebungen gewannen erst 1936 richtig an Fahrt, als das Österreich Kurt Schuschniggs zunehmend in den Sog seines Nachbarn geriet. Im März wandte sich Wilhelm Keppler, der jetzt zu einer maßgeblichen Instanz für die wirtschaftliche Durchdringung der Republik wurde,[44] in einem Schreiben an Carl Goetz und machte ihm unverblümt klar, dass sich die rassisch unwillkommene Personalsituation in seiner Tochtergesellschaft wesentlich zu bessern habe und die Einstellung gegenüber der Dresdner Bank im Übrigen davon abhänge, welche Fortschritte sie hier melden könne. Der Druck auf die Bank verschärfte sich noch, als Keppler nach einem Besuch auf dem Obersalzberg dem Aufsichtsratsvorsitzenden mitteilte, Hitler habe das größte Interesse an einer Stärkung der deutschen Stützpunkte im Nachbarland – insbesondere der Mercurbank –, was aber nur durch eine gründliche „Arisierung" zu erreichen sei. In seinem postwendenden Antwortschreiben versprach Goetz, die Herren Meyer und Rasche würden sich der Angelegenheit annehmen.[45] Germanisierung und rassische Säuberung der Mercurbank machten unter der unmittelbaren Mithilfe von Edmund Veesenmayer, Hitlers Verbindungsmann zur illegalen österreichischen NSDAP, der rechten Hand von SS-Gruppenführer Keppler und späteren Zentralfigur bei der Ermordung der ungarischen Juden, denn auch noch vor dem „Anschluss" einige Fortschritte. Das Zusammenwirken der Dresdner Bank mit den Reichs- und Parteistellen, die an der Präparierung Österreichs für die Einverleibung arbeite-

[43] Das Folgende nach Bd. 3, Ziegler, S. 14ff., und der eingehenden Studie von Feldman, Länderbank; umfassend jetzt zur Gesamtentwicklung die Ergebnisse der Historikerkommission der Republik Österreich, insbesondere Clemens Jabloner u.a., Schlussbericht der Historikerkommission der Republik Österreich. Vermögensentzug während der NS-Zeit sowie Rückstellungen und Entschädigungen seit 1945 in Österreich, Wien 2003.

[44] Siehe Norbert Schausberger, Der Griff nach Österreich: der „Anschluss", Wien 1988, S. 410f.

[45] Feldman, Länderbank, S. 22.

ten, war ein Guthaben, das sich auszahlte, als die Umgestaltung des Bankwesens dort begann.

Bereits im Herbst 1937 unterbreitete der geschäftsführende Vizepräsident des Verwaltungsrats der Mercurbank Gabriel Neumann, ein hoch angesehener Bankier, den man wegen der jüdischen Kundschaft bislang nicht anzutasten gewagt hatte, dem stellvertretenden Vorstandsmitglied der Dresdner Bank Hans Pilder, der dem Aufsichtsgremium vorsaß, den Vorschlag, mit der französischen Banque des Pays de l'Europe Centrale (BPEC) Verhandlungen wegen der Übernahme ihrer großen und vorzüglich beleumundeten Filiale in Wien aufzunehmen. Vierzehn Tage vor dem Einzug der deutschen Truppen machte sich die Dresdner Bank diese Idee zu eigen und autorisierte Neumann und Pilder zu Verhandlungen mit Henry Reuter, dem jüdischen Generaldirektor des auch als „Zentraleuropäische Länderbank“ bekannten französischen Finanzinstituts. Bei den bald nach dem „Anschluss“ in Paris beginnenden Sondierungen traf sich das Interesse der BPEC, deren Stellung als französisches und „jüdisches“ Institut über Nacht unhaltbar geworden war, mit dem Bestreben der Dresdner Bank, der als künftige Tochter der Deutschen Bank gehandelten Creditanstalt in einer halbwegs konkurrenzfähigen Formation gegenüberzutreten. Es waren freilich nicht in erster Linie ihre Finanzkraft oder ihr kaufmännisches Geschick, sondern ihre politischen Verbindungen, die der Dresdner Bank 1938 zu der rasanten Verbesserung ihrer österreichischen Marktposition verhalfen. Denn als ihre Verhandlungen in Paris begannen, hatten Emil Meyer und Karl Rasche den Weg in dem Gestrüpp der Wiener und Berliner Instanzen politisch bereits frei gemacht. Während Meyer über seinen Vetter Keppler vor allem auf dessen langjährigen Mitarbeiter Veesenmayer und den Wiener NSDAP-Gauwirtschaftsberater und Staatskommissar für die private Wirtschaft, SS-Sturmbannführer Walter Rafelsberger, einwirkte, spannte Rasche Hans Kehrl, der die Dinge seinerseits mit Wirtschaftsminister Fischböck abklärte, für die Pläne der Dresdner Bank ein.

Bereits zwei Wochen nach dem Überraschungscoup Hitlers gab Kehrl der Dresdner Bank schriftlich grünes Licht, verlangte im Gegenzug aber, den Reichsstellen und den österreichischen Parteigenossen genehme Persönlichkeiten in den Verwaltungsrat ihrer neuen Affiliation wählen zu lassen. Mit dem Einverständnis von Carl Goetz stimmte man dem anderntags zu und sprach zugleich die Erwartung aus, dass kein anderes Finanzinstitut die Genehmigung zu Übernahmegesprächen mit der BPEC erhalten dürfe. Rasche schob tags darauf noch einen Brief nach, in dem er Kehrl über die zu erwartenden hohen Pensionslasten für die ausscheidenden Juden ins Bild setzte und vorschlug, von den „zuständigen amtlichen Stellen“ entsprechenden Druck auf den Verhandlungspartner der Dresdner Bank ausüben zu lassen.[46] Damit war das Feld erst einmal planiert, wie die Creditanstalt, die Commerzbank und auch die Reichs-Kredit-Gesellschaft rasch einsehen mussten. Nach diesen Vorklärungen, welche die Dresdner Bank von jeglichem Konkurrenzdruck freistellte, gingen die Verhandlungen zügig vonstatten. Zwar wurde dabei wahrheitsgemäß auf die engen Beziehungen zu Hermann Göring

[46] Bd. 3, Ziegler, S. 20.

und anderen NS-Spitzen verwiesen,[47] ansonsten aber blieb der als liberal bekannte Hans Pilder darauf bedacht, durch akzeptable Offerten die internationale Reputation seines Hauses nicht zu beschädigen. Mit dieser Arbeitsteilung zwischen Paris, Berlin und Wien erreichte es die Dresdner Bank, dass das Reichswirtschaftsministerium bereits Mitte April 1938 die Verhandlungen über den Kaufpreis genehmigte und weitere drei Wochen später die Grundlinien des Vertrages billigte. Es war allerdings Eile geboten. Vereinigungskommissar Bürckel begann sich bereits über die Bevorzugung der Bank zu beklagen, und bei einigen österreichischen Nationalsozialisten nahm die Entschlossenheit zu, dem protegierten Berliner Geldhaus die Bäume nicht in den Himmel wachsen zu lassen, doch brachte die Dresdner Bank die Fusion zwischen der Mercurbank und der BPEC-Filiale heil ins Ziel. Die Genehmigung des Vertragsentwurfs durch Wirtschafts- und Finanzminister Hans Fischböck innerhalb von zwei Tagen wurde ebenfalls durch Impulse vom Rande des Dienstweges befördert. Edmund Veesenmayer vom Büro Keppler rief nämlich persönlich im Büro des Ministers an, um diesen (da Kehrls „Freund",[48] der Gauwirtschaftsberater Rafelsberger, das Vertragswerk bereits genehmigt habe) ein wenig zur Eile bei der Entscheidungsfindung zu ermuntern.[49] Dieses „Taktieren und Paktieren"[50] funktionierte wohl auch deshalb so durchschlagend, weil sich die wichtigsten SS- und NSDAP-Funktionäre in Österreich gut daran erinnerten, dass Emil Meyer und Karl Rasche schon lange vor dem „Anschluss" ein offenes Ohr für die illegale NS-Bewegung und speziell für deren Kritik an einigen vom nationalen und rassischen Standpunkt her wenig erfreulichen Gegebenheiten in dem reichsdeutschen Stützpunkt Mercurbank gezeigt hatten. Am 21. Juli 1938 wurde ihre Verschmelzung mit der BPEC-Filiale zur „Länderbank Wien A.G." vollzogen und in einer Betriebsversammlung gebührlich gefeiert. Dabei versäumten es die Wiener Direktoren nicht, nach Berlin zu telegraphieren und Meyer für all das zu danken, was er zu diesem Erfolg beigetragen hatte. „Es ist eindeutig", so Gerald D. Feldman, „es waren nicht ökonomische, sondern politische Kräfte, die beim Zustandekommen dieser Fusion ausschlaggebend waren."[51]

Durch die Eingliederung der Wiener BPEC-Zweigstelle sowie einiger Filialen der durch die politischen Veränderungen ebenfalls unter Druck geratenen Prager Živnostenská banka hatte sich das neue Unternehmen zu einer regionalen Großbank gemausert.[52] Die neue Länderbank wies zwar nur ein Fünftel des Grundkapitals der CA auf, erreichte mit etwa 330 Mio. RM (1938) aber immerhin fast die Hälfte der Bilanzsumme ihrer Konkurrentin. Als größte Affiliation der Dresdner Bank überhaupt und zweitgrößtes Kreditinstitut der „Ostmark" konnte sie diese bis Kriegsende fast verdreifachen.[53] Man wird Genehmigungsanträge und Denkschriften im Vorfeld solcher Fusionen nicht auf die Goldwaage legen, doch bei

[47] Feldman, Länderbank, S. 43.
[48] Kehrl, Krisenmanager, S. 14.
[49] Feldman, Länderbank, S. 53.
[50] Bd. 3, Wixforth, S. 879.
[51] Feldman, Länderbank, S. 53.
[52] Zum Folgenden Bd. 3, Ziegler, S. 27ff., sowie Kopper, Bankenpolitik im „Dritten Reich", S. 306, und Meyen, Dresdner Bank, S. 121.
[53] Feldman, Länderbank, S. 179.

diesen Vorgängen reflektieren sie den Gleichklang der Dresdner Bank mit den nationalsozialistischen Instanzen so, wie er tatsächlich bestand. In den zurückliegenden Jahren sei es sein Ziel gewesen, erläuterte das Geldhaus, „im Augenblick des Anschlusses und des Sieges der nationalsozialistischen Bewegung in Österreich ein schlagkräftiges Bankinstitut zur Verfügung zu stellen für den wirtschaftlichen Zusammenschluss Österreichs mit dem Altreich“, bei dem die „Umschichtung aller Besitzverhältnisse durch das Ausmerzen des nichtarischen Elements“ freilich ein spezielles Problem sei. Die neu formierte Länderbank solle „den besonderen Bedürfnissen im Lande Österreich, soweit sie im Rahmen des Vierjahresplanes auftauchen, mit unserer Unterstützung dienen und sich außerdem vornehmlich den bankmäßigen Aufgaben in dem südosteuropäischen Wirtschaftsraum widmen“.[54] Die tiefe Einbettung der Länderbank in das nationalsozialistische Milieu spiegelte sich in der von Kehrl schon früh als Preis für seine Unterstützung eingeforderten personellen Ausrichtung der Dresdner-Bank-Tochter. Nach einem gründlichen Revirement, das, wie der in den Vorstand delegierte Karl Rasche selber hervorhob,[55] in engster Abstimmung mit der Wiener NSDAP-Spitze erfolgte und die bereits lange zuvor eingeleiteten „Entjudungen“ vollendete, wies die Länderbank Wien ein bemerkenswertes weltanschauliches Alleinstellungsmerkmal auf. Nach dem Befund von Dieter Ziegler war ihr Verwaltungsrat „eines der am stärksten mit überzeugten Nationalsozialisten durchsetzten Gremien der privaten Wirtschaft während der NS-Diktatur“.[56]

Anders als Rasche in seinen Verhandlungen mit der Živnostenská banka über die Abtretung ihrer für die neue Bank nicht sonderlich ins Gewicht fallenden Wiener Filialen ging Pilder behutsam vor – ein Großaktionär der BPEC war die Bank von England –, um nicht den Eindruck zu erwecken, sein Institut nutze die Notlage des Pariser Instituts in unschicklicher Weise aus. Der Übernahmevertrag enthielt dann tatsächlich eine Art „verdeckter Goodwill-Zahlung“,[57] die sich daraus ergab, dass der Neuerwerber zum einen die „jüdischen“ Debitoren zum Buchwert vom 11. März 1938 akzeptierte und zum anderen in die Abfindungs- und Pensionsverpflichtungen gegenüber allen übernommenen Mitarbeitern eintrat, die sich, da kein Pensionsfonds vorhanden war, zu einer erheblichen finanziellen Belastung summierten. Genau hier setzte die Dresdner Bank, bei der nun so unterschiedliche Charaktere wie Emil Meyer, Karl Rasche, Hans Pilder und der ebenfalls als „Demokrat“ abgestempelte Alfred Busch an einem Strang zogen, nun an, um im Fahrwasser der radikalisierten „Judenpolitik“ und mit eigenen verschärfenden Initiativen im Umgang mit den ausscheidenden jüdischen Mitarbeiter der Länderbank eine maximale Kostenersparnis zu erzielen. Das gelang ihr, ähnlich wie bei den eigenen Angestellten,[58] mit allen Konsequenzen für die Betroffenendenn auch.

Die neue Tochter der Dresdner Bank hätte es finanziell gewiss verkraftet, wenn sie die ausscheidenden jüdischen Mitarbeiter weniger „krass“, so Pilder selbst,[59]

[54] Zit. nach Bd. 3, Ziegler, S. 24.
[55] Feldman, Länderbank, S. 72.
[56] Bd. 3, Ziegler, S. 30; minutiös dazu Feldman, Länderbank, S. 70 ff.
[57] Bd. 3, Ziegler, S. 23.
[58] Siehe oben, S. 61 ff.
[59] Feldman, Länderbank, S. 61.

behandelt hätte. Im Boom des „Anschlusses" wuchs ihre Bilanzsumme bereits im ersten halben Jahr ihrer Existenz um etwa ein Viertel. Der Einbruch beim Geschäft mit dem in kürzester Frist vernichteten „jüdischen" Wirtschaftssektor konnte durch die in Österreich viel lukrativere Beteiligung an der „Arisierung", durch den Kreditbedarf der in die neuen Gebiete expandierenden reichsdeutschen Unternehmen und durch die Geschäftsbeziehungen zu den großen österreichischen Konzernen mehr als wettgemacht werden, die nun die Rüstungsanstrengungen des Dritten Reichs verstärkten und einen entsprechenden Kapitalhunger entfalteten. Da die Länderbank kaum über nennenswerte Industriebeteiligungen verfügte und sich deshalb nicht mit den Begehrlichkeiten Görings herumschlagen musste, konnte sie ihre guten Beziehungen zur Politik sogleich kommerziell fruchtbar machen. Das schlug sich in einem unkomplizierten Zugang zu staats- und parteinahen Unternehmen und in einer „klaren Präferenz"[60] für die Zusammenarbeit mit Firmen nieder, die im Rahmen des Vierjahresplans tätig waren. Hinzu kamen gewichtige Engagements bei den mehrheitlich in Reichsbesitz befindlichen Wiener-Neustädter Flugzeugwerken. Hier machte sich das besondere Interesse Emil Meyers geltend, der im Vorstand der Dresdner Bank für Luftfahrtkredite zuständig war, ihr hier früh einen Vorsprung verschafft hatte und darauf bedacht war, den Erwartungen an ihn auch in der „Ostmark" zu entsprechen.

Die dynamische Geschäftsentwicklung der Länderbank, die der CA zunehmend auf Augenhöhe begegnen konnte, setzte sich kontinuierlich fort, allerdings ähnlich wie bei den anderen Finanzinstitutionen nur um den Preis einer ungesunden Strukturveränderung. 1941 bestand das Portefeuille der Länderbank bereits zu 68% aus Staatstiteln. Trotzdem war die Länderbank Wien für die Dresdner Bank eine „gute Investition"[61] gewesen. Sie führte ihre Wiener Tochter denn auch an recht kurzer Leine. Das geschah zum einen, um die eigene geschäftliche Linie möglichst ungeschmälert durchzusetzen, zum anderen hatten die Vorstandsmitglieder Meyer und Rasche so enge, persönlicher Pflege bedürftige Beziehungen zu den nationalsozialistischen Machtträgern in Österreich geknüpft, dass sie darauf bedacht bleiben mussten, Irritationen in diesem empfindlichen Einflussgeflecht durch ein unabgestimmtes Vorgehen der Länderbank möglichst gar nicht erst entstehen zu lassen. Auf allen Feldern ihrer Tätigkeit hatten sie die widerstreitenden Interessen in dem regionalen Machtgefüge der NSDAP mit ins Kalkül zu ziehen, bei der Positionierung der Länderbank in der „Ostmark" genauso wie bei der Personalpolitik oder der Ausplünderung und Vertreibung der ungefähr 190000 „Nichtarier" dort.

Die beiden großen deutschen Banken waren hier über ihre Töchter viel tiefer in den Entzug jüdischer Vermögen verwickelt und profitierten auch stärker davon als im Altreich. Nachdem der beispiellose antisemitische Vandalismus sechs bis acht Wochen nach der Eingliederung Österreichs abebbte, bündelten die Wiener NS-Behörden die Zuständigkeiten für die „Arisierung" in einer Hand. Das verengte die Handlungsspielräume von Verkäufern wie Neuerwerbern drastisch und brachte die Parteiinstanzen in die absolut ausschlaggebende Position. Entspre-

[60] Ebd., S. 121; zum Folgenden ebd., S. 188ff.
[61] Ebd., S. 180; siehe auch die Tabelle in Bd. 3, Ziegler, S. 38.

chend handverlesen war das Spitzenpersonal der „Vermögensverkehrsstelle“ von Gauwirtschaftsberater Rafelsberger, wo die Entscheidungen über die „Arisierungen“ und Liquidationen fielen, und der „Kontrollbank“, von der die finanzielle Seite des Vermögenstransfers abgewickelt wurde; sie gehörte zu zwei Dritteln der noch überwiegend in öffentlicher Hand befindlichen Creditanstalt und zu 20% der Länderbank. Vom ständigen Tauziehen um ihre personelle Zusammensetzung in Atem gehalten,[62] wiesen die Leitungs- und Aufsichtsgremien der Kontrollbank nicht zuletzt dank der Einflussnahme Rasches eine so ansehnliche Repräsentanz der Dresdner-Bank-Tochter auf, dass sie dadurch die Dominanz der CA „auszugleichen“[63] verstand. Die frühzeitige Konzentration des Enteignungsprozesses, der das Kreditgeschäft der beiden führenden österreichischen Banken signifikant belebte,[64] nützte ihr offenbar noch stärker als ihrer Konkurrentin, verstrickte es aber auch noch tiefer in die Beraubung als jene: „Die notwendige Voraussetzung, um diesen Zentralisierungsvorteil für sich zu nutzen“, so Dieter Ziegler, „war die besonders enge Bindung der Länderbank Wien an die Staats- und Parteiorgane in Wien und die Vertrauensposition, die die Dresdner Bank bei den Staats- und Parteistellen in Berlin genoss.“[65] Exakte Berechnungen sind aufgrund der lückenhaften Überlieferung zwar nicht möglich, aus der Bewegung von Konten mit beschlagnahmten „jüdischen“ Geldern lässt sich jedoch schließen, dass die Mitwirkung der Länderbank an der Vernichtung der wirtschaftlichen Existenz der österreichischen Juden für sie „sowohl im Hinblick auf den Umsatz als auch beim Gewinn eine wesentlich größere Bedeutung besaß als bei der Dresdner Bank im ‚Altreich‘“.

Mit der Vergabe der meist reichsverbürgten „Arisierungskredite“ gingen die Banken überdies nur ein sehr überschaubares Risiko ein.[66] Die Länderbank zeigte dabei mitunter die Neigung, politischen Erwartungen weit entgegen zu kommen. Gehäuft war das dann der Fall, wenn Hans Kehrl, der starke Mann im Reichswirtschaftsministerium, sich persönlich in eine für die Vierjahresplanbehörde attraktive „Arisierung“ einschaltete und dabei gar ein Unternehmen aus dem Bereich der textilen Rohstoffe und der Faserproduktion im Auge hatte, aus dem er stammte und für den er in Görings Wirtschaftsimperium die Verantwortung trug. Länderbank und Dresdner Bank wussten, wer ihre Protektoren waren und welche Gegenleistungen sie erwarteten. Die mit „außerordentlicher Geschwindigkeit“ durchgeführte Ausschaltung der Juden aus der österreichischen Wirtschaft war nach einem Bericht Rafelsbergers an Himmler im Spätsommer 1939 so gut wie erledigt.[67] Angesiedelt unter der gebündelten Entscheidungsgewalt österreichischer und reichsdeutscher NS-Granden, von denen die einen die Eigentumsübertragungen eher als eine Entschädigungsaktion für die in der Illegalität der „Kampfzeit“ erlittenen Unbilden ansahen, die anderen in ihr hingegen eine kühl zu kalkulierende volks- und rüstungswirtschaftliche Ordnungsaufgabe erblickten, und ge-

[62] Ebd., S. 96 f.
[63] Bd. 3, Ziegler, S. 43.
[64] Siehe auch Kopper, Bankenpolitik im „Dritten Reich“, S. 313 f.
[65] Bd. 3, Ziegler, S. 47; das folgende Zitat ebd.
[66] Feldman, Länderbank, S. 102, auch zum Folgenden.
[67] Siehe Friedländer, Juden, S. 264; das voraufgegangene Zitat ebd.

prägt durch eine häufig genug unentwirrbare Verquickung von „Arisierung“ und „Germanisierung“ – manchmal auch von nichts weiter als von Korruption und Vetternwirtschaft –, war die rasche „Entjudung“ der Wirtschaft hier ein noch stärker personalisierter und politisierter Vorgang als im Altreich.

Dank ihrer besonderen Nähe zum NS-Regime zog die Dresdner Bank nicht nur aus ihren guten Beziehungen zum Machtblock Hermann Görings ökonomische Dividende – jetzt begann sich auch das enge Verhältnis zum Imperium Heinrich Himmlers auszuzahlen.[68] In Wien erfuhr die Länderbank sogleich eine besondere Geste des Vertrauens: Die Terror- und Sicherheitsorgane des Führerstaates leiteten die Geldbeträge, die bei der Beraubung, Vertreibung und der Deportation der österreichischen Juden anfielen, im Wesentlichen auf das Konto der Wiener Dresdner-Bank-Tochter.[69] Zu den von SS-Untersturmbannführer Adolf Eichmann verwalteten Guthaben zählten Gelder, die aus Konfiskationen und Zwangsverkäufen von Immobilien und anderen Vermögenswerten herrührten, die über internationale jüdische Hilfsorganisationen hereinkamen oder aus dem Besitz der Israelitischen Kultusgemeinden stammten. Dazu gehörten insbesondere die Konten der im August 1938 vom Inspekteur der Sicherheitspolizei und des SD errichteten „Zentralstelle für jüdische Auswanderung“. Das Gesamtvolumen der Gelder, die von der Länderbank zwischen 1938 und 1945 im Zusammenhang mit der Beraubung und Ermordung der Juden verwaltet wurden, lässt sich nicht mehr ermitteln. Auf dem Konto für sog. „Passumlagen“ fanden sich bei Kriegsende immerhin noch 10 Mio. RM, von dem Sonderkonto „Judenumsiedlung“ gingen beim Oberfinanzpräsidenten in Wien 1943/44 18 Mio. RM ein, und im Frühjahr 1943 transferierte die Länderbank beispielsweise 7,6 Mio. RM aus dem Besitz der Israelitischen Kultusgemeinden zur Prager Tochter der Dresdner Bank. Für ein Geldinstitut mit einem Grundkapital von 20 Mio. RM und einem Vorsteuergewinn von knapp 7 Mio. RM (1942) war das eine erkleckliche Finanzmasse. Anders als im Altreich, wo die geraubten Werte bei der Preußischen Staatsbank lagen, profitierte die Dresdner Bank von der Verwaltung dieser Gelder durch ihre Wiener Tochter unmittelbar.

Die kurzen Drähte sogar in die Zentralen des Terrors hinein bewährten sich auch, als sich die Gestapo in Wien im Herbst 1938 über eine Vereinfachung ihrer Konten Gedanken machte und bei der Länderbank eines davon auflöste.[70] Wie das Institut erfuhr, geschah das angeblich auf Weisung von SS-Obergruppenführer Heydrich. Sofort wandte es sich mit der Bitte um Hilfe an seine Muttergesellschaft in Berlin. Man wisse, dass Herr Rasche gute Beziehungen zum Stabe Heinrich Himmlers habe und sich dort vielleicht für eine Aufrechterhaltung der Bankverbindung verwenden könne. Emil Meyer war mittlerweile aber bereits einen kürzeren Weg der Einflussnahme gegangen. Er bat Edmund Veesenmayer vom Büro Kepplers, in dieser Angelegenheit mit dem Wiener Gestapo-Chef, SS-Gruppenführer Ernst Kaltenbrunner, zu sprechen. Die Intervention war von Erfolg gekrönt und zeitigte obendrein das erfreuliche Nebenresultat, dass nun auch die bislang von der Reichsbank verwalteten Konten des SD auf die Länderbank über-

[68] Hierzu eingehend Bd. 1, Bähr, Kap. IX.
[69] Vgl. Bd. 3, Ziegler, S. 46f.
[70] Feldman, Länderbank, S. 124, und Bd. 3, Ziegler, S. 48.

führt wurden. Da sich solche und geschäftlich noch viel gewichtigere Angelegenheiten so erfreulich unkompliziert regeln ließen, mag sich bei Meyer und Rasche, dem erfolgreichen Tandem *in politicis*, nach und nach der Eindruck eingestellt haben, mit der neuen nationalsozialistischen Elite und den starken Männern in der Partei- und Staatswirtschaft im Grunde an einem Strang zu ziehen. Der beinahe partnerschaftliche Umgang, der das Gewicht der beiden Vorstandsmitglieder natürlich auch innerhalb des Konzerns erhöhte, blieb bis in den Krieg hinein weitgehend ungetrübt. Da diese Zusammenarbeit mit dem NS-Regime, die der Dresdner Bank geschäftlich ausgezeichnet bekam, viel weiter ging als die übliche Landschaftspflege, wie sie jedes Finanzinstitut in jedem System betreibt, blieb die Kehrseite einer solchen Allianz in den nachgerade harmonischen Jahren des Aufbruchs seit der Reprivatisierung und der Übernahme der Länderbank wohl ein wenig unterbelichtet, nämlich dass so enge Partner in den nationalsozialistischen Machtapparaten viel größeres Verständnis für ihre eigenen Interessen würden einfordern können als andere und dass die gemeinsamen Interessen wohl kaum immer parallel laufen konnten. Was die „Judenpolitik“ anging, bestand allerdings keinerlei erkennbare Divergenz.

3. Entrechtung, Enteignung, Beraubung der Juden und die Frage nach ihrem Verbleib

Dem wachsenden Eifer der nationalsozialistischen Staatspartei, den Antisemitismus als Leitidee im öffentlichen Leben durchzusetzen, und der gezielten Diskriminierung jüdischer Deutscher von Staats wegen war bis Ende 1937 bereits einiger Erfolg beschieden.[71] Ungefähr ein Viertel der Juden hatte Deutschland inzwischen den Rücken gekehrt, Anfang 1938 lebten noch etwa 360 000 Staatsbürger jüdischer Herkunft im Altreich.[72] Zwischen 60 und 70% der 1933 bestehenden jüdischen Unternehmen befanden sich inzwischen in anderen Händen oder waren liquidiert; bei den Einzelhandelsgeschäften und Handwerksbetrieben sogar etwa 80%. Die mittleren und großen Personen- und Kapitalgesellschaften hatten sich insgesamt besser behaupten können. Da es vor allem wegen der mäßigenden Haltung des Reichswirtschaftsministeriums[73] bislang an einer gesetzlichen Grundlage für eine Einschränkung der Unternehmenstätigkeit fehlte, sahen viele jüdische Inhaber und Kapitaleigner keine Veranlassung zu kapitulieren. Früher als ihre Firmenkunden und spätestens seit dem Ausscheiden Schachts erkannten die wohlinformierten Banken jedoch, dass der „nichtarische" Wirtschaftszweig keine Zukunft mehr haben würde.

Nachdem sich das Reichsinnenministerium Mitte November 1937 eine für jüdische Geschäftsleute sehr hinderliche Vorschrift in Passangelegenheiten ausgedacht und das Reichswirtschaftsministerium vierzehn Tage später die vielerorts längst übliche Benachteiligung jüdischer Importeure amtlich bekräftigt hatte, gab es mit seinem geheimen Erlass an die Industrie- und Handelskammern vom 4. Januar 1938 erstmals eine Definition des „jüdischen Gewerbebetriebs" und damit zugleich das Signal zur Beschleunigung der Vernichtung jüdischer Unternehmenstätigkeit. Jetzt standen Personen- und Kapitalgesellschaft vor der „Arisierung", wenn dort nur ein einziger jüdischer Inhaber, Gesellschafter oder Vorstand tätig war. Dasselbe Schicksal drohte Firmen mit Aufsichts- und Verwaltungsorganen, in denen mehr als ein Viertel Juden saß oder in denen Juden über Kapitalanteile und Stimmrechte von mehr als 25% geboten. In den folgenden Monaten erging eine gesetzliche Bestimmung nach der anderen, die „jede noch verbliebene wirtschaftliche Existenz von Juden in Deutschland zunichte" machte.[74] Am 14. Juni 1938 wurde die amtliche Interndefinition des jüdischen Gewerbebetriebs in noch schärferer Form als 3. Verordnung zum Reichsbürgergesetz veröffentlicht. Nun durften auch dem Aufsichtsrat keine Juden mehr angehören.

Die Großbanken waren über den geheimen Januar-Erlass, der die „Arisierung" zu einem Massengeschäft machte, rasch im Bilde.[75] Das führten bei ihnen zu erhöhter Anstrengung, ihre Kenntnis des bislang stark regionalisierten „Arisierungsmarktes" zu verbessern und diese Informationen in ihren Zentralen zusammenzuführen. Der maßgeblich mit „Arisierungsangelegenheiten" befasste Mitar-

71 Siehe oben, S. 66 ff.
72 Friedländer, Juden, S. 75 und 279, sowie Barkai, Boykott, S. 122 ff., auch zum Folgenden.
73 Bajohr, „Arisierung", S. 217.
74 Friedländer, Juden, S. 279.
75 Lorentz, Commerzbank und „Arisierung", S. 248 f.

beiter der Dresdner Bank, der vorzügliche Verbindungen zur Abteilung „Judenfragen" des Wirtschaftsministeriums hatte, forderte Mitte November 1937 wichtige Filialen in einem streng vertraulichen Rundschreiben auf, diejenigen Firmen in jüdischem Besitz zu melden, deren Bedeutung „über das Lokale hinaus" gehe;[76] Commerzbank und Deutsche Bank verfuhren ähnlich. Entscheidungsrahmen, Interessenslage und geschäftliche Prioritäten der großen Filialbanken waren jetzt mehr oder weniger dieselben. Ihr Hauptinteresse bestand vor allem darin, bei dem unausweichlichen Eigentümerwechsel keine Einbußen zu erleiden. Sehr viel hing vom Neuerwerber ab, den die Banken im Unterschied zum Verkäufer besonders hofierten. Häufig mussten die Banken deren Kapitalkraft aufhelfen und sich in Konkurrenz mit anderen Instituten zur Auslegung von Krediten entschließen, die manchmal auf wackligen Beinen standen. Nach einer Erhebung der Dresdner Bank verfügte ein Viertel der Neuerwerber nur über ein Eigenkapital von bis zu 100000 RM, die Hälfte konnte zwischen 100000 und 500000 RM selbst einbringen.[77]

Banken, Verkäufer und Käufer waren ungeachtet ihrer divergierenden Interessen von den Staats- und Parteistellen abhängig, welche die Vermögenstransaktionen zu genehmigen hatten. Ab April 1938 fiel die Entscheidung bei jüdischen Unternehmen mit mehr als 1000 Beschäftigten im Reichswirtschaftsministerium, bei mittleren und kleineren Firmen in den regionalen Staats- und Parteistellen. Kurze Drähte zu den entscheidenden Personen wurden in dem „zunehmend geschlossenen System der Diktatur"[78] auch bei der „Arisierung" zu einem wichtigen Konkurrenzvorteil. Die Aktienfilialbanken, die Verkäufer und Käufer als Makler in überregionaler Koordination überhaupt erst zueinander führten, waren als Informationssammler, Berater und „Pfadfinder" für ihre Kunden von großer Bedeutung. Ihr Kalkül geht sehr klar aus den „Arisierungs-Richtlinien" hervor, welche die Geschäftsleitung der Dresdner Bank im Sommer 1938 an ihre Filialdirektionen hinausgehen ließ: „Die Arbeit der Bank muss in erster Linie darauf abgestellt werden, bei der Durchführung der Arisierung die bestehenden Geschäftsbeziehungen zu erhalten. Darüber hinaus bietet sich Gelegenheit, neue Geschäftsbeziehungen zu knüpfen." Diesem Bestreben sei auch das Interesse „an einer etwaigen Provisionseinnahme (2–3% vom Objekt) unter Umständen unterzuordnen". Generell sollten „alle sich bietenden Möglichkeiten einer Mitwirkung unseres Instituts bei der Überführung nichtarischer Betriebe und einzelner zur Liquidation bestimmter Aktiven in arische Hände aufs Eingehendste" verfolgt werden. Die Richtlinien verwiesen insbesondere auf die Handelskammern, die Wirtschaftsgruppen und die Kreis- und Gauwirtschaftsberater der NSDAP. Alle in den Vermögenstransfer involvierten Mitarbeiter sollten „in engster persönlicher Fühlungnahme mit den oben bezeichneten Stellen bleiben, um eine rasche und sichere Erledigung der von uns eingereichten Arisierungsanträge zu erzielen".[79]

Zu diesem Zeitpunkt stand hinter dem Ziel, die beinahe 40000 verbliebenen jüdischen Gewerbebetriebe zu „arisieren" oder zu liquidieren, bereits ein solcher

[76] Bd. 2, Janetzko, S. 183.
[77] Ebd., S. 191.
[78] Lorentz, Commerzbank und „Arisierung", S. 266.
[79] Zit. nach Bd. 2, Janetzko, S. 187f.

Druck aus der NSDAP und der Vierjahresplanorganisation, dass sich das Reichswirtschaftsministerium keinen rechten Rat wusste, wie es diese beispiellose Vermögensumschichtung in der geforderten kürzesten Frist mit möglichst wenig Reibungen zwischen den konkurrierenden Kaufinteressenten, Banken und Parteistellen, mit ausreichend Kapitalbereitstellung und obendrein unter Aufrechterhaltung eines notdürftigen Anscheins von Gesetzlichkeit bewerkstelligen sollte. Der Stellvertreter des Führers ließ sich jedenfalls mit der Ermahnung vernehmen, „soweit irgend möglich" solle bei dieser Beraubung größten Stils doch „der Rechtsbegriff des privaten Eigentums" nicht Schaden nehmen,[80] das Vorgehen des NS-Staates also nicht auf den ersten Blick an bolschewistische Konfiskationsmethoden erinnern. Ende April 1938 war bereits die Verordnung über die Anmeldepflicht für jüdische Vermögen mit dem bedrohlichen Passus ergangen, der Beauftragte für den Vierjahresplan könne solchen Besitz „im Interesse der deutschen Wirtschaft" sicherstellen. Das war der Auftakt zur zwangsweisen Ausschaltung der Juden aus der deutschen Wirtschaft, für die Innenminister Frick in einer geheimen Denkschrift an Göring, Funk, Heß und Himmler Mitte Juni just an dem Tage plädierte, als die erwähnte 3. Verordnung zum Reichsbürgergesetz erging.[81] Er schlug dazu die Errichtung einer staatlichen Arisierungsgesellschaft vor, welche die Betriebsvermögen übernehmen und dann an mittelständische Unternehmer weiterveräußern sollte.

Die Idee einer großen Holdinggesellschaft, welche die Vernichtung der jüdischen Gewerbetätigkeit zügig, zentral und mit ausreichender Kapitalausstattung umsetzte, war schon lange in der Diskussion, ehe sie in Gestalt der „Kontrollbank" in Österreich praktiziert wurde. Carl Goetz hatte den Gedanken einer privaten Holding unter maßgeblicher Beteiligung seines Hauses bald nach dem Machtantritt Hitlers ventiliert.[82] Der Aufsichtsratsvorsitzende der Dresdner Bank, der im Frühsommer 1938 vom Reichswirtschaftsministerium um ein Gutachten gebeten wurde,[83] fand wenig Geschmack an den Plänen, die massenhaften „Arisierungen" von einer staatlich dominierten Auffanggesellschaft vornehmen zu lassen, und plädierte dafür, diese lieber in die Obhut einer Arisierungsholding der großen Aktienbanken zu geben. Parallel dazu meldete sich Hjalmar Schacht in einer Denkschrift[84] zu Wort und warnte davor, die Ausschaltung der Juden überstürzt und zwangsweise vorzunehmen. Er sprach sich für ein „behutsames Vorgehen" und dafür aus, dass sich die Bedrängten weiterhin selbst ihre Käufer suchen sollten, „um eine objektiv anständige, befriedigende Verwertung zu finden". Er verwies auf die Störempfindlichkeit der bestehenden Kreditbeziehungen, auf die negativen Rückwirkungen eines massenhaften Ausverkaufs auf den Kapitalmarkt und damit auch auf die Rüstungsfinanzierung. Der ehemalige Wirtschaftsminister warnte außerdem vor negativen Reaktionen des Auslands, die insbesondere die Devisenlage des Reiches beeinträchtigen könnten, und davor, „weiter einen Weg

[80] Zit. nach Lorentz, Commerzbank und „Arisierung", S. 263.
[81] Barkai, Boykott, S. 130ff.
[82] Siehe oben, S. 67.
[83] Lorentz, Commerzbank und „Arisierung", S. 263. Hierzu und zum Folgenden siehe neben Lorentz, S. 262ff., Kopper, Bankenpolitik im „Dritten Reich", S. 245 und 275ff., Bd. 2, Ziegler, S. 431, sowie James, „Arisierung", S. 58ff.
[84] Barkai, Boykott, S. 130, und Kopper, Bankenpolitik im „Dritten Reich", S. 275f.

zu gehen, den die übrige Welt als der Rechtsbasis entbehrende Willkür und als Vermögenskonfiskation anprangern und behandeln wird".

Das war auch der Grund, weshalb sich die Deutsche Bank mit dem neuerlichen Vorstoß von Carl Goetz nicht recht anfreunden wollte. „Im Interesse der Erhaltung unseres Auslands-Kredits", so Vorstandsmitglied Kimmich, solle sein Haus „Gewinne aus diesem Geschäft lieber nicht haben" und überhaupt das ganze Verfahren besser öffentlichen und halböffentlichen Stellen überlassen.[85] Der Sprecher des Vorstands, Eduard Mosler, stand den Plänen von Carl Goetz anfangs aufgeschlossen gegenüber, doch Ende Juli 1938 entschied sich die Bank dagegen. Die obersten Wirtschaftsbehörden versuchten jedoch weiterhin, die Großbanken mit in die Pflicht zu nehmen. Schon im August verlangte Göring eine Beschleunigung der „Arisierung". In der NSDAP wuchs die Kritik an der angeblichen zögerlichen Kreditvergabe für eine rasche „Entjudung", die im Herbst in einer unverhohlenen Drohung von Rudolf Heß mündete, hier hätten die Banken Gelegenheit zu beweisen, dass „sie im Interesse der deutschen Volkswirtschaft daseinsnotwendig sind".[86] Unter diesen Umständen gelangten die Finanzinstitute nun zu einer „kooperativen Haltung"[87] untereinander, lehnten gemeinsam einen reichsverbürgten Konsortialkredit für die Vermögenstransaktionen ab und schlugen den Reichsbehörden vor, die „Arisierungsgeschäfte" besser über halbstaatliche Stellen abzuwickeln und dabei staatliche Mittel einzusetzen. Alle diese Vorbereitungen wurden jedoch abrupt gestoppt. Der Pogrom vom 9. November 1938 warf nach einer späteren Bekundung von Wirtschaftsminister Walther Funk „alles vollständig über den Haufen".[88] Wenn Carl Goetz sich weniger zurückhaltend zeigte als seine Kollegen von der Deutschen Bank, so mag das die Auffassung seines regimenäheren Vorstandes widergespiegelt haben. Es mag auch sein, dass er die Dresdner Bank mit ihren weniger weit verzweigten Auslandsverbindungen für weniger druckanfällig hielt als ihre Konkurrentin. Im Geschäftsgebaren beider Banken bei der Vernichtung der jüdischen Gewerbetätigkeit seit 1938 schlugen sich diese Unterschiede allerdings kaum nieder.

Insgesamt blieb die „Arisierung" im Altreich bis Ende 1938 ein extrem unstrukturierter Vorgang, der in der Praxis stärker von dem Verhalten der einzelnen Filialen als von den Vorstellungen der Zentralen geprägt war. Die Zweigstellen verfügten über breiten Handlungsspielraum, obwohl alle dieselben Grundtatsachen in Rechnung zu stellen hatten: Es drängten immer mehr jüdische gewerbliche Vermögen auf den Markt, deren Wert damit rapide verfiel; die „arischen" Kaufinteressenten verfügten zunehmend weniger über den erforderlichen fachlichen und finanziellen Hintergrund; die Genehmigung der Übernahmeverträge war durchweg Sache von Staats- und Parteistellen. Auf der Grundlage solcher Konstanten blieb, wie die Deutsche Bank beklagte, „nichts anderes übrig", als „in der bisherigen Weise vorsichtig von Fall zu Fall die Möglichkeiten einer Arisie-

[85] Zit. nach James, „Arisierung", S. 58. Hierzu Kopper, Bankenpolitik im „Dritten Reich", S. 279, sowie James, „Arisierung", S. 58 ff.
[86] Lorentz, Commerzbank und „Arisierung", S. 263 f.; Zitat ebd.
[87] Bd. 2, Ziegler, S. 431.
[88] Zit. nach Lorentz, Commerzbank und „Arisierung", S. 264.

rung nach der finanziellen und namentlich persönlichen Weise hin zu prüfen".[89] Aus dieser massenhaften Einzelfallprüfung konnte sich für die in die Enge getriebenen jüdischen Gewerbetreibenden das eine Mal die Chance einer fairen Behandlung, das andere Mal das Schicksal einer kaum verschleierten Erpressung und Ausraubung ergeben.

Den Zentralen der Berliner Großbanken gelang es während des Runs auf die jüdischen Vermögen nicht, in ihren Filialbezirken Handlungskonformität herzustellen. Auch hier ist keine Spezifik der Dresdner Bank zu erkennen. Zwar waren gerade bei der „Arisierung" gute Kontakte zu den Entscheidungsträgern in der NSDAP und den Behörden oftmals von ausschlaggebendem Wert. Doch seine vorzüglichen Verbindungen zu den Regimespitzen in Berlin halfen dem Geldhaus auf dem flachen Lande wenig, wo die geschäftsfördernden Kontakte zu den Gaufürsten und örtlichen Potentaten jeweils eigens angebahnt und intakt gehalten sein wollten. Hier verfügte die Dresdner Bank gegenüber ihren privaten Konkurrentinnen und erst recht gegenüber den Sparkassen und den anderen öffentlichen Instituten über keinen Startvorteil. Die Bandbreite des Verhaltens ihrer Filialen reichte denn auch von einer Komplizenschaft mit der NSDAP bis zu Versuchen, ihren „nichtarischen" Kunden zu einem halbwegs fairen Verkaufsvertrag zu verhelfen.

Die Zweigstellen aller Banken ließen es sich angelegen sein, „ständig Fühlung"[90] zu den örtlichen Staats- und Parteistellen zu halten. Eine fränkische Zweigstelle der Dresdner Bank etwa rühmte sich, „nach dem übereinstimmenden Urteil von Partei- und Behördenseite wohl als das aktivste Bamberger Institut auf diesem Gebiet" zu gelten. Die Breslauer und die Nürnberger Filialen berichteten, ihre erfolgreiche Mitwirkung an „Arisierungen" sei dem Publikum so geläufig, dass die Kaufinteressenten von sich aus an sie heranträten. In Düsseldorf gab der Filialdirektor dem Kreiswirtschaftsberater der NSDAP freimütig über die wirtschaftliche Lage einer jüdischen Firma Auskunft, in Wuppertal brachte die Zweigstelle Gauwirtschaftsberater Pleiger aus Eigeninteresse dazu, es bei der Beurteilung des jüdischen Einflusses in einer Gummibandfabrik nicht allzu genau zu nehmen. Ein besonders krasses Beispiel aktiver Mittäterschaft lieferte die Dresdner Bank bei einem Vermögensentzug in direktem Zusammenspiel mit der NSDAP-Gauleitung Ostpreußen.[91]

Wenn es dem eigenen geschäftlichen Interesse diente, ging die Bank mitunter sehr weit, obgleich die vorherrschende Haltung ihrer Filialen wohl als eine „Mischung aus betriebswirtschaftlicher Nüchternheit und moralischer Indifferenz"[92] zu beschreiben ist. Unter dem Strich schlug die strikte Orientierung am eigenen Geschäftsinteresse unter den gegebenen politischen Bedingungen allerdings häufiger zum Schaden als zum Nutzen der jüdischen Eigentümer aus. *Cum grano salis* gilt das für alle Finanzinstitute. So gut wie nie verletzten sie in ihrem Handlungs-

89 Zit. nach James, „Arisierung", S. 61.
90 So die Dresdner-Bank-Filale Breslau in einem Bericht an die Zentrale von Ende September 1938. Zit. nach Bd. 2, Janetzko, S. 190; ebd., Kap. VI.3, und Bd. 2, Ziegler, Kap. VII.2, auch die folgenden Beispiele; Zitat nach Bd. 2, Janetzko, S. 204. Zu den Filialen der Deutschen Bank siehe James, „Arisierung", S. 110ff.
91 Vgl. Bd. 2, Ziegler, Kap. VII.2.
92 Ebd., Janetzko, S. 211.

kalkül die Kriterien ökonomischer Rationalität und selten speisten sich die Kernmotive ihres Verhaltens aus judenfeindlichem Ressentiment, obgleich es natürlich auch unter den Bankiers genügend Antisemiten gab. In der Regel ließen sie keine außerökonomischen Gesichtspunkte ins Ökonomische einwandern, sondern die je spezifische betriebswirtschaftliche Interessenlage bestimmte das Verhalten der Filialleiter. Das Bequeme an dieser Konstellation bestand für die Bankenvertreter aber darin, gegenüber ihren beinahe schon vogelfrei gewordenen jüdischen Geschäftspartnern unsanktioniert fast jede moralische Barriere übersteigen zu können. Kollegialität und Humanität hätte den Bankiers in dieser Situation ein Handeln gegen ihre ökonomischen Rationalitätskriterien abverlangt. Diese Barriere ist offenkundig nur selten überstiegen worden.

Betriebswirtschaftliche Rationalität bewog die Filialen mitunter dazu, sich gegen die zersplitterten Interessen der lokalen und regionalen NS-Behörden zu stellen. Dabei ließen sie sich auch durch idealistische Kundmachungen nicht umstimmen, wenn etwa der Berliner NSDAP-Gauwirtschaftsberater klarzumachen versuchte, das Bemühen, eigene finanzielle Forderungen zu retten, dürfe bei „Arisierungen" keine Rolle spielen.[93] Lagen die örtlichen Gegebenheiten so, dass es den Zweigstellen geraten erschien, den NS-Behörden eher aus dem Weg zu gehen als sie einzubeziehen oder gar einen Dissens mit ihnen auszufechten, so konnten sie ihr geschäftliches Kalkül oftmals recht gut zum Tragen bringen. Dann mochten sie mitunter tatsächlich zum „ruhenden Pol"[94] in einem interessenzerklüfteten Handlungsfeld, zu behutsamen Maklern werden, aber eben ebenso gut auch zu kaltschnäuzigen Profiteuren des jüdischen Unglücks. Das war bei allen Großbanken ähnlich.

Ebenso wie bei den übrigen Geldhäusern ist es auch bei der Dresdner Bank nicht einfach, ihre Beteiligung an der Vernichtung der jüdischen Gewerbetätigkeit zu quantifizieren.[95] Die Gesamtzahl der Fälle ist zwar unbekannt, doch sind einige Momentaufnahmen aus den Filialen erhalten geblieben. Die Zweigstelle Augsburg etwa meldete Anfang 1939, sie habe aus einem Bestand von 38 jüdischen Kunden 15 verloren, 8 durch Liquidation, 7 an andere Banken. Da sie 23 alte Firmenkunden gehalten und 3 neue hinzugewonnen hatte, verlor sie im Zuge der „Arisierung" über ein Drittel ihrer Geschäftsbeziehungen zu jüdischen Unternehmen. Die Filiale Beuthen behielt nach einer Aufstellung von Mitte August 1938 von 17 Firmenkunden jedenfalls 14, verlor zwei an andere Banken und einen durch Geschäftsauflösung. Da die Filiale zwei neue Unternehmen hinzugewann, erlitt sie kaum Verluste. Die Dresdner-Bank-Filiale in Frankfurt am Main schließlich meldete Ende Oktober überraschenderweise gar keine Verluste, sondern den Hinzugewinn von 11 neuen Geschäftsbeziehungen. Ließe man sich auf eine sehr konservative Schätzung ein und nähme an, jede der 1937 etwa 140 Niederlassungen (ohne Depositenkassen) der Dresdner Bank sei an nur fünf „Arisierungsfällen" im Altreich beteiligt gewesen, und ließe man obendrein die Aktivitäten der Zentrale außer Betracht, so gelangte man zu einer Zahl von mindestens 700 Beteiligungen an einem Vermögenstransfer. So spekulativ eine solche Annahme und so

[93] Ebd., S. 209.
[94] Herbst, Vernichtung, S. 136.
[95] Im Einzelnen Bd. 2, Janetzko, Kap. VI.4, und ebd., Ziegler, Kap. VIII und XII.

disparat das sehr lückenhafte Zahlenmaterial ist, es scheint den Befund zu untermauern, dass sich die Dresdner Bank wie die anderen Finanzinstitute zwar offensiv um neue Geschäftsbeziehungen bemühte, ihre Grundstrategie bei der „Arisierungsvermittlung" aber ähnlich defensiv gewesen ist wie die der Deutschen Bank und der Commerzbank. Oberste Priorität hatten „der Erhalt bestehender Geschäftsverbindungen"[96] und die Wahrung des Geschäftsvolumens. Da sich „der Umfang der Vermittlungstätigkeit bei allen drei Banken – gemessen an der relativen Größe der jeweiligen Bank – kaum unterschieden" haben dürfte, trifft die allgemeine Feststellung von Ludolf Herbst wohl zu, wonach die Bankenbeteiligung an der „Arisierung" im Altreich eher „unter dem Gesichtspunkt des betriebswirtschaftlichen Risikos" zu betrachten sei „als unter dem Aspekt lukrativer Gewinne".[97]

Bei den viel zitierten „Arisierungsgewinnen" gelangt Dieter Ziegler zu der Einschätzung, dass sich der Wert der Vermittlungsprovisionen und der Gebühren für die Verwaltung jüdischer Konten auf nur etwa 0,4% (1938) und 0,7% (1939) der Einnahmen aus dem laufenden Geschäft beliefen und „dass die Provisionen aus der ‚Arisierungs'-Vermittlung während des Untersuchungszeitraums 1933 bis 1945 insgesamt eine Marginalie in der Gewinn- und Verlustrechnung dargestellt haben müssen". Von größerer Bedeutung war für alle Finanzinstitute das Kreditgeschäft, das bei der Dresdner Bank 1938 um 11%, bei der Deutschen Bank um gut 20% anstieg. Doch das sagt wenig aus, da hierin auch die umfangreichen Finanzierungen in Österreich und im Sudetenland enthalten sind. Daraus den Anteil der „Arisierungskredite" herauszurechnen, ist nicht möglich. Zurückzuweisen ist aber die Annahme, die Bank mit der großzügigsten Kreditpraxis habe auch die stattlichsten Gewinne erzielt. Da einem hohen Kreditvolumen ein hoher Abschreibungsbedarf entsprochen haben dürfte, ist es genauso gut möglich, dass „die zurückhaltendste Bank den höchsten Nettogewinn aus der Vergabe von ‚Arisierungskrediten' gezogen" hat. Ziegler zieht den Schluss, von bemerkenswerten Gewinnen aus der Beteiligung der Dresdner Bank an der wirtschaftlichen Verfolgung der Juden im Altreich könne keine Rede sein. Bei der Verdrängung ihrer eigenen jüdischen Mitarbeiter[98] und der Mitwirkung an der Konfiskation privater jüdischer Vermögen, die anschließend zu erörtern ist, erreichte es die Bank wohl gerade eben, eigene Verluste zu vermeiden. Die Übernahme von Firmenanteilen im Altreich erfolgte im Übrigen nicht zum Zwecke der Erzielung bedeutender Gewinne, sondern als eine defensive Maßnahme zur „Sicherung ihrer Gläubigerrechte".[99]

All das war ökonomisch rational, erfolgte in vertrauten rechtsförmigen Verfahren und förderte die Illusion, an einem Geschäft wie jedem anderen teilzuhaben. Tatsächlich war das, wie die meisten Beteiligten sehr wohl wussten, zu keinem Zeitpunkt der Fall. Denn diese Geschäfte, auf deren legalen Anschein alle Mitwirkenden zur Selbstberuhigung betont Wert legten,[100] erfolgten auf dem Rücken der

[96] Ebd., S. 427; das folgende Zitat ebd., S. 256.
[97] Herbst, Vernichtung, S. 130.
[98] Siehe oben, S. 49 ff. und 61 ff.
[99] Bd. 2, Ziegler, S. 435.
[100] Vgl. etwa Barkai, Boykott, S. 204, oder Loose, Ausraubung, S. 11.

jüdischen Deutschen, die weiter leben und arbeiten wollten, die vom NS-Regime jedoch stigmatisiert und isoliert wurden, die es zur Ausplünderung freigab und – sofern sie ihm nicht entfliehen konnten – bald ermordete. Je stärker sich die Banken in diesem prekären Geschäft an die überkommenen Prinzipien ökonomischer Rationalität hielten, desto wirkungsvoller stützten sie eine Diktatur, welche die Prinzipien menschlicher Moral über Bord geworfen hatte. Moralisch richtiges Handeln hätte unter solchen Umständen Abstriche an den Kriterien ökonomischer Rationalität verlangt. Das war in einer nach wie vor bestehenden Konkurrenzwirtschaft gewiss keine realistische Erwartung an das Verhalten einer Berufsgruppe, deren Credo die Gewinnorientierung ist. Einige ganz wenige Bankiers sprangen, wie wir gesehen haben, trotzdem über ihren Schatten, ignorierten die Erfordernisse betriebswirtschaftlicher Ratio und zeigten damit, dass diese Handlungsmöglichkeit existierte. Sie konnten freilich nirgends Akklamation und wenig insgeheime Billigung zu finden hoffen. Der augenscheinlich schlafwandlerisch sichere und erfolgreiche Führerstaat vermochte nicht nur einen Karl Rasche oder Emil Meyer, sondern auch tatenlustige Bankiers, die dem Nationalsozialismus ferner standen, durchaus in eine nationale und geschäftliche Euphorie zu versetzen. Darin unterschieden sie sich freilich nicht sehr von den Ministerialbeamten, den Richtern, Professoren, Industriellen oder Offizieren und den übrigen Funktionseliten des Dritten Reichs.

Mit dem 9. November 1938 verwandelte sich die Szene noch einmal. Jetzt waren es staatliche Zwangsverordnungen, welche die Existenzvernichtung der deutschen Judenheit vorantrieben. Die Wucht der Schläge, mit denen man die Juden neben der Stigmatisierung und Segregation ihrer wirtschaftlichen Grundlagen beraubte, verwandelte die verbliebenen in einen „gebrochenen Rest".[101] Gab es zur Zeit der „Reichskristallnacht" im Altreich noch etwa 300000 Juden, so waren es im Mai 1939 noch 214000, bei Kriegsbeginn nur noch etwa 185000. Überproportional viele waren ältere, verarmte und eingeschüchterte Menschen, zwei Drittel von ihnen ohne gewerbliche Betätigung.[102]

Unmittelbar nach dem November-Pogrom kam die Stunde des Beauftragten für den Vierjahresplan, der bereits einige Wochen zuvor gefordert hatte, „die Juden müssen jetzt aus der Wirtschaft raus".[103] Innerhalb weniger Wochen leitete Göring die Maßnahmen ein, die, wie er mehrfach unterstrich, alle auf Anweisungen Hitlers zurückgingen. Der habe verlangt, die Judenfrage jetzt einheitlich und zentral zusammenzufassen „und so oder so zur Erledigung zu bringen".[104] Nur so war nach der Erläuterung Görings vor den Gauleitern „das Rüstungsprogramm des Führers durchzuführen". In diesem Sinne mussten alle noch existierenden jüdischen Unternehmen ab Jahresbeginn 1939 verkauft werden. Außerdem hatten die Juden ihr privates Vermögen, Bargeld, Aktien, Schmuck und andere Werte auf Sperrkonten zu verlegen, die nur noch mit besonderer Genehmigung zugänglich waren. All dies galt neben der Aufbesserung der Rüstungskasse weiterhin dem Ziel, die Juden aus Deutschland hinauszudrängen. Je mehr man sich dem Krieg

[101] Friedländer, Juden, S. 329.
[102] Nach Barkai, Boykott, S. 168f.
[103] Zit. nach ebd., S. 149.
[104] Zit. nach Friedländer, Juden, S. 303; die folgenden Zitate ebd., S. 309 und 337.

näherte, desto heftiger wurde aber auch die Obsession der NS-Spitze, diesmal einem vermeintlichen jüdischen Defätismus an der Heimatfront wie im Ersten Weltkrieg einen Riegel vorschieben zu müssen. Und es zeigte sich bereits die „ständige Dichotomie“ in ihrem Denken, die sich neben solchen Maßnahmen in der Vorstellung ausdrückte, „dass etwas unendlich Radikaleres erforderlich war“.

Die nach dem 9. November eingeläutete „Zwangsarisierung“ hatte durchschlagende Wirkung. Mitte 1939 waren praktisch alle kleineren Betriebe liquidiert,[105] mittlere Unternehmen hielten sich mitunter ein wenig länger.[106] Über einen eigenen Handlungsspielraum verfügten die in die Enge Getriebenen nicht mehr, auch die Banken kaum noch. Andererseits blieben sie weiterhin eingeschaltet, vergaben Kredite und nahmen Vermittlungsprovisionen ein. Etwa ein Jahr nachdem die „Arisierung“ in ihre radikale Phase eingetreten war, ging sie im Altreich zu Ende. Anders als vor dem November-Pogrom versuchte nun der Fiskus, sich den Löwenanteil der Beute aus der wirtschaftlichen Verfolgung der Juden zu sichern. Deshalb erfolgte nun auch der Zugriff auf die privaten Vermögen aller Juden, nicht nur der Auswanderer wie bisher. Die Banken, derer sich die Behörden dabei wie nachgeordneter Finanzdienststellen bedienten, konnten nicht viel mehr tun, als darauf zu achten, dass ihr aus der Mitwirkung bei der Auspressung der Juden keine eigenen wirtschaftlichen Verluste entstanden. Entziehen konnten sie sich ihrer Dienstleistung für das Dritte Reich schwerlich. Signifikante Unterschiede im Verhalten der drei großen Aktienfilialbanken, die als „Devisenbanken“ besonders stark in die Enteignungen jüdischen Vermögens eingebunden waren, lassen sich kaum ausmachen.

Bevor die systematische Vermögensentziehung begann, die sämtliche jüdischen Deutschen mit einem Privatvermögen von mehr als 5000 RM traf, hatte sich der Fiskus vor allem an den Auswanderern schadlos gehalten. Da sie beim Umtausch in Devisen zuletzt mehr als 95% ihrer Barschaft verloren, war für wohlhabendere Emigranten die Mitnahme von Wertpapieren an sich der klügste Weg, möglichst viel von ihrem Vermögen zu retten. Obgleich schon länger eine Genehmigungspflicht in Kraft war, blieben genügend Schlupflöcher, da es keine Übersicht über jüdischen Wertpapierbesitz gab. Die Wende kam im Frühjahr 1938. Neben der detaillierten Erfassung sämtlicher jüdischer Vermögenswerte waren seit Mai alle auswanderungswilligen Juden als kapitalflüchtig zu behandeln, so dass viele Aktiendepots schon vor dem Schlag im Gefolge des November-Pogroms unter Sicherungsanordnung standen. Um alles Vermögen restlos zu erfassen, hatten die Banken „jüdische“ Konten zu kennzeichnen und in quasi-hoheitlichem Auftrag mit ein Auge darauf zu haben, dass sich ihre Kunden der Pflicht zur Selbstanzeige nicht entzogen. Wertpapiere fielen unter Depotzwang, Wertgegenstände unterlagen Verkaufsbeschränkungen. Im August 1939 hatten „Nichtarier“ ihre verbliebenen Barmittel auf einem nur noch beschränkt verfügbaren „Sicherungskonto“ bei einer Devisenbank zu konzentrieren. So unter Kuratel gestellt, waren Juden für die Banken „keine ‚normalen‘ Kunden mehr“.[107] Bei der kompliziert regle-

[105] Barkai, Boykott, S. 140.
[106] Herbst, Vernichtung, S. 85.
[107] Siehe Hannah Ahlheim, Die Commerzbank und die Einziehung jüdischen Vermögens, in: Herbst/ Weihe (Hg.), Die Commerzbank und die Juden, S. 152.

mentierten Kontoführung traten sie ihnen eher wie Behörden gegenüber, die versuchten, die Vorschriften genauestens einzuhalten und den gestiegenen Beratungs- und Verwaltungsaufwand über erhöhte Gebühren wieder hereinzuholen.

Schon bei der ersten Rate der nach dem 9. November auferlegten „Sühneleistung" zeigte sich, dass viele Juden für die Tributzahlungen persönliche Wertgegenstände oder Wertpapiere mobilisieren mussten. Die Finanzverwaltung verfügte deshalb, dass erstere nur in amtlichen Pfandleihanstalten zu Geld gemacht und die Zahlungsverpflichtungen auch durch Hingabe von Wertpapieren erfüllt werden konnten, falls der vom Reich so unvermittelt zum Schuldner Gestempelte gegenüber seiner Bank schriftlich versicherte, weder über ausreichend Barmittel noch über genügend veräußerbare „Kostbarkeiten, Juwelen, Schmuck und Kunstgegenstände"[108] zu verfügen. Dadurch drohten allerdings die Eigeninteressen der Banken in einer Weise in Mitleidenschaft gezogen zu werden, die zu ihrer geschlossenen Gegenreaktion führte. Ihnen ging es zum einen darum, einen plötzlichen Massenverkauf und die damit einhergehenden Kursrisiken zu vermeiden, zum anderen um ihren unmittelbaren Einfluss in den Kapitalgesellschaften. Die erste Frage ließ sich zwischen Reichsministerien und der Wirtschaftsgruppe Privates Bankgewerbe rasch einvernehmlich lösen.[109] Das Reich übernahm das auf etwa zwei Mrd. RM geschätzte jüdische Wertpapiervermögen zu einem festen Preis, beließ die Aktien aber bei den Devisenbanken in einem gesonderten Depot, welche den erheblichen zusätzlichen Verwaltungsaufwand für die von ihnen selbst betriebene Lösung nun ihren jüdischen Kunden in Rechnung stellten. Die Wirtschaftsgruppe erhielt die hoheitliche Genehmigungsbefugnis für den regulierten Einzelverkauf.

Die Verwertung der jüdischen Effekten, bei der 1939 Papiere im Wert von über 440 Mio. RM zum Verkauf gekommen sein dürften, geschah in enger Abstimmung zwischen der Preußischen Staatsbank (Seehandlung) und den Geschäftsbanken. Diese waren daran interessiert, die Aktienpakete nicht in unerwünschte Hände geraten zu lassen, jene gedachte sich die Platzierungskraft der privaten Banken zunutze zu machen. Die Verkäufe begannen Anfang 1939, die Dresdner Bank übernahm ihr erstes größeres Paket im März. Wie ihre Konkurrentinnen bemühte sie sich, die meisten erworbenen Kapitalanteile im eigenen Kundenkreis unterzubringen. Nur sehr wenige übernahm sie langfristig in ihr eigenes Portefeuille. Viel wichtiger, als etwa die eigene Industriebeteiligung zu erhöhen, war es den Banken, dass die bestehenden Mehrheitsverhältnisse in den Aktiengesellschaften in etwa stabil blieben, sie also weiterhin ihr Depotstimmrecht ausüben konnten. Darüber kam es zu einem kurzen, aber „massiven Streit"[110] zwischen den Großbanken und der Preußischen Staatsbank. Obgleich die nationalsozialistischen Wirtschaftsideologen im Depotstimmrecht seit jeher ein Marterwerkzeug des anonymen Kapitals erblickten, gab die Seehandlung den Finanzinstituten schließlich nach. Diese Einigung trug mit dazu bei, dass sich die Einziehung des

[108] Zit. nach Bd. 2, Ziegler, S. 357.
[109] Vgl. James, Verbandspolitik im Nationalsozialismus, S. 152 ff.
[110] Dieter Ziegler, Die deutschen Großbanken im „Altreich", in: Dieter Stiefel (Hg.), Die politische Ökonomie des Holocaust, München 2001, S. 141.

jüdischen Privatvermögens mit Hilfe der Devisenbanken für diese nicht negativ auswirkte. Denn in dieser Form der Enteignung von Staats wegen „steckte überhaupt kein Potenzial für die Banken, sich auf Kosten ihrer jüdischen Kunden zu bereichern".[111] Im Gegenteil, die Einlagenverluste sorgten bei einigen Filialen sogar für eine „dramatische Schrumpfung des Passivgeschäftes". Durch die Gebühren, die der Dresdner Bank infolge der verordneten Mitwirkung an diesem Raubzug zuflossen, ließen sich solche Verschiebungen nicht auffangen. Die Einnahmen aus „Überwachungsgebühren für jüdische Konten und Depots" und die „Abrechnungsgebühren für Inzahlungnahme jüdischer Effekten" erreichten selbst im ertragreichsten Jahr zusammengenommen lediglich einen Anteil von 9% der Bruttoerträge der Dresdner Bank im Effektengeschäft. Ein gewinnträchtiges Potenzial lag in all dem nicht. Die Einnahmen reichten für die Banken wohl eben hin, um die Aufwendungen für ihre Hilfsdienste im Interesse des Deutschen Reichs in etwa auszugleichen.

Die Absonderung der jüdischen Deutschen in einem „mauerlosen Ghetto"[112] und ihre forcierte Beraubung nach der „Reichskristallnacht" 1938 führte zwei Drittel bis drei Viertel von ihnen binnen zweier Jahre in die Abhängigkeit von der Wohlfahrtspflege. Wer noch über ein Guthaben auf seinem beschränkt zugänglichen Sicherungskonto verfügte, war inzwischen zum „Bittsteller"[113] bei seiner Bank herabgesunken, mit der er in entwürdigender Weise um die Brosamen seines eigenen Vermögens rechten musste. Als mit dem Einsetzen der Deportationen in die Vernichtungslager im Herbst 1941 die systematische Einziehung auch noch der letzten Habe begann, war der größte Teil des „Judenvermögens" längst enteignet. Deshalb zeichnete sich dieser letzte Akt „mehr durch die Konsequenz aus, mit der die Juden bis zum letzten Pfennig ausgebeutet wurden, und durch die enge organisatorische Verbindung mit den Deportationen, als durch horrende Summen".

Im Unterschied zur Durchschnittsbevölkerung in Deutschland, die im Krieg so gut wie keinen Bezug mehr zum Schicksal der verfolgten Minderheit hatte und dem Geschehen überwiegend gleichgültig gegenüberstand, hatten neben den Gestapobeamten die Bankbeamten einen besonders guten Einblick in die beständig hoffnungsloser werdenden Lebensverhältnisse der Juden und in ihr entsetzliches Ende, an dem sie als Helfer im behördlichen Auftrag mitwirkten. Viele Angestellten der Dresdner Bank hatte schon Jahre zuvor verfolgen können, wie ungerührt ihr Arbeitgeber die ausgeschiedenen „Nichtarier" aus eigenem Antrieb um eine angemessene Abfindungs- und Ruhegeldleistung brachte, wie leicht es wurde, im Geschäftsleben selbst gegenüber den respektabelsten Partnern die Regeln der Fairness und des Anstands mit Füßen zu treten, und wie selbstverständlich die Staats- und Parteistellen die Juden mit immer neuen Verordnungen schröpften. Weshalb sollten sie sich anders verhalten als ihre Geschäftsleitung? Jüdisches Vermögen fiel offensichtlich nicht mehr unter den klassischen Eigentumsbegriff. Mancher mag sogar der Vorstellung vom „Heilscharakter des ‚erlösenden' Raubes" erlegen sein, mit dem das erlöste Geld „sozusagen aus der Macht des Bösen

[111] Bd. 2, Ziegler, S. 434; das folgende Zitat ebd., die Zahl ebd., S. 433.
[112] Barkai, Boykott, S. 181.
[113] Ahlheim, Einziehung, S. 170; das folgende Zitat ebd., S. 160.

befreit wurde" (H. G. Adler).[114] Doch wo die Eigentumsvorstellungen inzwischen so relativiert und Erniedrigungen längst Alltagsroutine waren, brauchte auf dem letzten Stück des Weges auch ohne solche Überhöhung nicht mehr mit Hindernissen gerechnet zu werden – es sei denn, die Nutznießer des Raubes gerieten sich selbst in die Haare oder die Mithelfer machten plausible Verfahrensbedenken geltend. Beides trat ein.

Zusammen mit den Planungen für die Massendeportation der verbliebenen über 150000 deutschen Juden wurden im Sommer 1941 auch schon vorbereitende Maßnahmen zu deren vollständiger Enteignung[115] getroffen. Die maßgebliche Regelung dafür, die 11. Verordnung zum Reichsbürgergesetz, erging Ende November 1941, gut fünf Wochen nachdem die erste Welle mit 20 Zügen und knapp 20000 Juden aus Wien, Prag, Berlin und anderen Großstädten in Richtung Łodź zu rollen begonnen hatte. Wer sich als Deutscher im Ausland aufhielt oder nun dorthin abgeschoben wurde, verlor seine Staatsbürgerschaft und mit ihr sein Vermögen, das dem Reich verfiel; die Feststellung des Vermögensverfalls traf der Chef der Sicherheitspolizei und des SD, die Verwaltung des Vermögens oblag dem Oberfinanzpräsidenten Berlin-Brandenburg. Allerdings wurde das Verfahren von vornherein durch einen seit längerem schwelenden Konflikt zwischen dem RSHA und dem Reichsfinanzministerium beeinträchtigt, bei dem es im Kern darum ging, ob in erster Linie der Fiskus oder das Himmler-Imperium von den Vermögen der Emigrierten und Ermordeten profitieren sollte. Die November-Verordnung war auch ein Versuch der Finanzbehörden, „der Beschlagnahme des Vermögens durch die Gestapo zuvorzukommen".[116] Der automatische „Verfall" würde den komplizierten „Einzug" ersetzen, so das Kalkül, und die jüdischen Vermögen umstandslos in die Obhut des Fiskus bringen. Es gab jedoch eine Fülle ungeklärter Fragen, die bei der Anwendung der 11. Verordnung auftauchten und die Banken als Verwalter der verbliebenen Vermögen erst ratlos und dann vorsichtig machten. Deswegen stimmten sie sich in der Wirtschaftsgruppe Privates Bankgewerbe engstens untereinander ab.[117] Nennenswerte Unterschiede im Verhalten der einzelnen Banken scheint es kaum mehr gegeben zu haben. Sie wagten die Abführung eines Kontos – der denkbar schwerste Eingriff in eine Kundenbeziehung – nur dann, wenn die Verantwortung dafür eindeutig und dokumentierbar klargestellt war. Nur so waren empfindliche Regressforderungen der Kunden auszuschließen. Die Besorgnisse der Banken, die betriebswirtschaftlich begründet waren und nichts mit einem prinzipiellen Widerstreben gegen die Beraubung der Deportierten zu tun hatten, ließen sich letztlich aber ausräumen und einer für die Finanzinstitute gangbaren Lösung zuführen. Als der systematische Massenmord begann, war sie unter Dach und Fach.

Nur wenn in jedem Einzelfall eine Entscheidung bzw. Beschlagnahmeverfügung des Chefs der Sicherheitspolizei und des SD oder eine Mitteilung der Finanzbehörden über die Abschiebung der Betroffenen bzw. ein „Abrufschreiben" bei ihnen einging, lieferten die Banken die fraglichen Vermögen an den Fiskus aus.

114 Zit.nach Barkai, Boykott, S. 189.
115 Nach Bd. 2, Osterloh, Kap. X.3.
116 Barkai, Boykott, S. 193.
117 Im Einzelnen James, Verbandspolitik, S. 223ff.

Wie bei anderen delikaten Vorgängen, in denen sie im Auftrag des NS-Staates tätig wurden, bestanden sie bei der Konfiskation der jüdischen Privatvermögen auf der Scheinlegalisierung eines Akts, der gänzlich außerhalb der Sphäre des Rechts lag.[118] Die weltanschaulichen Exekutivorgane Heinrich Himmlers, die mit der Judenvernichtung beauftragt waren, werden diese Pedanterie auf die unguten Restbestände bürgerlichen Rechtsdenkens zurückgeführt haben. Dennoch spielte sich das Zusammenwirken der Behörden und der drei großen privaten Banken allmählich ein. Schon Anfang 1942 dürften so gut wie alle noch existierende Guthaben jüdischer Bankkunden unter interne Vermögensbeschränkungen gefallen sein.[119] Die unmittelbar in die arbeitsteilige Judenvernichtung einbezogenen Mitarbeiter der Banken besaßen in dieser staatspolitischen Angelegenheit von höchster Brisanz allenfalls minimale Spielräume. Die meisten von ihnen können aber keine Illusionen über den weiteren Weg ihrer Kunden gehabt haben, zumal im Laufe des Jahres 1942 „nicht nur Gerüchte über das Schicksal der Juden, sondern auch immer mehr konkrete Informationen"[120] kursierten. Im Frühjahr kam die Überstellung der konfiszierten Vermögen in Gang, zog sich aber über längere Zeit hin.[121] Insgesamt sollen aufgrund der 11. Verordnung 592 Mio. RM und weitere 186 Mio. RM aus Beteiligungen und Wertpapieren beschlagnahmt worden sein.[122] Angaben für die einzelnen Devisenbanken liegen nicht vor.

Zu den ersten im Herbst 1941 verschleppten jüdischen Deutschen zählten auch vier Frauen, frühere Angestellte der Dresdner Bank.[123] Sie gehörten zu den 250 bis 300 jüdischen Betriebsrentnern und Witwen, denen die Bank nach der Beendigung ihres Dienstverhältnisses noch schmale Leistungen überwies. Insgesamt hatten sich von ihnen bis zum Auswanderungsstopp wohl nur gut ein Viertel rechtzeitig ins Ausland absetzen können. Unter Einbeziehung ihrer Familienangehörigen dürften von den insgesamt 350 bis maximal 500 rassisch diskriminierten früheren Angestellten der Dresdner Bank bis zu 200 ermordet worden sein. Während die bereits 1933/34 als „nicht geschützte Nichtarier" Gekündigten[124] sich häufig rechtzeitig zur Auswanderung entschlossen, verharrten viele im Ruhestand lebende Betriebsrentner mit ihrem halbwegs sicheren Auskommen oftmals zu lange in einer trügerischen Sicherheit. Da die Dresdner Bank ab 1937/38 dazu überging, ihren jüdischen Betriebsrentnern willkürlich erhebliche Kürzungen zuzumuten,[125] fehlten vielen von ihnen letztlich die Mittel, Deutschland doch noch zu verlassen.

Auch als ihre Betriebsrentner schon „nach den Ostgebieten ausgesiedelt", „abgewandert" oder „evakuiert" waren, folgte die Dresdner Bank unverwandt ihrem kaufmännischen Grundimpuls und sah darauf, ihr Geld zusammenzuhalten.[126]

[118] Siehe ebd., S. 234.
[119] Vgl. Bd. 2, Osterloh, Kap. X.3, und Ahlheim, Einziehung, S. 161, Anm. 96.
[120] Christopher Browning, Die Entfesselung der „Endlösung". Nationalsozialistische Judenpolitik 1939–1942, München 2003, S. 559.
[121] Minutiös dazu Bd. 2, Osterloh, S. 379ff.
[122] Hilberg, Vernichtung, S. 1074.
[123] Das Folgende nach Bd. 2, Ziegler, Kap. III.3.
[124] Siehe oben, S. 49ff.
[125] Siehe oben, S. 61ff.
[126] Das Folgende nach Bd. 2, Ziegler, Kap. III.3; Zitate ebd., S. 102, 104 und 105.

Darüber entflammte ein sich bis Kriegsende hinziehender Streit mit den Finanzbehörden, ein ebenso bizarres wie makabres Satyrspiel zur Tragödie der ermordeten Juden und überdies ein Schaustück eines besessenen, inhaltlich entleerten Legalismus. Unter Bezugnahme auf die 11. Verordnung stellten die Filialen der Dresdner Bank die widerruflich vereinbarten Leistungen für ihre deportierten Betriebsrentner ein. Daraufhin schalteten sich die Finanzbehörden ein und verlangten eine Fortzahlung zu ihren Gunsten. Als die Bank das unter Verweis auf ihr Widerrufsrecht ablehnte, wurde sie (hier vom Finanzamt Aalen) aufgefordert, einen Beleg für den rechtsgültigen Widerruf vorzuweisen. Dazu war sie aber nicht in der Lage, weil sie diesen wegen des unbekannten Aufenthaltsorts des Empfängers nicht ordnungsgemäß aussprechen konnte. Da das Finanzamt mit Klage drohte, entwickelte die Berliner Zentrale der Bank in ihrer Not ein nach ihrer Meinung rechtswirksames Ersatzverfahren. Sie ließ ihre Filialen nämlich einen Brief mit dem korrekten Widerruf an die letzte Anschrift des Verschleppten schicken, der jedoch „als unzustellbar“ an die Filialen zurückkommen musste, um dort dann „nebst den mit Unzustellbarkeitsvermerk versehenen Umschlägen zwecks sorgfältiger Aufbewahrung“ zu den Akten genommen zu werden.

Nach einer Gefechtspause meldete sich der württembergische Oberfinanzpräsident erneut, um die entgangenen Gelder doch noch für die Reichskasse einzutreiben. Wieder unter Klageandrohung forderte er jetzt eine Ausgleichszahlung, denn die Bank dürfe nur aus besonderem Grund und nicht „willkürlich“ von ihrem Widerspruchsrecht Gebrauch machen und dem Reich Gelder „vorenthalten“. Ein besonderer Grund könne „in der von Reichs wegen durchgeführten Evakuierung, die lediglich eine Folge der seit Jahren geltenden Judengesetzgebung ist, nicht erblickt werden“. Die Bank folgte solcher Kasuistik nicht und blieb tatsächlich unbehelligt. Gleichzeitig hatte sie sich jedoch weiteren Ungemachs zu erwehren, das diesmal vom Berliner Finanzamt Wilmersdorf-Nord ausging und das die nicht widerruflichen, rechtlich verbindlichen Pensionsleistungen ins Visier nahm. Nach der Deportation einer Direktorenwitwe hatte die Bank ihre Zahlungen eingestellt, doch der Oberfinanzpräsident Berlin-Brandenburg, der sich im Herbst 1942 einschaltete, verwies die Bank darauf, dass Ruhegehaltsansprüche unter die dem Reich verfallenen Vermögen einzuordnen seien. Man näherte sich jetzt dem latenten Kernpunkt des Disputs, nämlich der Frage, ob die Anspruchsberechtigte noch am Leben war oder nicht.

Die Juristen der Dresdner Bank, die sich natürlich ebenso gut wie ihre Kollegen von der Personalabteilung ausrechnen konnten, was mit den verschleppten Juden tatsächlich geschah, nutzten diese heikle Schwachstelle in der Argumentation der staatlichen Seite und verlangten von der Finanzbehörde eine „Lebensbescheinigung“. Eine solche „Verwaltungsbelastung“ könne keinesfalls angehen, konterte der Oberfinanzpräsident, und müsse „in der jetzigen Zeit unbedingt vermieden“ werden. Mit dem Eingeständnis eines hoheitlichen Mordes hätte er nicht bloß eine Geheime Reichssache verraten, sondern auch eine mögliche Einnahmequelle verstopft. Die Bank, die ihrerseits nicht zu deutlich werden durfte, erkannte fraglos die Spiegelfechterei hinter der verwaltungsrechtlichen Fassade und nutzte den behördlichen Eiertanz resolut für ihre eigenen Interessen. In dem folgenden ausgedehnten Rechtsstreit, der für die Behörde eine viel höhere „Verwaltungsbelastung" bedeutete als eine Anfrage wegen einer „Lebensbescheinigung" bei der Gestapo, wurde die Bank zunächst tatsächlich zu einer „Ausgleichsabgabe" in Höhe von 58000 RM verurteilt. Diese ließ aber trotzdem nicht locker und war nur bereit, das Geld mit gleichzeitigem Rückzahlungsantrag zu hinterlegen. In diesem Konflikt wagten sich die Juristen der Dresdner Bank bis hart an die Grenze des im offiziellen Geschäftsverkehr Aussprechbaren vor. Sie führten nämlich aus, die nach Riga deportierte Witwe habe nach den Auskünften des dortigen Gebietskommissars als „verschollen" eingestuft zu werden, und beantragte, den „bürgerlichen Tod der Witwe" festzustellen. Immerhin sei „die Evakuierung im schwersten russischen Winter" erfolgt, so die Bank, „und es kann deshalb fraglich erscheinen, ob [die Witwe], die damals im 62. Lebensjahr stand, die Strapazen der Reise und des späteren Aufenthalts im russischen Raum" überstanden habe. Die Dresdner Bank sei nicht in der Lage, das angenommene „Ableben der Jüdin nachzuweisen"; das könnten nur jene „Reichsbehörden, durch die die evakuierten Juden betreut werden". Das lehnte der Oberfinanzpräsident natürlich wieder ab. Letztlich einigte man sich darauf, dass die Bank die tatsächliche Zahlung der verlangten Summe bis zum 6. Juni 1945 gestundet erhielt. Vergleichbare Schriftwechsel, in denen das klare Bewusstsein der Korrespondenzpartner um die tatsächlichen Vorgänge mit Händen zu greifen ist, finden sich auch bei anderen Banken.[127] Und alle sahen sich bei Nachfragen derselben eintönigen Kaskade behördlicher Stereotypien ausgesetzt: „verzogen", „nicht zu ermitteln", „nicht bekannt", „ausgesiedelt".

Die Dresdner Bank, die ihr eigenes Geschäftsinteresse gegenüber den Behörden so zäh verteidigte, war nicht in der Lage, das Schicksal der zur Vernichtung bestimmten Juden zu beeinflussen oder sich der arbeitsteiligen Mitwirkung an ihrer Beraubung zu entziehen. In den Judenmord als staatliches Werkzeug einbezogen, gibt es aber auch keinen Hinweis darauf, dass sich das ehemals „jüdische" Haus – von individueller Hilfestellung für in der Hierarchie meist hoch angesiedelte Kollegen in Einzelfällen abgesehen – mit einer auch nur entfernt vergleichbaren Hartnäckigkeit für eine allgemeine Linderung wenigstens des Schicksals ihrer eigenen jüdischen Angestellten eingesetzt hätte. Im Gegenteil, sie trat hier bereits seit 1937/38 selbst als Mittäterin, als „Verfolgungsinstanz"[128] auf. Zu dieser Zeit war noch nicht absehbar, wohin die Judenpolitik des Dritten Reiches führen würde. Während des Disputs mit den Finanzbehörden im Krieg aber konnte bei den damit befassten Bankmitarbeitern, die ihre Mutmaßungen mehr oder weniger offen sogar im Schriftverkehr mit den Behörden zum Ausdruck brachten, an dem Los der Deportierten kein Zweifel mehr bestehen.[129] Mancher mochte das bedauern oder entsetzlich finden. Für die Geschäftspolitik der Bank waren diese Vorgänge, soweit sie dadurch keine finanziellen Einbußen erlitt, mittlerweile vollkommen irrelevant geworden.

127 Vgl. Loose, Ausraubung, S. 195f.
128 Bd. 2, Ziegler, S. 443.
129 Siehe unten, S. 151f.

VI. Euphorie 1938–1942: Nutznießer, Instrument und Mittäter des NS-Regimes

1. Entfaltung in der zerschlagenen Tschechoslowakei: „Germanisierung" und „Arisierung"

Mit dem Ausgreifen des Dritten Reiches auf seine Nachbarländer hatte sich die Hineinverwicklung der Banken in die arbeitsteilige Isolierung, Beraubung und Vernichtung der Juden ebenso beschleunigt wie ihre geschäftliche Expansion. Nach dem geglückten österreichischen Coup im Frühjahr 1938, der „das endgültige Abgleiten Hitlers in ein übersteigertes Machtbewusstein"[1] förderte und den Krieg gegen die „Nichtarier" radikalisierte, verstand es der bejubelte Kanzler, dem Reich das so genannte Sudetenland einzuverleiben und damit auch den ersten Schritt zur Auflösung der demokratischen Tschechoslowakei zu tun. Das Münchener Abkommen brachte ihr durch den Verlust von über drei Millionen Menschen, fast 30000 Quadratkilometern Fläche und mehr als 20% ihrer Industrieproduktion eine fast tödliche Amputation bei.[2]

Die deutschen Übergriffe auf ihren östlichen Nachbarn fielen mit einer umfassenden Reorganisation der Wehrwirtschaft zusammen, die zu einer Konzentration auf die „unmittelbar kriegswichtigen Bereiche"[3] führte. Durch die verstärkte rüstungswirtschaftliche Orientierung gewann eine möglichst schnelle reichsdeutsche Durchdringung der Wirtschaft der Sudetengebiete „nach den im Altreich geltenden rüstungsökonomischen Prioritäten"[4] zusätzliche Bedeutung; schon im Oktober war sie in die Vierjahresplanorganisation eingebunden. Verantwortlich für deren maximale Ausbeutung war einmal mehr Görings annexionserfahrener Generalreferent Hans Kehrl, mit dem Karl Rasche in Österreich so eng zusammengewirkt hatte. Da die Reichswerke, zu denen über Generaldirektor Paul Pleiger besonders gute Geschäftsbeziehungen bestanden, auch noch das „Expansionsmonopol"[5] für die Sudetengebiete zugesprochen erhielten, konnte die Dresdner Bank erneut mit kräftigem politischen Rückenwind rechnen.

Für den deutschen Zugriff auf die begehrte Rohstoff- und Rüstungsindustrie der ČSR bildeten die großen tschechoslowakischen Banken, speziell die drei „deutschen" unter ihnen, die „Einfallstore", denn sie kontrollierten im Sudetenland wie im böhmischen Kernland erhebliche Kapitalbeteiligungen an der

1 Herbst, Das nationalsozialistische Deutschland, S. 193.
2 Alice Teichova, Wirtschaftsgeschichte der Tschechoslowakei, Köln/Graz/Wien 1988, S. 72.
3 Petzina, Autarkiepolitik, S. 117.
4 Hans-Erich Volkmann, Die Eingliederung der Sudetengebiete und Böhmen-Mährens in das Deutsche Reich, in: ders., Ökonomie und Expansion, S. 190.
5 Mollin, Montankonzerne, S. 185.

Schwerindustrie.[6] Die Živnostenská banka war der Branchenführer der tschechoslowakischen Kreditwirtschaft, ein „rein tschechisches" Institut, das sich vor allem auf das Geschäft im Inneren der ČSR konzentrierte. Dagegen hatten die Böhmische Escompte-Bank und Creditanstalt (Bebca) und die Böhmische Union-Bank (BUB), in deren Leitungsgremien vorwiegend deutsch-tschechische und jüdische Bankiers saßen, mit zahlreichen Filialen ihren unternehmerischen Schwerpunkt in den sudetenländischen Regionen. Beiden, der Dresdner Bank wie der Deutschen Bank, galt die Bebca als der attraktivere Partner,[7] und beide waren darauf erpicht, dieses Rennen für sich zu entscheiden.[8]

Sofort nach dem Münchener Abkommen sah sich Friedrich Ernst, der Reichskommissar für das Kreditwesen, bei dem die formelle Entscheidung für die „Neuordnung" des Bankensektors in den annektierten Gebieten lag, von einer Invasion antichambrierender Spitzenvertreter der führenden deutschen Finanzinstitute heimgesucht. Weitsichtige Bankiers mögen geahnt haben, dass die anstehende Weichenstellung eine Vorentscheidung für die spätere Machtverteilung im gesamten tschechischen Gebiet sein würde. In diesem Wettrennen gaben die beiden rivalisierenden deutschen Branchenführer das Tempo vor, die beide die Bebca-Filialen im Visier hatten. Schon nach wenigen Tagen schien die Deutsche Bank, für die der in Österreich nicht so recht erfolgreiche Hermann Josef Abs und Oswald Rösler verhandelten und die die Schaffung eines starken deutschen Regionalinstituts favorisierten, am Ziel zu sein.[9] Sie legten der Bebca ein akzeptables Kaufangebot vor und köderten deren Vorstandsmitglieder Novotny und Hölzer mit attraktiven Karriereangeboten. Diese bedrohliche Wendung der Dinge blieb Carl Goetz und Karl Rasche nicht verborgen.[10] Obgleich sie im Reichswirtschaftsministerium nicht eben unwiderstehliche Entscheidungsgründe geltend machen konnten, begann sich das Blatt um den 8./10. Oktober herum plötzlich zu ihren Gunsten zu wenden. Dahinter stand die Erkenntnis im Vierjahresplanamt, dass die auch von SdP-Chef Henlein befürwortete Errichtung von Regionalbanken die rüstungspolitischen Ambitionen des Reiches nur behindern würde, sie die begehrten Industriebeteiligungen dagegen viel einfacher erlangen und kontrollieren konnte, wenn die sudetenländischen Filialen der Prager Geldhäuser „direkt auf reichsdeutsche Banken übertragen" würden.

Am 8. Oktober verbot Hans Kehrl alle weiteren Verhandlungen zwischen deutschen und tschechoslowakischen Banken,[11] womit er die Deutsche Bank weit zurückwarf und den tschechoslowakischen Banken ihre Verhandlungsmacht nahm. Wie schon bei der ebenfalls industriepolitisch motivierten Behinderung der Deutschen Bank bei der Übernahme der Wiener Creditanstalt[12] sah sich der Branchenprimus erneut von der nationalsozialistischen Spitze der Wirtschaftsbürokratie ausmanövriert. Als Bankenkommissar Ernst eine Woche später die Ver-

[6] Das Folgende nach Bd. 3, Wixforth, Kap. III.
[7] Siehe Alice Teichova, An Economic Background to Munich. International Business and Czechoslovakia 1918–1938, Cambridge 1974, S. 358f.
[8] Zu den Sondierungen vor dem Münchener Abkommen siehe Wixforth, Auftakt, S. 39ff.
[9] Vgl. Kopper, Bankenpolitik im „Dritten Reich", S. 318ff.
[10] Nach Bd. 3, Wixforth, Kap. III.2; Zitat ebd., S. 66.
[11] Kopper, Bankenpolitik im „Dritten Reich", S. 321.
[12] Siehe oben, S. 83.

handlungen wieder freigab, war die Entscheidung über die Zuordnung der Filialen gefallen. Die Deutsche Bank musste sich in die Rolle des zweiten Siegers schicken und bekam die Zweigstellen der BUB und der Deutschen Agrar- und Industriebank (DAIB), die Dresdner Bank die favorisierten Filialen der Bebca und der Živnostenská banka.

Wieder war es für Göring, Kehrl und Pleiger keine verlockende Vorstellung, sich im Sudetenland mit einer Deutschen Bank arrangieren zu müssen, bei der man nicht in derselben Weise auf einen Gleichklang hoffen konnte, wie er mit der Dresdner Bank inzwischen gefunden war. Hier bestand ein direkter politischer Draht zu Vorstandsmitgliedern, bei denen mit Verständnis, wenn nicht gar Zustimmung zu den Methoden nationalsozialistischer Expansionspolitik gerechnet werden konnte. Insbesondere das Einvernehmen zwischen Kehrl und Rasche war für beide Seiten eine willkommene Vereinfachung ihres Geschäfts. Davon profitierte das Geldhaus ebenso wie die unter höchstem Druck stehende nationalsozialistische Wirtschaftsbürokratie. Dieses Kalkül bescherte der Dresdner Bank zum einen ein Geschäft auf Gegenseitigkeit mit einem sehr mächtigen Partner, zum anderen einen eminenten Startvorteil gegenüber Deutscher Bank und Commerzbank beim „Auftakt zur Ostexpansion".[13] Für das Institut von Carl Goetz mündete dieser erfreuliche „Auftrag"[14] in die Aufgabe, die wertvollen Industriebeteiligungen der Bebca unter Kontrolle zu bringen, „die ‚Neuordnung' der Montanindustrie in der Region federführend zu organisieren und die großen Unternehmen des Kohlenbergbaus in jüdischem Besitz für die Reichswerke Hermann Göring zu ‚arisieren'".

Die Herausgabe ihrer sudetenländischen Filialen bedeutete für die beiden vor allem betroffenen Prager Banken BUB und Bebca eine ähnliche ökonomische Katastrophe wie die Abtrennung der Sudetengebiete für den tschechoslowakischen Staat. Die Filialen der letzteren wickelten hier ungefähr ein Viertel des Geschäftsvolumens des Unternehmens ab und erzielten dabei nicht weniger als zwei Drittel seiner Bruttoerträge.[15] Die Übernahme der Filialen und die beträchtliche Ausweitung des Kundenstamms war umso mehr ein „gutes Geschäft", wie Karl Rasche nach dem Krieg einräumte,[16] als dafür durch das Entgegenkommen der Reichsbehörden keine eigenen Mittel aufgewandt werden mussten; das galt auch für die Deutsche Bank. Für die drei tschechoslowakischen Banken hingegen waren die unter Druck abgeschlossenen Übernahmeverträge ein betriebswirtschaftliches Desaster. Im Februar 1939 eröffnete die Dresdner Bank ihre neuen sudetenländischen Filialen mit einer kleinen Feier.[17]

Als die Bank ihre Zweigstellen bezog, war es bereits mehr als unwahrscheinlich geworden, dass sich das Dritte Reich mit der Eingliederung der überwiegend deutsch besiedelten Gebiete bescheiden würde. Hitler hatte die Beseitigung der „Rest-Tschechei" unmittelbar nach dem Münchener Abkommen beschlossen und zerstörte dann am 15. März 1939 die Zweite Republik endgültig. Es entstand das

[13] So Wixforth, Auftakt.
[14] Ders., Bankenlobbyismus, S. 51; Kopper, Bankenpolitik im „Dritten Reich", S. 329.
[15] Detailliert hierzu Wixforth, Auftakt.
[16] Kopper, Bankenpolitik im „Dritten Reich", S. 323.
[17] Nach Bd. 3., Wixforth, Kap. III.1., sowie James, „Arisierung", S. 147 und 150.

lediglich formal autonome „Protektorat Böhmen und Mähren" unter dem „Duumvirat"[18] des Reichsprotektors Konstantin von Neurath und seines sudetendeutschen Staatssekretärs Karl Hermann Frank. Auch für die Spitzen des Parteiapparats, der Ministerialbürokratie und der Wirtschaft war München früh zu einer Durchgangsstation nach Prag geworden. So forderte Hans Kehrl die Dresdner Bank bereits Ende November auf, die Majorität an der Bebca anzustreben, um sie „zum Konzentrationspunkt für deutsche Interessen in der Tschechoslowakei"[19] auszubauen. Die Zerschlagung des Nachbarlandes bescherte dem Dritten Reich dann einen „ungeheuren Kraftzuwachs".[20] Noch bedeutsamer als die gewaltige unmittelbare Beute[21] war die Indienstnahme der Industrie, die zu den leistungsfähigsten Europas zählte.[22] Namentlich den großen Montankomplexen und den hochmodernen Metall-, Maschinenbau- und Rüstungsunternehmen galt die Aufmerksamkeit der Vierjahresplanbürokratie, war die ČSR doch der viertgrößte Rüstungsexporteur der Welt gewesen. Insgesamt führte die Inbesitznahme Böhmens und Mährens nach der Einverleibung Österreichs und der Sudetengebiete zu einer wesentlichen Ausweitung des deutschen Produktionsvolumens, mit dessen Gesamtleistung das Dritte Reich nun an zweiter Stelle hinter den Vereinigten Staaten stand. Wie eisern der Zugriff sein würde, zeigte bereits der erste grundlegende Erlass Hitlers, wonach alle Regelungen für das Protektorat im Einklang mit den wirtschaftlichen Belangen des Reiches zu stehen hatten.[23] Die Vierjahresplanbehörde übernahm das Produktionsregime, Göring selbst forderte das Oberkommando der Wehrmacht auf, „das Kriegspotential des Protektorats in Teilen oder im Ganzen unbedingt auszunutzen und möglichst bald auf den Mobfall auszurichten".[24] Sein Bevollmächtigter für Böhmen und Mähren, Hans Kehrl, schrieb später, nach dem Einmarsch in Prag sei es darauf angekommen, „dass die Produktion der Werke auf deutsche Rüstungsbedürfnisse umgestellt würde". Ausnahmsweise ohne Strapazierung der historischen Wahrheit vermerkte er daneben: „Diese Vollmacht ließ mir also völlig freie Hand."[25]

„Freie Hand" bedeutet bei einem Okkupationsregime nur theoretisch freie Wahl der Herrschaftsmittel. In der Praxis kommt es vielmehr darauf an, sich die ohnehin aufwändige Sicherung der Kontrolle nicht durch unangemessenes Vorgehen selbst zu erschweren. Eine pauschale Beschlagnahme der Betriebe im Protektorat hätte nicht nur die Produktionsabläufe beeinträchtigt, die Fassade der Autonomie umgestoßen, die tschechische Protektoratsregierung in den Augen ihrer Landsleute diskreditiert und so vermeidbaren Widerstand provoziert. Eine umfassende Sequestrierung in dem hoch entwickelten Industriestaat hätte auch die Selbstbindung des NS-Staates an das Eigentumsrecht und eine wenigstens theoretische Respektierung der Verfügungsrechte, die sich daraus ableiteten, von vorn-

18 Deflef Brandes, Die Tschechen unter deutschem Protektorat, München 1969, S. 28.
19 Bd. 3, Wixforth, S. 199.
20 Volkmann, Eingliederung, S. 197.
21 Brandes, Protektorat, S. 150. Zum Folgenden ebd., S. 150ff., und Volkmann, Eingliederung, S. 197ff.
22 Im Einzelnen hierzu Teichova, Economic background.
23 Brandes, Protektorat, S. 20.
24 Zit. nach Volkmann, Eingliederung, S. 199.
25 Kehrl, Krisenmanager, S. 160.

herein unglaubwürdig gemacht. Damit hätte das Dritte Reich schon beim ersten Ausgriff über seine „Volkstumsgrenzen" die Perspektive oder besser: die Fiktion einer zwar von Deutschland beherrschten, aber letztlich auf Kooperation beruhenden künftigen europäischen Großraumwirtschaft selbst Lügen gestraft.

Trotz des Zeitdrucks am Vorabend des Krieges griffen die Manager der deutschen Wirtschaftsbürokratie bei der Eroberung „ökonomischer Kontrollpositionen"[26] nur ungern zu offensichtlichen Zwangsmaßnahmen. Ihr Hauptinstrument im Sudetengebiet und im Protektorat war daher die Eigentumsübertragung durch Kauf. Sie ähnelte allerdings nur selten einem gewöhnlichen privatwirtschaftlichen Geschäft, weil die grundstürzend veränderten Verhältnisse viele Eigentümer zum Verkauf ihres Betriebsvermögens nötigten, die unter anderen Umständen niemals an einen solchen Schritt gedacht hätten, und weil dabei immer auch ein außerökonomisches Drohpotenzial im Hintergrund stand, das namentlich von jenen deutschen „Kaufinteressenten" leicht aktiviert werden konnte, die mehr oder weniger erkennbar in staatlichem Auftrage handelten. Da das NS-Regime anfangs in den rassisch weniger offensichtlich diskriminierten Ländern – sieht man vom Krieg gegen die Juden ab – ein allzu brachiales Vorgehen vermied, zugleich aber angesichts des bevorstehenden Krieges dieser immense Zeitdruck bestand, war es extrem kompliziert, die überaus komplexen Kapitaltransaktionen in kurzer Frist über die Bühne zu bringen. Sie erforderten ein Maß an ökonomischem Sachverstand, das nur die international erfahrenen Großbanken aufwiesen. Sie wurden zu unentbehrlichen Instrumenten und Helfern des expandierenden Regimes[27] sowie der „Konzernbildungsstrategie"[28] deutscher staatlicher und privater Unternehmen. Letztlich erleichterten sie als Mittäter Hitler damit den Schritt in den Krieg.

Die Deutsche Bank und die Dresdner Bank übernahmen die ihnen zugedachte Rolle keineswegs notgedrungen oder zurückhaltend, sondern im eigenen Geschäftsinteresse höchst bereitwillig und in einer wirklichen ökonomischen, oft genug in einer manchmal kaum noch zu unterscheidenden nationalen oder nationalsozialistischen „Expansionseuphorie".[29] Das zeigte sich in der ČSR besonders deutlich, denn hier hatten die Banken gewaltige Kapitalverschiebungen zu bewerkstelligen, bei denen sie sich eingeführter tschechischer Tochtergesellschaften bedienten. Besonders erschwert war ihnen die Akquise nicht, denn das inzwischen im deutschen Herrschaftsbereich durchgesetzte nationalsozialistische Prinzip, dass Juden im Erwerbsleben nichts zu suchen hätten, bot ihnen bei vielen Vermögenstransfers eine willkommene Handhabe. „Arisierung" und „Germanisierung" verschränkten sich unentwirrbar. Auch wenn Tschechen der NS-Ideologie nach als rassisch nicht gleichwertig galten, konnte man es sich bei ihnen nicht ganz so leicht machen wie bei den jüdischen und bald den polnischen Eigentümern. Doch auch gegenüber tschechischen Kapitaleignern, die nicht Juden waren, gab es ausreichend Druckmittel, um sie verkaufswillig zu machen.

26 Mollin, Montankonzerne, S. 183.
27 Vgl. Richard J. Overy, The Reichswerke ‚Hermann Göring': A Study in German Economic Imperialism, in: ders., War and Economy in the Third Reich, Oxford 1994, S. 147f.
28 Kopper, Bankenpolitik im „Dritten Reich", S. 347.
29 James, Deutsche Bank, S. 145.

Am selben Tage wie die Wehrmacht in Prag rückte auch Reinhold Freiherr von Lüdinghausen – nachgerade ein Prototyp der zahlreichen Mittäter, die den regimenahen Kurs des Dresdner-Bank-Vorstands in die Praxis umzusetzen halfen[30] – in die Geschäftsräume der Böhmischen Escompte-Bank ein. Im feldgrauen Rock der Okkupanten beanspruchte der Direktor der Dresdner Bank die kommissarische Leitung der Bebca und forderte den Vorstand und die übrigen leitenden Mitarbeiter auf, ihre Ämter abzugeben; sämtliche „nichtarische" Mitarbeiter waren zu entlassen. Sein Pendant von der Deutschen Bank, Walter Pohle,[31] wählte bei der BUB exakt dieselbe Gangart. Die beiden Speerspitzen der deutschen Großbanken boten damit eine besonders augenfällige Bestätigung der landläufigen Ansicht, wonach der Kaufmann der Fahne folge. Da beide keineswegs zurückgepfiffen, sondern von ihren Instituten kurz darauf an die Spitze der von ihnen geenterten Banken gestellt wurden, hatten die beiden forschen Bankiers eindeutig die Rückendeckung ihrer Geschäftsleitungen in Berlin, in Prag Nägel mit Köpfen zu machen. Sechs Tage nach der Besetzung der tschechoslowakischen Hauptstadt fand dort eine weichenstellende Besprechung zur „Neuordnung" der Bankenstruktur im Protektorat statt. Den Vorsitz führte der engste Mitarbeiter von Hans Kehrl.[32] Am Vortage hatte Göring seinen Generalreferenten von Wirtschaftsminister Funk zum Bevollmächtigten für alle die Wirtschaft im Protektorat betreffenden Fragen berufen lassen. Als sich die Repräsentanten der Deutschen Bank, der Dresdner Bank und der Kreditanstalt der Deutschen (KdD) versammelten, um das Fell des Bären zu verteilen, zeigte sich einmal mehr, dass die Weichen längst gestellt waren und es gegen das Tandem Kehrl/Rasche wieder kein Ankommen gab. Da man entschlossen war, die Bebca in ein unkompliziert handhabbares Instrument der Dresdner Bank zu verwandeln, distanzierte sich Rasche noch in der Sitzung von der zeitweise ventilierten Idee der Deutschen Bank, die Bebca zu gleichen Teilen zu übernehmen.[33] Sein Schulterschluss mit dem maßgebenden NS-Funktionär gab ihm die Sicherheit, die große Rivalin wenigstens in Böhmen und Mähren demonstrativ und durchaus demütigend auf den zweiten Platz verweisen zu können.

Karl Rasche reservierte sich in dieser denkwürdigen Sitzung auch gleich noch den Zugriff auf die Prager Länderbank, die ebenso wie die kurz zuvor geschluckte Wiener Länderbank[34] der Banque des Pays de l'Europe Centrale gehörte. Dank ihrer massiven Protektion setzte sich die Dresdner Bank, die zu dieser Zeit ihre Nützlichkeit für das Reich gerade im sudetendeutschen Industriegeschäft unter Beweis stellte,[35] auf der ganzen Linie durch. Sie erhielt die Erlaubnis zur Übernahme der Bebca und der Länderbank, die sich zu etwa 80% im Besitz der BPEC befand und wegen ihrer wertvollen Industriebeteiligungen, ihrer stattlichen Reserven, Pensionsrücklagen und Devisenguthaben als wirtschaftlich gesund galt. Da ihr Pariser Mehrheitsaktionär Gefahr lief, für seinen Prager Besitz bald viel-

30 Siehe die Überlegungen in Bd. 3, Wixforth, S. 898ff.
31 Siehe James, „Arisierung", S. 149ff.
32 Siehe Kehrl, Krisenmanager, S. 14 und 172.
33 James, Deutsche Bank, S. 124.
34 Siehe oben, S. 85ff.
35 Siehe unten, S. 114ff.

leicht nur noch ein Butterbrot zu bekommen, gelang es den Verhandlungsführern der Dresdner Bank, den zunächst geforderten Kaufpreis um fast ein Drittel zu drücken. Als Käuferin trat formell aber nicht sie, sondern die Bebca auf, deren Übernahme durch das Berliner Institut als beschlossene Sache galt. Die „Allianz"[36] zwischen dem Reich und der Berliner Großbank, der im Protektorat die industriepolitische Schlüsselrolle zugedacht war, funktionierte ein weiteres Mal. Das Finanzministerium hielt denn auch fest, „dass die Dresdner Bank bei der Übernahme tschechischer Bankinstitute ungemein gut weggekommen ist".

Dieser treffende Befund bezog sich nicht nur auf die Länderbank, sondern auch auf die reibungslose Übernahme der Bebca selbst, die wenige Wochen nach der Besetzung Prags begann und bis zum Jahresende abgeschlossen wurde. Auch ihre Fusion mit der Länderbank war nur noch Formsache. Damit wurden die gemeinsamen Bemühungen der Reichsbehörden und der Dresdner Bank nach über einem Jahr von Erfolg gekrönt. Mit der neuen Böhmischen Escompte-Bank (BEB) verfügte sie über eine leistungsfähige Tochtergesellschaft, ein ideales „unternehmenspolitisches Instrument"[37] und über eine Wettbewerbsposition im Protektorat „wie kein anderes reichsdeutsches Institut".[38] Die Deutsche Bank verfuhr bei der Einverleibung der BUB ähnlich wie ihre Rivalin, nur dass ihr Repräsentant vor der Hauptversammlung seine Werkzeuge noch ein wenig deutlicher vorzeigte.[39]

Anders als die meisten großen Vermögenstransfers in der zerschlagenen Tschechoslowakei waren die Übernahmen der Prager Länderbank und der Bebca keine „Arisierungen". Der Transfer ihres Kapitals erfolgte zwar unter nationalsozialistischem Druck, es ging aber nicht aus „nichtarischen" in „arische" Hände über, da die Vorbesitzer nicht als jüdisch galten. Das änderte nichts daran, dass die jüdischen Mitarbeiter der BEB den mittlerweile stark radikalisierten Umgang ihrer neuen Muttergesellschaft mit „Nichtariern" sogleich kennen lernten. Als die Gründung des neuen Instituts Ende 1939 formell vollzogen wurde, befanden sich unter ihren Mitarbeitern keine Juden mehr. Bis zum Sommer hatten bei der Bebca und der Länderbank alle Juden, insgesamt ein Drittel der Angestellten und zwei Drittel der Vorstandsmitglieder,[40] ihren Dienst quittieren müssen. Selbst für die verjagten Vorstandsmitglieder, mit denen Karl Rasche und von Lüdinghausen wenige Wochen zuvor noch in „freundschaftlicher Atmosphäre" verhandelt hatten, rührte der neue Besitzer keinen Finger. Der hoch angesehene Vorstandsvorsitzende der Bebca Otto Feilchenfeld etwa, dem der Übertritt in den Verwaltungsrat an sich seit langem zugesagt war, wurde schließlich ins KZ Theresienstadt geschafft und dann in Auschwitz ermordet. Seine ebenfalls entlassenen Vorstandskollegen Max Kantor und Artur Lob kamen auch nach Theresienstadt, Kantor später nach Auschwitz. Ein weiteres jüdisches Vorstandsmitglied fand sich ebenfalls in Theresienstadt wieder. Sogar der BEB-Vorstandsvorsitzende von Lüdinghausen räumte nach dem Krieg ein, man habe deren ehemaligen Direktoren

[36] Bd. 3, Wixforth, S. 220; das folgende Zitat ebd.
[37] Kopper, Bankenpolitik im „Dritten Reich", S. 333.
[38] Bd. 3, Wixforth, S. 220.
[39] James, Deutsche Bank, S. 126ff.
[40] Nach Bd. 3, Wixforth, Kap. III.7; das folgende Zitat ebd., S. 233.

„einem ungewissen Schicksal" überlassen.[41] Die Deutsche Bank verfuhr bei der „Entjudung" der BUB anscheinend nicht viel anders.[42] Bei der Versorgungsregelung für die Entlassenen schlug die Dresdner dieselbe scharfe Gangart an, die sie zwei Jahre zuvor aus freien Stücken begonnen hatte.[43] Außerhalb des Reichsgebiets waren die Dinge sogar noch einfacher. Da es noch keine amtlichen Vorschriften gab, nahm sie, wie sie in einem Protokoll festhielt, die Dinge „ohne Rücksicht auf rechtliche Unterlagen" selbst in die Hand und setzte die Bezüge der jüdischen Angestellten und Pensionäre willkürlich herab.[44]

In den Leitungsgremien der personell radikal umgestalteten neuen BEB beließ die Dresdner Bank kein einziges Mitglied der „französischen" Länderbank. Neben von Lüdinghausen gehörten dem Vorstand nur Hölzer und Novotny an, die ihren Berliner Kollegen schon vor der Münchener Konferenz offenherzig Einblick in die Verhältnisse ihres Hauses gegeben hatten[45] und nun ihren Verrat belohnt sahen. Aus dem Verwaltungsrat mussten sich neben allen Juden auch die Vertreter der ehemaligen tschechischen Aktionäre zurückziehen.[46] Neben Karl Rasche, der den Vorsitz übernahm, und weiteren Direktoren der Dresdner Bank zogen an ihrer Stelle mehrere gewichtige Unternehmer des Protektorats und einige Industrielle ein, die schon bei den Unter-Polauner Besprechungen[47] zugegen gewesen waren. Im Zuge der „Germanisierung" schieden bald immer mehr tschechische Mitglieder aus dem Verwaltungsrat der BEB aus. Das entsprach ganz der vom Vorstand der Dresdner Bank nicht konterkarierten nationalsozialistischen Überzeugung, nur eine „entjudete" und am besten auch „germanisierte" Tochtergesellschaft eigne sich für die industriepolitische Mission, welche die BEB im Auftrag der NS-Spitze zu erfüllen hatte.

In den sudetenländischen Gebieten

Ebenso wie bei ihren Raubzügen in Österreich[48] stach der Vierjahresplanorganisation auch bei der Liquidierung der Tschechoslowakei die Montanindustrie als bevorzugtes Beuteobjekt ins Auge. Das Land gehörte bei Kohle und Stahl zu den zehn bedeutendsten Erzeugern der Welt, bei Braunkohle zu den wichtigsten überhaupt; 93% der tschechischen Vorkommen lagen in Nordböhmen,[49] das nach dem Münchener Abkommen dem Reich zugeschlagen wurde. Viele dieser Felder waren Eigentum der Dynastie der Familie Julius Petschek mit Firmensitz in Prag und der seines Bruders Ignaz Petschek in Aussig, die über einen der gewaltigsten Montankomplexe Europas herrschten.[50] Da die beiden jüdischen Familien auch im Altreich über ausgedehnten Besitz verfügten, wurden sie rasch zu bevorzugten

[41] Ebd., S. 234, Anm. 47.
[42] James, Deutsche Bank, S. 125.
[43] Siehe oben, S. 61ff.
[44] Zit. nach Bd. 3, Wixforth, S. 231.
[45] Siehe ebd., S. 62.
[46] Bei der BUB wurde ähnlich verfahren; siehe James, Deutsche Bank, S. 125.
[47] Siehe Wixforth, Auftakt, S. 39ff.
[48] Siehe oben, S. 82ff.
[49] Teichova, Economic background, S. 62ff.
[50] Nach Bd. 3, Wixforth, Kap. III.4.

Zielscheiben antisemitischer Hetze. Die Söhne des verstorbenen Ignaz Petschek in Aussig und die Gruppe von Julius Petschek in Prag verfolgten unter dem wachsenden Druck des Dritten Reichs allerdings unterschiedliche Strategien. Während die Prager Gruppe Verkaufsbereitschaft als bestes Mittel der Schadensbegrenzung ansah, beschloss der Aussiger Zweig Anfang 1938, alle Kaufofferten abzulehnen. Da Göring zwei Wochen nach Abtretung der Sudetengebiete Konrad Henlein mitteilen ließ, für den Erwerb der nordböhmischen Bergbaubetriebe werde mit seinen Reichswerken „nur ein einziges Unternehmen" auftreten,[51] war klar, dass die Umstrukturierung der Montanindustrie unter deren Regie erfolgen würde. Auf Betreiben Kehrls und Pleigers lief das auf die Errichtung einer mächtigen Tochtergesellschaft hinaus, der Sudetenländischen Bergbau AG (SUBAG). Umgehend schaltete sich die Dresdner Bank ein, ließ die komplizierten Aufteilungen der Kohlefelder erkunden und erstellte einen eigenen Verfahrensplan für die „Neuordnung", der von der Vierjahresplanbehörde sogleich gebilligt wurde. Mit solchen wertvollen Beratungsdiensten bewährte sich die Bank als „entscheidende Ideengeberin"[52] und gelangte so von Anfang an als Mittäterin über die Rolle eines bloß ausführenden Organs bei der nationalsozialistischen Durchdringung des Nachbarlands hinaus. Hans Kehrl übertrieb nicht, als er nach dem Krieg feststellte, die Dresdner Bank habe die eiligen Kaufverhandlungen „in meinem Auftrage und unter meiner Kontrolle" durchgeführt.[53] Sie wurde zu einem „unverzichtbaren Instrument bei der ‚Germanisierung' der sudetenländischen Wirtschaft".[54]

Es muss offen bleiben, ob Karl Rasche den Verwaltungsratsvorsitzenden und den Vorstandsvorsitzenden der Živnostenska banká, auf die der Petschek-Besitz inzwischen übergegangen war, in den zügig zum Abschluss gebrachten Verhandlungen tatsächlich massiv unter Druck setzte oder nicht. Die Dresdner Bank war nun jedenfalls der „entscheidende Machtfaktor"[55] bei der Nordböhmischen Kohlenwerks-Gesellschaft und der Brüxer Kohlenbergbau-Gesellschaft, was in der Wahl Karl Rasches zum Vorsitzenden und von Lüdinghausens zum Mitglied der beiden Verwaltungsräte zum Ausdruck kam. Der Kauf galt nicht nur wegen der sehr vorteilhaften Konditionen, sondern auch deswegen als ein Meisterstück Rasches, weil dabei ein bedeutendes Aktienpaket der Brüxer Gesellschaft praktisch ohne Gegenleistung in den Besitz der Bank gelangte. Außerdem fiel die „enorm hohe"[56] Provision von 4% auf den Kaufpreis an. Die Berliner Behörden waren mit der Dresdner Bank als Instrument der wirtschaftlichen Expansion des Dritten Reiches hoch zufrieden. Für billiges Geld war ein bedeutender Schritt zur Erweiterung der Kohlebasis der deutschen Montan- und Rüstungsindustrie getan, und Carl Goetz gratulierte Rasche schriftlich zu dem „größten Geschäft, das Sie je gemacht haben".[57] Da die Korrespondenz der Geschäftspartner den Eindruck von

[51] Mollin, Montankonzerne, S. 185.
[52] Bd. 3, Wixforth, S. 118.
[53] Kehrl, Krisenmanager, S. 137.
[54] Bd. 3, Wixforth, S. 880.
[55] Ebd., S. 128.
[56] Kopper, Bankenpolitik im „Dritten Reich", S. 326.
[57] Zit. nach Bd. 3, Wixforth, S. 119.

vergleichsweise „normalen Verkaufsverhandlungen“[58] hinterlässt, hat die Bank die allgemeine Zwangslage ihrer Gegenüber in diesem Falle möglicherweise nicht aus eigener Initiative weiter verschärft, sondern sie nur ausgenutzt.

Im Kampf um den Besitz der selbstbewussten Petschek-Gruppe in Aussig dagegen begab sich die Dresdner Bank sogleich wieder in die Dunkelzone von Machenschaften, die selbst unter den vorwaltenden Umständen nicht mit dem Komment des seriösen Bankgeschäfts zu vereinbaren waren.[59] Im Sommer 1938 wähnten sich die Söhne von Ignaz Petschek ihrer Sache noch sicher, da sie das Kapital ihrer Montangesellschaften inzwischen auf Holdings in Großbritannien und der Schweiz transferiert hatten. Doch nach den im Gefolge der „Reichskristallnacht“ ergangenen Verordnungen wurde die Lage auch für sie kritisch. Es waren die Steuerbehörden, die nun wegen angeblich ausstehender Zahlungen den Hebel ansetzten. Dabei machte sich die Dresdner Bank, die unbedingt einen zweiten Petschek-Coup landen wollte, in einer Weise zum Ausforschungsorgan des NS-Regimes, die sogar von den Finanzbeamten mit Reserve betrachtet wurde, welche die Steuerverfolgung organisierten. Rasche setzte nämlich durch, dass den Zollfahndungsstellen und Devisenbehörden alle vertraulichen Informationen über Vermögenswerte und Vermögenstransaktionen der Petscheks zur Verfügung gestellt wurden, derer man habhaft werden konnte. Das Vorstandsmitglied ließ sich diese Daten von den Dresdner-Bank-Filialen zusammenstellen, die Ende März in einem vertraulichen Rundschreiben aufgefordert wurden, binnen einer Woche ihre Kenntnis der Konten- und Depotbewegungen der Petschek-Familie sowie ihrer Firmen nach Berlin zu melden. Das war ein weiterer Schritt aus den Fesseln des „Bankenanstands“ hin zu aktiver Mittäterschaft, denn die Aktion erfolgte eigeninitiativ und nicht etwa auf Anordnung der Behörden – ein bewusster Bruch des Bankgeheimnisses und ein übler Vertrauensbruch gegenüber einem langjährigen Kunden. Gegenüber den staatlichen Instanzen unterstrich dieser unverlangte Service, wie weit die Dresdner Bank im eigenen und im Interesse des NS-Staates zu gehen bereit war. Nach innen führte dieses eklatante Unrecht allen, die damit in Berührung kamen und hinter vorgehaltener Hand davon erzählen konnten, vor Augen, dass es die Geschäftsleitung der Bank selbst war, die sich bedenkenlos über die einst geheiligten Grundsätze des Bankgeschäfts hinwegsetzte.

Doch auch das nützte nichts mehr. Kurz nach Kriegsbeginn brachte das Reich die Petschek-Gesellschaften ohne Umschweife über von ihm eingesetzte so genannte Verkaufstreuhänder an sich. Wenn es mit Gewalt ging, fragte das Vierjahresplanamt nicht nach den guten Diensten Rasches. Das hätte dem dienstfertigen Manne, der in den Jahren der Euphorie gehofft oder sogar geglaubt haben mag, sich der nationalsozialistischen Wirtschaftsbürokratie unentbehrlich zu machen und mit Kehrl und Pleiger eine dauerhafte Allianz auf Gegenseitigkeit zu unterhalten, an sich hellhörig werden lassen können. Doch die Jahre, die schier unbegrenzte Entfaltungschancen zu eröffnen schienen, waren vertiefter Nachdenklichkeit nicht förderlich. Nach dem Krieg, in Zeiten etwas nüchternerer Betrachtung,

[58] Bd. 3, Wixforth, S. 128f.
[59] Das Folgende nach ebd., Kap. III.4.

fand ein Mitarbeiter der Dresdner Bank in einer Aktennotiz immerhin zu dem Befund, die Petschek-Gesellschaften seien „unter dem nationalsozialistischen Regime vergewaltigt worden".[60]

Da die Dresdner Bank in enger Abstimmung mit der nationalsozialistischen Wirtschaftsbürokratie direkt an den Vergewaltigungen teilnahm und dabei viel Ideenreichtum und Eigeninitiative entfaltete, wurde sie in die beginnende Expansion des Dritten Reiches keineswegs „verstrickt", sondern handelte als aktive Mittäterin des NS-Regimes. Ökonomisch durchaus rational, begab sie sich für den Göring'schen Machtblock aus freien Stücken und mit ungehemmtem Elan in die Übernahmeoperationen, deren nur scheinbar legaler Charakter auf der Hand lag. Die Deutsche Bank, die sich 1939 wiederholt über die Bevorzugung ihrer Konkurrentin beklagte,[61] hätte sich an der industriellen Landnahme in der zerschlagenen Tschechoslowakei gerne noch intensiver beteiligt, wenn die NS-Behörden ihrer Rivalin hier nicht die Vorhand eingeräumt hätten. Als Ertrag aus ihrer Mitwirkung an dem Großeinkauf der Reichswerke durfte die Dresdner Bank eine Vorzugsstellung bei dem im Entstehen begriffenen riesigen Montankomplex und damit eine signifikante Ausweitung ihrer Geschäftsbeziehungen erwarten. Deswegen hatte sie ebenso wie die Hermann-Göring-Werke größtes Interesse daran, dass die Übernahme der tschechischen Kohlekonzerne möglichst rasch und reibungslos vonstatten ging. Bei den früh zum Verkauf entschlossenen Prager Petscheks hatte das gut funktioniert, bei den Aussiger Petscheks nicht. Für die Bank war die Mitwirkung an Übernahmen solcher Größenordnungen dann ein besonders ungetrübter Erfolg und eine Mehrung ihres Ansehens als geschickte Mittlerin im Dienste des Reiches, wenn der Transfer von ihr nicht nur preiswert und zügig, sondern – nach außen hin – auch unter Wahrung eines Minimums an kaufmännischem Anstand bewerkstelligt werden konnte.

Beim Erwerb des dritten großen Industrieimperiums, im „Fall Weinmann",[62] bissen Dresdner Bank und Vierjahresplanamt auf Granit, denn es gelang Karl Rasche und Heinrich Ansmann aus der Konsortialabteilung nicht, die Gebrüder Fritz und Hans Weinmann zum Verkauf ihres Unternehmens zu bewegen, das ebenfalls zu den größten Montangesellschaften Europas zählte. Kurz vor der offiziellen Gründung der SUBAG im Juni 1939 musste die Dresdner Bank, die in Verhandlungen mit dem inzwischen aus der besetzten Tschechoslowakei geflüchteten Hans Weinmann noch einmal alles unternommen hatte, um ihn doch noch zum Verkauf zu bewegen, ihr Scheitern einräumen. Ansmann verband diese enttäuschende Mitteilung an Hans Kehrl mit der Empfehlung, die juristischen Möglichkeiten für eine Zwangsenteignung zu prüfen. Die Rechtsexperten in der Dresdner Bank warnten jedoch vor Maßnahmen, die im Weinmann-Konzern formaljuristisch nicht abgesicherte Veränderungen nach sich ziehen würden. Zu ihrer Rechtswirksamkeit bedürften diese nun einmal der Zustimmung der beiden Großaktionäre Fritz und Hans Weinmann in London. Die Juristen empfahlen Ansmann deshalb, lieber den Versuch zu machen, die Aktienmajorität einzelner Konzernteile unter Kontrolle zu bringen. Das unter Aufrechterhaltung einer Fassade von Lega-

60 Bd. 3, Wixforth, S. 141.
61 Vgl. Mollin, Montankonzerne, S. 189, und James, Deutsche Bank, S. 137.
62 Nach Bd. 3, Wixforth, Kap. III.4.

lität zu erreichen, war nur in direktem Zusammenspiel mit den Devisenschutz- und Zollfahndungsstellen möglich. Es war der Ehrgeiz der Dresdner Bank, den Aktionsplan für eine Enteignung auszuarbeiten, die funktionierte und bei der zugleich die Farce gespielt werden konnte, Eigentumsrechte würden nicht mit Füßen getreten; daneben wurde Ansmann nicht müde, dem Reichswirtschaftsministerium das Scheitern der Übernahmeverhandlungen mit der „frechen Allgemeinhaltung“ Weinmanns gegenüber dem Nationalsozialismus zu erklären,[63] die dieser ihm und Rasche gegenüber während der Verhandlungen in der Tat an den Tag gelegt hatte.

Der Eifer der Dresdner Bank war verständlich, denn wegen ihres Misserfolgs entstand inzwischen das staatspolitische Problem, dass die Schaffung der sudetendeutschen Montan-Tochter der Reichswerke nicht in dem gewünschten Tempo vorankam. Bei der Durchleuchtung der Weinmannschen Vermögensverhältnisse fiel dann aber eine interessante Tatsache bei der Verteilung der Aktienpakete auf, die Ansmann zum Ausgangspunkt eines Übernahmeszenarios machte. Nach Beginn des Krieges neigte der in ständigem Kontakt mit Rasche und Ansmann stehende Kehrl dazu, mit dem Weinmann-Vermögen kurzen Prozess zu machen und es über einen „Verkaufstreuhänder“ in reichsdeutschen Besitz zu überführen. Anfang November unterbreitete die Dresdner Bank jedoch „einen etwas anderen Vorschlag“. Dabei konnte sie sich auf wertvolle interne Fingerzeige stützen, die von einem Weinmann-Spitzenmanager stammten. Die Öse, an der der Schlachtplan aufgehängt wurde, war die nicht ganz grundlose, von Weinmann allerdings bestrittene Annahme, dieser habe seine stattliche Beteiligung an einer seiner Aktiengesellschaften nicht in seinem persönlichen Depot liegen, sondern sie einem der Konzernunternehmen abgetreten. Daraus und mit einigem staatlichen Zwang ließ sich dann im direkten Zusammenspiel mit dem Reichswirtschaftsministerium ein Maßnahmenbündel schnüren, um den Vermögenstransfer erfolgreich über die Bühne zu bringen. Die juristische Bemäntelung der Beraubung der „nichtarischen“ Eigentümer erforderte einigen gedanklichen Aufwand, doch nach der ebenso brachialen wie hochgradig grotesken Ermöglichung formalrechtlich tragfähiger Entscheidungen ergab sich nach Ansmanns Drehbuch ein Schritt zur endgültigen Dominanz der SUBAG logisch aus dem anderen. Im Frühsommer 1941 hatte die Reichswerke-Tochter (deren Gründungsversammlung in den Räumen der Dresdner-Bank-Zentrale vonstatten ging) ihr Ziel erreicht.

Bei der Überführung der sudetendeutschen Montangesellschaften in deutsche Verfügungsgewalt war die Dresdner Bank Vordenkerin und Mittäterin des NS-Regimes zugleich. Im Zusammenspiel mit den Behörden, mit denen sie eine Art Verfolgungsgemeinschaft bildete, entfaltete sie ausdauernde Eigeninitiative, um als Hausbank eine Schlüsselposition bei dem neuen Montan-Riesen zu erreichen und vielleicht auch ihre Misserfolge in den Verhandlungen für Hans Kehrl zu kompensieren. Deshalb ist es auch nicht überraschend, dass Harald Wixforth bei seiner sorgsamen Rekonstruktion der Weinmann-Übernahme nirgends auf Hinweise dafür stieß, dass die Geschäftsleitung der Dresdner Bank etwa missbilligt haben könnte, was sie selbst maßgeblich mit vorantrieb. Die Reichswerke Her-

[63] Ebd., S. 151 und 157; das folgende Zitat ebd.

mann Göring wie die Vierjahresplanbehörde stützten sich bei ihrer Konzernbildung auf sie als Ideengeberin, Unternehmensberaterin und Finanzier von Kapitaltransaktionen.[64] Das Institut von Carl Goetz strebte unter großem persönlichen Einsatz Karl Rasches diese strategische Position energisch an. Obgleich sie als privates Finanzinstitut keine dauerhafte Kapitalverflechtung mit dem neuen staatlichen Montanbereich einzugehen gedachte, arbeitete sie am Vorabend von Hitlers Krieg so intensiv an seiner Gestaltung mit, dass dabei die Grenzen zwischen privaten und staatlichen Belangen verschwammen, Regimenähe geradezu zur Voraussetzung ökonomisch rationaler Strategie wurde und eine Mittäterschaft einschloss.

Doch die Bäume der Dresdner Bank wuchsen nicht in den Himmel. Die Deutsche Bank hatte den Rüstungsbürokraten in Berlin solange in den Ohren gelegen, bis diese ein wenig Abstriche von der durchgehenden Bevorzugung der Rivalin machten. Darüber gerieten Dresdner Bank und Deutsche Bank so scharf aneinander, dass sich sogar die Emissionspläne der SUBAG verzögerten. Als letztere zur Kenntnis nahm, dass die Dresdner Bank ihre „Subag-Position, die uns in den letzten Jahren große Arbeit verursacht" hatte, energisch zu verteidigen und keinen Einbruch der Rivalin in den SUBAG-Zahlungsverkehr hinzunehmen gedachte, fand sich ein Modus vivendi. Diese Kontroverse zeige exemplarisch, schreibt Harald Wixforth, „wie sich die beiden Konkurrenten aus der Berliner Finanzwelt auch im Sudetenland belauerten und argwöhnisch darüber wachten, dass die Interessenssphäre und die Marktposition des einen durch den anderen nicht beeinträchtigt wurde".[65] Tatsächlich konnte die Dresdner Bank die Exklusivität in ihren Geschäftsverbindungen zur Sudetenländischen Bergbau AG nicht vollständig wahren. Ebenso erging es aber auch der Deutschen Bank bei Konzernen, die sie als ihre Domäne betrachtete. Die Konkurrenz der großen Aktienfilialbanken war auch im Staatssektor nicht ausgeschaltet. Wie die enorme Expansion der Dresdner Bank verdeutlicht, konnte sie von den nationalsozialistischen Wirtschaftsbehörden jedoch in beinahe feudalistischer Manier verzerrt werden. Am eklatantesten trat das wohl bei der Einpassung der tschechischen Rüstungskonzerne in die deutsche Kriegswirtschaft zutage.

Im Protektorat Böhmen und Mähren

Einen Tag nach dem deutschen Einmarsch in Prag machte der Beauftragte für den Vierjahresplan, Generalfeldmarschall Hermann Göring, Eigentumsübertragungen im Protektorat von seiner persönlichen „Zustimmung bei allen größeren Objekten (ab ½ Million)" abhängig. Am 20. März 1939 erteilte er seinem Generalreferenten und Bevollmächtigten für das Protektorat die schriftliche Vollmacht, als „Treuhänder einer von mir zu benennenden Stelle oder Rechtsperson die Aktienmehrheit 1. der Waffenwerke Brünn, 2. der Skoda-Werke Pilsen, 3. des Eisenwerkes Witkowitz und ihrer Tochtergesellschaften zu erwerben und alle ihm hiebei zweckmäßig erscheinenden Verhandlungen zu führen und Maßnahmen zu

[64] So Bd. 3, Wixforth, S. 170; im Einzelnen ebd., Kap. III.4.
[65] Beide Zitate ebd., S. 169.

treffen". Anders als die noch zu benennende Rechtsperson, die Reichswerke Hermann Göring, nannte der nationalsozialistische Wirtschaftsdiktator Kehrls Kompagnon bei der Jagd nach diesen Perlen europäischer Rüstungsindustrie in dem amtlichen Schriftstück beim Namen: Sie solle „in Gemeinschaft mit Dr. Rasche" vonstatten gehen.[66] Diese von Kehrl entworfene Anordnung[67] war mehr als eine formelle Bestätigung der engen Zusammenarbeit, die das Duo praktizierte. Das Vorstandsmitglied der Dresdner Bank durfte seine ungewöhnliche Herausstellung getrost als Anerkennung seiner bisherigen Leistungen und der weiterhin in ihn gesetzten Erwartungen verstehen. Dieser Ritterschlag durch den zweiten Mann im NS-Staat dürfte seine Bankkollegen nicht weniger beeindruckt haben als die nun zur Übernahme freigegebenen tschechischen Konzerne. Die Doppelfunktion Rasches als Vorstandsmitglied seiner Bank einerseits und als Promoter der industriellen Landnahme des Dritten Reichs andererseits wurde durch den Göring-Erlass noch einmal kräftig ausgeweitet.

Mit der Indienstnahme der weltbekannten tschechischen Rüstungsschmieden[68] ließ sich die deutsche Waffen- und Munitionsproduktion sofort steigern und zugleich eine Bezugsquelle der Westmächte verstopfen. Für den bevorstehenden Eroberungskrieg war das von strategischer Bedeutung. Schon bald nach der Eingliederung des Sudetenlands nahmen im Vierjahresplanamt Überlegungen Gestalt an, den deutschen Einfluss auf die tschechoslowakische Schwerindustrie zu verstärken. Dass die fast immer mit einer „Arisierung" verschränkte „Germanisierung" und die ökonomische Penetration schon Monate vor der Besetzung Prags begannen, hat Rasche in einem Schreiben an den Chef des Stabsamts von Hermann Göring rückblickend selbst bestätigt: „Als im Jahre 1938 die Heimkehr des Sudetenlandes erfolgte und die BEB ihre sudetendeutschen Filialen an die Dresdner Bank abgab, haben wir", so führte er aus, „auf Wunsch deutscher öffentlicher Stellen versucht, schon damals deutschen Einfluss auf die Industrie des Protektorats zu gewinnen."[69] Ein frühes Einfallstor dafür bot die Bebca, die über wichtige Industriebeteiligungen verfügte, durch den Verlust ihres sudetendeutschen Geschäfts aber in Bedrängnis geraten war. Da sich Kehrl und Rasche diese Konstellation nach Zerschlagung der „Rest-Tschechei" zunutze machten, brauchte Göring zwei Beuteobjekte gar nicht mehr in seine Wunschliste für die Akquise im Protektorat aufzunehmen: die Poldi-Hütte in Kladno – das größte Edelstahlwerk Europas, an dem die Bebca zu einem knappen Drittel beteiligt war – und die Erste Brünner Maschinenfabriksgesellschaft, an der die Prager Bank ein Viertel des Kapitals hielt. Den Angelpunkt der Operation, die Rasche schon im Herbst 1938 plante,[70] bildete eine Liquiditätsschwäche der Bebca, die zur Abdeckung von

[66] Beide Erlasse zit. nach Alice Teichova, Instruments of Economic Control and Exploitation: the German Occupation of Bohemia and Moravia, in: Richard J. Overy/Gerhard Otto/Johannes Houwink ten Cate (Hg.), Die „Neuordnung" Europas. NS-Wirtschaftspolitik in den besetzten Gebieten, Berlin 1997, S. 96f. Göring meinte Objekte von mehr als „1/2 Million" Kč; siehe Bd. 3, Osterloh, Kap. III.11.

[67] Kehrl, Krisenmanager, S. 160.

[68] Vgl. Teichova, Economic background, S. 65ff.

[69] Schreiben an Ministerialdirektor Erich Gritzbach, Chef des Stabsamtes des Preußischen Ministerpräsidenten, v. 23. 12. 1943; zit. nach Bd. 3, Wixforth, S. 305.

[70] Nach ebd., Kap. III.10.

Krediten bei der tschechoslowakischen Nationalbank und der Živnostenska banká bereits einige Industriebeteiligungen verpfändet hatte. Eine vorübergehende Stützung von deutscher Seite, so das Kalkül, würde die Bebca als künftiges industriepolitisches Instrument intakt halten und zugleich den Abfluss von Industriewerten in tschechische Hände stoppen. Das dringend benötigte frische Geld sollte ihr durch den Verkauf ihrer Beteiligungen zufließen. Das funktionierte. Obgleich es an der Spitze der Bebca Meinungsverschiedenheiten gab, kamen die Gespräche, in die sich auch der ständig zwischen Prag und Berlin pendelnde Kehrl einschaltete, zügig voran und führten bereits Ende Dezember zu einem Rahmenabkommen, das bis Mitte 1939 reibungslos abgewickelt werden konnte. Es enthielt unter anderem eine Verpflichtung der beiden Unternehmen, in den nächsten zwölf Jahren etwa drei Viertel ihres Bankverkehrs mit der Bebca abzuwickeln.

Als Erwerber einer qualifizierten Minderheit an den beiden Unternehmen trat ein Syndikat auf, in dem die Dresdner Bank die dominierende Position innehatte und dem auch die Bebca angehörte. Es verfügte über eine deutliche Kapitalmehrheit an beiden Konzernen, Karl Rasches Institut einschließlich dessen Prager Tochter in spe etwa über ein Drittel der Anteile. In der Praxis wirkte sich das in dem okkupierten Land so aus, dass die Dresdner Bank, die sich offiziell das Recht einräumen ließ, ihre nur als Mittlerin erworbenen Aktien an den berühmten nicht näher bezeichneten Käufer aus dem Altreich zu veräußern, im Verwaltungsrat der beiden Unternehmen über die Mehrheit der Sitze verfügte. Im Aufsichtsgremium der Hütte übernahm Rasche, in Brünn bald ein Vorstandsmitglied der Reichswerke den Vorsitz. Freiherr von Lüdinghausen, mittlerweile Vorstandsvorsitzender der BEB, saß in beiden. Kurz vor Kriegsbeginn konnte die Dresdner Bank Generaldirektor Pleiger mitteilen, die Poldi-Hütte sei vollständig unter deutscher Kontrolle, die Brünner Maschinenfabrik in Kürze.

Nach Errichtung des Protektorats stand dann als erstes die Nr. 1 der Wunschliste Hermann Görings auf Rasches Agenda, die Tschechoslowakischen Waffenwerke Brünn, die ebenfalls zu Europas größten Rüstungsschmieden zählten.[71] Ihre Beteiligung an zahlreichen Unternehmen der Branche (darunter mit fast einem Drittel an Škoda) waren auch nicht geeignet, die Begehrlichkeiten der Vierjahresplanbehörde zu dämpfen. Sofort nach dem 15. März 1939 nahmen Emissäre der Dresdner Bank Verbindung zu dem Konzern auf. Hans Kehrl, der keine Zeit zu verlieren hatte, stellte zugleich die Weichen für eine große Lösung: sofortiger Druck auf den Hauptaktionär, Bildung eines speziellen Konsortiums und eines weiteren Syndikats. Da sich ersteres tatsächlich als „Konsortium Kehrl-Rasche" bezeichnete, wurde damit nicht nur das offene Geheimnis der besonderen Regimenähe und Mittäterschaft der Dresdner Bank bestätigt, sondern den Eigentümern der Waffenwerke zweifellos ein gehöriger und, wie sich zeigen sollte, durchaus gerechtfertigter Schrecken eingejagt. Größter Anteilseigner war der tschechoslowakische Staat mit gut 42%, gefolgt von einem hauptsächlich aus tschechischen Banken zusammengesetzten Konsortium mit 35% und Škoda mit 20%. Um keine falschen Vorstellungen aufkommen zu lassen, rammte Hans

[71] Nach ebd., Kap. III.10.

Kehrl sofort Pflöcke ein.[72] Er bestellte den Generaldirektor der Waffenwerke zu sich und teilte ihm mit, dass Karl Rasche mit dem Aktienerwerb und der Bildung eines Konsortiums dafür beauftragt sei. Zugleich installierte die Wehrwirtschaftsinspektion Prag auf Kehrls Initiative einen Verbindungsmann in der Brünner Direktion, um bei der kommenden Übernahme mitzuhelfen. Vom Finanzminister der soeben gebildeten Protektoratsregierung verlangte der Generalreferent Görings ohne lange Umschweife und ultimativ die Übertragung der von ihm gehüteten Anteilsscheine auf „deutsche Stellen". Nach dem Zeugnis des tschechischen Ministers soll Görings Bevollmächtigter seine Forderung sogar mit der Androhung eines Luftangriffs auf die Hauptstadt unterstrichen haben. Die Tschechen aber hätten wohl auch ohne solche Unverblümtheiten – wenn sie sich denn zugetragen haben – eingesehen, dass die Protektoratsregierung in einer Konfrontation mit der Besatzungsmacht keine Chance hatte. Über die Einzelheiten des Transfers erzielte man in einem Restaurant Einigkeit, in dem sich Rasche und von Lüdinghausen dann mit an den Tisch setzten.

Diese staatliche Erpressung unter privater Beteiligung zeitigte das erwartete Ergebnis. Die Dresdner Bank verständigte sich mit der Protektoratsregierung auf die Übernahme von gut 40% der Aktien zu einem, wie sogar Lüdinghausen später einräumte, „niedrigen" Preis, beschaffte unter Einschaltung der Reichsbank den größten Teil der erforderlichen Mittel und richtete zur Verwahrung der Brünner Papiere bei ihrer Konsortialabteilung ein eigenes Treuhanddepot für Kehrl und Rasche ein. Anfang April 1939 wurde ein Syndikat gebildet, in das neben dem Konsortium Kehrl-Rasche mehrere tschechische Banken und Unternehmen ihre Anteile an den Waffenwerken Brünn einbrachten. Dieses Syndikat gebot praktisch über das gesamte Kapital des Waffenkonzerns. Innerhalb des Syndikats wiederum verfügte das Konsortium Kehrl-Rasche gemeinsam mit der BEB über die mit Abstand größte Einzelposition, aber nicht über die Majorität. Kampfabstimmungen unter den neun beteiligten Konsorten waren unter den gegebenen Umständen freilich nicht zu befürchten. Der maßgeblich von Karl Rasche inspirierte und von den Juristen der Dresdner Bank ausgetüftelte „Stimm-Pool-Vertrag"[73] bestimmte Kehrl und Rasche formell als „Syndikatsführer", die alle Angelegenheiten von Belang regeln und die mit einfacher Mehrheit zu fassenden Syndikatsbeschlüsse in den Waffenwerken durchsetzen konnten. Nach der Klärung der Eigentumsverhältnisse wandte sich das Tandem Personalfragen zu und baute den Verwaltungsrat komplett um. Wie bei einem Reißverschluss griffen die einzelnen Glieder aus Vertretern von Staat, Partei, Rüstungswirtschaft und Dresdner Bank zur Sicherung des deutschen Einflusses in den Aufsichtsgremien ineinander. Das Institut von Carl Goetz, das neben Provisionseinnahmen eine neuerliche Ausweitung seiner Geschäftsbeziehungen erzielte, wirkte eigeninitiativ an der Camouflage der ökonomischen „Germanisierung" zugunsten des Dritten Reichs mit und schien die Deutsche Bank, die wegen ihrer Benachteiligung beim Zugriff auf die tschechischen industriellen Prunkstücke heftig protestierte, in der Gunst des Regimes inzwischen weit hinter sich gelassen zu haben.

[72] Siehe ebd., S. 267ff.; Zitat S. 267.
[73] Kehrl, Krisenmanager, S. 168.

Am selben Tag wie das Syndikatsabkommen zu den Brünner Waffenwerken wurde Anfang April 1939 auch der neue Vertrag über das Škoda-Werke-Aktiensyndikat unterzeichnet. „Die Einflussnahme des Konsortiums Kehrl-Rasche bei den Waffenwerken Brünn führte auch zur Beherrschung Škodas“,[74] des zweiten bedeutenden Maschinenbau- und Rüstungskonzerns in Böhmen. Eine Pointe des erneut von den Juristen der Dresdner Bank ausgeklügelten Vertrags bestand in der Bestellung des Aufsichtsratsvorsitzenden der Dresdner Bank, Carl Goetz, zum Vorsitzer eines Schiedsgerichts, das der Schlichtung von Streitfällen unter den Syndikatsmitgliedern dienen sollte. Bald nach der Zementierung des deutschen Einflusses in Brünn und Pilsen stellte Kehrl die Weichen für eine unmittelbare Kapitalbeteiligung der Reichswerke Hermann Göring.[75] Das schloss eine Transaktion ab, die in den Augen von Harald Wixforth „wie keine andere die engen Beziehungen zwischen Rasche und den Rüstungsplanern in Berlin dokumentiert“.[76]

Galten die bislang vereinnahmten Konzerne als Perlen der tschechoslowakischen Industrie, so war die Nr. 3 auf Görings Wunschzettel für Hans Kehrl und Karl Rasche, die Bergbau- und Eisenhütten-Gewerkschaft Witkowitz bei Mährisch-Ostrau, ihr Kronjuwel. Im „Fall Witkowitz“[77] lagen die Dinge insofern besonders schwierig, als sich das Gros der extrem kompliziert gestückelten Anteile der nach Bergrecht verfassten Gesellschaft inzwischen in London in Sicherheit befand. Der deutsche Angriff auf Witkowitz begann zwei Tage nach dem Einzug der Wehrmacht in Österreich. Baron Louis von Rothschild, das Wiener Oberhaupt der international verzweigten Familie, wurde verhaftet und über ein Jahr lang unter miserablen Haftbedingungen als „Geisel“[78] festgehalten, um seine Familie verkaufswillig zu stimmen. Doch erst nach der Unterwerfung Prags kam Bewegung in die Angelegenheit. Kehrl informierte Rasche sogleich darüber, dass er die nötigen Devisen für den Erwerb von Witkowitz habe bereitstellen lassen. Vier Tage später nahm eine kleine Delegation unter Führung Karl Rasches in Paris die Verhandlungen mit Eugen (Eugène) de Rothschild auf, der rechtzeitig aus Prag geflohen war. Die eigentliche Achse, um die sich die Verkaufsverhandlungen drehten, bildete, wie den Beteiligten sehr wohl bewusst war, das Schicksal des in Wien inhaftierten Louis. Schon am zweiten Verhandlungstag akzeptierte Rothschild Rasches Kaufangebot für die Gesamtheit der Witkowitz-Kuxe, falls die Gestapohaft aufgehoben würde – eine große Stunde für den Matador der Dresdner Bank, der Hans Kehrl umgehend bat, auf die Wiener Behörden einzuwirken, die ihren wertvollen Häftling nur ungern hergeben wollten. Anfang Mai 1939 kam Baron de Rothschild frei.

Während die Gutachter in die Witkowitz-Betriebe ausschwärmten, pendelte Rasche zwischen Prag, Berlin und Paris, um mit Hilfe der Juristen seines Hauses die endgültigen Texte der Vereinbarung auszufeilen und die Umwandlung des Konzerns in eine Aktiengesellschaft mit den gewohnten Durchgriffsmöglichkei-

[74] Nach Bd. 3, Wixforth, Kap. III.10; das Zitat ebd., S. 277.
[75] Siehe auch Overy, Reichswerke ‚Hermann Göring‘, S. 153 ff.; vgl. auch ebd., S. 167.
[76] Bd. 3, Wixforth, S. 282.
[77] Nach Bd. 3, Wixforth, Kap. III.10; zum Witkowitz-Konzern siehe Teichova, Economic background, S. 76 ff.
[78] Raul Hilberg, Die Vernichtung der europäischen Juden, Frankfurt am Main 1990, S. 107.

ten vorzubereiten. Mitte Juli 1939 unterzeichneten Eugen von Rothschild und Karl Rasche – als Bevollmächtigter einer nicht näher bezeichneten Käufergruppe, wie die Standardformel wieder lautete – den Kaufvertrag, der zum 1. Oktober 1939 in Kraft treten sollte. Es sind einige Schriftstücke erhalten geblieben, die ein wenig zur Erhellung des Hintergrunds der konzertierten Witkowitz-Erpressung beitragen können. Nach der Besetzung Prags unterrichtete ein Mitarbeiter der Dresdner Bank Karl Rasche über eine Besprechung, die dort zwischen Vertretern des Reichswirtschaftsministeriums, der Gestapo und des SD stattgefunden habe, bei der auch von der bevorzugten Einschaltung der deutschen Banken in die Arisierung die Rede gewesen sei. Und er setzte hinzu: „Unser Vorsprung gegenüber tschechischen Banken: Bevorzugte Ausreisebewilligung durch Gestapo. Nichtarier übertragen Vermögen treuhänderisch auf hiesige deutsche Banken und erhalten dagegen Ausreisegenehmigung."[79] Rasche selbst verfasste ein ähnlich freimütiges Schreiben. Nach der Vertragsunterzeichnung wandte er sich im Vollgefühl seines Erfolges nämlich mit einem Brief an SS-Gruppenführer Karl Wolff, den Chef des Persönlichen Stabes von Heinrich Himmler, und dessen Mitarbeiter Eilers, der das SD-Sonderkommando in Prag leitete. Darin bedankte er sich für deren „wertvolle Unterstützung" bei seinen Verhandlungen mit Rothschild in Paris, namentlich dafür, dass sie ihn vor und während dieser Gespräche mit „wertvollen Informationen und Winken" versehen hätten. Nur so sei es ihm möglich gewesen, den Kaufpreis für Witkowitz um eine Million Pfund zu „verbilligen" und ein „günstiges" Ergebnis für das Reich zu erzielen.[80]

Da der Vertrag wegen des Kriegsbeginns dann nicht ordnungsgemäß in Kraft treten konnte, nahm das Vierjahresplanamt den Rothschild-Konzern eben ohne Eigentumstitel unter Kontrolle. Im neuen Aufsichtsgremium fand sich ein erlauchter Kreis zusammen, dem Karl Rasche wieder einmal als einziger Repräsentant der privaten Wirtschaft angehörte. Von seinen sechs Kollegen, zu denen der Höhere SS- und Polizeiführer (HSSPF) und Staatssekretär Karl Hermann Frank zählte, vertraten drei die Reichswerke Hermann Göring – darunter Pleiger –, ein General die Rüstungsinspektion Prag, und einer war hoher Beamter in Berlin. An sich hätte es mit der Wegnahme des Rothschildschen Eigentums sein Bewenden haben können, doch Karl Rasche hatte eine Scharte auszuwetzen. Noch drei Jahre nach seinem flüchtigen Triumph in Paris sehen wir das prominente Vorstandsmitglied der Dresdner Bank etwas schizophren in seinem Bemühen befangen, über einen Anteilserwerb wenigstens nachträglich ein bisschen Rechtswirksamkeit herzustellen. Das gelang nicht, doch im weiteren Verlauf des Versuchs, ihre Niederlage am Verhandlungstisch zu korrigieren, gab es nichts, worauf sich die Dresdner Bank als „Instrument zur Enteignung der Rothschilds"[81] nicht einlassen wollte, um bei den nationalsozialistischen Wirtschaftsfunktionären ihre Stellung als regimenahe, einfallsreiche und bei Bedarf auch knallharte Komplizin zu halten.

Auch wenn sich die Übernahmen in der ehemaligen Tschechoslowakei mitunter anders gestalteten als erhofft, so wurde die Dresdner Bank durch die Kaufauf-

[79] Zit. nach Bd. 3, Osterloh, S. 311.
[80] Zit. nach Bd. 3, Wixforth, S. 291 f.
[81] Ebd., S. 303; das folgende Zitat ebd., S. 880.

träge der Vierjahresplanbehörde doch über Nacht in eine ganz neue Dimension geschäftlicher Betätigung katapultiert. In der ersten Hälfte des Jahres 1939 fiel ihr das Privileg zu, mit mehr als einem halben Dutzend internationaler Großkonzerne der Montan- und Schwerindustrie gleichzeitig zu verhandeln. Dabei waren Kaufsummen von zusammen genommen mindestens einer Viertelmilliarde Reichsmark im Gespräch. Der tatsächliche Wert der Unternehmen mit meist klangvollen, ja weltbekannten Namen lag noch viel höher. Ganz unabhängig von dem realen Ertrag und der Ausweitung ihrer Geschäftsbeziehungen, die für die Bank daraus resultierten, bedeutete das allein schon einen enormen Schub an Selbstbewusstsein für ein Finanzinstitut und seine Mitarbeiter, das einige Jahre zuvor noch vor dem Bankrott stand und erst seit reichlich einem Jahr wieder selbstständig war. Man brauchte keine Freund des NS-Regimes zu sein, das diesen Prestigeboom ermöglicht hatte, und auch kein eroberungstrunkener nationalsozialistischer Heißsporn, um sich als Bankier davon in Euphorie versetzen zu lassen. Die Geschäftsleitung der Dresdner Bank, allen voran ihr Vorstandsmitglied Karl Rasche, nutzte die Chancen, die sich ihr dank ihrer besonderen Regimenähe boten, ökonomisch rational und entschlossen. Hier profitierte sie ausnehmend stark von einer „besonderen Wechselwirkung: Die Politik protegierte sie, damit sie sich als Ideengeberin, Vermittlerin und Organisatorin bei heiklen Geschäften im Reichsinteresse engagierte, die Dresdner Bank suchte die Nähe zur Politik, damit sie solche Transaktionen auch in Zukunft durchführen konnte.“ Mittäterschaft wurde so Teil der Geschäftsstrategie.

So spektakulär wie der gemeinsame Kampf, den die Dresdner Bank mit der Vierjahresplanbehörde um die Einbeziehung der tschechoslowakischen Montan- und Rüstungskonzerne in das expandierende Universum der Reichswerke führte, war das Bankgeschäft im Sudetenland und im Protektorat nicht immer, doch profitierte die BEB natürlich von den Erfolgen ihrer Muttergesellschaft. Im Routinegeschäft führte die Dresdner Bank ihre Tochter an recht langer Leine, zumal ihr Vorstandsvorsitzender Freiherr von Lüdinghausen als getreuer Schildknappe Rasches wusste, was Berlin von ihm erwartete. Der Geschäftsaufschwung machte sich bei der BEB noch im Jahr ihrer Übernahme bemerkbar. Liquidität und Rentabilität verbesserten sich, und schon im Folgejahr erzielte die BEB einen Reingewinn von 14 Mio. Kronen (der von Jahr zu Jahr um etwa 10% anstieg), ihre von den üblichen kriegswirtschaftlichen Rahmenbedingungen geprägte Bilanz schnellte zwischen 1940 und 1944 von knapp 3 auf knapp 7 Mrd. Kronen.

Nur in ganz geringem Maße konnte die Dresdner Bank dagegen in der Slowakei von der Zertrümmerung des deutschen Nachbarstaats profitieren.[82] Die relative Eigenständigkeit des zum Vasallen des Dritten Reichs herabgesunkenen Landes unter Staatspräsident Tiso und Ministerpräsident Tuka reichte hin, um hier die hochfliegenden Ambitionen beider deutscher Großbanken zu dämpfen. Weder die seit Frühjahr 1939 zum Dresdner-Bank-Konzern gehörende Deutsche Handels- und Kreditbank noch die Union-Bank als Tochter der Deutschen Bank[83] entwickelten sich zu dem erhofften „Sprungbrett“ in den europäischen Süd-

[82] Siehe Bd. 3, Wixforth, S. 395 ff.
[83] Siehe James, Deutsche Bank, S. 146 ff.

ostraum. Auch bei der Ausraubung der Juden, die von der slowakischen Regierung in eigener Regie durchgeführt wurde, gab es nichts zu gewinnen; ganz anders im Westteil der früheren Tschechoslowakei, der sich bei der „Arisierung" zu einer besonders fündigen Einnahmequelle entwickelte.

Ein Eldorado der „Arisierung"

Bei den Transfers jüdischen gewerblichen Vermögens in den ehemals tschechischen Gebieten kam dem Protektorat aufgrund seiner Industriestruktur und seinen insgesamt wohl 30000 jüdischen Unternehmen im Wert von mindestens 1,7 Mrd. RM naturgemäß größere Bedeutung zu als dem strukturschwächeren Sudetenland mit seinen ungefähr 4000 bis 5000 „nichtarischen" Industrie- und Handelsunternehmen;[84] viele kleinere wurden zur Freude der „arischen" Konkurrenz einfach geschlossen. Da aus den Sudetengebieten die meisten Juden nach Innerböhmen geflohen waren, wurden verlassene Betriebe rasch in neue Hände überführt.[85] Die Reichsbehörden und die Gauleitung in Reichenberg schoben einem Ausverkauf an kapitalkräftige Interessenten aus dem Altreich zwar zunächst einen Riegel vor, ausschlaggebend blieb aber das Reichswirtschaftsministerium, das sich in allen wirtschaftlichen Belangen das letzte Wort reservierte. Nach dem November-Pogrom wurden dieselben einschneidenden Verordnungen wie im Altreich wirksam, die den jüdischen Eigentümern keinerlei Spielraum mehr ließen. Da absehbar war, dass die „Arisierung" im Sudetengebiet ein kurzer Prozess sein würde, sudetenländische Bewerber meist kapitalschwach waren und die im Altreich bislang Zukurzgekommenen bereits mit ihren Wunschlisten in den Startlöchern saßen, kam auf die Berliner Institute beinahe von selbst eine Schlüsselrolle als Vermittler, aber auch eine besonders heftige Konkurrenz untereinander zu. Beide Großbanken waren für den Wettlauf gut gerüstet. Die Dresdner Bank etwa versorgte die Reichenberger Kopffiliale mit einer Kopie ihrer in Branchen aufgefächerten „Arisierungskartei". Die attraktivsten Objekte waren „binnen weniger Wochen ‚vergeben'". Im Sommer 1940 galt die Vernichtung der jüdischen Gewerbeunternehmen als weitgehend erledigt. Leider lässt sich die Bedienung des dabei auftretenden Kreditbedarfs weder für die Deutsche Bank noch für die Dresdner Bank in Abgrenzung zu ihrer sonstigen Kreditvergabe bestimmen. Das wichtigste Betätigungsfeld der Dresdner Bank war die breit entwickelte sudetenländische Textilindustrie, gefolgt von der Nahrungs- und Genussmittelindustrie. Bereits nach wenigen Monate galten über 140 Fälle als weit gediehen oder erfolgreich vermittelt. Auch wenn die Quellen keine exakte Bilanz zulassen, so wird immerhin deutlich, dass die Bank ihren mit der Übernahme der Bebca-Filialen hinzugewonnenen Kundenstamm rasch konsolidieren konnte. Es gelang ihr, sich auch außerhalb des Reichswerke-Trusts „in den unterschiedlichsten Zweigen der sudetenländischen Industrie neue Geschäftsverbindungen" zu erschließen und sich personell in den Aufsichtsgremien der dortigen Kapitalgesellschaften zu verankern. Doch

[84] Nach Bd. 3, Osterloh, S. 306 und S. 175. Grundlegend jetzt Jörg Osterloh, Nationalsozialistische Judenverfolgung im Reichsgau Sudetenland 1938–1945, München 2006.
[85] Nach, Bd. 3, Osterloh, S. 175ff.; Zitate ebd., S. 183 und 193.

die goldenen Zeiten der „Arisierung" in der zerschlagenen Tschechoslowakei begannen erst.

Nach dem Einmarsch der Wehrmacht in Prag lag vor den Kaufinteressenten und den beteiligten Banken das lukrativste Terrain, das sie während der gesamten NS-Herrschaft vorfanden. Bei dem Beutezug im Protektorat Böhmen und Mähren waren die wichtigsten Instrumente der wirtschaftlichen Judenverfolgung längst erprobt und die Beteiligten verfügten mittlerweile über viel Routine und einen sicheren Blick. Es dauerte aber eine Weile, ehe die Dienststellen des Reichsprotektors Konstantin von Neurath Tritt gefasst und ein stehendes Verfahren für die Vernichtung der jüdischen Gewerbetätigkeit durchgesetzt hatten.[86] Bevor die entsprechenden Verordnungen ergingen, hatte Hans Kehrl in getrennten Besprechungen mit Vertretern der Banken, der Gestapo und des SD vierzehn Tage nach dem Einmarsch einmal mehr die Eckpunkte markiert. Ein nach Prag entsandter Justitiar der Dresdner Bank meldete darüber, wie erwähnt, an Rasche, zur Stützung der deutschen Wirtschaftsinteressen würden „die hiesigen deutschen Banken bevorzugt bei der Arisierung eingeschaltet". Um die „Tschechisierung jüdischer Positionen zu verhindern", ergehe eine besondere Anordnung, die sämtliche Transfers einer behördlichen Genehmigung unterwerfe.

Mit der Verordnung über das jüdische Vermögen vom 21. Juni 1939 kam das im Altreich seit der Jahreswende 1937/38 entwickelte Instrumentarium im Protektorat geballt zur Anwendung: engste Definition des jüdischen Unternehmens; willkürliches Verfügungsgebot für die Eigentümer; mögliche Einsetzung von „Treuhändern" – auch für tschechische Unternehmen. Sämtliche Übernahmeanträge und -vereinbarungen wurden ausschließlich vom „Entjudungsreferat" VIIa des Regierungsrats Dr. Rudolf Stier genehmigt. Die schrittweisen Verschärfungen der ökonomischen Verfolgung im Altreich trafen die im Protektorat verbliebenen Juden zeitlich verzögert. Anfang 1940 wurde ihnen die Führung ihrer Betriebe verboten, im Frühjahr hatten sie ihr gesamtes Vermögen anzumelden, seit Beginn des Jahres 1941 konnte die Protektoratsverwaltung den Zwangsverkauf verfügen. Während Rasche für die Reichswerke die Kommandohöhen der tschechischen Schwerindustrie stürmte, betrieb die BEB das Breitengeschäft. Sie baute sofort eine fünfköpfige „Arisierungsabteilung" auf, die sowohl die Zentrale in der Reichshauptstadt als auch die Länderbank in Wien und die sudetenländische Kopffiliale Reichenberg mit Marktübersichten versorgte. Die Dresdner-Bank-Tochter brachte ihre Geschäftsphilosophie rückblickend auf die wenig überraschende Formel, die eigenen „jüdischen Geschäftsverbindungen selbst in nichtjüdisches Eigentum überzuleiten und nicht durch die Konkurrenz ‚wegarisieren' zu lassen" und „möglichst viele fremde Arisierungen auf Dauer zu uns herüberzuziehen".[87]

Dabei stand die BEB in harter Konkurrenz zur BUB, die traditionell ein stärkeres Engagement bei jüdischen Firmen hatte.[88] Die Deutsche Bank und ihre Prager

[86] Das Folgende nach Bd. 3, Osterloh/Wixforth, Kap. III.11; Zitat ebd., S. 311.
[87] Zit. nach ebd., S. 310.
[88] Siehe James, „Arisierung", S. 149 ff., und namentlich Drahomír Jančik, Die Arisierungsaktivitäten der Böhmischen Escompte-Bank im Protektorat Böhmen und Mähren, in: Dieter Ziegler (Hg.),

Tochter drängten massiv ins „Arisierungsgeschäft", um ihre Zurücksetzung in der Tschechoslowakei wenigstens auf diesem Wege ein wenig auszugleichen. Gleichwohl setzten sich die beiden Rivalinnen im Spätsommer an einen Tisch, um sich bei ihren Forderungen an die Politik abzustimmen. Zwar waren sich BEB und BUB über die Notwendigkeit einer schleunigen Rationalisierung der Judenverdrängung einig, doch über eine Wettbewerbsabsprache konnten sie sich nicht verständigen.[89] Die BEB bestand auf freier Konkurrenz, wohl in der Annahme, so ihr gutes Verhältnis zur Protektoratsverwaltung besser ausspielen zu können.

Tatsächlich waren die Beziehungen zwischen dieser ausschlaggebenden Instanz und der BEB unter Freiherr von Lüdinghausen, der besonderen Regimenähe der Muttergesellschaft ähnlich, sehr eng. Staatliches „Entjudungsreferat" und private „Arisierungsabteilung" bildeten eine Art Handlungseinheit zu gegenseitigem Nutzen, bei der die institutionellen Grenzen streckenweise fielen und in Amt und Bank eine Hand die andere wusch. Zugleich profilierte sich die BEB als Vordenkerin und klassische Mittäterin, indem sie unter der Federführung ihres rastlosen „Arisierungsspezialisten" Leonhard Stitz-Ulrici dem allmächtigen Referat des Dr. Stier aus eigenem Antrieb zuarbeitete. Sie beschaffte schwer zugängliche Informationen, fertigte Expertisen über Besitz- und Vermögensverhältnisse an und unterbreitete der Behörde beispielsweise im Hinblick auf eine Prager Getreidehandelsgesellschaft praktische Vorschläge, wie „der jüdische Einfluss in der Leitung und Angestelltenschaft der Gesellschaft am besten auszuschalten ist". Der Gesamteindruck legt nahe, die BEB, die in mehr Übernahmeverfahren involviert war als die DeutscheBank-Tocher, habe gezielter die Nähe der entscheidenden Behörden gesucht als die BUB oder die Kreditanstalt der Deutschen.

Als Bewerber dominierten Unternehmer aus dem Altreich und dem Sudetenland. Die „Arisierungsabteilung" der BEB entwickelte sich deshalb schnell zu einer Art „Informationsbroker"[90] für die zahlreichen investitionshungrigen reichsdeutschen Unternehmer (manchmal war ein ganzes Dutzend Interessenten hinter einem Objekt her). Insgesamt gingen die Vermögensübertragungen aus „arischen" in „nichtarische" Hände, wofür die BEB im Sommer 1939 fünfmal so viele Objekte angemeldet hatte wie die BUB,[91] im Protektorat zügig vonstatten. Im Herbst meldete die Dresdner Bank-Tochter nach Berlin, die „Arisierung" sei inzwischen weit fortgeschritten, es bestehe aber weiterhin ein großer Nachfrageüberhang. Ein Jahr später boomte das Geschäft noch immer. Erst Ende 1942, als der Vermögensverfall für die Deportierten dekretiert wurde, „waren alle lukrativen Objekte verkauft, die Verhandlungen eingeleitet oder die Betriebe mittlerweile von der Protektoratsverwaltung verpachtet". Zu Jahresende erklärte der Hradschin die „Arisierung" für abgeschlossen.

Für die BEB und die Dresdner Bank war die Vernichtung der jüdischen Gewerbetätigkeit „ein einträgliches Geschäft",[92] das wesentlich zur Ausweitung ihres

Banken und „Arisierungen" in Mitteleuropa während des Nationalsozialismus, Stuttgart 2002, S. 143 ff.

89 Nach Bd. 3, Wixforth, Kap. III.11; das folgende Zitat ebd., S. 321.

90 Bd. 3, Wixforth, S. 315.

91 Bd. 3, Osterloh, S. 312; das folgende Zitat ebd., S. 346.

92 Bd. 3, Wixforth, S. 349.

Kundenstamms und damit zur Verbesserung ihrer Marktposition beitrug. Jörg Osterloh hat auf der Grundlage der lückenhaften, aber dennoch recht aussagekräftigen Daten Bilanz gezogen.[93] Zentral ist dabei der von Stitz-Ulrici verfasste „Arisierungsbericht der Böhmischen Escompte-Bank" von August 1941. Danach hatte die BEB an Vermögensverschiebungen in mehr als einem Dutzend Branchen mitgewirkt, über 25% davon in der Maschinenbau- und Metallindustrie, jeweils etwa 15% in der Textilindustrie, der Chemischen Industrie und der Getränkeindustrie. Dabei wechselten angesehene Firmen den Besitzer und häufig eben auch ihre Bankverbindung. In dieser Ausweitung der Geschäftsbeziehungen lag im Protektorat der Hauptertrag der Banken, der hier im Unterschied zum Altreich[94] einen wirklichen Zugewinn brachte. Insgesamt vermittelte die BEB in den zwei Jahren seit der Besetzung Prags jüdische Unternehmen mit einer weit unter deren tatsächlichem Wert liegenden Vertragssumme von umgerechnet ungefähr 23 Mio. RM an neue Besitzer. Dafür nahm sie knapp 500000 RM Vermittlungsprovision ein. Insgesamt dürften sich die „Arisierungsprovisionen" allein der BEB (die Dresdner Bank strich für Geschäfte, die sie im Protektorat machte, ebenfalls Vermittlungsgebühren ein) während der NS-Zeit auf etwa 700000 RM – immerhin der halbe Reingewinn eines guten Geschäftsjahres –, der Gesamtvertragswert mindestens auf 32 Mio. RM belaufen haben. Die Prager Tochter der Dresdner Bank könnte insgesamt bei etwa 140 erfolgreich abgeschlossenen „Arisierungen" beteiligt gewesen sein.

In den Raub jüdischer Privatvermögen waren BEB und BUB genauso intensiv eingeschaltet wie in die „Arisierung" gewerblichen Vermögens. Obgleich die Quellenlage hier noch immer[95] unbefriedigend ist, zeichnen sich die Konturen der Kooperation von Protektoratsbehörden und Finanzinstituten auch auf diesem Felde deutlich ab.[96] Beide konnten bei der Ausraubung der 118000 Juden, die zum Zeitpunkt der Besetzung noch im Protektorat lebten, ebenfalls auf die bewährten Verfahren zurückgreifen. Bereits im Juni erging die erwähnte Verordnung Neuraths, die einen nahezu unbegrenzten Zugriff auch auf private Vermögen erlaubte, im folgenden Monat nahm die Zentralstelle für jüdische Auswanderung ihre Tätigkeit auf, die nach dem von Adolf Eichmann in Wien erprobten Muster funktionierte und in Prag anfangs auch von ihm geleitet wurde. Innerhalb von zwei Jahren konnte die Zentralstelle die Anzahl der verbliebenen Juden auf etwa 93000 verringern. Emigranten verfügten beim Verlassen des Protektorats kaum noch über privates Eigentum. Neben den zurückgelassenen Privatvermögen verwaltete die Zentralstelle den Besitz von 477 aufgelösten jüdischen Gemeinden, Vereinen oder Stiftungen in einem sog. „Auswanderungsfonds für Böhmen und Mähren", aus dem unter anderem das Ghetto Theresienstadt und diverse Germanisierungsprojekte mitfinanziert wurden. Die Konten dieses Fonds gehörten bei BUB und BEB zu den größten Guthaben überhaupt. Ihre Erlöse aus dem Zwangsverkauf von Gold, Schmuck, Kunstwerken und anderen Gegenständen aus ehemals jüdi-

93 Nach Bd. 3, Osterloh, Kap. III.11.
94 Siehe oben, S. 92ff.
95 Anfang 2005 waren die Unterlagen zur BEB, die in einem Depositum des tschechischen Finanzministeriums verwahrt werden, noch nicht für die Forschung freigegeben.
96 Nach Bd. 3, Wixforth, Kap. III.13.

schem Besitz ließ die Zentralstelle auf ein Unterkonto ihres Auswandererfonds fließen, das Sonderkonto H 1116 bei der BEB.

Im letzten Viertel des Jahres 1941, als die Deportationen über Theresienstadt in die Vernichtungslager begannen – 78 000 Juden aus dem Protektorat fanden den gewaltsamen Tod[97] –, intensivierte sich die Zusammenarbeit der Finanzinstitute mit den Verfolgungsbehörden noch. Sobald die Verschleppung eines jüdischen Kunden von der Gestapo bestätigt wurde, hatten die Finanzinstitute alle in ihren Schließfächern verwahrten Gegenstände auszuhändigen. Dabei wurde ein weiteres Mal die im Protektorat allgemein bekannte Vertrauensstellung der Dresdner-Bank-Tochter sichtbar, denn die Finanzinstitute waren angewiesen, die Inhalte der Schließfächer entweder der Verwertungsgesellschaft der Zentralstelle oder eben der Affiliation der Dresdner Bank zu überstellen. Den Erlös aus diesen Verkäufen transferierte die SS auf das sog. „Umsiedlungskonto 1003" des Auswanderungsfonds bei der BEB. Die Pretiosen, die sich von der Zentralstelle nicht sogleich versilbern ließen, hinterlegte sie in Koffern ebenfalls bei der Dresdner-Bank-Tochter. Auf dem Umsiedlungskonto der BEB-Zentrale gingen auch die Gelder ein, die den Verfolgungsbehörden durch die Auflösung der Konten der Ermordeten zuflossen. Trotz der lückenhaften Überlieferung wird deutlich, dass bei der BEB in Prag bereits Anfang 1942, als die Plünderung des jüdischen Privatvermögens erst ihren eigentlichen Aufschwung nahm, einige ihrer größten Guthaben überhaupt von der Zentralstelle für jüdische Auswanderung unterhalten wurden. Zu diesem Zeitpunkt waren bei ihr „gut 535 Mio. Kronen verbucht, die von der Zentralstelle und damit aus der wirtschaftlichen Vernichtung der Juden im Protektorat stammten – zu dieser Zeit der größte Posten, der von einem einzigen Einleger deponiert worden war".[98] In der Folgezeit müssen noch viel höhere Summen über diese Konten der Dresdner-Bank-Tochter geflossen sein. Obwohl sich auch die BUB um ihr Stück von diesem Kuchen bemühte, nach Harold James sogar „ihr hauptsächliches Geschäft in der Verwertung des Eigentums der Opfer des Nationalsozialismus zugunsten des deutschen Staates sah",[99] konnte sie letztlich nur mit Neid auf die Sonderstellung ihrer Konkurrentin blicken.

Die Zusammenarbeit der deutschen Großbanken mit den Organisatoren des Judenmords erschöpfte sich nicht in der bloßen Verwaltung ihrer Konten. Die Finanzinstitute bewährten sich auch als verlässlich funktionierende Instrumente, ohne die eine rasche Einziehung des privaten jüdischen Besitzes unmöglich gewesen wäre. Auf dem Höhepunkt der Judenvernichtung waren sie stark damit beschäftigt, alle beschlagnahmten Werte listenmäßig zu erfassen, die bei ihnen ruhten, und diese Aufstellungen den NS-Stellen zu übergeben. Auch in Böhmen und Mähren hat sich bislang kein einziger Hinweis dafür gefunden, dass irgendjemand in den Instituten diesen aufwändigen, von außen kaum kontrollierbaren Service, bei dem sie immerhin Passiva verloren, wenigstens aus betriebswirtschaftlichen Gründen ein wenig schleppender erledigt hätte als von den Verfolgungsbehörden

97 Siehe Isabel Heinemann, „Rasse, Siedlung, deutsches Blut". Das Rasse- und Siedlungshauptamt der SS und die rassenpolitische Neuordnung Europas, Göttingen 2003, S. 175.
98 Bd. 3, Wixforth, S. 369.
99 James, „Arisierung", S. 171.

erwünscht. Im Gegenteil, viel eher verleitete dieser quasi-amtliche Hilfsdienst die Mittäter zur vorauseilenden Erledigung noch gar nicht gestellter Aufgaben.

Anfang 1941 begann der Zwangsverkauf von Aktien und Wertpapieren aus jüdischem Besitz.[100] Eine entsprechende Mitteilung der Banken verschaffte der Protektoratsregierung einen umfassenden Überblick über diesen Wertpapierbestand, der im 3. Quartal 1940 ein Vermögen von mehr als 750 Mio. Kronen ausmachte. Der Clou des Zwangsverkaufs bestand darin, dass die Juden ihre Effekten zu dem viel niedrigeren Kurs von April 1939 abgeben mussten und die Differenz in die Protektoratskasse floss. Zwar machte der Hradschin das Hauptgeschäft, doch für die beteiligten Banken fielen neben „beträchtlichen Provisionseinnahmen" oft auch noch Dividenden und Gratifikationen für diese Papiere an. Überdies nahmen sie häufig das Stimmrecht der verwalteten Aktien wahr, ohne dafür autorisiert zu sein. Daneben ergab sich die Gelegenheit, die eigenen Beteiligungen zu arrondieren.

Dass dies alles Geschäfte mit dem Unglück der verfolgten tschechischen Juden waren, konnte von dem Vorstandsvorsitzenden Freiherr von Lüdinghausen und seinen Kollegen Hölzer und Novotny nicht übersehen werden. Die Judenverfolgung, die in den von Deutschland beherrschten Ländern offen zutage lag und unmissverständliche Spuren in der Geschäftskorrespondenz hinterließ, gehörte in ihren brutalen Konsequenzen gerade in Ostmitteleuropa keineswegs zum Geheimwissen, sondern zur Alltagserfahrung der Bankbeamten. Zudem spitzte sich die Entrechtung und Vertreibung der Juden fast überall im deutschen Einflussbereich in ähnlicher Weise und beinahe gleichzeitig zu. Die Dresdner Bank und ihre Tochtergesellschaften waren in der Mitte und im Osten Europas geschäftlich sehr gut vertreten, ihre Mitarbeiter, namentlich in den höheren Etagen, nicht voneinander isoliert. Die Quellenbefunde lassen die Annahme nicht zu, ausgerechnet dem Bankenmilieu habe es sich über Jahre hinweg nicht erschlossen, dass die politische und wirtschaftliche Verfolgung der Juden mit dem dritten Kriegsjahr in die physische Vernichtung der „Nichtarier" umzuschlagen begann. Im Protektorat Böhmen und Mähren, wo die Dresdner Bank die erste Geige als Partnerin des NS-Regimes spielte und ihre Tochtergesellschaft eine führende Stellung einnahm, kann es sich damit nicht grundsätzlich anders verhalten haben; das schon deswegen nicht, weil die BEB hier infolge ihrer Regimenähe auch bei den deutschen Terrorapparaten eine Ausnahmestellung hatte.

Die BEB avancierte zur Bankverbindung „fast aller Institutionen und Organe, welche für die Verfolgung und Vernichtung der Juden im Protektorat verantwortlich waren":[101] die Reichsleitung der SS, das SS-Wirtschaftsverwaltungshauptamt, das von der SS kontrollierte Bodenamt beim Reichsprotektor, das Zentralamt für die Regelung der Judenfrage. Diese enge Verbindung und mehr noch ihr oftmals eigeninitiatives Handeln ließen die Bank, wie Harald Wixforth urteilt, nicht nur zu einer gefragten Finanzdienstleisterin des Herrschaftsapparats, sondern darüber hinaus auch zu einem „Werkzeug" und „wichtigen Bestandteil" der Judenverfolgung werden. Letztlich blieb die BEB trotz der Bemühungen der Konkurrenz

[100] Nach Bd. 3, Wixforth, Kap. III.13; das folgende Zitat ebd., S. 374, die Zahlenangaben ebd. und S. 376.
[101] Bd. 3, Wixforth, S. 378; das folgende Zitat ebd., S. 353.

in ihren Sonderbeziehungen zu den Machthabern in Prag ungefährdet. Die Dresdner-Bank-Tochter verdankte sie ursprünglich der Verbindung Karl Rasches zum Machtblock Hermann Görings. Sie profitierte aber zugleich von der nicht minder stabilen Bindung Emil Meyers an den Machtblock Heinrich Himmlers. Meyer war denn auch der Spiritus rector der „unheilvollen Allianz der BEB mit der SS", die in den Jahren der Expansionseuphorie von den Vorständen der Dresdner Bank und ihrer Prager Tochter nicht nur gebilligt, sondern auch als eine willkommene Wahrung der mutmaßlich stark von der SS mitbestimmten Zukunftsperspektive der tschechischen Gebiete angesehen wurde.

Unmittelbarer Anknüpfungspunkt zur SS waren neben deren zunehmend ehrgeizigeren eigenen Wirtschaftstätigkeit und der Judenverfolgung die rassenideologischen Siedlungsvorhaben des Himmler-Imperiums. Sie erreichten im Protektorat, wo im März 1940 neben 7,25 Mio. Tschechen nur 189000 Deutsche lebten,[102] zwar längst nicht die praktische Bedeutung wie in den neu eingegliederten Ostgebieten, erlebten in Böhmen und Mähren aber eine „erste ‚Glanzzeit'".[103] Zur langfristig ins Auge gefassten „Endlösung des Tschechenproblems" wollte die SS ungefähr die Hälfte der tschechischen Einwohner aus ihrer Heimat vertreiben. An die Stelle dieser „rassisch unverdaulichen Tschechen", wie der HSSPF und Staatssekretär beim Reichsprotektor Karl Hermann Frank sie nannte, sollten möglichst viele deutsche Ansiedler treten. Man kalkulierte mit 150000 Familien.

Sehr schnell kamen die BEB und die Instanzen der Siedlungs- und Germanisierungspolitik über die kurz vor der Jahrhundertwende gegründete Deutsche Ansiedlungsgesellschaft (DAG) und das in den zwanziger Jahren im Zusammenhang mit der tschechoslowakischen Landreform errichtete Bodenamt in Prag ins Geschäft. Als sich die SS im Zuge der Forcierung ihrer Siedlungspolitik für die DAG zu interessieren begann, die sich zu 78% im Besitz der Dresdner Bank befand, war diese sogleich zu einem „skrupellosen Zusammenspiel" mit dem SS-Rasse- und Siedlungshauptamt (RuSHA) bereit. Da dieses seine Vorhaben zunächst unter einem „privaten Deckmantel" beginnen wollte, kam es im Oktober 1938 zu einer „gemeinsamen Tarnoperation"[104] von Dresdner Bank und dem SS-Hauptamt, die bis Kriegsbeginn aufrechterhalten wurde. In den Aufsichtsrat des nach außen weiterhin als Dresdner-Bank-Tochter auftretenden Unternehmens zogen nämlich zwei Vertreter der SS ein. Der Chef des SS-Siedlungsamts Curt von Gottberg übernahm den Vorsitz. Weniger an Rentabilitätsgesichtspunkten als an politischen Vorgaben orientiert, hatte die Dresdner Bank durch diese „Komplizenschaft"[105] als Mehrheitseignerin eine erhebliche Mitverantwortung für die von der DAG betriebenen Zwangsumsiedlungen jüdischer und tschechischer Landeigentümer.[106] Als die DAG dann von der Himmler als Reichskommissar für die Festigung deutschen Volkstums unterstehenden Deutschen Umsiedlungs- und Treuhand GmbH (DUT) übernommen wurde, hatte die

[102] Siehe Brandes, Protektorat, S. 160.
[103] Heinemann, „Rasse", S. 123; im Einzelnen hierzu ebd., S. 127ff.; die beiden folgenden Zitate ebd., S. 158 und 152.
[104] Zitate in Bd. 1, Bähr, S. 535.
[105] Ebd., S. 538.
[106] Siehe Teichova, S. 292.

Dresdner Bank auf diesem Felde einen erheblichen geschäftlichen Vorsprung vor der Konkurrenz, zumal Emil Meyer auch weiterhin zusammen mit dem späteren Chef des Reichssicherheitshauptamts, Ernst Kaltenbrunner, und dem Chef des SS-Wirtschaftsverwaltungshauptamts, Oswald Pohl, im Aufsichtsrat der DAG saß. Zu dieser Konstruktion fügte es sich ideal, dass die SS das 700 Mitarbeiter zählende Prager Bodenamt, in dem sämtliche Unterlagen zu den Grundbesitzverhältnissen aufbewahrt wurden, faktisch zu ihrer eigenen Dienststelle gemacht hatte. An seine Spitze stellte die SS niemand anderen als Curt von Gottberg.

Bereits im Sommer 1939 richtete die BEB für das Bodenamt ein Guthabenkonto ein und gewährte ihm ein erstes Darlehen. Auf Betreiben Meyers räumte die BEB dem Wirtschaftserwaltungshauptamt der SS (SS-WVHA) für das Bodenamt als strategische Instanz und personelles Rekrutierungsreservoir der Eindeutschungskampagnen im Osten eine Kreditlinie zu dem ungewöhnlich niedrigen Zinssatz von 2% ein.[107] Das Vorstandsmitglied der Dresdner Bank empfahl seinem Kollegen Novotny in Prag, es bei dieser Festlegung zu belassen – „Herr Pohl" habe ihn eigens darum gebeten: „Angesichts der sehr angenehmen Beziehungen zu der Reichsführung SS auch auf geschäftlichem Gebiet", beschied er Novotny, „habe ich SS-Gruppenführer Pohl mein Einverständnis zu dieser Regelung zugesagt." Unter dem Strich lohnte sich dieser „nicht kommerzielle Kredit", wie Rasche ihn später titulierte,[108] denn der Chef des WVHA versprach im Gegenzug, die Ämter und Wirtschaftsbetriebe der SS im Protektorat wie auch die von ihr unter Treuhandverwaltung gestellten Betriebe würden vor allem mit der BEB zusammenarbeiten.

Das Geschäft zu gegenseitigem Nutzen reichte aber noch weiter. Nicht nur, dass die BEB ab und an hilfreiche Informationen von den Angestellten des Bodenamtes erhielt, der gewährte Kredit sollte zudem durch Guthaben des Amtes gesichert werden, die Tilgung aber über die Erlöse aus dem Weiterverkauf beschlagnahmter Vermögen erfolgen. Um diese Absprache mit Leben zu füllen, nannte die BEB dem SS-WVHA bzw. dem vom RuSHA geführten Bodenamt Unternehmen und Immobilien aus jüdischem Besitz, die dann von der Gestapo konfisziert und an „arische" Erwerber veräußert wurden. Dafür stellte die Bank immer wieder Verkaufsverhandlungen mit anderen Interessenten solange zurück, bis, wie sie einmal schrieb, „uns von der Reichsführung SS ein grundsätzlicher Entschluss vorliegt".[109] Obgleich die miteinander eingefädelte Tilgungsregelung nicht so recht funktionierte, hielt die BEB unter dem wachen Auge Meyers über Jahre still. Soviel Toleranz zahlte sich auch betriebswirtschaftlich aus. Denn als die notorisch eifersüchtige Deutsche Bank vier Jahre nach der Besetzung Prags bei Oswald Pohl den energischen Vorstoß unternahm, ihre BUB bei der SS besser ins Spiel zu bringen, erhielt sie von diesem eine glasklare Antwort: „An sich", antwortete er, „pflegen die der Aufsicht des SS-Wirtschafts- und Verwaltungshauptamtes unterstehenden Unternehmungen stärkere Beziehungen zu einem anderen Bankinstitut, weil das SS-WV-Hauptamt bei allen möglichen Gelegenheiten von dort aus

107 Nach Bd. 3, Wixforth, Kap. III.12; die folgenden Zitate ebd., S. 352.
108 Zit. nach ebd., S. 357.
109 Zit. nach ebd., S. 358.

prompt bedient worden ist. Es ist gewissermaßen ein Akt der Dankbarkeit, diese Bankverbindung als Hauptbankverbindung bestehen zu lassen."[110]

Insgesamt waren die engen Geschäftsbeziehungen zwischen der SS und der BEB von einer starken Zukunftsorientierung geprägt und für sich genommen kein wesentlicher betriebswirtschaftlicher Faktor in der Bilanz der Dresdner-Bank-Tochter. In den wenigen Jahren der deutschen Herrschaft über die „Rest-Tschechei" konnte sich die erhoffte Dynamik des Geschäfts mit der SS nicht einstellen, da sich ihr rassistischer Siedlungsfuror nicht in dem erwarteten Maße ausleben konnte und ihre Wirtschaftsunternehmen in der zweiten Kriegshälfte ebenfalls nicht mehr expandierten.[111] Bis über die Kriegswende hinaus nahmen der Vorstand der Dresdner Bank wie die Geschäftsleitung der BEB die manifesten Risiken aus diesen Engagements aus politischem Kalkül aber in Kauf. Ein allzu energischer Rückzug von ihrer Hauptbankverbindung hätte von der SS-Führung sehr leicht politisch gedeutet werden und in der politisierten Ökonomie des Dritten Reiches auch spät noch negative Konsequenzen zeitigen können. Emil Meyer war persönlich mittlerweile viel zu sehr Teil des Himmlerschen Imperiums, auch Mitwisser seiner Menschheitsverbrechen, als dass ihm eine Loslösung, wenn er sie denn gewollt hätte, noch möglich gewesen wäre.

[110] Zit. nach ebd., S. 355 f.
[111] Siehe Bd. 1, Bähr, S. 498.

2. Die Dresdner Bank im unterjochten Polen

Die Position der deutschen Finanzinstitute in der zerschlagenen Tschechoslowakei war noch nicht konsolidiert, da öffnete sich ihnen im Herbst 1939 bereits ein weiteres riesiges Geschäftsfeld in Polen, das nach den Abmachungen im Hitler-Stalin-Pakt und den schnellen Siegen der Wehrmacht mit seiner westlichen Hälfte an das Deutsche Reich fiel. Der Blitzsieg mochte wie eine Fortsetzung der bisherigen Eroberungen erscheinen, doch die Szenerie hatte sich gründlich verwandelt. Der Krieg nahm mit dem ersten Tag die Gestalt eines Großmächtekonflikts an und verengte, deformierte und verödete die traditionellen Wachstumsfelder der großen Aktienfilialbanken noch viel stärker als die bisherige Rüstungskonjunktur und staatliche Kapitallenkung ohnehin schon. Umso verlockender war für die großen Banken das Vordringen in die seit dem Frühjahr 1938 neu gewonnenen Gebiete, wo noch wirkliche Zuwächse zu erzielen waren. Der Krieg änderte zunächst nichts an ihren „enthusiastischen Visionen"[112] und an ihrer Bereitschaft zum Engagement in den eroberten Territorien. Aus der Rückschau war das gewiss eine „fehlgeleitete Expansion",[113] doch erfolgte sie in die einzige Richtung, die überhaupt noch offen stand. Für die scharf miteinander konkurrierenden Großbanken war ihre Expansion in doppelter Hinsicht geboten, zum einen wegen der kurzfristigen Zuwächse, zum anderen in langfristiger Perspektive. Wer sich in Hitlers „Neuer Ordnung" Europas nicht rechtzeitig seinen Claim sicherte, der würde, zumal bei dem starken Aufkommen der öffentlichen Institute, ökonomisch unweigerlich zurückfallen. Da sich das militärische Ausgreifen nach Osten von Anbeginn als ein wohlkalkulierter ideologisch-rassistischer Eroberungskrieg ganz neuen Stils erwies, bestimmte seine im Kernbereich nationalsozialistischer Ideologie angesiedelte, von sämtlichen Konventionen menschlicher Gesittung und allen Normen des Völkerrechts losgelöste Willkür und Gewalttätigkeit gegenüber der Zivilbevölkerung nirgends so wie in Polen auch den Alltag der Banken dort. „Bankgeschäfte ließen sich hier nur in direkter Abhängigkeit vom Herrschafts- und Terrorapparat vollziehen, Bankenpolitik war hier unmittelbar mit der Besatzungspolitik verknüpft."[114] Letzterer ist bei der Bestimmung von Regimenähe und Mittäterschaft der Dresdner Bank deshalb etwas breiter Raum zu geben.

Was in dem unterjochten Nachbarland geschah, hatte überhaupt nichts mehr mit einer wirtschaftlichen Durchdringung traditionellen Stils zu tun und kein Vorbild in der neueren deutschen Geschichte. Ausrottung war die Richtschnur der Macht, Ausbeutung der Auftrag der Wirtschaft. Einige der megalomanen Vorhaben gehörten zwar zum Geheimwissen der NS-Spitze, doch konnte jeder, der in Polen tätig war, unmittelbar beobachten, wie die Verwüstung des Landes durch eine gewaltige Enteignungswelle, durch rabiate Aus- und Umsiedlungsprojekte sowie durch Deportationen und Massentötungen ungekannten Ausmaßes unaufhaltsam vorangetrieben wurde. Für die großen Banken war ihr Engagement in

[112] James, Deutsche Bank, S. 148.
[113] Bd. 1, Bähr, S. 181.
[114] Bd. 3, Wixforth, S. 889.

Polen ungeachtet des allgegenwärtigen Terrors vor allem eine Investition in die Zukunft. Da nach nationalsozialistischer Vorstellung aus dem polnischen Experimentierfeld im neuen Europa nach und nach ein eingedeutschter Siedlungsraum entwickelt werden sollte, lag es für die rivalisierenden Aktienfilialbanken schon unter rein ökonomischen Gesichtspunkten außerhalb des Denkhorizonts, diese Perspektive in ihrer Geschäftsstrategie etwa unberücksichtigt zu lassen. Damit machten sie sich freilich von der erfolgreichen Realisierung der nationalsozialistischen Herrschaftsvisionen abhängig, ohne die Besatzungspolitik im Einzelnen mitbestimmen zu können – in Polen umso weniger, als hier, wie Göring sogleich klarstellte, die Dienststellen von Staat und Partei auch in der Wirtschaft die ausschlaggebende Rolle zu spielen hatten. Das verengte die Betätigungsmöglichkeiten des privaten Kapitals stärker als noch in Österreich oder der Tschechoslowakei[115] und brachte die Banken außerdem in eine noch engere Kooperation mit den eigenwilligen, nur Hitler selbst rechenschaftspflichtigen nationalsozialistischen Satrapen dort.

Der neue deutsche „Lebensraum" im Osten war ein heterogen strukturiertes, eng verflochtenes Wirtschaftsgebiet, nichts weniger als menschenleer und disponibel, wie es das Propagandabild nahe legte. Das fast 190000 Quadratkilometer große neue Territorium war auch alles andere als „deutsch". Unter seinen ungefähr 22 Mio. Einwohnern zählte man beim Einmarsch nur gut eine Million Volksdeutsche, aber etwa 19 Mio. Polen und beinahe 1,7 Mio. polnische Juden. Die knappe Hälfte der unter nationalsozialistische Herrschaft geratenen Bevölkerung bewohnte von einem Tag auf den anderen die neuen deutschen Ostgebiete, die jetzt ins Reich eingegliedert wurden, nämlich das oberschlesische Industrierevier um Kattowitz sowie die Reichsgaue Danzig-Westpreußen und Wartheland, das sich unter Arthur Greiser bald zum Zentrum nationalsozialistischer Siedlungs- und Rassenpolitik entwickelte. „Ich möchte hier eine blonde Provinz schaffen", erklärte Himmler seinen Umvolkungsexperten bei einem Besuch im Dezember 1939.[116] Hitler hatte schon vor dem Überfall von mitleidloser Vernichtung von „Mann, Weib und Kind polnischer Abstammung" und von einer umfassenden deutschen Besiedlung gesprochen.[117] Die andere Hälfte des eroberten Gebiets wurde zum ungefähr gleich großen „Generalgouvernement" unter Hans Frank, das zu einer Ausbeutungskolonie „rücksichtslosen Raubbaus"[118] herabsank und deren terrorisierten Bewohnern die Zukunft als Parias vorgezeichnet war. In „Rest-Polen" lagen, von Auschwitz und Kulmhof abgesehen, die späteren Vernichtungslager des Judenmords. Nach einem deutschen Sieg, befand Generalgou-

[115] Siehe Overy, War and Economy, S. 321.

[116] Zit. nach Heinemann, „Rasse", S. 195.

[117] Zit. nach Herbst, Das nationalsozialistische Deutschland, S. 279, und Loose, Ausraubung, S. 51. Die Zahlenangaben ebd., S. 70. Zusammen mit den Forschungen von Harald Wixforth stellt die Arbeit von Ingo Loose unsere Kenntnis über das Verhalten der deutschen Finanzinstitute in Polen auf eine neue Grundlage. Da die Drucklegung von Band 4 später erfolgte als die von Band 3, konnte diese Studie noch mit berücksichtigt werden.

[118] Herbst, Das nationalsozialistische Deutschland, S. 289; das folgende Zitat ebd., S. 292. Siehe auch Czesław Madajczyk, Die Okkupationspolitik Nazideutschlands in Polen: 1939–1945, Köln 1988, und Bogdan Musial, Recht und Wirtschaft im besetzten Polen (1939–1945), in: Bähr/Banken (Hg.), Europa, S. 31 ff.

verneur Frank, als sich die Niederlage schon abzeichnete, könne aus den Polen „und dem, was sich hier herumtreibt, Hackfleisch gemacht werden".

Wenige erkannten die volkswirtschaftlichen Schäden, die durch den kriegswirtschaftlichen Raubbau, die volkstumspolitischen Menschenverschiebungen und den rassistischen Massenmord im künftigen deutschen „Lebensraum" angerichtet wurden, klarer als die in Posen, Łódź oder Krakau tätigen Bankiers. Das „praktisch reibungslose Zusammenspiel" und die „Symbiose" der Finanzinstitute mit den nationalsozialistischen Behörden litten bis weit in die zweite Kriegshälfte hinein jedoch nicht darunter. In der Tat waren es nicht nur die Banken, die auf die deutschen Dienststellen in Polen angewiesen waren; die NS- und Besatzungsbehörden ihrerseits hätten ohne die ausgedehnten Dienstleistungen der Geldhäuser ihr Herrschaftsprogramm ebenfalls nicht in die Praxis umsetzen können.[119] Diese asymmetrische Partnerschaft zu wechselseitigem Nutzen war für einige Bankiers auch in Polen zweifellos nicht mehr als ein auf Nützlichkeitserwägungen fußendes Arrangement, für einige wohl nur die selbstverständliche Bejahung nicht weiter hinterfragter staatlicher Autorität in Kriegszeiten, für einige aber eben Ausdruck einer prinzipiellen Identifikation mit den weitreichenden Zielsetzungen des Nationalsozialismus. Solche Einstellungen und Verhaltensmuster konnte man in allen Finanzinstituten antreffen, Spitzenbankiers wie Emil Meyer und Karl Rasche waren als Vorstandsmitglieder der Dresdner Bank jedoch inzwischen in einer Position, den Gleichklang ihres Hauses mit dem Regime besonders wirkungsvoll zu fördern.

Einschränkungen in Oberschlesien

Mit der 1921 an Polen abgetretenen Kattowitzer Region gelangte einer der bedeutendsten schwerindustriellen Wirtschaftsräume des Kontinents mit seinen beinahe hundert Steinkohle- und Eisenerzgruben, ebenso vielen Hüttenwerken und zahlreichen chemischen Betrieben wieder ans Reich. Die großen Berliner Banken, die in der Zwischenkriegszeit hier präsent geblieben waren, hofften auf einen Boom im Industriefinanzierungsgeschäft, wobei sich die Deutsche Bank aufgrund ihrer traditionell starken Stellung dort auf ihren natürlichen Vorsprung verließ. Die Ausgangsposition der Dresdner Bank war nicht besonders günstig, da sie im oberschlesischen Revier im Vergleich zu ihrer Rivalin nur durchschnittlich vertreten war.[120] Dieses Handicap hätte von der nationalsozialistischen Wirtschaftsbürokratie fraglos beseitigt werden können, doch die neuerliche Hilfestellung zu einem politisch bedingten Konkurrenzvorteil blieb aus. Das hatte eine strukturelle und wohl auch eine politisch-taktische Ursache. Zum einen war der Reichswerke-Moloch bei seinem Raubzug in Oberschlesien auf die Hilfsdienste der Dresdner Bank nicht angewiesen, zum anderen dürfte Hans Kehrl seinem Intimus Rasche früh bedeutet haben, dass eine gewohnheitsmäßige Protegierung seines Hauses inopportun war; das umso mehr, als die Konkurrentin der Dresdner Bank bei ihrem Lobbyismus im Reichswirtschaftsministerium besonders auf das im

[119] Siehe Loose, Ausraubung, S. 514ff., speziell S. 518; die voraufgegangenen Zitate ebd., S. 514 und 518.
[120] Nach Bd. 3, Wixforth, Kap. V.1; das folgende Zitat ebd., S. 438.

Bankgeschäft nach wie vor gewichtige Argument ihrer hergebrachten Bindungen in diesem Raum abhob. Jedenfalls verhielt sich das Institut von Carl Goetz „in Oberschlesien zurückhaltender" als in den zuvor vom Reich vereinnahmten Gebieten. Das war eine ungewohnte Rolle für die mit Filialen in Kattowitz, Königshütte, Sosnowitz und Teschen vertretene Dresdner Bank, doch insofern hinzunehmen, als die Dominanz der Staats- und Parteistellen auch ihrer Konkurrentin einen engen Handlungsrahmen setzte.

Stärker als die mittlerweile gewohnte Gestaltungs- und Zuteilungsmacht der politischen Instanzen schränkte eine neu geschaffene Institution die geschäftliche Entfaltungsmöglichkeit der Banken in den frisch eroberten Gebieten ein. Denn durch die Errichtung der Haupttreuhandstelle Ost (HTO) der Vierjahresplanbehörde Anfang November 1939 wurde in den eingegliederten Ostgebieten des Deutschen Reichs der größte Teil der Wirtschaft privaten Interessen von vornherein entzogen. Als eine der größten Plünderungsinstanzen der Weltgeschichte legte sie ihre Hand praktisch auf sämtliches staatliches oder privates Vermögen, das sich nicht in reichs- oder volksdeutschem Besitz befand. Insbesondere eine Bereicherung an dem rigoros konfiszierten jüdischen Eigentum durch Private war hier nicht mehr möglich. Dadurch war es auch den Banken verbaut, neue Geschäftsverbindungen anzubahnen und ihren Kundenstamm zu erweitern. Auch wenn die HTO im Kern nichts anderes als eine „riesige Kapitalvernichtungsmaschinerie" war, die Wirtschaft in den eingegliederten Gebieten schwer schädigte und damit auch „für die deutsche Volkswirtschaft eine Katastrophe darstellte",[121] nahm sich das rein quantitative Ergebnis dieses staatlichen Raubzuges doch imponierend aus. Görings Organisation nahm mindestens 200000 gewerbliche Betriebe und an die 300000 Immobilien in ihre Verwaltung und übertrug sie reichs- oder volksdeutschen „Treuhändern". Ungefähr 200000 landwirtschaftliche Betriebe kamen unter die Regie des zum Reichskommissar für die Festigung deutschen Volkstums ernannten Heinrich Himmler. Der gesamte nichtdeutsche Hausbesitz ging ebenfalls auf eine spezielle HTO-Gesellschaft über. Allein die Treuhandstelle Kattowitz soll sogleich mehr als 1700 Industriebetriebe vereinnahmt haben.

Da der polnische Staat starke Anteile an den oberschlesischen Zechen, Hütten und Fabriken hielt, vereinfachte sich durch die Einschaltung der HTO die „Neuordnung" der Montanindustrie beträchtlich. Auch deswegen verlor die Dresdner Bank ihre für die Reichswerke Hermann Göring zuvor so virtuos ausgefüllte Rolle als Ideengeberin und Vermittlerin großer Vermögenstransaktionen: „Die Politik verschaffte den Reichswerken in Oberschlesien per Anordnung die Betriebe, die sie gefordert hatten."[122] Göring nutzte die Notwendigkeit ihrer sofortigen Eingliederung in die Kriegswirtschaft für eine „konfiskationsähnliche Interessenpolitik"[123] zugunsten seines Konzerns. Allein die Bergwerksverwaltung Oberschlesien GmbH als Tochter der Reichswerke kontrollierte bereits ein gutes Jahr nach dem deutschen Überfall ein Viertel der Kohleförderung des Reviers. Da hier die Sonderbeziehung zwischen Kehrl und Rasche nicht zum Tragen kam,

[121] Loose, Ausraubung, S. 136; die Zahlenangaben ebd., S. 114 und 309.
[122] Bd. 3, Wixforth, S. 495.
[123] Loose, Ausraubung, S. 313, auch zum Folgenden.

konnte die Dresdner Bank in Oberschlesien auch nicht ihre gewohnte Vorrangstellung bei den Unternehmen der Reichswerke erreichen. Als sich die Vierjahresplanbehörde neben den Reichswerken mit der Berg- und Hüttenwerks-Gesellschaft AG „ein zweites bedeutendes Standbein"[124] verschaffte, blieb sie gegenüber der hier traditionell stärker verankerten Deutschen Bank im Hintertreffen. Der zu dieser Zeit in halb Europa an vielen Strippen ziehende Karl Rasche verhielt sich nach einigen Unterredungen mit Hans Kehrl allerdings auffallend passiv. Die Dresdner Bank musste sich damit abfinden, dass die Vierjahresplanbehörde bei der Heranziehung der Großbanken zur staatlichen Konzernbildung nicht allzu willkürlich gegen gewachsene Geschäftsbeziehungen angehen wollte,[125] sich nach der offenen Begünstigung der Dresdner Bank in der ČSR einer Austarierung der Entfaltungschancen der beiden größten deutschen Aktienfilialbanken befleißigte und dem Branchenführer in Oberschlesien damit wohl auch die neuerliche Erfahrung einer geschäftsschädigenden politischen Zurücksetzung ersparen wollte.

War die Geschäftspolitik der Dresdner Bank in Oberschlesien nur mäßig erfolgreich, so haben sich auch die hoch gespannten Erwartungen der beiden anderen Berliner Großbanken an die Finanzierungschancen in der neu gewonnenen Industrieregion offenbar längst nicht in dem erhofften Maße erfüllt. Zwar lassen sich, wenigstens für die Dresdner Bank und die Commerzbank, nur wenig aussagekräftige Unterlagen auffinden und auch die Gewinnmargen für Oberschlesien aus ihren Gesamtbilanzen nicht isolieren, doch ein ganzer Kranz von politischen und wirtschaftlichen Rahmenbedingungen sorgte hier wie im zerschlagenen Polen generell dafür, dass „die Realität immer hinter den Wünschen und Vorstellungen der Kreditinstitute zurückblieb".[126] Was den Aktienfilialbanken blieb, war die Zukunftshoffnung auf große Umsätze nach dem Sieg, wenn die umfassende Sanierung des ausgepowerten Reviers in Angriff zu nehmen war – Zukunftserwartungen freilich, die sich im dritten Geschäftsjahr in den Ostgebieten bereits wieder verflüchtigten.

Kein Unterschied ist auch in der Bereitschaft der drei großen Berliner Banken zu erkennen, sich möglichst früh und massiv in die Übertragung von Vermögen aus „nichtarischen" in „arische" Hände einzuschalten. Es mangelte freilich an Gelegenheiten zur Bereicherung, was nicht heißt, dass es am Willen dazu gefehlt hätte. Es dauerte eine Weile, ehe man zur Kenntnis nahm, dass die Beraubung der Juden nach anderen Spielregeln vonstatten ging als gewohnt. Hinzu kam für die Dresdner Bank die irritierende Erfahrung, dass die Deutsche Bank wegen ihrer stärkeren Verankerung in Oberschlesien dort auch über die besseren Drähte zur neuen Treuhandstelle verfügte. Diese zögerte keinen Augenblick, ihre Vorrangstellung im Kattowitzer Raum auszunutzen und die in polnischen und jüdischen Vermögensangelegenheiten allmächtige Regionalstelle mit ihren Leuten zu durchsetzen.

In Oberschlesien tat sich die Dresdner Bank schwer und musste trotz „gezielten und wiederholten Antichambrierens" bei der Treuhandstelle „zahlreiche

[124] Bd. 3, Wixforth, S. 459; das Folgende nach ebd., Kap. V.2.
[125] Vgl. ebd., S. 872.
[126] Loose, Ausraubung, S. 298, auch zum Folgenden.

Misserfolge"[127] auf wichtigen Geschäftsfeldern verbuchen. Eine wirkliche Ernüchterung entstand daraus aber erst unter der seit der Kriegswende zunehmend deutlicheren Perspektive, dass die Geschäftstätigkeit in den neu gewonnenen Gebieten des Reiches nicht nur aktuell die anfangs erhofften Erträge weit verfehlte, sondern sich gar als eine verlorene Investition in die Zukunft erweisen könnte.[128]

In den anderen annektierten polnischen Gebieten

Ein Zukunftsprojekt par excellence sah die Dresdner Bank in ihrem Engagement in den neuen Reichsgauen Danzig-Westpreußen und Wartheland, die nach dem Sieg über Polen unter den Reichsstatthaltern Albert Forster und Arthur Greiser ans Reich gelangten. Sieht man von der Hochburg der polnischen Textilindustrie in der zum Warthegau geschlagenen Region Łódź und einer ansehnlichen Nahrungsmittelindustrie ab, so winkte in diesen ansonsten industriearmen, stark agrarisch geprägten Landstrichen zunächst kein typisches Großbankengeschäft. Da sie aber als zentrales Experimentierfeld „nationalsozialistischer Selbstverwirklichung"[129] zu blühenden Gauen entwickelt werden sollten, erblickten die großen Berliner Banken hier dennoch ein Geschäftspotenzial für Generationen. Als „Laboratorium der Rassenpolitik"[130] wurden die neuen Kornkammern des Reiches aber auch zu Brennpunkten eines Austreibungs-, Umsiedlungs- und Ausrottungswahns gemacht, der buchstäblich über Leichen ging und die jüdische wie die nichtjüdische polnische Bevölkerung mit einer Brutalität verfolgte, die sich jedem mitteilte, der als Bankbeamter mit dem gewaltigen Zukunfts- und Kolonialisierungsprojekt in Berührung kam. Die Masse der Einwohner in den neuen deutschen Reichsgauen waren Polen. Die Deutschen bildeten in dem von ungefähr 4,9 Mio. Menschen bewohnten Warthegau noch hinter den ca. 400000 Juden nur eine Minderheit von etwa 8%.[131] Die Terrorwelle, die diesen Teil Polens überrollte, führte im ersten Monat zu mehr als 12000 Hinrichtungen. Bis Jahresende forderten die systematischen Liquidierungen, die sich insbesondere gegen die polnische Elite richteten, bereits 50000 Opfer.[132]

Parallel zu dieser Form von Herrschaftssicherung begann unter der Verantwortung Himmlers eine „Rasse- und Volkstumspolitik", die sich an der von Hitler Mitte Oktober persönlich vorgegebenen Linie orientierte. Sie forderte „Teufelswerk" und einen harten Volkstumskampf, der „keine gesetzlichen Bindungen" gestatte.[133] Die Vision einer gigantischen völkischen Flurbereinigung vor Augen, rollten noch vor der Jahreswende die ersten Deportationszüge mit zumeist nichtjüdischen polnischen Bürgern aus den künftigen nationalsozialistischen Muster-

[127] Bd. 3, Wixforth, S. 536 und S. 540.
[128] Eines der wenigen erfolgreichen Geschäfte der Dresdner Bank hier war die Kontoführung für die „Organisation Schmelt", die den Einsatz jüdischer Zwangsarbeiter organisierte. Das bei ihrer Filiale Sosnowitz verbuchte Guthaben, auf dem sich bis Herbst 1942 über 11 Mio. RM angesammelt hatte, war eines der umfänglichsten des Terrorapparates bei der Dresdner Bank; siehe Loose, Ausraubung, S. 163ff., speziell S. 169.
[129] Martin Broszat, Nationalsozialistische Polenpolitik 1939–1945, Stuttgart 1961, S. 118.
[130] Browning, „Endlösung", S. 30.
[131] Siehe Loose, Ausraubung, S. 77.
[132] Vgl. Browning, „Endlösung", S. 54 und 64 bzw. 48.
[133] Zit. nach Herbst, Das nationalsozialistische Deutschland, S. 283.

gauen in das benachbarte Generalgouvernement, um für volksdeutsche Neusiedler Platz zu schaffen. Fast drei Viertel der allein in den ersten eineinhalb Jahren entwurzelten etwa 350000 Menschen wurden als Teil des deutschen Zukunftsprogramms aus dem Warthegau vertrieben.[134] Insgesamt dürften bis Kriegsende mindestens 780000 nicht-jüdische Polen verdrängt worden sein, etwa eine Million Volksdeutsche strömten in die annektierten Gebiete.[135] Während in Danzig-Westpreußen eine viel defensivere Politik betrieben wurde, verband Gauleiter Greiser, dessen Polenpolitik vom sog. „Drei-A-System" (Aussiedeln, Ausbeuten, Ausrotten)[136] bestimmt wurde, „wie kein zweiter die Ansiedlung von Volksdeutschen mit der Deportation bzw. ‚Verdrängung' von Juden und Polen und entsprach damit am ehesten den Vorstellungen Himmlers und Hitlers".[137] Bis Kriegsende hatten sich die Spuren der völkischen „Flurbereinigung" tief in die demographische Physiognomie des Warthelands eingegraben. Die Mehrheit sämtlicher volksdeutschen Umsiedler wurde hierher gebracht. Der Anteil der deutschstämmigen Einwohner stieg von 8% auf knapp 23%, der polnische Bevölkerungsanteil sank von gut 86% auf knapp 75%. Von den ungefähr 400000 Juden überlebten nur etwa 5000.

Bereits in den ersten Tagen des deutschen Vordringens nach Polen skizzierte die Deutsche Bank ihre Vorstellungen von der Neugestaltung des Kreditwesens in den annektierten Gebieten.[138] Alle drei Großbanken durften hier vertreten sein. Die Dresdner Bank erhielt darüber hinaus die Genehmigung, die Bank für Handel und Gewerbe in Posen (an der sie seit Anfang der dreißiger Jahre beteiligt war) in eine eigene Tochtergesellschaft umzuwandeln: die Ostbank AG mit Sitz in Posen. Ähnlich wie bei der Deutschen Bank in Oberschlesien war die günstige Ausgangsposition des Geldhauses auf dessen frühe Verankerung dort zurückzuführen. Sie verdankte sich aber auch der nachdrücklichen Fürsprache von Hugo Ratzmann, der in der wartheländischen Reichsstatthalterei an der Spitze der Bankenaufsichtsstelle stand. Er gehörte zu den zahlreichen Mithelfern unterhalb der Vorstandsebene der Dresdner Bank, ohne die Rasche und Meyer niemals so erfolgreich hätten agieren können, hatte seine Karriere in der Dresdner Bank begonnen und war Teilhaber an deren Tochter Hardy & Co. Zugleich bekleidete er im wartheländischen Wirtschaftsleben die ungemein einflussreiche Position des Leiters der HTO-Stelle Posen. Neben diesem glücklichen Umstand sorgte eine entsprechende personelle Besetzung dafür, dass die Ostbank gut für die kommenden Aufgaben gerüstet war. Den Vorsitz im Aufsichtsrat übernahm Emil Meyer, der mit den volkstumspolitischen Visionen des Reichsführers SS sicherlich besser vertraut war als die meisten Bankiers. Im zweiköpfigen Vorstand platzierte man einen Filialdirektor aus dem Altreich und einen Parteigenossen von 1927, der 1939 im Range eines SS-Untersturmführers stand und als verlässlicher „Volkstumskämpfer" galt.

[134] Diese Größenordnung nach den Angaben bei Browning, „Endlösung", S. 61ff., 104ff. und 148ff.
[135] Vgl. Heinemann, „Rasse", S. 242f. und 303.
[136] Browning, „Endlösung", S. 62.
[137] Loose, Ausraubung, S. 78; die folgenden Zahlenangaben ebd., S. 77 und 282.
[138] Das Folgende nach Bd. 3, Wixforth, Kap. V.4.

Überaus massiv engagierte sich die Dresdner Bank über ihre Filiale in der Textilmetropole Łódź, die bald in Litzmannstadt umgetauft wurde.[139] Hier finanzierte sie vor allem Massenaufkäufe von Textilien für die Zentrale Textil-Gesellschaft mbH (Zentratex), die Hans Kehrl ins Leben gerufen hatte und mit der die Dresdner Bank den ganzen Krieg hindurch eine ihrer bedeutendsten Kreditbeziehungen überhaupt verband.[140] Doch mit solchen Transaktionen, bei denen nicht nach der Herkunft der Unmengen von herrenloser Bekleidung gefragt wurde, waren die enttäuschenden Geschäftsergebnisse mit der Industrie im polnischen Manchester kaum zu kompensieren. Ganz anders als die deutschen Geldinstitute es erwartet hatten, gewann Litzmannstadt als Produktionsstandort des Warthegaus keine nennenswerte Bedeutung für das Reich und blieb für das private Industriefinanzierungsgeschäft eine herbe Enttäuschung.

So sehr das prompte Engagement der Berliner Aktienfilialbanken ihre Geschäftserwartung und ihre selbstverständliche Mitwirkung an der „Eindeutschung" im Schatten der allgegenwärtigen nationalsozialistischen Unterdrückungs- und Vernichtungspolitik widerspiegelt, so wenig Entfaltungsraum ließen ihnen die Behörden und Parteistellen hier. Staatliche Regie beherrschte alles. Die Zentralisierung der Beschlagnahme und Verwertung des gewerblichen sowie des privaten Vermögens Abermillionen Nichtdeutscher verbaute es den privaten Großbanken, sich nach den gewohnten Mustern der „Arisierung" eigeninitiativ in diese Besitzverschiebung einzuschalten. Im Altreich, in Österreich, im Sudetenland und insbesondere in der „Rest-Tschechei" verwöhnt, mussten die Geldinstitute in den neuen Ostprovinzen als Zaungäste nun mit ansehen, wie Görings Vierjahresplanamt in reiner Willkür des Siegers Zehntausende von Gewerbebetrieben aus polnischem und jüdischem Besitz unter die Kuratel der HTO stellte. Diese beispiellosen Raubzüge ruinierten das einheimische Gewerbe komplett. Die meisten Betriebe lagen sofort nach ihrer Konfiskation still, gingen in Konkurs oder wurden aufgelöst. Unternehmen, welche die HTO für lebensfähig befand, nahm sie in kommissarische Verwaltung. Es war dieser Kahlschlag, der den deutschen Kreditinstituten in den Ostgebieten „überhaupt erst eine prosperierende Kundenklientel in Form von deutschen Unternehmen bzw. Treuhänderbetrieben" verschaffte.[141]

Außerordentlich schleppend entwickelte sich aus Sicht der Aktienfilialbanken auch die Übertragung der Treuhandbetriebe an Neueigentümer. Nach mehr als zwei Besatzungsjahren hatte die HTO im Warthegau von diesen erst zwischen einem Viertel und einem Drittel weiterverkauft. Die Ostbank in Posen konnte bis Mitte 1941 noch keinerlei Bewegung auf diesem Geschäftsfeld vermelden. Im Juni teilte sie der Konsortialabteilung in Berlin mit, bezüglich der „Beteiligungsmöglichkeiten altreichsdeutscher Kapitalisten im Warthegau müssen wir immer wieder feststellen, dass die Aussichten eher gering sind, altreichsdeutsches Kapital in den steuerbegünstigten Ostgebieten unterzubringen."[142] Der erhoffte Aufschwung des Vermittlungsgeschäfts mit betuchten Neuerwerbern blieb aus. Die

[139] Vgl. ebd., Kap. V.4.
[140] Siehe Bd. 1, Bähr, Kap. VII.9, und Bd. 3, Wixforth, S. 534ff.
[141] Loose, Ausraubung, S. 262.
[142] Bd. 3, Wixforth, S. 528.

Verkäufe scheiterten zumeist an der Vergabepraxis der HTO. Oft hatten die Dresdner Bank und ihre Tochter in Posen schlicht zur Kenntnis zu nehmen, dass ihre Vermittlungsbemühungen „gar nicht gefragt waren".[143] Doch solange der Sieg der Wehrmacht noch möglich erschien, bestand die Aussicht, das sich das Engagement jenseits der Oder eines Tages amortisieren würde. Ende 1941 machte sich ein Mitarbeiter in einem Brief an Carl Goetz Mut: „Die Ostgebiete an sich", schrieb er, „werden sicherlich, wirtschaftlich gesehen, eine große Zukunft haben." Der Vorstand der Ostbank hielt im Geschäftsbericht für dasselbe Jahr fest, nach dem Sieg könne der „ganze Ostraum systematisch erschlossen" werden, was „alle Zweige der Wirtschaft in Zukunft vor neue Aufgaben stellen wird".[144]

Da Hermann Göring und Heinrich Himmler ihre Hand nun einmal auf das Wirtschaftsleben in den neuen deutschen Ostgebieten gelegt hatten (mit Ausnahme der überwiegend im Danziger und Kattowitzer Raum ansässigen reichs- und volksdeutschen Firmen) und das Industriegeschäft die hoch gesteckten Erwartungen nicht erfüllte, stand und fiel der Geschäftsaufschwung mit dem Erfolg der rücksichtslos exekutierten Volkstumspolitik. Je eher der neue germanische Siedlungsraum florierte, desto früher würde das Engagement der Banken die erhoffte Dividende abwerfen. Die Aussicht auf künftige Gewinne legte es ihnen deshalb nahe, bei der Neuordnung des Ostens mit dem Regime an einem Strang zu ziehen. In klingende Münze ließ sich das aber so bald nicht umsetzen. Das zeigte sich bei den Krediten, die von der erwähnten Deutschen Umsiedlungs-Treuhand-Gesellschaft mbH an volksdeutsche Ansiedler vergeben wurden.[145] Bei diesen Darlehen beschränkte sich die Mitwirkung der deutschen Finanzinstitute auf die bloße Auszahlung der reichsverbürgten, sehr ertragsarmen Kredite. Das galt auch für das sog. Ostkonsortium, das auf einen Vorschlag des Vorsitzenden des SS-dominierten Aufsichtsrats der DUT, SS-Obergruppenführer Wilhelm Keppler, zurückging. Das von der Dresdner Bank angeführte Konsortium, an dem zahlreiche Institute beteiligt waren, reduzierte seinen ursprünglichen Kreditrahmen von 100 Mio. Reichsmark erheblich, als die nationalsozialistische Umsiedlungspolitik mehr und mehr ins Stocken geriet. Im Generalgouvernement liefen die ebenfalls von Kreditprogrammen begleiteten Eindeutschungsversuche, im Raum Zamosc, überhaupt erst Ende 1942 und mit „besonders grausigen"[146] Methoden an, blieben letztlich aber in einem Sumpf von Besatzungsterrorismus, Guerillaaktionen und allgemeiner Desorganisation stecken. Insgesamt war der Anteil der auf ein künftiges Kundenpotenzial spekulierenden deutschen Geldhäuser an der Finanzierung der Siedlungsprojekte Himmlers keineswegs ausschlaggebend, sie erkannten jedoch auch hier „den Konnex von Deportations- und Ansiedlungspolitik", den sie „in die eigene Geschäftsplanung einbanden". Der Zukunftsglaube der Banken wurde allerdings auf immer härtere Proben gestellt. Solange die Austreibung der Polen und Juden und die gleichzeitige Ansiedlung der Volksdeutschen nicht besser

[143] Ebd., S. 531.
[144] Zit. nach ebd., S. 511 und 515.
[145] Das Folgende nach Loose, Ausraubung, S. 281 ff.
[146] Heinemann, „Rasse", S. 403; vgl. ebd., S. 403 ff., und Loose, Ausraubung, S. 487 ff.; das folgende Zitat ebd., S. 288.

klappten, mussten die erwarteten Gewinne ausbleiben.[147] Ab 1942 begann im Warthegau wie in Danzig-Westpreußen die Expansionseuphorie fortschreitender Ernüchterung zu weichen.

Auch bei der Abwicklung polnischer und jüdischer Privatvermögen stellten sich die Banken als „wirkungsvolle Instrumente"[148] in den Dienst der NS-Behörden.[149] Diese verhängten sogleich nach ihrer Ankunft in den neuen Ostgauen eine Anzeigepflicht für größere Guthaben. Während man anfangs noch einen Unterschied zwischen jüdischen und polnischen Kontoinhabern machte, beiden aber strenge Verfügungsbeschränkungen auferlegte, waren Juden gezwungen, ihren gesamten liquiden Besitz auf einem einzigen Konto bei einer dazu autorisierten Bank zusammenzulegen. Damit wurden sie von vornherein „vollständig außerhalb des Rechts gestellt"[150] und der Verelendung anheim gegeben. Die Dresdner Bank und ihre Affiliation gehörten zu den Instituten, die von den Reichsstatthaltern zu Werkzeugen staatlicher Bereicherung bestimmt wurden. Das Zusammenspiel der Ostbank mit den Behörden gestaltete sich von Anfang an eng.

Die systematische Erfassung der Guthaben durch Ratzmanns HTO-Stelle hing ganz an der Mitwirkung der Banken. Sie funktionierte bereits reibungslos, als Mitte September 1940 mit der „Verordnung über die Behandlung von Vermögen der Angehörigen des ehemaligen polnischen Staates", der sog. Polenvermögensverordnung, der bereits in vollem Gange befindlichen Ausraubung ein legalistisches Mäntelchen übergeworfen wurde. Manchmal wiesen NS-Stellen die Banken einfach an, bei ihnen konzentrierte jüdische Guthaben dem Besatzungsapparat zu überweisen. Die Geldinstitute folgten dem nicht nur anstandslos, sie gingen in „vorauseilendem Gehorsam"[151] immer wieder über das Verlangte hinaus. So genügte der Dresdner-Bank-Filiale in Łódź beispielsweise die bloße Nachfrage der dortigen HTO-Nebenstelle, ob einer ihrer Kontoinhaber „Pole oder Jude" sei, um wie selbstverständlich die Einziehung des Kontos ihres Kunden anzunehmen und von sich aus die Überstellung des Guthabens einzuleiten. Die Ostbank verglich die Listen deportierter Polen selbstständig mit bei ihr geführten Konten und überwies noch vor der offiziellen Benachrichtigung durch die NS-Stellen Geldvermögen auf das amtliche Verwertungskonto. Der Normalfall war freilich einfache Bankroutine: Anforderung des Guthabens per Formblatt, Überweisung der Gelder mit standardisiertem Begleitschreiben. Die Institute behandelten die massenhafte Auslieferung der Vermögen als einen ganz normalen, mit der gewohnten Akribie abzuwickelnden Geschäftsvorgang. In ihrer amtlichen Hilfsfunktion waren sie bei der Ausplünderung Zehntausender als Finanzdienstleister so eng in die Depossedierung der polnischen Bevölkerung einbezogen, dass sie dabei mit der Zeit eine durchaus unverlangte Verfolgungsgründlichkeit entfalteten; das eine Mal durch gezielte Information der Behörden über einzelne Vermögensverhältnisse, das andere Mal durch die unaufgeforderte Zuleitung von Vermögensaufstellungen, die dann zur Grundlage von Beschlagnahmen wurden.

[147] Eine Ausnahme waren die Städte Bromberg und Posen; siehe Bd. 3, Wixforth, S. 513.
[148] Bd. 3, Wixforth, S. 587.
[149] Das Folgende nach Loose, Ausraubung, S. 108ff., und Bd. 3, Wixforth, Kap. V.14.
[150] Loose, Ausraubung, S. 64; das Folgende ebd., S. 60 und 112.
[151] Bd. 3, Wixforth, S. 584.

Der erhoffte Boom in den Fiktion gebliebenen NS-Mustergauen blieb allerdings aus. Dennoch konnten die Dresdner Bank und ihre Ostbank geschäftliche Verluste insgesamt vermeiden, weil sie das unbefriedigende Allgemeingeschäft im Warthegau wie gewohnt durch eine enge Zusammenarbeit mit dem nationalsozialistischen Herrschaftsapparat zu kompensieren verstanden.[152] Dabei kam ihnen nicht allein die Regimenähe von Emil Meyer und Karl Rasche, sondern auch die Fürsprache des Leiters der Posener HTO-Stelle Hugo Ratzmann zustatten, der nachgerade „die Funktion eines Mittelmannes zwischen der Dresdner Bank und der Verwaltung des Reichsstatthalters in Posen einnahm". Er schanzte der Ostbank nicht nur das Konto des HTO-Generalabwicklers für die beschlagnahmten Kreditinstitute zu, sondern auch das Konto der HTO-Stelle selbst. Das war aber noch nicht der ganze Lohn der Regimenähe. Die Ostbank in Posen avancierte darüber hinaus zur Hauptbankverbindung einer Reihe von Holdinggesellschaften, die den riesigen Besitz aus beschlagnahmtem polnischem und jüdischem Eigentum verwalteten, der nicht in dem erwarteten Tempo an die einströmenden Volksdeutschen verkauft werden konnte. Hierzu zählte insbesondere die Kontoführung für die Ostdeutsche Landbewirtschaftungsgesellschaft mbH, welche über Zehntausende von Landwirtschaftsbetrieben verfügte; es war eines der größten Konten der Ostbank überhaupt. Hinzu kamen sechs weitere Konten der Auffanggesellschaft für Kriegsteilnehmerbetriebe Wartheland, in deren Verfügung sich die beschlagnahmten Einzelhandelsgeschäfte zur Verteilung an Veteranen nach dem Sieg befanden. Auch hier war die unsichtbare Hand Hugo Ratzmanns zu verspüren.

Die Tochter der Dresdner Bank besaß sogar noch ehrenvollere Privilegien: Sie war auch die Hausbank der Reichsstatthalterei des Warthegaus selbst. Daneben verfügte Gauleiter Greiser bei der Ostbank über drei weitere Konten, darunter ein Sonderkonto, auf dem sich vermutlich Gelder aus der Verwertung jüdischen Besitzes und einbehaltener Lohn polnischer Zwangsarbeiter ansammelten. Außerdem war die von Emil Meyer beaufsichtigte Bank für die SS auch im Warthegau das Institut der Wahl, ihrer Wirtschaftsbetriebe ebenso wie der Waffen-SS, ferner der Gestapo, der Sicherheitspolizei und des SD, einschließlich der berüchtigten Kampfgruppe Reinefarth. Diese beteiligte sich auf Anweisung Greisers an der Niederwerfung des Warschauer Aufstands sowie der Zerstörung der polnischen Hauptstadt und terrorisierte bald darauf die Bevölkerung des Mustergaus durch ihren mitleidlosen Verbrannte-Erde-Aktionen. Harald Wixforth bezeichnet die Ostbank als „die Bank der NS-Spitze in Posen",[153] die nur dank ihres Vertrauensverhältnisses zu den Machthabern eine solch herausgehobene Stellung erreichen konnte. Tatsächlich ist es bemerkenswert, dass sich die Granden des Nationalsozialismus im Warthegau bei einer privaten Bank augenscheinlich in besseren Händen glaubten als etwa bei der Bank der Deutschen Arbeit, die der NSDAP gehörte und über die innerparteiliche Rivalen wohl einen allzu tiefen Einblick in ihre Finanzverhältnisse gewonnen hätten. Mit ihrer Regimenähe unterschied sich die Posener Affiliation aber nicht von ihrer Berliner Muttergesellschaft, die sich dieses Alleinstellungsmerkmal inzwischen auf Reichsebene erworben hatte.

[152] Das Folgende nach ebd., Kap. V.7; das folgende Zitat S. 522.
[153] Bd. 3, Wixforth, S. 536; das folgende Zitat ebd., S. 883.

Im Warthegau ließ sich die Dresdner Bank besonders tief mit dem NS-Regime ein, anfangs, um für den erhofften Boom der rassisch umgestalteten Ostprovinzen optimal gerüstet zu sein, dann, um die enttäuschten Zukunftserwartungen und ausgebliebenen Profite zu „kompensieren". Das enge Zusammenwirken mit den nationalsozialistischen Staats-, Partei- und Terrororganen, die im neuen deutschen Osten jeglichen Anschein des Rechts hinter sich ließen und vor aller Augen Deportationen, Raub und Mord zu ihrer Alltagsroutine machten, begründete eine eindeutige Mittäterschaft. Moralisch auch nach den weiter westlich hier und da noch hoch gehaltenen eigenen Maßstäben diskreditiert, geschäftlich immerhin nicht ruiniert, konnte die Geschäftsleitung der Dresdner Bank, die nach den vorliegenden Quellen zu keinem Zeitpunkt Anstalten machte, den Eifer ihrer Kollegen im Osten zu bremsen, eine insgesamt gemischte Bilanz ihrer Tochter entgegennehmen.

Komplizin der Besatzungsmacht im Generalgouvernement

Im 100000 Quadratkilometer großen Generalgouvernement mit seinen knapp 15 Mio. Einwohnern, in dem der volksdeutsche Bevölkerungsanteil erst in der zweiten Kriegshälfte über 1% stieg, aber 2% nie erreichte, bestimmten Ausbeutung und Vernichtung den Kurs der deutschen Besatzungsmacht noch viel stärker als in den neuen Ostgauen. Hier galt zunächst das „Trümmerhaufen"-Prinzip, d.h., „alle Ansätze einer Konsolidierung der Verhältnisse" waren nach dem Willen Hitlers zu beseitigen.[154] Generalgouverneur Hans Frank, „einer der Hauptarchitekten des Vernichtungsprozesses in Polen",[155] begann seine despotische Karriere denn auch mit einem breit angelegten, von dem HSSPF Friedrich Wilhelm Krüger durchgeführten Massaker, der sog. „AB-Aktion" (Allgemeine Befriedung). Insgesamt zählte man in Polen schon Ende 1939 50000 bei systematischen Liquidierungen Ermordete.[156] Hatte Frank ganz im Sinne der anfänglichen Strategie Hitlers noch der „rücksichtslosen Ausschlachtung" und einer „Drosselung der gesamten Wirtschaft Polens auf das für die notdürftigste Lebenshaltung der Bevölkerung unbedingt notwendige Minimum" das Wort geredet, so änderte sich dieser Kurs schon im ersten Besatzungsjahr.[157] An die Stelle hemmungsloser Zerstörung trat die größtmögliche Ausbeutung. Nach einem neuerlichen Richtungswechsel kam es seit Ende 1942 sogar zu Eindeutschungsversuchen – „ein einziger Misserfolg"[158] –, die angesichts der Bevölkerungsverhältnisse im Generalgouvernement noch illusorischer waren als in den angegliederten Ostgebieten.

Obgleich der agrarisch geprägte, rohstoffarme und übervölkerte Kolonialraum – den der im Königsschloss in Krakau residierende Frank so unbarmherzig in den Griff nahm wie nur je ein Zwingherr der Geschichte – nach der Abtrennung seiner Industrieregionen und bei der absoluten Dominanz von staatlichen Behörden und Parteidienststellen zunächst keine Aussicht auf ein halbwegs normales Bankge-

[154] Zit. nach Loose, Ausraubung, S. 329.
[155] Hilberg, Vernichtung, S. 207.
[156] Browning, „Endlösung", S. 63f.
[157] Zit. nach Loose, Ausraubung, S. 329.
[158] Heinemann, „Rasse", S. 415.

schäft bot, meldeten die großen privaten Geldhäuser sogleich ihr Interesse an einer Ausweitung ihrer Geschäftstätigkeit in dieses Gebiet an. Diesen Schritt legte ihnen schon die Konkurrenz untereinander nahe, doch bestimmten auch hier vor allem Zukunftserwartungen ihr strategisches Kalkül. Zum einen war nicht abzusehen, ob das Deutsche Reich nicht auch das Generalgouvernement eines Tages zu einem entwickelten Wirtschaftsraum ausbauen würde. Zum anderen würde „Rest-Polen", falls die Niederwerfung des Nachbarstaats noch nicht der letzte Schritt zur Gewinnung des viel beschworenen Lebensraums im Osten gewesen sein sollte, das ideale Sprungbrett in die Sowjetunion sein.[159] Auf jeden Fall konnten die Großbanken damit rechnen, von der Besatzungsverwaltung Hans Franks und den von ihr kontrollierten Unternehmen der Ausbeutungswirtschaft als Finanzdienstleister gebraucht zu werden.

Die Bankenlandschaft war freilich eine andere als in den eingegliederten Ostgebieten. Im Generalgouvernement durften eine Reihe polnischer Institute weiterexistieren, die den reichsdeutschen Konkurrenz machten. Geschäftsverkehr mit dem polnischen Wirtschaftssektor hatte letztere nicht. Ebenso wie im Warthegau erfreute sich die Dresdner Bank auch hier eines Standortvorteils gegenüber der Deutschen Bank und der Commerzbank. Seit Anfang der dreißiger Jahre besaß sie nämlich in Krakau etwa ein Viertel des Aktienkapitals der jetzt eilends revitalisierten Kommerzialbank. Zweiter Großaktionär war die mittlerweile in der Länderbank Wien aufgegangene Mercurbank, wodurch das Krakauer Institut rasch als Tochtergesellschaft in den Dresdner-Bank-Konzern eingefügt werden konnte. Dessen beherrschende Stellung kam darin zum Ausdruck, dass die Geschäftsleitung der polnischen Tochter von zwei Mitarbeitern des Mutterkonzerns und der Vorsitz im Verwaltungsrat von Emil Meyer übernommen wurden; auch sein alter Kampfgefährte Edmund Veesenmayer, als Mitarbeiter des Auswärtigen Amtes inzwischen eine treibende Kraft des Judenmords auf dem Balkan, bekam ein Mandat. Anfang Februar 1941 skizzierte Meyer die geschäftlichen Schwerpunkte der Kommerzialbank recht eindeutig: „Herr Prof. Meyer sagte uns, dass wir die Bank der SS seien und dass alle Geschäfte über uns laufen", heißt es in einer Aktennotiz über seine Unterredung mit den Spitzen der Krakauer Dresdner-Bank-Tochter. „Gegenpart ist die Abteilung Verwaltung und Wirtschaft der SS (Gruppenführer Pohl, zu dem sehr gute Verbindungen bestehen). Wir können diese Tatsache bei unserer Werbung auswerten und würden in Berlin bei der SS größte Unterstützung finden."[160]

Die Commerzbank, die Bank der Deutschen Arbeit und die Deutsche Bank (die allerdings im Frühjahr 1940 das Feld ihrer Wiener Creditanstalt überließ) eröffneten ebenfalls Niederlassungen in Krakau. Nach dem deutschen Überfall auf die Sowjetunion drängten Deutsche Bank und Dresdner Bank auf eine Erweiterung ihrer Präsenz im Generalgouvernement. Da mittlerweile das Geschäft in dem mit Schwerindustrie und Großlandwirtschaft gesegneten Reichskommissariat Ukraine lockte, war Emil Meyer keine Methode zu grob, um von Hans Franks Bankenaufsichtsstelle die Genehmigung zur Eröffnung auch einer Kom-

[159] Das Folgende nach Bd. 3, Wixforth, Kap. V.10, und Loose, Ausraubung, S. 341 ff.
[160] Zit. Bd. 1, Bähr, S. 501.

merzialbank-Filiale im südostpolnischen Lemberg zu erwirken. Dazu drohte das prominente Vorstandsmitglied der Dresdner Bank dem Leiter der Bankenaufsicht nach dessen Aufzeichnung unverblümt damit, „seinen bekannten Interventionsapparat einzuschalten".[161] Der Distriktgouverneur in Lemberg gab Meyers Druck nach, doch bei Eröffnung der Lemberger Zweigstelle unmittelbar nach dem Desaster von Stalingrad fiel bereits einiger Schatten auf die Zukunftsgewissheit im deutschen Ostraum. Eine normale Geschäftstätigkeit entwickelte die Filiale nicht mehr.

Genau gegenteilig verlief die Entfaltung der Kommerzialbank am Herrschaftssitz in Krakau, wenn auch nicht als Folge eines normalen Bankgeschäfts. Das von der Dresdner-Bank-Zentrale an kurzer Leine geführte Geldhaus entwickelte sich aus freien Stücken und aus eigener Entscheidung zu einem regelrechten Instrument des nationalsozialistischen Machtapparats. Drei Felder waren es vor allem, auf denen die Kommerzialbank ihre Erfolge erzielte: als Hausbank von staatlichen und halbstaatlichen Monopolgesellschaften, die „Rest-Polen" ausbeuteten; als Bankverbindung von Rüstungsunternehmen, die wegen der billigen Sklavenarbeit und der zunehmenden Gefährdung durch alliierte Bomber ins Generalgouvernement auswichen; als Finanzdienstleister der deutschen Besatzungsorgane und der Spezialeinheiten, die seit 1942 die systematische Ermordung der polnischen Juden und die „Verwertung" ihrer Habe betrieben. Immer wieder war es Emil Meyer persönlich, der Wirtschaftsunternehmen und NS-Dienststellen dazu brachte, Kunden der Kommerzialbank zu werden. Der Vorstand der Dresdner Bank und ihr Aufsichtsratsvorsitzender Carl Goetz waren gewiss nicht in jeden einzelnen Schritt ihres Vorstandmitglieds eingeweiht, doch genauso gewiss war die Berliner Zentrale über mehr als nur die Grundzüge der Geschäfte im Bilde, auf die sich ihre Tochter einließ. Ohne Zustimmung der Muttergesellschaft, die sich die Genehmigung von Krediten ab 100000 Złoty (50000 RM) vorbehielt, vermochte die Krakauer Affiliation nur wenig zu bewerkstelligen, gegen deren Willen nichts.

Von einem halbwegs normalen Bankgeschäft kann, wie gesagt, in „Rest-Polen" nicht gesprochen werden, denn seine ohnehin schwache Wirtschaftsstruktur war verwüstet. Durch rassepolitische Experimente, Verschleppungen und Massenmord büßte es einen beträchtlichen Teil seines „Humankapitals" ein, als Hinterland der Front wurde es durch den polnischen Widerstand und die Rote Armee zunehmend gefährdet. Höchste Priorität besaß für die deutsche Besatzungsmacht immer die möglichst gründliche Ausbeutung der polnischen Landwirtschaft für die Lebensmittelversorgung der eigenen Soldaten und Reichsbürger. Als Instrument dieser „Hungerpolitik"[162] mit ihren verheerenden Konsequenzen für die einheimische Bevölkerung diente die bald gegründete, privatwirtschaftlich organisierte Landwirtschaftliche Zentralstelle. Sie hatte unter der Verantwortung des HSSPF mit allen Mitteln die Ernte einzubringen, kaufte sie zu Zwangspreisen auf und lagerte sie zeitweise ein. Die Verwertung der polnischen landwirtschaftlichen Produktion führte zu einem sehr hohen Kapitalbedarf, den sie überwiegend bei der Kommerzialbank deckte.[163] „Unschwer ist zu erkennen", bemerkt Harald

[161] Zit. Bd. 3, Wixforth, S. 546.
[162] Loose, Ausraubung, S. 479.
[163] Nach Bd. 3, Wixforth, Kap. V.11; das folgende Zitat ebd., S. 549.

Wixforth, „dass das Engagement der Kommerzialbank bei der Landwirtschaftlichen Zentralstelle mit zu den größten Geschäften zählt, die das Institut zwischen 1940 und 1945 überhaupt durchführen konnte."

Die Textilhandelsgesellschaft Krakau GmbH, ein weiterer Großkunde der Kommerzialbank, wurde Mitte 1941 zur Ausplünderung der polnischen Juden ins Leben gerufen. Sie beschlagnahmte die Textilbestände jüdischer Firmen und schaltete sich darüber hinaus in den Import und die Produktion von Textilien ein. Das war die Domäne von Hans Kehrl und wohl mit ein Grund dafür, dass Dresdner Bank und Kommerzialbank die Konkurrenz auf dem Felde ihres langjährigen mächtigen Förderers mit „Kampfkonditionen"[164] aus dem Felde schlug. Das Sondergeschäft „bezüglich der beschlagnahmten jüdischen Textilien"[165] sei abgeschlossen, teilte die Kommerzialbank im Frühjahr 1942 ihrer Zentrale in Berlin mit, gleichwohl würden weitere Mittel beantragt. Das war der Zeitpunkt, als die „Aktion Reinhardt" begann, die Vernichtung der polnischen Juden und die Verwertung ihrer Habe einschließlich ihrer Kleidung. Bis dahin hatten die Dresdner Bank und ihre Tochter innerhalb nur eines dreiviertel Jahres Darlehen in Höhe von umgerechnet gut 17 Millionen RM an die Textilhandelsgesellschaft ausgereicht. Die Tochter der Dresdner Bank blieb die wichtigste Bankverbindung der Textilhandelsgesellschaft und machte damit nach eigenem Bekunden „ansehnliche Gewinne" bei einem Geschäft, über dessen Zweck bei den Bankiers keinerlei Unklarheit bestehen konnte.

Die Dresdner-Bank-Tochter war zwar von Beginn an das führende reichsdeutsche Finanzinstitut im Generalgouvernement, hatte offenbar aber bis 1941 noch nicht erwartungsgemäß Tritt gefasst. Erst ab dem Folgejahr konnte die Kommerzialbank „auf steigende Erträge und eine wachsende Bilanzsumme verweisen". Das entsprach dem Trend, denn die Creditanstalt und die Commerzbank zeigten zwischen 1940 und 1943 ebenfalls eine deutliche Aufwärtsentwicklung. Die Verdienstmöglichkeiten aller deutschen Banken im Generalgouvernement waren in extremer Weise von den Chancen abhängig, die ihnen von den Besatzungsbehörden gewährt wurden, darunter namentlich die Geschäfte mit den aus dem Boden gestampften besatzungstypischen Unternehmen halbstaatlicher Natur wie der Landwirtschaftlichen Zentralstelle und der Textilhandelsgesellschaft. Solche Engagements waren nicht mit der ursprünglichen Hoffnung auf eine in Polen zu entwickelnde und mitzufinanzierende Volkswirtschaft mit zukunftsfähigen Strukturen in Einklang zu bringen.

Je länger der Krieg andauerte, desto umstandsloser waren die NS-Stellen überdies bereit, in einer vermeintlichen Defensive im Geschäftsgebaren Defätismus zu wittern. Banken wie die Dresdner Bank und die Kommerzialbank, die aus ihrer Regimenähe geschäftliche Vorteile zogen, waren an diesem Punkte besonders verwundbar und zudem geneigt, langjährige Kundenbeziehungen, die aus dieser Affinität entstanden waren, nicht nur nicht zu strapazieren, sondern ihnen auch eine Bonität zuzusprechen, die sie in einem strikt betriebswirtschaftlichen Sinne vielleicht gar nicht mehr besaßen: „Bei der Verbindung zwischen der Dresdner

[164] Ebd., S. 550.
[165] Zit. nach ebd.; die folgenden Zitate ebd., S. 553 und 561.

Bank und den Göringwerken", so ließ sich Emil Meyer gegenüber der Bankenaufsichtsstelle gegen Mitte des Krieges einmal vernehmen, sei es „unmöglich", Kredite an deren große polnische Werke abzulehnen. „Die Dresdner Bank sichere sich jedoch in der Weise, dass sie sich von den maßgebenden Herren der Zentralunternehmungen weitgehende moralische Haftungen geben ließe, die auch schriftlich bestätigt würden."[166] In der Tat standen bei der Kommerzialbank neben privaten Unternehmen die Betriebsgesellschaften der Reichswerke ganz oben auf der Kundenliste. Mit ihnen machte sie ihre größten Umsätze bei der Industriefinanzierung. Damit hatte die Dresdner Bank im Generalgouvernement „ein unternehmensstrategisches Ziel erreicht: Auch hier blieb sie über ihre Krakauer Affiliation die wichtigste Bankverbindung der Reichswerke Hermann Göring".[167] Das war inzwischen keine Selbstverständlichkeit mehr, sondern die Frucht beharrlicher Kontaktpflege, zumal die Deutsche Bank nicht locker ließ in ihrem Bemühen, in diese Partnerschaft einzubrechen.

Wie sehr die Kommerzialbank auch über private Kunden in die menschenverschlingenden Praktiken der deutschen Kriegswirtschaft hineingeriet, wird unter anderem an ihrer Zusammenarbeit mit der berüchtigten Hugo Schneider AG (Hasag) aus Leipzig anschaulich,[168] einer der bedeutendsten Kundinnen der Kommerzialbank im Industriegeschäft, die das größte für die Wehrmacht produzierende Unternehmen im Generalgouvernement war und dort ein Hüttenwerk und zwei Munitionsfabriken betrieb. Die Leipziger setzten auf ihren Anlagen bis zu 40000 jüdische Zwangsarbeiter zur Herstellung von Granaten aller Art ein. Die Produktionsbedingungen in ihrem Werk in Skarzysko-Kamienna, wo an die 20000 Menschen starben, waren mit die schlimmsten in Franks Territorium. Seit dem Ausbau der Hasag-Betriebe ab 1941 gingen die von der Dresdner-Bank-Tochter bewilligten Summen steil nach oben. Das von der Hasag in Kauf genommene und niemandem verborgen bleibende Massensterben bei der Munitionsherstellung konnte die eisernen Grundsätze der ökonomischen Rationalität nicht ins Wanken bringen. Dasselbe trifft auf die Heinkel-Flugzeugfabriken in Mielec zu, bei denen die Kommerzialbank alleinige Bankverbindung war und die als erste jüdische Zwangsarbeiter einsetzten.[169] Bei dem ebenfalls kreditierten Forschungsinstitut der Behring-Werke (als Einbruch in die Geschäftsbeziehungen der Deutschen Bank mit der I.G. Farben ein kleiner Triumph), das Ende 1942 in Lemberg seiner Bestimmung übergeben wurde und sich nach dem Willen der Reichsärztekammer und der Behörden im Generalgouvernement zur weltweit größten Fleckfieberforschungsstätte entwickeln sollte, muss offen bleiben, ob Dresdner Bank und Kommerzialbank ahnten, dass die Fleckfieberexperimente der SS-Ärzte schon seit eineinhalb Jahren mit Menschenversuchen einhergingen.[170]

Völlig offenkundig war dagegen das Schicksal der Juden im Generalgouvernement. Bereits wenige Monate nach Ankunft der deutschen Besatzungsmacht

[166] Loose, Ausraubung, S. 456.
[167] Bd. 3, Wixforth, S. 559.
[168] Siehe ebd., S. 554f.; vgl. auch Bd. 1, Schneider, Kap. VII.7.
[169] Loose, Ausraubung, S. 464.
[170] Bd. 3, Wixforth, S. 560.

waren sie in eine „beispiellose humanitäre Katastrophe“[171] gestürzt worden. In freier Willkür riss die so genannte Treuhandstelle des Generalgouvernements das gesamte jüdische Vermögen, aber auch das Vermögen des polnischen Staates und bei Bedarf auch polnisches Privatvermögen in nicht mehr quantifizierbarem Umfang an sich. Sie konnte das tun, da Göring auf eine Ausdehnung seiner HTO-Organisation auf das Herrschaftsgebiet Hans Franks verzichtet hatte. Auch hier kamen die Großbanken trotz lebhaften Interesses kaum ins private Vermittlungsgeschäft. So setzte die Kommerzialbank ihre Muttergesellschaft denn auch bald davon in Kenntnis, die Überführung von zwangsverwalteten Betrieben solle „erst nach Kriegsende erfolgen“.[172] Für die Juden ging mit dem Vermögensraub die Isolierung einher. Seit Anfang 1940 pferchte sie die deutsche Besatzungsmacht in abgeschlossenen Stadtteilen zusammen. Schon wegen der mitunter gegebenen räumlichen Nähe der Filialen zu den Ghettos und erst recht an den im Zahlungsverkehr zu registrierenden Folgewirkungen der Pauperisierung, an der die Kreditinstitute aktiv mitwirkten,[173] konnte sich jeder im Bankgeschäft Tätige seinen Reim auf die zunehmend verschärfte „Judenpolitik“ machen. Bereits Anfang 1942 kam es in vielen Städten des Regierungsbezirkes Litzmannstadt obendrein dazu, dass Juden „wahllos aus den Ghettos heraus verhaftet und öffentlich ermordet wurden“.[174] Solche Aktionen waren genauso unübersehbar wie die späteren gewaltsamen Räumungen der geschlossenen Wohnbezirke überall in Polen, die teilweise mit dem Einsatz von Hunderten von Polizisten erfolgte.

Neben solcher allgemeinen Mitwisserschaft gab es für die Bankbeamten im Generalgouvernement wie in den neuen Ostgebieten reichlich Gelegenheit, sich im Geschäftsverkehr mit den Ghetto-Insassen auch eine spezielle Mitwisserschaft zu erwerben. Wenn sie Überweisungen im Auftrag von Hilfsorganisationen oder ausländischen Angehörigen zu tätigen hatten, versuchten sie das penibel zu erledigen, drängten auf eine korrekte Auszahlung an die Empfänger und bestanden auf ordnungsgemäßer Quittierung. Doch dabei begegneten sie genau denselben Schwierigkeiten wie bei den Nachforschungen nach ihren eigenen verschwundenen jüdischen Pensionsempfängern.[175] Als das systematische Morden in Polen begann, hatte die Gestapo schon vorgesorgt und die persönliche Quittierung von Überweisungen durch Juden im Ghetto verboten.[176] Für die Banken blieben solche Dinge keineswegs rätselhaft, sie wussten nur genau, was man im Schriftverkehr aussprechen durfte und was nicht. Aufgebracht wandte sich die Ghettoverwaltung im Sommer 1942 einmal an die Zweigstelle der Dresdner Bank in Łódź, weil diese ebenso wie andere Institute nicht aufhörte, auf einer persönlichen Quittierung durch den Empfänger zu bestehen. Die städtische Behörde geißelte in ihrem Schreiben namentlich „die vollkommen unberechtigten Behauptungen, dass die Beträge die Begünstigten nicht erreichten“. Man könne darin nur den Versuch erblicken, über die Verwaltung „Lebenszeichen“ von den Adressaten zu

171 Loose, Ausraubung, S. 394; zum Folgenden ebd., S. 375 ff.
172 Zit. nach Bd. 3, Wixforth, S. 566.
173 Das Folgende nach Bd. 3, Wixforth, Kap. V.14, und Loose, Ausraubung, S. 175 ff.
174 Ebd., S. 201.
175 Vgl. oben, S. 103 ff.
176 Siehe Loose, Ausraubung, S. 192 ff.; auch zum Folgenden. Die nachfolgenden Zitate ebd., S. 195.

erhalten; es sei aus „arbeitstechnischen Gründen vollkommen unmöglich“, künftig auf derlei Einzelfälle einzugehen.

Jedem Bankbeamten, der sich nicht mit einer schwarzen Binde vor den Augen durch die Welt bewegte, war klar, dass diese Mitteilung lediglich eine jener Sprachregelungen war, mit denen die Deportation der Juden in die Vernichtungslager kaschiert wurde. Immerhin registrierten die Kreditinstitute die Pauperisierung der jüdischen Bevölkerung, die ohne ihr eigene Mitwirkung gar nicht möglich gewesen wäre, von Anfang an genauestens. Das Schicksal der Ghetto-Insassen war ihnen genauso vertraut, und seit 1942 berichteten sie in einer Fülle von Berichten detailliert über deren Deportation und namentlich die wirtschaftsstörenden Auswirkungen dieser Dezimierung. Das geschah durchweg im Tonfall nüchterner Sachlichkeit, in dem die Banken seit jeher ihre internen Lageberichte zur Wirtschaftsverwaltung abzufassen pflegten. Dabei hoben sie hauptsächlich auf die gestiegenen Kreditrisiken ab, die sich für sie aus dem Abzug der jüdischen Arbeitskräfte aus den bei ihnen verschuldeten Firmen ergaben. Im Herbst 1942 monierte die Treuhandstelle des Generalgouvernements, durch die „sog. Judenaussiedlungsaktion“ seien in den Ghettos der einzelnen Distrikte Wirtschaftsschäden in Millionenhöhe entstanden.[177] Die Filiale Sosnowitz meldete der Kattowitzer Zweigstelle, einige ihrer Kunden, die jüdische Arbeitskräfte beschäftigt hatten, seien nun „in eine Krise gekommen“, die sich auch in den Umsätzen bemerkbar mache. Bendsburg bestätigte das Bild ein dreiviertel Jahr später. Der Umstand, dass aus der Stadt „15000 Menschen (Juden) ausgeschieden“ seien, habe „seinen Niederschlag auf den gesamten Geschäftsumsatz“ gefunden, lautete das Resümee.[178]

In vielen Berichten schimmerten die Hintergründe dieses ökonomischen Desasters und das Wissen über den Massenmord gut erkennbar durch. So sprach eine Emissionsbankfiliale im Distrikt Galizien im Juni 1943 von der „fortschreitenden Ausmerzung jüdischer Arbeitskräfte“.[179] Im Oktober, während die Tötungsanlagen im benachbarten Auschwitz immer neue Menschentransporte verschlangen, ging die Filiale der Dresdner Bank in Bendsburg bis an den Rand des Mitteilungsfähigen. „In unserem Bericht vom 3. Juli des Jahres führten wir aus, dass den hiesigen Großunternehmen die Beschäftigung von Juden bis Kriegsende bei einer Verlegung ihrer Betriebsstätten von den Behörden zugestanden wurde. Aus politischen Gründen ist jedoch eine Änderung eingetreten und es ist in der Zeit vom 1. bis 4. August 1943 eine fast vollständige Aussiedlung der in den Gettos von Bendsburg und Sosnowitz noch vorhandenen Juden durchgeführt worden.“[180] Die menschliche Teilnahmslosigkeit der Berichte war keine Besonderheit der Dresdner Bank, sondern lediglich der Reflex einer in allen Schichten der Bevölkerung und in allen Teilen der Elite virulenten Einstellung insbesondere gegenüber den „Ostjuden“. Auch die Bankbeamten standen gerade in Polen unter dem Eindruck der allgegenwärtigen „erniedrigenden Rituale und öffentlichen Demütigungen“ der Juden, der behördlich ausgelösten „Flut von Maßnahmen zur Kenn-

[177] Siehe ebd., S. 422.
[178] Zit. nach ebd., S. 170 und 172.
[179] Zit. nach ebd., S. 420.
[180] Zit. nach Bd. 3, Wixforth, S. 614.

zeichnung, Enteignung, Aussonderung und Rekrutierung von Zwangsarbeitern“ sowie der vermehrten „Ausbreitung von Armut, Hunger und Krankheit“. Viele von ihnen hatten aber einen tieferen Einblick in diesen „Teufelskreis von Entmenschlichung und Verfolgung“[181] als die anderen. Als Angestellte der Dresdner Bank konnten sie etwa aufkeimende Bedenken allerdings leicht beiseite schieben, denn die Nähe zu dem Regime, das all dies vorantrieb, war Teil der Unternehmensphilosophie ihrer eigenen Geschäftsleitung.

Es war vor allem Emil Meyer, dem es gelang – ohne dass er den Einspruch von Carl Goetz oder des Vorstands zu gewärtigen gehabt hätte –, den Verwaltungs-, Partei- und Mordorganen im Generalgouvernement die Kommerzialbank als Finanzdienstleisterin nahe zu bringen.[182] Er führte die Krakauer Tochtergesellschaft eng an den inneren Kern der nationalsozialistischen Rasse- und Vernichtungspolitik in Polen heran, „um ihr operatives Geschäft auszubauen und konkurrierende Institute auszustechen“. Das gelang nicht vollständig, da auch andere deutsche Banken geschäftliche Beziehungen zu den nationalsozialistischen Dienststellen unterhielten, doch gestalteten sich diese nicht entfernt so dicht und umfassend wie die der Dresdner-Bank-Tochter. Ein Blick auf den Stand der Kreditoren zu Beginn des Jahres 1942, als die Spezialbeziehungen der Kommerzialbank zu den NS-Instanzen ihren Höhepunkt noch lange nicht erreicht hatten, zeigt deren politisch verzerrte Geschäftsstruktur. Von den Einlagen in Höhe von 129,4 Mio. Złoty stammten nur Guthaben im Umfang von knapp 59 Mio. Złoty aus dem regulären Industrie- und Privatkundengeschäft, gut 70 Mio. Złoty gingen dagegen direkt auf die intensive Zusammenarbeit mit dem Herrschaftsapparat zurück.

Zu den Großkunden, die der Kommerzialbank in Krakau in ähnlicher Weise ihr Vertrauen schenkten wie die zentralen Institutionen der SS der Dresdner Bank in Berlin[183] oder Himmlers Apparate in Österreich, im Protektorat oder in den eingegliederten Ostgauen, gehörten mehrere Dienststellen auf dem Wawel, verschiedene Treuhandverwaltungen für die beschlagnahmten Vermögen (darunter ein „Sonderkonto Lublin“, das sich noch 1945 auf fast 12,5 Mio. Złoty belief und bei dem Ingo Loose einen direkten Zusammenhang mit Erträgen aus dem Judenmord vermutet[184]), sodann einzelne Regierungsmitglieder wie Franks berüchtigter Staatssekretär Josef Bühler, die Werke des Generalgouvernements, Bewirtschaftungsstellen zur Verteilung der beschlagnahmten oder zu Zwangspreisen eingekauften Waren, zahlreiche Dienststellen reichsdeutscher Behörden, der Sonderbevollmächtigte für die Erdölwirtschaft im Generalgouvernement sowie Untergliederungen der NSDAP. Die beiden letzteren führten in der ersten Jahreshälfte 1942 mit die größten Bewegungen auf diesen Konten überhaupt durch. Der Sonderbevollmächtigte legte 15 Mio. Złoty an, der Arbeitsbereich Generalgouvernement der NSDAP 3,5 Mio. Złoty. Dass sich die Krakauer Affiliation ihre überragende Stellung bei dem Befehlshaber der Sicherheitspolizei und des SD ohne den persönlichen Einsatz ihres Verwaltungsratsvorsitzenden Emil Meyer hätte erarbeiten können, ist nicht sehr wahrscheinlich.

[181] Browning, „Endlösung“, S. 613.
[182] Zum Folgenden Bd. 3, Wixforth, Kap. V.12; das folgende Zitat ebd., S. 569.
[183] Siehe Bd. 1, Bähr, Kap. IX.
[184] Loose, Ausraubung, S. 431.

Meyer ging aber noch weiter. Die „Endlösung“ als konstitutiver Bestandteil der deutschen Eroberungs- und Besatzungspolitik[185] war bereits in Gang gesetzt, die Vernichtung der polnischen Juden in der „Aktion Reinhardt“ seit einem halben Jahr angelaufen, da startete er im Spätsommer 1942 eine Offensive um die geschäftliche Gunst eines der Hauptverantwortlichen für diesen Massenmord und für das Wüten der SS gegen die nichtjüdische polnische Bevölkerung, den HSSPF im Generalgouvernement, SS-Obergruppenführer und General der Polizei Friedrich Wilhelm Krüger. Zunächst bat Meyer seinen Vetter Wilhelm Keppler um ein entsprechendes Empfehlungsschreiben, dann schaltete er einen Spitzenfunktionär des SS-Wirtschaftsverwaltungshauptamts im Range eines SS-Brigadeführers ein, der sich dann seinerseits an Krüger wandte und ihm das Vorstandsmitglied der Dresdner Bank wärmstens als Geschäftspartner anempfahl: „Herr Meyer“, so schrieb er, „steht in enger Arbeitsbeziehung mit dem SS-Wirtschafts- und Verwaltungshauptamt und hat sich besonders in schwierigen Kreditfragen als außerordentlich entgegenkommend für die Schutzstaffel gezeigt.“ Wenige Tage später wandte sich Meyer schließlich persönlich mit einem Schreiben an den Chefexekutor in Hans Franks Kolonie. Er würde ihn bei seinem nächsten Besuch in Krakau gerne aufsuchen, ließ er wissen, um mit ihm einige Frage zu erörtern, „die den Wirtschaftsraum des Generalgouvernement betreffen, die gleichzeitig auch mit gewissen Sonderaufgaben der Schutzstaffeln zusammenhängen“. Das ist einer der deutlichsten Hinweise auf die Holocaust-Mitwisserschaft bei der Dresdner Bank überhaupt, denn Krüger wird gewusst haben, auf welche Sonderaufgaben Meyer hier offen anspielte. Im gleichen Atemzug legte das Vorstandsmitglied der Berliner Großbank dem Vertreter Himmlers im Generalgouvernement die Kommerzialbank ans Herz, sollte der HSSPF „in der Zwischenzeit in irgendwelchen Bankfragen Wünsche haben“. [186]

Diesen Avancen war voller Erfolg beschieden, und der Verwaltungsratsvorsitzende versäumte es anschließend nicht, seine Verdienste dabei gebührend herauszustreichen. Die SS und ihre Untergliederungen eröffneten bei der Krakauer Tochtergesellschaft der Dresdner Bank also eine Reihe von Konten, auf denen sie bald exorbitante Summen anhäuften. Dafür gewährte die Kommerzialbank mitunter überhöhte Habenzinsen, ein Angebot, das die Krakauer Dienststelle des Reichskommissars für die Festigung deutschen Volkstums beispielsweise dazu bewog, von der Emissionsbank zu dem neuen Anbieter zu wechseln. Zwar führte auch die Creditanstalt ein Konto der Höheren SS- und Polizeiführung, doch reichten die Umsätze dort bei weitem nicht an die bei der Kommerzialbank heran. Belief sich im Sommer 1944 ein spezielles Konto Krügers bei der Deutsche-Bank-Tochter beispielsweise auf 8 Mio. Złoty, so waren es auf einem vergleichbaren Konto bei der Dresdner Bank-Tochter 79 Mio. Złoty,[187] also fast 40 Mio. RM.

Als die Expansionseuphorie und die Zukunftsvisionen im Osten der Ernüchterung gewichen waren und die militärische Lage unsicher zu werden begann, zeigte

[185] Siehe Ulrich Herbert (Hg.), Nationalsozialistische Vernichtungspolitik 1939–1945. Neue Forschungen und Kontroversen, Frankfurt/Main 1998.
[186] Zit. nach Bd. 3, Wixforth, S. 571.
[187] Vgl. ebd., S. 572.

sich die Kehrseite dieser Partnerschaft des Vertrauens.[188] Als die SS-Dienststellen in Krakau sich im Sommer 1944 zum Rückzug aus der Hauptstadt ihrer Mordprovinz rüsteten, hätte der Abzug der SS-Gelder die Kommerzialbank, die dafür ihre gesamten liquiden Mittel hätte in Anspruch nehmen müssen, augenblicklich an den Rand des Bankrotts geführt. Die drohende Zahlungsunfähigkeit mobilisierte die Verantwortlichen des Geldhauses und sogar die Regierung auf dem Wawel. Generalgouverneur Frank intervenierte persönlich bei der SS-Führung, um das Schlimmste zu verhindern. Daraufhin ließ es die SS zunächst beim Abzug von knapp 40% ihres Guthabens bewenden. Ihre fatale „Abhängigkeit von Finanzdispositionen der SS" schwebte jedoch weiterhin als Damoklesschwert über der Kommerzialbank, die häufig nur noch als „reines Instrument der Herrschaftspraxis"[189] fungierte. Dies war allerdings nur eine besonders krasse Variante eines allgemeinen Dilemmas der deutschen Großbanken in Krakau, denen ihre Zentralen und Muttergesellschaften im Reich wegen der Devisengrenze bei Engpässen nur schwer unter die Arme greifen konnten. Ihr Passivgeschäft und damit ihre Liquidität hingen stark an den Sichteinlagen der NS-Behörden und standen, wie sich jetzt drastisch zeigte, immer auf tönernen Füßen.[190]

Jene Riesensumme von 79 Mio. Złoty, welche die Kommerzialbank auf dem Konto Reichsführer SS des HSSPF Friedrich Wilhelm Krüger führte, war der unmittelbare Ertrag, der bei der Ausplünderung der ermordeten Juden anfiel.[191] Nach dem Abschlussbericht, den SS-Gruppenführer Odilo Globocnik im Dezember 1943 erstellte, hatte die „Aktion Reinhardt" die Gesamtsumme von 171,4 Mio. Złoty (85,7 Mio. RM) eingebracht. Nach Abführung eines Teilbetrags an die Reichsbank und der Begleichung der Unkosten, die beim Massenmord entstanden waren, dürften der SS Ende 1943 gut 77 Mio. Złoty geblieben sein – ziemlich genau die Summe, die bei der Kommerzialbank auf dem Konto lag, das SS-Obergruppenführer Krüger auf Drängen Meyers im Spätsommer des Vorjahrs dort eröffnet hatte. Es ist unwahrscheinlich, dass sich auf diesem Sonderkonto etwa andere Gelder der SS aufsummierten, da deren Dienststellen über eigene Guthaben bei der Kommerzialbank verfügten. Überdies ist in einem Schreiben der Krakauer Bankenaufsichtsstelle an die Regierung des Generalgouvernements von Mitte August 1944 davon die Rede, das Großguthaben liege seit einem Dreivierteljahr bei der Kommerzialbank. Das geht zeitlich gut mit der Tatsache zusammen, dass der unmittelbar mit der Judenvernichtung beauftragte, Krüger direkt unterstellte Globocnik ein Dreivierteljahr vor der Buchung bei der Kommerzialbank die Abschlussbilanz seiner Verbrechen vorlegte. Ein Großteil der Raubgelder dürfte, als der SS der Boden in Polen endgültig zu heiß wurde, an die Reichsbank geflossen sein. Das operative Geschäft der Krakauer Dresdner-Bank-Tochter mit der SS kam damit dennoch nicht zum Erliegen. Als die Kommerzialbank Ende 1944 ihre Geschäftstätigkeit im vollständig ruinierten Generalgouver-

188 Zum Folgenden Bd. 3, Wixforth, S. 572f.; das folgende Zitat ebd., S. 573.
189 Ebd., S. 900.
190 So Loose, Ausraubung, S. 505; siehe auch ebd., S. 448ff.
191 Zum Folgenden Bd. 3, Wixforth, S. 572ff.; siehe auch Loose, Ausraubung, S. 424ff.

nement einstellen musste, lag auf zwei SS-Konten (dem „Sonderkonto R II" und einem „Sicherstellungskonto") noch immer ein Betrag von 6,6 Mio. Złoty.[192]

Unter allen Affiliationen der Dresdner Bank in Europa, so resümiert Harald Wixforth seine Untersuchungen, hatte sich die Krakauer Tochtergesellschaft mit direkter Unterstützung der Muttergesellschaft am weitesten von dem Bankgeschäft herkömmlichen Zuschnitts entfernt.[193] In ihrer Geschäftstätigkeit geradezu ein „Abbild" der Herrschaftspraxis im Generalgouvernement, ging sie weiter als ihre Konkurrentinnen und schlug, ökonomisch durchaus rational, dabei entsprechend größeres Kapital aus der Regimenähe der Dresdner Bank. Kein Sachzwang, kein politischer Druck, keine unwillkürliche „Verstrickung" in die deutsche Raub- und Mordpolitik, sondern das nahe liegende kaufmännische Bestreben, die nicht eingetroffenen Zukunftshoffnungen im regulären Bankgeschäft durch Sonderbeziehungen zum nationalsozialistischen Terror-Imperium zu kompensieren, bewogen Dresdner Bank, Kommerzialbank und auch Ostbank zu diesen Schritten. Die daraus resultierenden Risiken bereiteten ihnen erst in dem Moment Kopfzerbrechen, als sich die Geschäftsleitungen seit 1942/43 *nolens volens* mit dem Gedanken vertraut machen mussten, dass ihre massive Mittäterschaft an der Eroberungs-, Raub- und Mordpolitik des NS-Regimes erhebliche geschäftliche und politische Risiken barg – nämlich dann, wenn sich die Zukunft des Deutschen Reiches weniger glanzvoll gestalten sollte als die meisten von ihnen es erwartet hatten, oder wie es sich etwa ein Emil Meyer oder Karl Rasche in der grassierenden Euphorie nach den Erfolgen einer unbesiegbar scheinenden Wehrmacht erträumt hatten.

Die Dresdner Bank und Auschwitz

Auch in Auschwitz stoßen wir auf die Spuren der Banken und Sparkassen.[194] Praktisch alle Geldinstitute, die in Ostoberschlesien vertreten waren, unterhielten in der einen oder anderen Form Finanzbeziehungen zu den etwa 400 Unternehmen, die hier Bauarbeiten verrichteten oder als Lieferanten tätig waren, sei es im Stammlager, in Birkenau oder auf der Baustelle der I.G. Farben in Monowitz. Sie führten die Konten dieser Firmen oftmals schon seit der Vorkriegszeit oder vergaben Kredite an sie. Das erfolgte durchweg im Rahmen des üblichen privaten Geschäftskontakts und gilt auch für solche Betriebe, die im Auftrag der Bauleitung der Waffen-SS in Auschwitz II die Tötungsanlagen für die 1942 in großem Stil anlaufende Massenvernichtung der europäischen Juden errichteten.[195] Die Dresdner Bank führte in ihren Filialen in Berlin, Breslau oder Kattowitz Konten für eine Handvoll solcher Unternehmen. Sie unterhielt im üblichen Umfange auch Kreditbeziehungen zu Firmen, die beispielsweise Drainagearbeiten am „Krematorium I" ausführten oder Holz für Barackenbauten lieferten. Kreditanträge für

[192] Bd. 3, Wixforth, S. 574.
[193] Siehe ebd., S. 577; das folgende Zitat ebd.
[194] Vgl. die instruktive Abhandlung von Ingo Loose, Die Commerzbank und das Konzentrations- und Vernichtungslager Auschwitz-Birkenau, in: Herbst/Weihe (Hg.), Die Commerzbank und die Juden, S. 272ff.
[195] Hierzu Bd. 1, Bähr, Kap. IX.6, und Bd. 3, Wixforth, Kap. V.14.

Letztere etwa wurden von der Filiale in Beuthen routinemäßig zur Genehmigung vorgelegt und erreichten auf diesem Wege auch die Zentrale in Berlin. Darin wurde wiederholt explizit auf das Lager in Auschwitz als Kunde dieses Holzhändlers Bezug genommen. Die Deutsche Bank gehörte ebenfalls zu seinen Kreditgebern. Andere Kreditnehmer lieferten Kartoffeln oder Schuhe ins Lager. Über solche Geschäftsbeziehungen erhielt das Filialnetz der Dresdner Bank und der anderen Institute einen recht genauen Einblick in den riesigen Lagerkomplex von Auschwitz. Ähnlich wie bei den Geldhäusern, die Überweisungen in die Ghettos vornahmen oder nach der Adresse ihrer jüdischen Pensionäre fahndeten, häuften sich auch bei ihnen ab 1942 die Mitteilungen der Lagerleitung nach Überweisungen, der adressierte Häftling sei „nicht bekannt", „tot" oder wie derlei Formeln lauteten. Auch wenn sich in der Geschäftskorrespondenz der Banken naturgemäß keine unmissverständliche Benennung der Massentötungen findet, so wäre es auch hier weltfremd anzunehmen, die Beschäftigten im oberschlesischen Bankgewerbe hätten sich trotz ihrer tiefen punktuellen Einsicht in das arbeitsteiligen Mordgeschehens keinen Reim darauf gemacht, welches Schicksal die massenhaft in das Lager hinein, aber nicht wieder hinaus transportierten Juden erlitten.

Zu den Firmen, die in Auschwitz-Birkenau essenzielle Arbeiten an den seit Sommer 1942 neu gebauten Vernichtungseinrichtungen ausführten, gehörten bekanntlich die Unternehmen Topf & Söhne in Erfurt und die Hoch- und Tiefbau AG (Huta) mit Sitz in Breslau. Ersteres lieferte und installierte die Verbrennungsöfen, in denen die Ermordeten eingeäschert wurden, letzteres führte die Tiefbau- und Betonarbeiten an den mit der Tarnbezeichnung „Krematorium II–V" belegten Mordstätten aus, in denen Vergasung und Verbrennung unter einem Dach stattfinden konnten. Hauptkreditgeber bei Topf & Söhne waren die Deutsche Bank und auch die Commerzbank, der es in den Monaten, als die Judenvernichtung anlief, gelang, Unstimmigkeiten in den Geschäftsbeziehungen zwischen der Firma Topf und der Dresdner Bank auszunutzen und engere Bindungen mit dem Erfurter Spezialbetrieb einzugehen.

Ganz besonderer Natur war das Engagement der Dresdner Bank bei der Huta, die im Zentrum des Vernichtungsgeschehens in Auschwitz-Birkenau jene Anlagen baute, in denen 1943/44 ungefähr eine Million Menschen mit Gas vergiftet wurden. Die Huta erledigte zwischen August 1942 und Juni 1943 die Tiefbau- bzw. Betonarbeiten an den vier neuen, mit großem Fassungsvermögen ausgestatteten „Krematorien", namentlich den unterirdischen Gaskammern der Zwillingsanlage Krematorium II und Krematorium III. Neben der Deutschen Gesellschaft für Schädlingsbekämpfung (Degesch), die das Tötungsmittel Zyklon B lieferte,[196] und der Firma Topf & Söhne, welche die Anlagen zur Beseitigung der Ermordeten fertigte, war die Huta – seinerzeit eines der größten deutschen Bauunternehmen – die dritte bedeutende Firma, die im Kern des Holocaust die materiellen Voraussetzungen für den Massenmord schuf.

Die 1904 in Breslau gegründete Huta stand, wie Johannes Bähr und Harald Wixforth herausgefunden haben, unter maßgeblichem Einfluss der Dresdner

[196] Im Einzelnen hierzu Peter Hayes, Die Degussa im Dritten Reich. Von der Zusammenarbeit zur Mittäterschaft, München 2004, S. 283 ff.

Bank. Diese unterhielt zu dem Bauunternehmen seit den zwanziger Jahren ein enges Geschäftsverhältnis, betrieb gemeinsam mit ihr eine Grundstücksgesellschaft, war deren Hausbank, über die jährlich Millionen-Umsätze liefen, und verfügte seit der Weimarer Zeit über eine Kapitalbeteiligung von etwa 26% an dem Unternehmen. Als einzige Großaktionärin stellte sie seit 1910 den Vorsitzenden des Aufsichtsrats. Aufgrund ihrer eigenen, durch Vorzugsaktien untermauerten Kapitalbeteiligung und des von ihr vertretenen Aktienbesitzes aus dem eigenen Kundenkreis konnte sie in den Hauptversammlungen beträchtlichen Einfluss geltend machen. Auf den Aktionärsversammlungen 1942 und 1943 votierte sie beispielsweise für mehr als 95% des anwesenden Kapitals. Keine andere Großbank war so eng mit einem Unternehmen verbunden, das der SS das Werkzeug für den Judenmord in Auschwitz-Birkenau an die Hand gab. Die Dresdner Bank tat das freilich nicht aus Motiven, die in ihrer ausgeprägten Regimenähe zu suchen wären, sondern weil sie einfach ein gewöhnliches privatwirtschaftliches Engagement, eine ihrer 81 Kapitalbeteiligungen, kontinuierlich fortführte.

Wir wissen nicht, ob die Dresdner-Bank-Filialen in Kattowitz und in Breslau, die sehr enge Kontakte zur Huta hatten, oder Mitarbeiter der Berliner Zentrale von dem Bauunternehmen in die Natur ihrer zwischen Sommer 1942 und Sommer 1943 durchgeführten Arbeiten eingeweiht wurden, zumal die Gaskammern in Birkenau zwar ein großes Gewerk waren, in dem Gesamtvolumen der Huta-Bautätigkeit (die spätestens seit 1938 auch SS-Aufträge umfasste) aber doch nur einen kleinen Anteil ausmachten. Die geschäftliche Korrespondenz der Bank und die spärlichen Überlieferungsreste der Huta geben darüber keinen Aufschluss. Die Breslauer Kopffiliale, die alle Kredite an die Huta ausreichte, dürfte manches über die Bautätigkeit ihres wichtigsten Kunden in Birkenau erfahren haben, was nicht den Akten anvertraut wurde. Das gilt noch mehr für die Kattowitzer Filiale, die den Bankverkehr der Huta mit der Bauleitung der Waffen-SS minutiös verfolgen konnte und die auch sonst gut über die Entwicklungen in dem nur gut 40 Kilometer entfernten Auschwitz Bescheid wusste. Johannes Bähr kommt zu dem Schluss, für die leitenden Dresdner Bank-Mitarbeiter in Kattowitz könne kaum ein Zweifel daran bestehen, „dass sie genauere Kenntnisse von der Bautätigkeit der Huta in Auschwitz“ hatten.[197] In dem Monatsbericht über die Wirtschaftsentwicklung in ihrer Region von Anfang September 1942 hielt die Zweigstelle beispielsweise fest: „Auch das Konzentrationslager in Auschwitz wird weiter durch umfangreiche Bauten vergrößert, seine Kapazität soll so stark ausgebaut werden, dass es in absehbarer Zeit für über 100000 Insassen Platz haben wird. Die Häftlinge werden in erster Linie für die SS-Betriebe des Lagers eingesetzt. Außerdem wird ein Teil der Inhaftierten zur landwirtschaftlichen Beschäftigung herangezogen, während ein Großteil bei den umfangreichen Arbeiten der IG. Farbenindustrie für das Hydrier- und Bunawerk, ebenfalls in Auschwitz, angesetzt sind. Trotz der schwierigen Lage am Baumarkt schreiten die Arbeiten an diesem Werk nach vorübergehenden Stockungen sehr gut fort.“[198]

[197] Bd. 1, Bähr, S. 564.
[198] Zit. nach ebd.

Das Vorstandsmitglied Emil Meyer, das unter den prominenten Bankiers des Dritten Reiches mit die besten Kenntnisse über die nationalsozialistische Vernichtungspolitik gehabt haben dürfte, zeigte bereits früh eine intime Detailkenntnis des Lagerkomplexes Auschwitz, der in unmittelbarer Nähe der neuen Grenze zwischen dem Reichsgebiet und dem Generalgouvernement lag. In einer Besprechung mit der Geschäftsleitung der Kommerzialbank in Krakau am 4. Februar 1941 war er nämlich ohne weiteres in der Lage, die wenigen von den SS-Betrieben ausgebeuteten Kiesgruben zu benennen, die nicht im Reichsgebiet, sondern auf dem Territorium des Generalgouvernements lagen und deshalb zum geschäftlichen Einzugsgebiet seines Krakauer Instituts gehörten. „Herr Professor Dr. Dr. Meyer teilt mit". heißt es in einem Aktenvermerk über die Unterredung, „dass die SS in Auschwitz verschiedene Unternehmen betreibt, und dass Kiesgruben bei Auschwitz auf dem Gebiet des GG liegen. Er hat den zuständigen Stellen in Berlin angeboten, gegebenenfalls die im GG notwendigen Mittel über uns zur Verfügung zu stellen; die Betriebsleitung wird evtl. an uns herantreten." Und: „Herr Prof. Meyer sagte uns, dass wir die Bank der SS seien."[199]

Damit qualifizierte das Vorstandsmitglied der Dresdner Bank die Beziehungen seines Instituts zum Terrorapparat des NS-Regimes im kleinen Kreis durchaus zutreffend. Dass er über die Vernichtung der Juden in Polen orientiert war und davon zu profitieren gedachte, belegt unter anderem seine Korrespondenz mit dem HSSPF Friedrich Wilhelm Krüger in Krakau.[200] Auch die Tatsache, dass er sich im Frühjahr 1943 sofort nach Gründung des SS-Unternehmens Ostindustrie GmbH (Osti) bei dessen Geschäftsführer Odilo Globocnik erfolgreich um eine Geschäftsbeziehung bemühte, spricht, wie Johannes Bähr in seinen Überlegungen zur Mitwisserschaft der Dresdner Bank ausführt, für Meyers „Vertrautheit"[201] mit der Raub- und Vernichtungspolitik in Polen und speziell der „Aktion Reinhardt". Die Osti „verwertete" das Vermögen der ermordeten polnischen Juden, unter anderem auch als Verkaufsstelle im Altreich, und betrieb daneben Werke, in denen sich jüdische Zwangsarbeiter zu Tode schinden mussten. Sollte ausgerechnet Emil Meyer als Vertrauensmann der SS in der Dresdner Bank verborgen geblieben sein, dass es die Baufirma Huta war, ein Unternehmen, bei dem seine eigene Bank maßgeblichen Einfluss besaß, die im Auftrage der SS die Gaskammern in Birkenau errichtete? Möglich, aber nicht sehr wahrscheinlich. Es bleibt der Befund, dass sein Haus „das bedeutendste Engagement einer Bank bei einem Unternehmen" hatte, „das in Auschwitz Massenvernichtungsanlagen erstellte".[202] Völlig unabhängig von der Frage der genauen Mitwisserschaft auf den verschiedenen Hierarchieebenen trägt die Dresdner Bank die historisch-moralische Verantwortung für die Verwicklung in das Geschehen von Auschwitz.

Die deutschen Großbanken besaßen keinerlei Einfluss auf die Entscheidungen, die bei den Weichenstellungen der nationalsozialistischen „Judenpolitik" getroffen wurden. Doch auch im besetzten Polen bewährten sie sich, wie bei der

199 Zit. nach ebd., S. 545 und 501.
200 Siehe oben, S. 154.
201 Bd. 1, Bähr, S. 546; siehe insbesondere ebd., Kap. IX.5; zur Osti ebd., S. 509f.
202 Ebd., S. 566.

Konfiskation der jüdischen Privatvermögen, als „Verfolgungsinstanzen".[203] Dabei hatten sie, wie durchweg seit 1937/38, vor allem ihren betriebswirtschaftlichen Nutzen vor Augen, sei es in Form von Einnahmen, Kostensenkungen oder eben einer Stärkung des *modus vivendi* mit den zahllosen NS-Stellen aller Ebenen, die in der politisierten Ökonomie des Dritten Reichs ökonomische Zugangschancen verteilten. Dabei und bei den vielfältigen Begegnungen mit der nationalsozialistischen Ausrottungspolitik schärfte sich gerade bei den gewöhnlich bestens unterrichteten Bankiers ohne jeden Zweifel der Blick für die Tatsachen, auch wenn sie aus formeller Korrektheit an einem hartnäckig verfochtenen Legalismus inmitten der Rechtlosigkeit festzuhalten suchten. Aus tausend Einzelbelegen konnten sie sich nach und nach selbst ein Bild über die Vorgänge um sich herum formen, das sich nahtlos mit den umlaufenden Gerüchten und jenen Hinweisen deckte, die von den Regimespitzen ab und an selbst gegeben wurden. Der tiefe Einblick in die unspektakulären Begleiterscheinungen der „Endlösung" eignete sich gut für einen Abgleich im vertraulichen Gespräch mit Kollegen aus anderen Geschäftsbereichen der Bank, die, etwa in der Personalabteilung, täglich ähnliche Beobachtungen machten. Dazu hätte es einer so spektakulären direkten Berührung mit dem Mordgeschäft wie 1943 gar nicht bedurft, als eine Berliner Kleiderfabrik bei der Dresdner Bank einen Sonderkredit zur Aufarbeitung von gebrauchten Textilien beantragte. Bei deren Besichtigung konnten die Bankbeamten, die das kaum für sich behalten haben werden, „blutbefleckte Kleidungsstücke mit Durchschusslöchern" in Augenschein nehmen. Werner von Richter, Leiter der Depositenabteilung der Berliner Hauptbank, der sich in der NS-Zeit einen klaren Blick bewahrt hatte, lehnte Darlehen für ein solches Geschäft ab, da es „dem normalen Empfinden widersprochen habe".[204] Derselbe Mitarbeiter der Dresdner Bank sagte 1947 unter Eid aus: „In den letzten Kriegsjahren zirkulierten unter den leitenden Herren des öfteren Gerüchte, dass jüdische Menschen in den Konzentrationslagern Theresienstadt und Auschwitz eines gewaltsamen Todes starben." Er nehme mit Sicherheit an, dass dies bis etwa Mitte 1944 „bis zu allen Stellen der Dresdner Bank durchgedrungen war".[205] Folgerungen für das eigene Verhalten ergaben sich für die Bank vor 1945 nicht aus der Tatsache, dass sie „schon bald nach Beginn der planmäßigen Ermordung der polnischen Juden im Frühjahr 1942" gewusst hat, „dass sie Geschäfte mit Massenmördern machte". Nach 1945 folgte daraus, außer dass über Jahrzehnte hinweg jedwede Mitwisserschaft in Abrede gestellt wurde,[206] ebenfalls nichts.

Unabhängig davon, wie detailliert der Einblick der führenden Bankiers wie der einfachen Bankbeamten in die Drangsalierung und die genauen Umstände der Tötung der Juden im Einzelfall jeweils gewesen ist – ab 1942 war sich natürlich jeder von ihnen vollkommen darüber im Klaren, dass in den eingegliederten Gebieten

[203] Bd. 2, Ziegler, S. 443.
[204] Zit. nach Bd. 1, Bähr, S. 548.
[205] Zit. nach ebd., S. 544. Wie schon bei seiner Aussage zur beherrschenden Stellung von Carl Goetz in der Bank (siehe oben, S. 6) wurde Werner von Richter auch hier durch eine Intervention der Dresdner Bank zu einer substanziellen Abschwächung seiner Äußerungen bewogen. Hermann Josef Abs räumte seine Kenntnis von dem „furchtbaren Geschehen in Maidanek oder Auschwitz" 1981 in einem Interview ein; vgl. Gall, Abs, S. 109. Das folgende Zitat in Bd. 1, Bähr, S. 545.
[206] Siehe oben, Kap. I.

und im Generalgouvernement längst alle Dämme menschlicher Gesittung gebrochen oder besser: geschleift waren, dass die Drangsalierung und Beraubung „rassisch Minderwertiger“ und die Menschenvernichtung dort ein Hauptmerkmal deutscher Herrschaft waren. Doch da, wenn sich überhaupt jemand um Fragen von Humanität und Moral scherte, „Härte“ von Staats wegen als Tugend propagiert wurde und „Humanitätsduselei“ als unerlaubte Schwäche im angeblichen Existenzkampf des deutschen Volkes hingestellt wurde, sahen die meisten von ihnen keinen Anlass, sich geschäftliche oder gar persönliche Unzuträglichkeiten einzuhandeln. Darin unterschieden sie sich nicht von anderen Wirtschaftsführern, die allerdings zumeist nicht so umfassende Informationen wie die Spitzenbankiers und erst recht nicht solche Einblicke in die Arkana des NS-Regimes hatten wie ein Karl Rasche und Emil Meyer. Doch schon was die einfachen Bankbeamten sahen oder aus ihrer Geschäftskorrespondenz mit den Behörden entnahmen, reichte aus, um sich zu orientieren. Bei einem regimenahen Unternehmen wie dem Dresdner-Bank-Konzern, wo im Vorstand Persönlichkeiten eine starke Stellung einnahmen, die mit dem Kurs des NS-Regimes – jedenfalls solange es erfolgreich blieb – sehr einverstanden waren oder ihn gar enthusiastisch unterstützten, war umso weniger zu erwarten, dass das Kalkül ökonomischer Rationalität durch humanitäre Erwägungen getrübt und damit am Ende gar der ökonomische Bonus der Regimenähe verspielt würde. Es gibt kein Anzeichen dafür, dass ein Carl Goetz oder Mitglieder der Geschäftsleitung, die weniger eng mit dem Nationalsozialismus verbunden waren als Meyer und Rasche, in den Jahren der Expansionseuphorie versucht hätten, sich für eine andere Geschäftsphilosophie stark zu machen. Das wäre auch verwunderlich gewesen, denn die bald nach dem Machtantritt Hitlers erzwungene Annäherung der Dresdner Bank an die neuen Herren war in der Euphorie der geschäftlichen Expansion in Europa längst zu einer aktiv erstrebten, „gewollten Nähe“[207] zum NS-Regime geworden.

Vertrauensbank der SS

Die intensiven Beziehungen der Dresdner Bank zur SS, denen im eroberten Ostmitteleuropa erhebliches ökonomisches Gewicht zukam, entsprangen zu keinem Zeitpunkt irgendwelchen Zwangslagen oder Pressionen, sondern ihrer freien Entscheidung. Die Bank legte die Fundamente für die Zusammenarbeit mit dem nationalsozialistischen Terrorapparat, die sie bis in die Kernzone des Holocaust führte, nicht unter den gelockerten Verhältnissen des „Lebensraum“-Feldzugs, sondern lange vor Kriegsbeginn im Altreich. Sie spann diese besondere Beziehung auch nicht an, als sie noch unter Aufsicht des Staates stand, sondern gerade dann, als sie sich nach der erfolgreichen Reprivatisierung im Herbst 1937[208] wieder auf eigene Füße stellte. Und es war nicht Emil Meyer, sondern Carl Goetz persönlich, der mit einer „Arisierung“ weit unter Wert zugunsten der SS-Stiftung Ahnenerbe am 20. April 1938 – die repräsentative Villa eines jüdischen Privatbankiers in Berlin-Dahlem – das erste größere Geschäft mit dem Elite-Orden des „Führers“ managte.

[207] Bd. 3, Wixforth, S. 898.
[208] Siehe oben, S. 76ff.

Es ist das Verdienst von Johannes Bähr, dass die seit Jahrzehnten von Mutmaßungen umrankten Geschäfte der Dresdner Bank mit der SS nunmehr umfassend geklärt sind.[209] Dabei zeigt sich eine Verflechtung vielfältigster Natur, deren beiderseits erstrebte Grundlage „Vertrauen und Diskretion" gewesen ist und bankseitig nicht in politisch motivierten Gefälligkeitsleistungen bestand, sondern in einem nüchternen ökonomischen Kalkül, das Risikoabsicherung und langfristige Gewinnchancen gleichermaßen im Blick behielt. In ihren SS-Beziehungen ließ die Dresdner Bank alle anderen privaten Finanzinstitute weit hinter sich. Dabei erhielt sie nicht nur einen tieferen Einblick in den Charakter und die Verbrechen des NS-Regimes, sondern sie machte in frühzeitiger Kenntnis seiner Untaten auch als einziges Institut Geschäfte „mit den unmittelbaren Tätern". Daraus ergab sich eine Komplizenschaft, die zwar von Emil Meyer und Karl Rasche angestrebt und gepflegt wurde, für die jedoch die Geschäftsleitung der Dresdner Bank als Ganzes die Verantwortung trägt. Anders als seit den Nachforschungen der amerikanischen Militärregierung häufig gemutmaßt, erhielt die Bank jedoch niemals eine Kontrollmöglichkeit über die Finanzen des staatlich getragenen „Schwarzen Ordens".

Wie häufig im personalisierten Machtgeflecht des Führerstaats, ruhte die Achse SS – Dresdner Bank auf wenigen Schultern. Angelpunkt innerhalb der Bank war der hundertfünfzigprozentige Nationalsozialist Meyer, der 1934 in die Geschäftsleitung gedrückt worden war.[210] Ausschlaggebend für die beiderseitige Annäherung war weniger, dass Meyer von Anfang an, Rasche ab 1936 ähnlich wie Vertreter der Deutschen Bank und der Commerzbank im „Freundeskreis Reichsführer SS" verkehrten, wo immer wieder auch Himmler und Heydrich persönlich zugegen waren, sondern vielmehr das Vertrauensverhältnis, das namentlich Meyer mit dem mächtigen Chef des SS-Wirtschaftsverwaltungshauptamts Oswald Pohl verband. Neben dem weltanschaulichen Gleichklang ergab sich diese enge Bindung schon aus der Tatsache, dass die beiden Vorstandsmitglieder den Status von SS-Ehrenoffizieren in einer Institution innehatten, von der sie regelmäßig befördert wurden und in der sie zuletzt immerhin Ränge bekleideten, die dem eines Obersten bzw. Oberstleutnants entsprachen. Emil Meyer, der im Dresdner-Bank-Vorstand die alleinige Zuständigkeit für die SS-Geschäfte besaß, und Karl Rasche, der dessen Kurs trotz seiner Verbundenheit mit dem Wirtschaftsblock Hermann Görings mit abschirmte, genügte diese Vertrauensstellung in dem nationalsozialistischen Eliteverband als Geschäftsvoraussetzung und als Grundlage ihrer Zielsetzung, die Dresdner Bank „zur alleinigen Bank der SS"[211] zu machen.

Da die Allgemeine SS keine eigene Rechtspersönlichkeit besaß, im Zuge ihrer Expansion nach 1936 aber beträchtlichen wirtschaftlichen und traditionspflegerischen Ehrgeiz entfachte, wollte sich ihre Führung wenigstens bei einigen Vorhaben aus der unbequemen finanziellen Anbindung an die NSDAP lösen. Obgleich sie wegen der günstigeren Konditionen lieber öffentliche Gelder aufnahm, lag ihr daran, mit der einzigen privaten Großbank ins Geschäft zu kommen, deren Vorstand sie Vertrauen schenken und mit dessen Diskretion sie rechnen durfte. Der

[209] Das Folgende nach Bd. 1, Bähr, Kap. IX.1–3; die folgenden Zitate ebd., S. 596 und 554.
[210] Siehe oben, S. 44ff.
[211] Bd. 1, Bähr, S. 487.

wachsende Kreditbedarf entstand durch die Germanenkult-Marotte Himmlers und einiger dafür ins Leben gerufener SS-Gesellschaften, beim Aufbau SS-eigener, als Gegengewicht zu Görings Ambitionen gedachter Wirtschaftsbetriebe und bei einigen SS-Führungsstellen. Der Aufbruch in dieses Geschäft begann für die Dresdner Bank nur wenige Monate nach der Liaison mit den neu gegründeten, einzigartig expansiven Reichswerken und parallel zu der eigenen fulminanten Geschäftsausweitung im Schatten der deutschen Gewaltpolitik. Den Auftakt gaben Kredite zur Beschaffung des erwähnten Anwesens für die Stiftung Ahnenerbe im Frühjahr 1938 und bald danach für eine SS-Siedlung im neuen Muster-KZ in Sachsenhausen bei Berlin von insgesamt gut einer halben Million RM. Nach der Besetzung Prags im März 1939 und der spektakulären politischen Protegierung der Dresdner Bank während der Zerstörung der Tschechoslowakei gewannen ihre SS-Geschäfte jedoch eine „neue Dimension".[212]

Vierzehn Tage nach der Zerschlagung der „Rest-Tschechei" erhielten die im Jahr zuvor gegründeten Deutschen Erd- und Steinwerke (DEST) ein Darlehen über 5 Mio. RM, das sie wegen der hohen Zinsbelastung aber bald wieder ablösten. Die DEST, das größte Häftlingsunternehmen der SS, errichtete ihre Ziegeleien und Natursteinbetriebe zur rationelleren Ausbeutung seiner Arbeitssklaven in unmittelbarer Nähe der Konzentrationslager oder erhielt diese von vornherein nahe bei ihren Werken platziert. Im Folgejahr erging ein weiterer Dresdner-Bank-Kredit über 1,5 Mio. RM an sie. Dem ersten DEST-Darlehen folgte im Sommer 1939 ein Kredit über 3 Mio. RM an die sog. Gesellschaft zur Förderung und Pflege deutscher Kulturdenkmäler e.V. für den Ausbau der SS-Kult- und Schulungsstätte und bald als „neuer Mittelpunkt der Welt" vorgesehenen Wewelsburg bei Paderborn. 1941 wurde dafür ein zweiter Kredit über 11 Mio. RM vergeben, bei dem die Dresdner Bank ein Konsortium bildete, Unterfinanzierungen organisierte und eine Risikobeteiligung einging, ansonsten dafür aber „kein Geld ausgegeben" hat. Beim Ausbau der Wewelsburg wurden ebenso KZ-Häftlinge eingesetzt wie bei den anderen kreditierten SS-Unternehmen: bei den Deutschen Ausrüstungswerken etwa, die bis zu 15 000 Gefangene beschäftigten und im Laufe des Krieges 1,5 Mio. RM erhielten. Zu den Ostdeutschen Baustoffwerken GmbH, die in den eingegliederten Ostgebieten die beschlagnahmten Ziegeleien betrieben, bestanden über ihre Tochtergesellschaften ebenso Kreditbeziehungen wie zu den Möbelfabriken im Protektorat, die mit etwa 1 Mio. RM bedacht wurden.

SS-Kredite der Dresdner Bank, bei denen sie eine Konkurrenz der Deutschen Bank oder der Commerzbank nicht zu fürchten hatte, ergingen auch direkt an die Reichsführung SS, das Reichssicherheitshauptamt oder den SD. Leider ist zur Verwendung dieser Darlehen über den Ausgleich von Gehaltskonten und Ähnliches hinaus nichts mehr in Erfahrung zu bringen. Wir wissen immerhin, dass die SS-Führungs- und Verwaltungsstellen 31% der geliehenen Gelder erhielten, die SS-Vereine 16% und die SS-Wirtschaftsunternehmen mit 53% mehr als die Hälfte der gesamten Kreditsumme von 47,7 Mio. RM (davon ca. 11 Mio. Überziehungskredite), die größtenteils auch ausgeschöpft worden zu sein scheint. An Zinsen

[212] Das Folgende nach ebd., Kap. IX.3; die folgenden Zitate ebd., S. 490f. und S. 512f.

und Provisionen dürfte die Dresdner Bank dafür 7 bis 8 Mio. RM eingestrichen haben,[213] immerhin etwa die Hälfte einer durchschnittlichen Jahreseinnahme aus dem Kreditgeschäft während des Krieges. 1941/42 erreichten die Darlehen ihren Höchststand. Danach verbesserte sich die Liquidität der SS-Unternehmen, und ihre Expansion stieß, unter anderem wegen des Aufstiegs von Albert Speer, an Grenzen.

Die Darlehen der Dresdner Bank eröffneten der Allgemeinen SS, die während des Krieges über einen Jahresetat von ungefähr 25 Mio. RM verfügte, immer wieder die Chance, Finanzierungsengpässe bei ihren diversen Unternehmungen zu überbrücken. Das Berliner Haus, das beinahe ein Drittel sämtlicher von der SS aufgenommener Darlehen finanzierte, avancierte dadurch zu ihrem mit Abstand „bedeutendsten privaten Geldgeber". Aufs Ganze gesehen waren die SS-Darlehen für das zweitgrößte deutsche Geldhaus zwar kein Faktor, der stark ins Gewicht gefallen wäre – für 1938 wies die Bank beispielsweise neu bewilligte Kredite in Höhe von 955 Mio. RM aus[214] –, wegen der allgemein schleppenden Kreditnachfrage aber doch ein „interessantes Geschäft".[215]

Gleichwohl scheint Carl Goetz mitunter Skepsis gegenüber den SS-Darlehen gezeigt zu haben. Sie bezogen sich, wie seinen eigenen Ausführungen nach dem Krieg zu entnehmen ist, jedoch nicht auf die geläufige Tatsache, dass sich in den kreditierten Unternehmen Menschen zu Tode arbeiten mussten, sondern dass die Bank mit diesen Geldern zu einer unerwünschten Ausweitung des staatlichen Wirtschaftssektors beitrug. Gegen die Darlehen an die Führungsstellen und Vereine der SS hatte er keine Bedenken. Für Johannes Bähr erschließt sich aus dieser Haltung, die nicht zwischen Häftlingsunternehmen der SS und gewöhnlichen Staatsunternehmen unterschied, „ein hohes Maß an moralischer Indifferenz". Ebenso wie Goetz gab Karl Rasche den amerikanischen Ermittlern nach 1945 ein durchaus realitätsgerechtes Bild, wenn er die SS-Beziehungen seines Hauses als „ein bankmäßig sehr normales Geschäft" einstufte, das dem nationalsozialistischen Terrorapparat keinerlei finanzielle Vorteile aus politischen Motiven zugeschanzt und auf der üblichen Absicherung der Kredite bestanden habe.[216] Genau das war der Fall, und es war niemand anderes als der SS-Offizier Emil Meyer selbst, der, da die persönlichen Garantieerklärungen Himmlers juristisch wertlos waren, im Einklang mit dem Vorstand gegenüber seinen Gesinnungsfreunden auf einer einwandfreien Risikoabsicherung der ausgelegten Gelder beharrte. Deswegen bewog er die SS-Führung dazu, Vermögen in großem Stil zur Kreditsicherung auf die Konten der Dresdner Bank zu verlagern. Fraglos hätte Himmler sich niemals zu diesem bemerkenswerten Schritt bereit gefunden, wenn er nicht die Gewissheit gehabt hätte, dass die Konten der SS, die einen guten Einblick in das Innenleben des „Schwarzen Ordens" erlaubten, bei der Dresdner Bank und den beiden SS-Offizieren im Vorstand in guten Händen waren. Schon deswegen

[213] Die Zahlenangaben ebd., S. 504f., sowie ebd., S. 204; das folgende Zitat ebd., S. 491.
[214] Bd. 1, Bähr, S. 201.
[215] Die Angaben zu den Größenordnungen ebd., S. 49. Das Folgende nach ebd., S. 497f.; das Zitat ebd., S. 498.
[216] Das Folgende nach Bd. 1, Bähr, Kap. IX.3; die Zitate ebd., S. 495, 496 und 499.

konnte die SS-Führung kein Interesse an einer etwa „unfreiwillig zustande gekommenen Geschäftspartnerschaft" haben.

Dieser Schritt der SS brachte nicht nur die geforderte Risikoabsicherung bei den Krediten. Der Transfer der SS-Bar- und Depotvermögen eröffnete zugleich attraktive Zukunftsperspektiven. Zunächst war anzunehmen, dass die SS ihre Konten auf Dauer bei ihrer neuen Bankverbindung belassen und nach Tilgung der Darlehen kaum wieder abziehen würde. Daneben bestand die berechtigte Erwartung, dass die deponierten Summen mit der wirtschaftlichen Entfaltung und der Ausweitung der Raubzüge der SS bald stark anwachsen würden. Da über ihre kollektiven Sparkonten zahlreiche SS-Mitglieder zur Dresdner Bank kamen, erfuhr sie außerdem einen erfreulichen Zuwachs an wirtschaftlich gut gestellten Privatkunden, die für Kapitalanlagen interessiert werden konnten. Das beflügelte die Erwartungsbildung des Dresdner Bank-Vorstands über die Ausweitung der institutionellen Kreditfinanzierung der SS hinaus. Hinzu kam der strategische Effekt, mit diesem Coup das eigene Haus zusätzlich zu dem politischen Imagegewinn gegenüber den immer mehr aufkommenden öffentlichen und parteieigenen Banken zu stärken und das „Quasi-Monopol" dieser Institute beim Bankgeschäft von Behörden und Parteistellen zu „durchlöchern". Aus all diesen ökonomisch gut vertretbaren Gründen war es der Dresdner Bank einschließlich ihrer Tochtergesellschaften sehr darum zu tun, aus eigenem Antrieb um die Übertragung immer neuer Konten der SS zu werben. Gerade wegen des meist delikaten Charakters dieser Guthaben und des deshalb unabdingbaren Einverständnisses mit ihrem mächtigen Kunden hatte das Haus von Carl Goetz keinen ungebührlichen Druck zu fürchten. Im Gegenteil, das beiderseitige Einvernehmen seit 1938 erlaubte es der Bank nicht nur, die marktüblichen Zinsen und Provisionen in Rechnung zu stellen und daneben den SS-Wirtschaftsbetrieben auch schon einmal einen ihrer Finanzexperten für längere Zeit gewissermaßen in Amtshilfe zur Verfügung zu stellen, sondern sie hatte auch die Freiheit, mit der SS-Spitze noch wenige Wochen vor Kriegsende einen lebhaften Disput über Darlehenskonditionen auszufechten.

Pünktlich vor den ersten großen Darlehen an die Häftlingsbetriebe und Gesellschaften der SS ging im prompten Vollzug der „Koppelung zwischen SS-Krediten und SS-Guthabenkonten"[217] Ende Februar 1939 denn auch das erste Konto auf die Dresdner Bank über. Es handelte sich um kein anderes als Heinrich Himmlers später berühmt gewordenes Sonderkonto „R", auf das neben Spenden seines Freundeskreises Gelder unbekannter Höhe flossen; nur der kleinere Teil der Kontobewegungen, reichlich 3 Millionen RM, lässt sich hier belegen. Noch im selben Jahr sagte die Terrororganisation zu, die Guthaben ihrer Spargemeinschaft von der Bank der Deutschen Arbeit zur Dresdner Bank zu transferieren. Ebenfalls 1939 wurden 4800 Pflichtsparkonten der Leibstandarte Adolf Hitler errichtet. Das war nur der Anfang. Mit dem Machtzuwachs der SS im Krieg und der Festigung der Beziehung zur Bank ihres Vertrauens sammelten sich dort Bar- und Depotvermögen aus dem gesamten Spektrum des SS-Universums an. Hitlers weltanschauliches Exekutivorgan begann sich vom Schuldner zum Gläubiger zu

[217] Nach ebd., Kap. IX.3; das Zitat ebd., S. 493.

wandeln.[218] Bei der Berliner Zentrale der Dresdner Bank lagen nun sehr wahrscheinlich sämtliche Konten der SS-Häftlingsbetriebe. Ein Guthaben ihrer Dachgesellschaft, der im Sommer 1940 gegründeten Deutschen Wirtschaftsbetriebe, hatte bei Kriegsende einen Wert von etwa 14 Mio. RM, ein weiteres ungefähr 5 Mio. RM; ein Unterkonto davon gehörte der erwähnten Osti, die mit dem Verkauf von Werten ermordeter polnischer Juden ihr Geld machte. Des weiteren ist ein Konto des SS-Reichssicherheitshauptamts mit einem durchschnittlichen Stand von gut 7 Mio. RM ausgewiesen, ferner eines des Amtes VI (SD Ausland) mit ca. 3 Mio. RM, sodann Gelder des SS-Sicherheitsdienstes SD in Höhe von zumeist 8 Mio. RM oder etwa ein „Bankkonto SS-Schule Wewelsburg", das sich noch 1945 auf knapp 4 Mio. RM belief. Oswald Pohls SS-Wirtschaftsverwaltungshauptamt verfügte ebenso über ein Konto wie die SS-Panzergrenadierdivision „Frundsberg" oder die SS-Panzerdivision „Hitlerjugend". Obgleich das Gesamtguthaben der SS bei der Dresdner Bank ebenso wenig vollständig rekonstruierbar ist wie die Einlagenfluktuation, so steht doch fest, dass allein die Berliner Zentrale über Barguthaben und Depotwerte der SS von mindestens etwa 47 Mio. RM verfügt haben muss, der „Höchststand" der laufenden SS-Guthaben bei der Dresdner Bank „bei über 40 Millionen RM" gelegen haben dürfte. Das war in etwa die Summe aller an die SS ausgelegter Darlehen, das Kreditrisiko somit immer gedeckt.

Das Verhältnis von Einlagen und Verbindlichkeiten verbesserte sich nach dem Höchststand der Kreditierung und dem Anlaufen der Judenvernichtung weiter. Denn die Summen, welche die SS-Dienststellen den Tochtergesellschaften des Dresdner-Bank-Konzerns anvertrauten, gestalteten dessen Bilanz hier noch freundlicher. Viele Daten der Affiliationen sind zwar verloren, doch über die Größenordnungen besteht kein Zweifel. So verfügte beispielsweise die Länderbank in Wien vorübergehend über SS-Guthaben in Höhe von etwa 35 Mio. RM, die BEB in Prag über gut 50 Mio. RM und die Kommerzialbank in Krakau über ebenfalls etwa 50 Mio. RM, davon jene fast 40 Millionen RM aus dem maßgeblich vom Odilo Globocnik durchgeführten Judenmord in Polen.[219] Da eine Reihe von SS-Guthaben nie mehr ans Licht kommen dürfte, manche in ihrem jeweiligen Habenstand nicht bestimmbar und möglicherweise erhebliche Summen nicht mehr fassbar sind, andererseits Guthaben eben nur vorübergehend in Händen der Dresdner Bank waren, wird sich der Haben-Stand bei den SS-Geldern im Dresdner-Bank-Konzern für die einzelnen Geschäftsjahre nie mehr exakt belegen lassen. Ein Blick auf die bekannt gewordenen Guthaben genügt jedoch, um zu erkennen, dass ihr Wert die ausgelegten Darlehen immer weit überstiegen hat und dass das von der Dresdner Bank und ihren Tochtergesellschaften verwahrte SS-Vermögen während des Krieges wohl meist jenseits der 100 Mio. RM gelegen haben dürfte und zeitweilig die Grenze zu 200 Mio. RM tangiert haben könnte.

Wenn Emil Meyer Anfang 1941 der Leitung der Kommerzialbank in Krakau die enge Verbindung zur SS erläuterte, so mag er das auf die Tochtergesellschaft im Generalgouvernement oder auf die Muttergesellschaft in Berlin bezogen haben.

[218] Siehe ebd., S. 498; das folgende Zitat, die Angaben zur Gesamthöhe der SS-Guthaben und der Hinweis auf das Konto der NSDAP-Reichsleitung ebd., S. 517.

[219] Siehe oben, S. 90, 130ff. und 153ff.

Beides entsprach den Realitäten. Dabei war natürlich jedermann geläufig, dass Himmlers Terrorapparat keineswegs privat, sondern aus öffentlichen Geldern finanziert wurde. Zur Exekution ihrer Untaten war die SS mitnichten etwa auf Gelder der Dresdner Bank angewiesen. Doch wenn sie mit ihren Häftlingsunternehmen, ihrem Verwaltungsgebaren oder ihrer Traditionspflege in Engpässen steckte und sich diese nicht durch Finanzmittel der Partei und des Staates beseitigen ließen, dann wandte sie sich seit 1938 an das Institut von Carl Goetz. Die SS-Führung ging diesen Weg, weil sie dort zwei SS-Kameraden hatte, zu denen ein belastbares Vertrauensverhältnis bestand; Treue und Kameradschaft waren gerade in der SS keine Floskeln. Bei privaten Großbanken gab es nur in der Dresdner Bank Vorstandsmitglieder, die sich als „Vertrauensbankiers der SS“[220] eigneten. Diese politisch-persönliche Achse war die Voraussetzung dafür, dass Himmlers Garde selbst bei den sensibelsten und widerwärtigsten Transaktionen mit vollständiger Verschwiegenheit rechnen konnte. Sie waren damit auch der Neugier rivalisierender Parteistellen besser entzogen als bei öffentlichen Instituten. Da Meyers Strategie zur Absicherung der bewilligten Darlehen aufging, hatten er und Rasche keinen Widerspruch im Vorstand zu gewärtigen. Damit war einer Karriere der Dresdner Bank als „wichtigsten privaten Geldgebers der SS“ sowie als „Hauptbankverbindung eines Teils dieser Organisation“ der Weg geebnet. Für einige SS-Bereiche, namentlich die Häftlingsbetriebe, erlangte sie schon im Altreich eine wichtige Funktion. In den angeschlossenen und eroberten Gebieten gestaltete sich die Liaison zwischen Bank und SS noch wesentlich enger. „Anders als bei der Dresdner Bank im ‚Altreich‘ waren die SS-Verbindungen für die Tochtergesellschaften in Prag, in Krakau und auch in Posen von herausragender geschäftlicher Bedeutung. Hier war der Dresdner-Bank-Konzern praktisch die Hauptbankverbindung der gesamten SS.“

Zu keinem Zeitpunkt zog die Dresdner Bank aus dem Treiben des nationalsozialistischen Mordapparats, das für sie besser erkennbar war als für andere private Institute, irgendwelche geschäftlichen Konsequenzen. Sie betrachtete ihr Geschäft mit der SS als ganz normales Bankgeschäft. Anders als andere Bankhäuser, die ebenso wie sie Kredite an private Unternehmen vergaben, bei denen KZ-Häftlinge zu Tode geschunden wurden, gab die Dresdner Bank, obgleich sie genau wusste, „dass sie damit grausamste ‚Sklavenarbeit‘ finanzierte“, ihre Darlehen sogar direkt an die Gründer und Betreiber der SS-Häftlingsunternehmen. Das entsprang genauso der freien Entscheidung wie die erfolgreiche Werbung Emil Meyers, der die Vernichtungsmission seiner SS-Kameraden kannte, um die Kontoführung seines Hauses für die Erlöse der SS aus der Judenvernichtung in Polen. All dies geschah sehenden Auges, aktiv und völlig freiwillig sowie in der Erwartung einer dauerhaften und lukrativen Entwicklung der beiderseits erstrebten geschäftlichen Partnerschaft. „Gerade bei ihren verwerflichsten Geschäften in der Zeit des Dritten Reichs wäre es für die Dresdner Bank zweifellos möglich gewesen, anders zu handeln“, resümiert Johannes Bähr seine Untersuchung. „Deswegen trägt die Bank für diese Geschäfte auch die volle Verantwortung.“[221] Unter

[220] Bd. 1, Bähr, S. 486; die folgenden Zitate ebd., S. 503, 502 und 554.
[221] Ebd., S. 596; das folgende Zitat ebd., S. 477.

diesen Umständen ist es nicht überraschend, dass die Kennzeichnung der Dresdner Bank als „SS-Bank“ schon bald nach Beginn ihrer der Geschäftswelt nicht verborgenen Partnerschaft aufkam. Carl Goetz beklagte das schon 1938, doch unter dem Druck der amerikanischen Ermittlungen hielt es sein gebeuteltes Unternehmen für besser zu behaupten, dass dieses Epitheton erst „nach der Kapitulation in den Zeitungen auftauchte und offenbar von dritter Seite lanciert wurde“.

3. Eingeschränkte Entfaltung in Westeuropa

Als dem Dritten Reich noch die Zukunft zu gehören schien, begriff die Geschäftsleitung der Dresdner Bank die besondere Regimenähe und eine partielle Mittäterschaft ihres Hauses als ebenso nützliche wie ökonomisch rationale Elemente ihrer Unternehmensstrategie. Die verblüffenden Erfolge, die sie binnen zweier Jahre nach ihrem Aufbruch 1938/39 damit erzielt hatte, mussten sie in dieser Auffassung bestätigen: Sie war die Hauptbankverbindung des Reichswerke-Kolosses, der mit ihrer Unterstützung zum größten Konzern Europas aufstieg. Sie hatte es zur Vertrauensbank der elitären Verfügungstruppe eines Diktators gebracht, der nicht zuletzt mit Hilfe der gefürchteten SS dabei war, ein deutsches Europa zu schaffen. In Wien gelang ihr dank gehöriger nationalsozialistischer Starthilfe mit der Länderbank die Errichtung ihrer stärksten Tochtergesellschaft. Mit der BEB in Prag, ihrer zweitgrößten Affiliation, wurde sie nach eklatanter politischer Protegierung zum exklusiven Konzernbildner der Hermann-Göring-Werke und zum deutschen Spitzeninstitut im Protektorat. Sodann errichtete sie mit der Ostbank das führende Haus im Wartheland mit sehr kurzen Drähten zu den Gau-Instanzen. Und schließlich eroberte sich die Dresdner Bank im Generalgouvernement mit der Kommerzialbank den Spitzenplatz, weil sie „gezielt und massiv"[222] das Geschäft mit den Unterdrückern auf dem Wawel suchte und rasch eine privilegierte Partnerschaft zu ihnen aufbauen konnte. Während dieser beinahe märchenhaften Erfolgssträhne sprang die Bilanzsumme der Bank von Carl Goetz und Karl Rasche von 1939 auf 1940 von 3,2 Mrd. RM auf 4,1 Mrd. RM, das Betriebsergebnis verdoppelte sich mit 26,9 Mio. RM fast gegenüber dem Aufbruchsjahr 1938.[223] Doch dies war, wie sich bald herausstellte, nur die erste Etappe ihrer Expansion. Im Frühjahr 1940 konnte die Geschäftsausdehnung fortgeführt werden, da die Wehrmacht Dänemark und Norwegen besetzte, im Westen Holland, Belgien und Luxemburg okkupierte und Frankreich am 22. Juni zur Kapitulation zwang. Hitler stand im Zenit seiner Popularität. Obgleich man im jubelnden Deutschland noch „nicht überall davon überzeugt war, dass der Krieg schon gewonnen sei, schien es doch unmöglich zu sein, ihn noch zu verlieren".[224] Kriegswirtschaftliche Autarkie war allerdings immer noch nicht erreicht, da sich die neu gewonnenen Produktionskapazitäten Westeuropas nur mit Hilfe sowjetischer Rohstofflieferungen in einer Intensität nutzen ließen, die erforderlich war, um im Rüstungswettlauf mit der angelsächsischen Welt zu bestehen.

Ökonomische Rationalität gebot es allen deutschen Großbanken, ihre Strategie am Ausgreifen des Dritten Reiches in Europa zu orientieren, denn die Wehrmacht bestimmte die Expansionsrichtung und das NS-Regime den Rahmen ihrer Geschäftsmöglichkeiten. Die großen Finanzinstitute durften annehmen, dass sich in Westeuropa wegen des hohen wirtschaftlichen Leistungsniveaus noch wesentlich attraktivere Geschäftsaussichten ergeben würden als in Ostmitteleuropa, wo sich die rassisch grundierte Besatzungsherrschaft namentlich in Polen in kruder Zer-

[222] Bd. 3, Wixforth, S. 883.
[223] Siehe Bd. 1, Bähr, S. 177ff.
[224] Herbst, Das nationalsozialistische Deutschland, S. 312.

störung, Ausraubung und Versklavung erschöpfte. Eine effektive Ausbeutung der belgischen, holländischen und französischen Volkswirtschaften schien geradezu nach den Erfahrungen und Kompetenzen der international operierenden Aktienfilialbanken zu verlangen. Die Frage war, ob die politische Bevorteilung der Dresdner Bank anhielt, die dank ihrer besonderen Regimenähe unter den privaten Banken die Hauptnutznießerin des deutschen Eroberungszuges in Ostmitteleuropa war.

Die Besatzungsherrschaft im Westen folgte allerdings grundlegend anderen Prämissen als im Osten. Oberste Priorität hatte kurzfristig die umfassende Nutzbarmachung dieses ungleich größeren kriegswirtschaftlichen Potenzials, langfristig die Gewinnung der westeuropäischen Länder als „Juniorpartner des Reichs bei der geplanten ‚Neuordnung Europas' unter deutscher Hegemonie".[225] Mit den einheimischen Regierungen oder Verwaltungen blieb die überkommene Rechts- und Gesellschaftsorganisation weithin bestehen. Die mit Elementen von Selbstorganisation und relativer Autonomie durchsetzte, viel zivilere deutsche Okkupationsherrschaft wollte und konnte – von der Judenverfolgung abgesehen – deswegen längst nicht so tief in die staatlichen und wirtschaftlichen Strukturen eingreifen wie im Osten. Eine auch nur entfernt vergleichbare Strategie der Ausraubung und „Umvolkung" kam hier auch deshalb nicht in Frage, weil die West- und Nordeuropäer als rassisch gleichwertig oder artverwandt eingestuft wurden und in einem künftigen „Großgermanischen Reich" mit einem Platz weit oben in der Hierarchie der Völker rechnen durften. Insgesamt war diese „Politik der Mäßigung und des scheinbaren Verzichts",[226] die 30 bis 40% des westeuropäischen Volkseinkommens in die deutsche Kriegswirtschaft lenkte, recht erfolgreich und viel ertragreicher als die zerstörerische Zwingherrschaft im Osten.[227] Für die westlichen Länder gab es zunächst keine realistische Alternative zur ökonomischen Kollaboration, da die Betriebe und ihre Belegschaften schlicht ihre Existenz zu sichern hatten.

Der Gefechtslärm war noch nicht verebbt, da setzte die Dresdner Bank schon zum Sprung nach Westeuropa an. Vielleicht waren es die prächtige Bilanz der beiden zurückliegenden Jahre und die notorische Gewogenheit der nationalsozialistischen Wirtschaftsfunktionäre gegenüber seinem Hause, die den Aufsichtsratsvorsitzenden Carl Goetz dazu verleiteten, sich in ein Wagnis zu stürzen, das kein glückliches Ende nahm. Anlass dafür war wieder einmal der Kampf mit der Deutschen Bank um die beste Ausgangsposition.[228] Dabei ging es weniger um Frank-

[225] Johannes Bähr/Ralf Banken, Ausbeutung durch Recht? Einleitende Bemerkungen zum Einsatz des Wirtschaftsrechts in der deutschen Besatzungspolitik 1939–1945, in: dies. (Hg.), Das Europa des „Dritten Reichs". Recht, Wirtschaft, Besatzung, Frankfurt am Main 2005, S. 6; siehe auch den dort diskutierten Forschungsstand.

[226] Thamer, Verführung und Gewalt, S. 646; die folgende Größenordnung nach Bähr/Banken, Ausbeutung, S. 1.

[227] Siehe Christoph Buchheim, Die besetzten Länder im Dienste der deutschen Kriegswirtschaft während des Zweiten Weltkriegs. Ein Bericht der Forschungsstelle für Wehrwirtschaft, in: VfZ 34 (1986), S. 117ff.

[228] Das Folgende nach Bd. 3, Bähr, S. 668ff.; das folgende Zitat ebd., S. 669 (Anmerkung 10); siehe auch Christoph Kreutzmüller/Jaroslav Kučera, Die Commerzbank und die Vernichtung der jüdischen Gewerbetätigkeit in den böhmischen Ländern und den Niederlanden, in: Herbst/Weihe (Hg.), Die Commerzbank und die Juden, S. 189ff.

reich,[229] dessen Sonderstellung den deutschen Banken enge Grenzen setzte, als um Belgien und die Niederlande. Goetz, der einige Jahre in Brüssel gearbeitet hatte, preschte bereits im Mai 1940 vor und bot sich dem Reichswirtschaftsminister als Berater für Belgien an. Das stieß auf Gegenliebe, denn Walther Funks Behörde verfügte auch im Westen über viel weniger gute Kenntnisse als die großen Finanzinstitute. Goetz wäre nicht Goetz gewesen, wenn er seine Beratungstätigkeit nicht mit einer kühnen strategischen Initiative verbunden hätte. Nach persönlichen Sondierungen in den eben besetzten Ländern unterbreitete er sie Mitte Juli dem Ministerium. Sein Szenario bedurfte allerdings der gewohnten politischen Protektion durch das NS-Regime.

Der Goetz-Plan sah eine Aufteilung der Interessenssphären zwischen den beiden Großbanken vor und wies der Deutschen Bank die Niederlande zu, wo die Rivalin bereits über eine starke Beteiligung an dem renommierten Bankhaus H. Albert de Bary & Co verfügte. In Belgien, wo es keine Affiliationen deutscher Großbanken gab, sollte sein Haus die Vorhand zugesprochen bekommen, und zwar zunächst in Form einer engen Kooperation mit dem bedeutendsten belgischen Institut, der Banque de la Société Générale de Belgique. Diese Bank war der Schlüssel zur einflussreichsten Position im westeuropäischen Geschäft, denn sie gehörte zu der riesigen Industrieholding Société Générale, die nach einem Wort des deutschen Bankenkommissars in Brüssel „75% von Belgien" kontrollierte. Das von Goetz ins Visier genommene Geldhaus verfügte daneben über interessante Industriebeteiligungen in Ost- und Südosteuropa, auf die das Vierjahresplanamt ein Auge geworfen hatte. Außerdem war es Großaktionär bei den in Luxemburg ansässigen Aciéries Réunies de Burbach-Eich-Dudelange (Arbed), dem zweitgrößten Montankonzern Europas, um den die deutschen Stahlriesen kämpften.

Es mag sein, dass das Beteiligungsinteresse der Reichswerke an Arbed die Dresdner Bank hier auf einen ähnlichen Schulterschluss mit dem NS-Regime hoffen ließ wie bei der Eindeutschung der tschechoslowakischen Montanindustrie. Walther Funk und sein Ministerium, gewiss auch Hans Kehrl, gewannen den Vorschlägen, die der Kopf der Dresdner Bank unterbreitete, jedenfalls viel Plausibilität ab. Im August 1940 galt der Kampf um Belgien als entschieden. Für die Deutsche Bank roch es nach der Brüskierung in Österreich und dem Fiasko im Protektorat nach einer weiteren schweren Niederlage. Carl Goetz, der die stimulierende Landnahme im Westen höchstselbst betrieb, war sich seiner Sache so sicher, dass er die Niederlande deswegen bereits zugunsten der Deutschen Bank abschrieb und der Konkurrentin im faktisch annektierten Elsass-Lothringen ebenfalls den Vortritt ließ.

Da Goetz nichts Konkretes in der Hand hatte, war es mindestens vorschnell, diesen Verzicht auszusprechen und alles auf die belgische Karte zu setzen, zumal der Aufsichtsratsvorsitzende selbst am besten wusste, dass er es im Vertrauen auf die gewohnte Rückendeckung gegenüber den Behörden mit den Tatsachen nicht so genau genommen hatte. Denn Dresdner Bank und Deutsche Bank waren bislang keineswegs gleichrangige Partner der Banque de la Société Générale gewesen,

[229] Siehe unten, S. 187ff.

wie Goetz behauptete, sondern letztere unterhielt traditionell die eindeutig engeren Beziehungen zu der Umworbenen. Im Komment des internationalen Bankgeschäfts galt eine solche Tatsache als schwer zu schlagendes Argument – und zum Entsetzen der Dresdner Bank stellte sich tatsächlich heraus, dass diese überkommenen Gepflogenheiten in dem „erbitterten Wettlauf“[230] des Sommers 1940 ihr Gewicht noch nicht verloren hatten. Der Westen war nicht der Osten, wo man sich viel hemdsärmeliger über Konventionen hinwegsetzen und mit den nationalsozialistischen Instanzen verständigen konnte. Im Westen konnte die Besatzungsmacht ihre Ziele nur erreichen, wenn sie nicht allzu willkürlich in die gewachsenen Finanz- und Wirtschaftsstrukturen eingriff.

Die Deutsche Bank sah der Attacke auf ihre Vormachtstellung in Westeuropa nicht tatenlos zu,[231] zumal sie erfahren haben dürfte, dass Goetz mit seinen Bemühungen um den Vorsitzenden seiner belgischen Wunschbank und den Gouverneur der Société Générale persönlich, dem auch politisch schwergewichtigen Alexandre Galopin, nicht recht reüssierte. Der lehnte es ab, seine gewachsenen Geschäftsbeziehungen zur Deutschen Bank gegen eine Allianz mit einer Dresdner Bank einzutauschen, welcher der Ruf besonderer Regimenähe vorauseilte und die seit 1938 ausreichend Kostproben dafür geliefert hatte. Ende August ging die Deutsche Bank zum Gegenangriff über. Abs tauchte in Brüssel auf und klopfte mit der Société eine einvernehmliche Fortsetzung der guten Zusammenarbeit fest. Sein Vorstandssprecher flankierte das mit der Warnung an das Wirtschaftsministerium, die beabsichtigte Aufteilung der Interessenssphären „stünde jeder kaufmännischen Einstellung entgegen und könne nur zum Fiasko führen“.[232] Das machte die Berliner Wirtschaftsfunktionäre nachdenklich, und Besonnenheit gewann die Oberhand, als einige Wochen später auch noch der von der Deutschen Bank eingespannte Hjalmar Schacht Minister Funk gegenüber scheinbar salomonisch dafür plädierte, dass sich die beiden Streithähne ihre Kooperationspartner in Belgien und Holland in freier Konkurrenz selbst suchen sollten. Eben diesem freien Spiel der Kräfte hatte die Dresdner Bank im Bewusstsein ihrer schlechteren Ausgangsposition und ihrer besseren politischen Drähte mit einem *fait accompli* zuvorkommen wollen. Jetzt stand sie bei ihrem Aufbruch nach Westeuropa vor einem Scherbenhaufen, weil sie wider Erwarten doch „nicht von ihren politischen Verbindungen profitierte“.[233] Neuerlich musste die Bank die Erfahrung machen, „dass sie ihre Expansionsinteressen nicht durchsetzen konnte, wenn sie keine Rückendeckung in der Politik besaß“.[234]

Ausschlaggebend für den Sinneswandel des Wirtschaftsministeriums im Herbst 1940 war wohl die Einsicht, dass erzwungene Lösungen die Bereitschaft zur ökonomischen Kollaboration im Westen untergraben würden.[235] Dem durfte nicht Vorschub geleistet werden, zumal die politischen Vorgaben für die westeuropäischen Länder, die auch den Banken einen engen Rahmen steckten, ausdrücklich

[230] Bd. 3, Bähr, S. 667.
[231] Siehe Gall, Abs, S. 78 ff., James, Deutsche Bank, S. 161 ff., sowie Mollin, Montankonzerne, S. 245.
[232] Zit. nach James, Deutsche Bank, S. 160.
[233] Bd. 3, Bähr, S. 672.
[234] Bd. 3, Wixforth, S. 886.
[235] So auch Gall, Abs, S. 79.

die enge Zusammenarbeit der Konzerne und eine nach und nach auszuweitende Kapitalbeteiligung deutscher Unternehmen vorsahen. Um diese „Strategie der Kooperation"[236] glaubhaft zu machen, war politischer Druck auf Verhandlungspartner nicht statthaft, wie das Wirtschaftsministerium ausdrücklich klarstellte.[237] Die Frage war nur, ob die Kapitaleigner in Belgien, Frankreich und Holland, die – es sei denn, sie waren Juden – nicht zum Verkauf ihrer Anteile gezwungen werden konnten, diese Penetration akzeptierten.

Als sich diese Frage zu stellen begann, war die Dresdner Bank durch die Fehler ihres Aufsichtsratsvorsitzenden, die wohl auch auf falschen Vorstellungen von der jederzeitigen Instrumentalisierbarkeit ihrer besonderen Regimenähe für ökonomische Zwecke beruhten, bereits beträchtlich ins Hintertreffen geraten. Man ahnte, dass diese „schwere Niederlage"[238] kaum wieder wettzumachen sein würde, und reagierte entsprechend aggressiv. Dabei war jedes Mittel recht. Drei Tage vor Weihnachten 1940 richtete der Vorstand der Dresdner Bank ein äußerst gefährliches Schreiben an seine bewährten Protektoren, an den Staatsekretär bei der Vierjahresplanbehörde und an den Staatssekretär im Auswärtigen Amt Wilhelm Keppler. Darin gaben sie die in Brüssel erlangte Information weiter, Abs habe der Société für den Fall einer deutschen Niederlage Rücktrittsklauseln zugestanden. Mit unterzeichnet war der Denunziationsbrief von SS-Ehrenoffizier Emil H. Meyer. Die Sprengladung zündete aber nicht, da der Deutschen Bank nichts nachgewiesen werden konnte.

Etwas mehr Erfolg hatte die Dresdner Bank mit der gezielt aufgebauten Legende zur Erklärung ihres Scheiterns. Zu diesem Behufe bestellte der Aufsichtsratsvorsitzende bei seinem Mann in Brüssel einen Brief, in dem davon die Rede war, das Desaster in Belgien gehe darauf zurück, dass das Haus von Carl Goetz der Société Générale als kompromisslose „Nazi-Bank" gelte, die Deutsche Bank hingegen als ein Institut, das internationalen Gepflogenheiten Rechnung trage „und den belgischen Gesichtspunkten größtes Verständnis entgegenbringe". Der Absender stellte im Anschreiben freilich klar, er habe den Text zur besseren Verwertung bei entsprechender Stelle gezielt so abgefasst. Damit sollte die Deutsche Bank höheren Orts neuerlich in Misskredit und zugleich eine plausible Erklärung für die Blamage in Brüssel unter die Leute gebracht werden. Sie wäre schlecht erfunden gewesen und ins Leere gegangen, wenn sie nicht ein ansehnliches Körnchen Wahrheit enthalten hätte. Da ihr die eigene Regimenähe diesmal nicht zu einem Vorteil verholfen hatte, versuchte die Dresdner Bank sie wenigstens zum Nachteil ihrer Konkurrentin zu nutzen. Das hatte mit dem Komment bankmäßiger Wohlanständigkeit nichts mehr gemein. Die guten Sitten erodierten nicht nur im Osten.

Die Dresdner Bank hatte sich gleichwohl in die staatlich verordnete Mäßigung in Westeuropa zu schicken. Da es im Westen um die möglichst effektive Ausbeutung der fremden Volkswirtschaften und nicht um ein „Versklavungsprogramm"[239] ging, ließen sich die dortigen Zivil- und Militärverwaltungen in den

[236] Bd. 3, Bähr, S. 666.
[237] Siehe Bd. 3, Sattler, S. 705.
[238] Bd. 3, Bähr, S. 673; das Folgende nach ebd., S. 677 ff.; die Zitate ebd., S. 677 f.
[239] Bähr/Banken, Ausbeutung, S. 28.

Anfangsjahren der Besetzung eine viel weiter gehende Respektierung gewachsener Geschäftsverhältnisse und kaufmännischer Traditionen angelegen sein. Das hatte die Dresdner Bank nach zwei Jahren politischer Protegierung sogleich bitter zu erfahren. Dem reduzierten politischen Voluntarismus in Westeuropa entsprach die weniger dominante Rolle des Reichswerke-Molochs und des Himmlerschen Machtblocks als Träger rassisch-imperialistischer Willkür, zu denen das Geldhaus seit 1937/38 ein stabiles Geschäftsverhältnis aufgebaut hatte. Nicht nur in Belgien und Holland – in Frankreich ohnedies – fand die Bank ungewohnt widrige Rahmenbedingungen vor, und auch die NSDAP-Gauleiter und Chefs der Zivilverwaltungen (CdZ) in den faktisch annektierten Grenzgebieten entfalteten bei der Durchsetzung ihrer regionalen Interessen eine beachtliche, aus der Perspektive der Großbanken ärgerliche Durchschlagskraft. Für das mit Baden zum Gau Oberrhein zusammengeschlossene Elsass unter Robert Wagner galt das ebenso wie für den um Lothringen erweiterten Gau Saarpfalz („Westmark") von Josef Bürckel und Luxemburg, das unter die Kuratel des Gauleiters von Koblenz-Trier, Gustav Simon, kam.

In den eingegliederten Regionen Elsass und Lothringen konnte die Dresdner Bank nur schwach Fuß fassen.[240] Am Oberrhein gelang es Gauleiter Wagner, einer Regionalbank die Vorhand gegenüber den beiden Berliner Großbanken zu verschaffen. In deren Wettlauf um das verbliebene Filialnetz einer französischen Bank wurde das Haus von Carl Goetz vom Reichswirtschaftsministerium mit dem Hinweis auf dessen hoch gesteckte Ambitionen in Belgien gebremst, so dass es mit vier weniger bedeutenden Zweigstellen vorlieb nehmen musste, über deren Tätigkeit wir wenig wissen. Wichtigster Kunde der beiden Filialen in Lothringen war offenbar die zum Reichswerke-Konzern gehörende Hüttenverwaltung Westmark unter Paul Pleiger. Kapitalbeteiligungen aus dem Altreich konnten wegen der restriktiven Regelungen überhaupt nur bei Unternehmen vermittelt werden, die als jüdisches oder feindliches Vermögen eingestuft waren. Doch auch hier blieben Abschlüsse rar, da die von Wagner und Bürckel eingesetzten kommissarischen Leiter die Betriebe entweder selbst übernehmen oder „Geschäftsleuten aus der Region zuschanzen" wollten. Die dennoch sehr rührige Dresdner Bank hat wegen dieser konsequenten Abwehr der Großbankeninteressen wohl nur eine Handvoll Vermittlungsgeschäfte, vielleicht sogar überhaupt keines, abschließen können.

Das identische Muster zeigte sich im faktisch eingegliederten Luxemburg, obwohl die Dresdner Bank hier in einer besseren Ausgangsposition war als in Elsass-Lothringen.[241] Seit den zwanziger Jahren hielt sie Anteile an dem führenden Institut, der Banque Internationale de Luxembourg (Interbank), die sie während des Krieges kontinuierlich aufstockte. Auch hier machte sich der Fehlstart im Westen bemerkbar. Die Dresdner Bank scheiterte nämlich mit ihrem Vorhaben, die Interbank mit dem zweitgrößten Geldhaus des Großherzogtums zu verschmelzen und damit das Finanzgeschehen dort zu beherrschen, weil die Anteilseignerin Société Générale dabei wiederum nicht mitmachte, sondern auch hier lieber mit der Deutschen Bank zusammenging. Die Dresdner Bank musste sich mit der Interbank

[240] Nach Bd. 3, Bähr, S. 835ff.; das folgende Zitat ebd., S. 840.
[241] Nach ebd., S. 825ff.; das Zitat ebd., S. 830.

bescheiden, die ungefähr so groß war wie ihre bald in Holland und Belgien aufgezogenen „Stützpunktbanken", aber nur ungefähr ein Zehntel des Geschäftsvolumens etwa der BEB aufzuweisen hatte.

Wie überall versuchten Mutter- und Tochtergesellschaft im „germanisierten" Bankwesen der eingegliederten Westgebiete sehr lebhaft, reichsdeutschen Interessenten „Arisierungs"- und Verflechtungsgeschäfte zu vermitteln, doch auch in Luxemburg bissen sie dabei auf Granit. Gauleiter Simon bestand darauf, einheimischen Erwerbern den Vortritt zu lassen, womit weniger luxemburgische Käufer gemeint waren (die sich an solchen Transaktionen ohnehin nicht recht beteiligen wollten) als vielmehr Investoren aus seinem angestammten NSDAP-Gau Koblenz-Trier. So scheiterten auch hier praktisch alle Anbahnungen, da, wie der Vorstandsvorsitzende der Interbank Ende 1941 der Zentrale in Berlin meldete, sein Haus „gegen Strömungen von Seiten der politischen Stellen" letztlich „völlig machtlos" sei.

Für die wirtschaftliche Durchdringung der okkupierten westeuropäischen Länder hatte Hermann Göring die Leitlinie vorgegeben, „noch während des Krieges der deutschen Wirtschaft Eingang in die interessantesten Objekte der Wirtschaft der besetzten Länder zu ermöglichen".[242] Zur Forcierung dieser Penetrationspolitik unterrichtete das Reichswirtschaftsministerium die Banken im September 1940 von der Absicht, die „kapitalmäßigen Verflechtungen" zwischen Deutschland und den westeuropäischen Staaten „enger als bisher zu gestalten" und die „Einflussnahme des deutschen Kapitals in Holland und Belgien zu verstärken". Die dortigen Geschäftsleute zeigten aber nur eine ganz geringe Neigung, ihre Kapitalanteile an deutsche Erwerber zu verkaufen oder gar Firmenübernahmen zuzustimmen. Nach der verlorenen Luftschlacht um England verfestigte sich diese Haltung noch. Sogar im Herbst 1941, als die Sowjetunion besiegt schien, vermerkte ein Direktor der Deutschen Bank in Den Haag: „Eine deutsch-holländische Wirtschaftsverflechtung in größerem Ausmaße als bisher kann nur betrieben werden, wenn der Holländer nicht mehr an Englands Endsieg glaubt."[243]

Die holländischen und belgischen Finanzinstitute legten gegenüber einem Eindringen deutschen Kapitals dieselbe Aversion an den Tag wie die Industrieunternehmen. Auch sie zeigten wenig Neigung, Verflechtungsverhältnisse mit reichsdeutschen Banken einzugehen. Der Bankenkommissar in Brüssel resümierte bereits wenige Monate nach dem deutschen Sieg ernüchtert, die vom Reich favorisierte Beteiligung deutscher Banken an einheimischen Geldinstituten sei „zur Zeit nicht durchführbar".[244] Ende November 1940 zogen die deutschen Behörden die Konsequenzen aus dem Scheitern ihrer Strategie und nahmen eine Kurskorrektur vor. Jetzt ermunterten sie die großen Banken dazu, durch die Gründung oder den Ausbau von Tochtergesellschaften stärker in Erscheinung zu treten. Dieser Schwenk zu einer unmittelbareren deutschen Präsenz war gegenüber der Hoffnung auf die politisch-ökonomische Anziehungskraft des Reichs als Motor der „Neuen Ordnung" Europas ein Zeichen der Schwäche. Den Großbanken be-

[242] Zit. nach ebd, S. 804 und 678.
[243] Zit. nach James, Deutsche Bank, S. 160; vgl. auch Bd. 3, Bähr, S. 679; siehe auch Kreutzmüller/Kučera, Vernichtung der jüdischen Gewerbetätigkeit, S. 181.
[244] Zit. nach Bd. 3, Bähr, S. 679; das Folgende nach ebd., S. 680ff.

scherte diese Wendung aber die Möglichkeit, ihre Geschäftstätigkeit in Holland und Belgien deutlich auszuweiten. Während sich die Deutsche Bank als das in Westeuropa mit Abstand am besten eingeführte Haus auf seine niederländische Affiliation H. Albert de Bary stützte und in Belgien auf ihre Partnerschaft mit der Banque de la Société Générale setzte, schritten Dresdner Bank und Commerzbank zur Errichtung oder zu einem massiven Ausbau eigener „Stützpunktbanken".

Die deutschen „Stützpunktbanken" in Belgien und Holland

In den Niederlanden, wo sie vor dem Krieg keine eigene Tochtergesellschaft besaß, verzehnfachte die Dresdner Bank im November 1940 das Grundkapital ihres Handelstrust West (HTW), den sie gleich nach Kriegsbeginn in Amsterdam errichtet hatte, auf 1 Mio. hfl.[245] Führender Kopf war ein überzeugter Nationalsozialist, der engen Umgang mit den Spitzen der Zivilverwaltung des Reichskommissars Arthur Seyß-Inquart pflegte. Entscheidungen von Gewicht behielt sich zunehmend Karl Rasche vor, der den Generalkommissar für Finanz und Wirtschaft in Den Haag, Hans Fischböck, seit der 1938 bei der Errichtung der Wiener Länderbank geleisteten Schützenhilfe[246] kannte. Der Handelstrust hatte nicht mehr Mitarbeiter als eine mittlere Filiale der Dresdner Bank, seine Bilanzsumme belief sich mit umgerechnet etwa 33 Mio. RM (1942) auf nur gut ein Zwanzigstel der österreichischen Tochtergesellschaft. Die im April 1941 gegründete Stützpunktbank in Brüssel, die Continentale Bank, war von ähnlicher Größenordnung.[247] Als maßgebendes Vorstandsmitglied fungierte Joachim Overbeck, den Karl Rasche schon bei der Bebca-Übernahme in Prag eingesetzt hatte, der auch Goetz bei der gescheiterten Attacke auf die Société Générale zur Hand gegangen war und über direkten Zugang zur Spitze der Militärverwaltung für Belgien und Nordfrankreich verfügte. Bei allen wichtigen Entscheidungen machten die beiden starken Männer der Berliner Zentrale ihren Einfluss jedoch unmittelbar geltend.

Doch so gut und nützlich die Einbettung der Continentale und des Handelstrusts im Milieu der Okkupationsinstanzen sein mochte, das Bankgeschäft in Westeuropa blieb aus besatzungsstrategischen Erwägungen limitiert. Für die Dresdner Bank gab es hier nur wenig Ansatzpunkte, ihre Regimenähe zu nutzen. Ihre Stützpunktbanken waren offiziell gehalten, nicht als Konkurrenten, sondern als Partner der beherrschenden einheimischen Finanzkonzerne aufzutreten, so dass sie vor allem auf ihr deutsches Klientel und auf die Übernahme von „immer mehr staatlich-politischen Aufgaben für die Besatzungsmacht" beschränkt blieben. Sie konnten „kein umfassendes Bankgeschäft aufbauen"[248] und wurden deswegen zunehmend zu Dienstleistern der Okkupationspolitik. Für manche kriegswirtschaftlichen Finanzierungsaufgaben vertraulicher Natur kamen ohnedies nur deutsche Affiliationen in Betracht, die von der einheimischen Bevölkerung obendrein verdächtigt wurden, gegen die holländischen und belgischen Interessen zu

[245] Nach Bd. 3, Sattler, S. 687.
[246] Siehe oben, S. 86.
[247] Nach Bd. 3, Bähr, S. 792 ff.
[248] Bd. 3, Wixforth, S. 886 und 892, sowie ebd., Sattler, S. 696 ff.

handeln.[249] Im Vergleich zum holländischen Bankgeschäft insgesamt nahm sich die Aktivität der drei deutschen Banktöchter bescheiden aus. 1941 belief sich die kumulierte Bilanzsumme des HTW, der Commerzbank-Tochter Rijnsche Handelsbank und der Deutsche-Bank-Affiliation H. Albert de Bary gerade einmal auf ein Fünfzehntel des Volumens der niederländischen Großbanken. Noch die kleinste unter ihnen war doppelt so groß wie die drei deutschen Institute zusammen.[250] Sowohl der Handelstrust als auch die Continentale konzentrierten sich vor allem auf drei Geschäftsfelder, die direkt mit der deutschen Besatzung verknüpft waren: auf die Vermittlung und Finanzierung von Kapitalbeteiligungen, auf die „Arisierung" und auf die Rüstungskreditierung.

Das Verflechtungsgeschäft war ein mühseliges Unterfangen. Neben der durchgängigen Abneigung der umworbenen holländischen und belgischen Eigentümer, sich mit deutschen Investoren einzulassen, rief bei ihnen auch die ungleiche Ausgangsposition von Käufer und Verkäufer „entschiedene Abwehr"[251] hervor, weil der einheimische Unternehmer in der offiziösen Besatzungsdoktrin zwar als Kooperationspartner galt, er sich tatsächlich aber als Übernahmekandidat betrachten musste. Dennoch ließen es die Dresdner Bank und ihre Töchter nicht an Anstrengungen fehlen, aus den Beteiligungsverkäufen ein lohnendes Geschäft zu machen. Schon im Herbst 1940 forderte die Berliner Zentrale ihre Kopffilialen streng vertraulich auf, unter ihren Kunden systematisch Interessenten für Kapitalbeteiligungen oder Übernahmen ausfindig zu machen. Die Börsenabteilung erstellte eine Übersicht über „interessante Papiere" in Holland. Der Handelstrust hatte sich Ende des Jahres bereits in 140 potenzielle „Besitzübergänge" eingeschaltet.

Ebenso wie im Protektorat, wo die Dresdner Bank bei der Übernahme von Montankonzernen für die Hermann-Göring-Werke ihre Findigkeit und Härte unter Beweis gestellt hatte,[252] schien auch diesmal wieder das enge Einvernehmen zwischen Hans Kehrl und Karl Rasche der Schlüssel zum geschäftlichen Erfolg zu sein. Das Reichswirtschaftsministerium, das nur geringe Kenntnisse über die Beteiligungsverhältnisse im Westen besaß, musste sich bei seiner Durchdringungsstrategie weitgehend auf die Banken als „Makler und Informationsvermittler"[253] stützen. Die Dresdner Bank übermittelte deswegen keineswegs uneigennützig laufend Spezialinformationen zur holländischen und belgischen Wirtschaft sowie detaillierte Listen Dutzender deutscher Unternehmen, die sich dort gerne einkaufen wollten. Continentale-Vorstand Overbeck hatte bereits unmittelbar nach der Besetzung ein förmliches „Netz von Informanten" (Carl Goetz) aufzubauen und umfängliche Firmendossiers anzulegen begonnen. Die vielfältigen Bemühungen der Bank fanden sogleich den kurzen Dienstweg zur Politik, denn das Tandem Kehrl/Rasche stimmte sich auch beim Westgeschäft engstens ab. Doch die Verhältnisse lagen anders als im Osten, wie das Vorstandsmitglied der Dresdner Bank

249 Siehe Bd. 3, Bähr, S. 667 und 679f.
250 Vgl. Kreutzmüller/Kučera, Vernichtung der jüdischen Gewerbetätigkeit, S. 192.
251 Bd. 3, Bähr, S. 804; das Folgende nach ebd., S. 804ff., und ebd., Sattler, S. 704ff.; die folgenden Zitate ebd., S. 708 und 698.
252 Siehe oben, S. 114ff.
253 Bd. 3, Bähr, S. 806; das folgende Zitat ebd., S. 807.

bald einsehen musste, auch weil sein Vertrauter im Vierjahresplanamt in Belgien und Holland über keine übergreifenden Zuständigkeiten verfügte.

Die Dresdner Bank blieb in Amsterdam ebenso weit hinter den Erwartungen zurück wie in Brüssel. Ihre Niederlage gegen die Deutsche Bank im Kampf um die Spitzenposition in Belgien warf das Haus von Carl Goetz auch bei den Übernahmeversuchen bei Arbed aus dem Rennen.[254] In den Niederlanden fand die Dresdner Bank keine Berücksichtigung, als das Ministerium deutschen Konzernen Beteiligungen an besonders bedeutsamen holländischen Unternehmen zusprach.[255] Die Bilanz bei den mittleren Firmen war ähnlich trist. In beiden Ländern blieb das Verflechtungsgeschäft schwach und stand „in keinem Verhältnis zu dem Aufwand", den die Banken dabei betrieben.[256] Das Debakel der deutschen Verflechtungsstrategie zeichnete sich bereits in der amtlichen Zwischenbilanz vom Herbst 1941 ab.[257] Danach waren in Holland und Belgien die meisten Übernahmen auf privatwirtschaftlicher Basis noch immer in der Schwebe und in den Niederlanden seit Beginn der Besetzung von privater Seite nur etwa 50 Mio. hfl. investiert worden. Zwar liegen für die Gesamthöhe der deutschen Direktinvestitionen dort keine Angaben vor, doch angesichts des geschätzten englischen und französischen Engagements in Höhe von 210 Mio. hfl. stufte das Wirtschaftsministerium die privaten deutsch-niederländischen Verflechtungsbemühungen als „wenig aussichtsreich" ein.

Der Anteil der Dresdner Bank und des HTW an den nach Deutschland vermittelten Kapitalbeteiligungen blieb kümmerlich. Ihr Anteil an der deutsch-niederländischen Kapitalverflechtung war mit wahrscheinlich weit unter 5% „geringfügig". In Belgien konnte das mit großen Ambitionen gestartete Haus von Carl Goetz letztlich nicht mehr als die buchstäbliche Handvoll Beteiligungsgeschäfte vorweisen. Mit dem Aufstieg Speers und der schwindenden Aussicht auf ein „Neues Europa" verlor die Kapitalverflechtungsstrategie Hermann Görings dann stark an Bedeutung, weil nun die schnelle Erledigung der verlagerten Rüstungsaufträge im Vordergrund stand. „Kapitalneuordnungen galten dabei eher als störend."[258]

Das aufwändige und wenig rentierliche Verflechtungsgeschäft ließ die Banken frühzeitig darauf hoffen, über erzwungene Beteiligungen zu unkomplizierteren Lösungen zu kommen. Als am 12. März 1941 die „Wirtschaftsentjudungsverordnung" erlassen wurde, im April dann die Devisengrenze zwischen Holland und Deutschland fiel, ging das schleppende Beteiligungsgeschäft nahtlos in die Übernahme jüdischen gewerblichen Vermögens über. Im Grunde begannen sich die angestrebte „Germanisierung" und die „Arisierung" der Wirtschaft in Holland und Belgien bereits zu überlagern, als absehbar wurde, dass sich die Unternehmen dort nicht eindeutschen lassen wollten.[259] Ohne Zwang tat sich aber auch bei der „Ari-

254 Siehe ebd., S. 675 ff., sowie Gall, Abs, S. 80 ff.

255 Siehe Bd. 3, Sattler, S. 706.

256 Bd. 3, Bähr, S. 808; mit demselben Befund für Holland Bd. 3, Sattler, S. 790 f.

257 Siehe Bd. 3, Sattler, S. 718 ff.; die folgenden Zitate ebd., S. 720 und S. 721; siehe auch Bd. 3, Bähr, S. 805.

258 Ebd., S. 809.

259 Nach Bd. 3, Sattler, S. 721 ff., und Bd. 3, Bähr, S. 814 ff. Grundlegend sind Gerald Aalders, Geraubt! Die Enteignung des jüdischen Besitzes im Zweiten Weltkrieg, Köln 2000, und Les biens des

sierung" so gut wie nichts. 73 Anfragen mit deutschen Beteiligungs- und Übernahmeangeboten, die der Handelstrust West bis zu diesem Frühjahr an Unternehmen mit jüdischen Inhabern richtete, blieben ohne greifbare Resonanz. Der HTW hatte so gut wie keine Verbindung zum holländischen Publikum, und bei der Ermittlung von deutschen Kaufinteressenten war er ganz auf die Dresdner Bank angewiesen. Bis zu den Zwangsenteignungen blieb der niederländische Markt tot, doch nach deren Anlaufen rechnete der Handelstrust-Direktor mit „viel Arbeit",[260] wie er Karl Rasche sogleich mitteilte.

Der Kuchen war allerdings kleiner, als die Bankiers dachten. Denn von den etwa 21 000 als jüdisch geltenden holländischen Betrieben blieben (von knapp 5% bis zuletzt unentschiedenen Fällen abgesehen) letztlich nur ungefähr 3% für das Vermittlungsgeschäft übrig, nachdem mehr als 90% liquidiert, für Kriegsteilnehmer reserviert oder durch bloßen Personenaustausch „arisiert" waren. Lediglich 340 Unternehmen im Verkaufswert von 103 Mio. hfl. (137 Mio. RM) gingen in deutschen, 400 in holländischen Besitz über. Ihr Wert lag bei 60,5 Mio. hfl., was zeigt, dass der Versuch fehlschlug, möglichst alle verfügbaren Betriebe zu „germanisieren" und so der Verflechtungsstrategie mit anderen Mitteln aufzuhelfen. In Belgien galten überhaupt nur 3% der Betriebe aus jüdischem Besitz als erhaltenswert.[261]

Der Run der Kaufinteressenten war gewaltig, der Ehrgeiz und der Aufwand der Banken nicht minder. Besorgt hielt der Chef der Sicherheitspolizei in Den Haag fest, das enorme Gerangel um die besten Objekte habe „bereits zur erheblichen Schädigung des deutschen Ansehens in der holländischen Bevölkerung und Geschäftswelt geführt".[262] In Brüssel setzte Joachim Overbeck alles daran, um seine vorzüglichen Beziehungen zur Militärverwaltung für die Dresdner Bank nutzbar zu machen. Schon zwei Monate bevor die Berliner Zentrale dem Militärbefehlshaber ihre Liste mit deutschen Investoren offiziell zustellte, überließ er sie dessen „Arisierungsreferenten" und verabredete mit ihm, „dass er mich auf passende Fälle aufmerksam machen wird".[263] Auch Rasche versuchte, seine persönlichen Beziehungen zu nutzen, doch das Ergebnis blieb bescheiden. Für eine durchschlagende Einflussnahme waren im Westen nicht nur die Konkurrenz zu scharf und die behördlichen Entscheidungsverfahren zu fragmentiert, sondern die eingespannten Persönlichkeiten hatten auch zu wenig Entscheidungsspielraum und, ganz anders als etwa Hans Kehrl in Österreich und im Protektorat, kein ausreichendes Eigeninteresse an einer eklatanten Bevorzugung der Dresdner Bank.

So versackte der Ehrgeiz der Berliner Zentrale und ihrer beiden Banktöchter im Morast der äußeren Widrigkeiten. Die Entscheidungen der zahlreich beteiligten Okkupationsbehörden zogen sich endlos hin. Die einheimische Konkurrenz schlief nicht. Mit großer Sicherheit glückten in Belgien nur wenige „Arisierungs"-

victimes des persécutions anti-juives en Belgique. Spoliation-Rétablissement des droits-Résultats de la Commissions d'Étude. Rapport finale de la Commission d'Étude sur le sort des biens de membres de la Communauté juive en Belgique spoliés ou délaissés pendant la guerre 1940–1945, Brüssel 2001.

260 Bd. 3, Sattler, S. 732; die folgenden Angaben nach ebd., S. 725f.

261 Siehe Bd. 3, Bähr, S. 815.

262 Bd. 3, Sattler, S. 736.

263 Bd. 3, Bähr, S. 814.

Geschäfte, so dass sich die Continentale Bank und die Dresdner Bank hier in die „Rolle von erfolglosen Maklern“[264] schicken mussten. In den Niederlanden zeigt sich dasselbe Bild. Hier konnten sie und der HTW Vermittlungen „nur in wenigen, nachweislich mindestens zehn Fällen, zum Abschluss bringen“,[265] was mehr oder weniger auch das Ergebnis des Verflechtungsgeschäfts widerspiegelt. Damit hat der Handelstrust West wohl weniger als 5% der insgesamt von deutschen Investoren im Zuge der antijüdischen Zwangsmaßnahmen übernommenen Unternehmen vermittelt. Die Dresdner-Bank-Tochter dürfte als Vermittlungsprovision kaum sehr viel mehr als insgesamt gut 80000 hfl. eingestrichen haben. Der Ertrag aus Darlehen für die wenigen Abschlüsse kann nur minimal gewesen sein.

Lagen Dresdner Bank und HTW mit ihrem Misserfolg bei dem von allen Finanzinstituten betriebenen Geschäft mit dem Unglück der verfolgten Juden im Trend einer enttäuschenden Entwicklung, so hoben sie sich als Mittäter bei dem schmutzigen Geschäft der Lösegelderpressung von auswanderungswilligen Juden von allen anderen Banken ab. Die deutsche Besatzungsmacht ließ sich bei vermögenden holländischen Juden herbei, Ausreisegenehmigungen zu erteilen, wenn diese dafür ihren Devisenbesitz im Ausland liquidierten und ihn in die Kassen des Reiches lenkten.[266] Der engstens mit der Dresdner Bank zusammenarbeitende Handelstrust spielte dabei insofern eine besondere Rolle, als er „ganz offensichtlich die einzige Tochter einer deutschen Großbank“ war, die erpresste Lösegelder aus der Schweiz über die Dresdner Bank an die Reichsbank leitete, sich auch sonst intensiv um dieses Geschäft kümmerte und sich nicht scheute, „die zwiespältige Rolle des Vermittlers zwischen Erpressern und Erpressten zu übernehmen“.[267] Bislang sind insgesamt 400 Fälle bekannt, bei denen es um ein Volumen von insgesamt 35 Mio. Sfr. ging. In 15 Fällen war die in Aussicht gestellte Ausreisebewilligung obendrein an die Vorbedingung einer „Arisierung“ gebunden. In wenigstens einem Drittel dieser besonders komplexen Fälle ist die Beteiligung der Dresdner Bank-Tochter nachweisbar. Insgesamt dürfte der Handelstrust West in mindestens 15 Koppelgeschäften von Devisenerpressung und Ausreiseerlaubnis involviert gewesen sein.

Den leitenden Persönlichkeiten des HTW und der Dresdner Bank war vollkommen klar, dass sie an Menschenhandel zur Behebung der deutschen Devisenmisere mitwirkten. Ein Vorstandsmitglied des Handelstrust etwa bemühte sich über seine Geschäftsverbindung zu Speditionen systematisch um Informationen über auswanderungswillige Juden zur eigenen „weiteren Auswertung“. Die Speditionsfirmen verwiesen ihre Kunden ihrerseits auf die spezielle Beratungskompetenz des Handelstrusts. Wenige Monate später, im August 1941, hielt der im Aufsichtsgremium des HTW sitzende Leiter der Abteilung Sonderaufgaben im Auslandssekretariat der Dresdner Bank in einer Notiz „betr. Auslösung holländischer Juden gegen Zahlung einer Buße in schweiz. Francs“ für den persönlichen

264 Ebd., S. 817.

265 Bd. 3, Sattler, S. 760; die Zahlenangaben ebd., S. 761 ff.

266 Grundlegend hierzu Unabhängige Expertenkommission Schweiz-Zweiter Weltkrieg (Hg.), Die Schweiz und die deutschen Lösegelderpressungen in den besetzten Niederlanden, Beiheft zum Bericht: Die Schweiz und die Flüchtlinge zur Zeit des Nationalsozialismus, Bern 1999.

267 Bd. 3, Sattler, S. 730; das Folgende nach ebd., S. 729 ff. und 736 ff.

Sekretär von Karl Rasche fest, man erwarte für diese Bemühungen eine „angemessene Provision".[268] Als in einer späteren Transaktion Kautionszahlungen eines ausreisebereiten Juden stockten, wandte sich der in der Berliner Zentrale mit „Arisierungs"- und Verflechtungsgeschäften befasste Harald Kühnen mit der Aufforderung an die Amsterdamer Tochter, der Erpresste habe nun aber „unverzüglich das Erforderliche zu veranlassen". Diese Ermahnung erging bei einer Lösegelderpressung, die mit einer Enteignung gekoppelt war.

Da deutsche Kaufinteressenten beinahe ein Jahr lang zunehmend ungeduldiger auf eine Zwangsregelung zur Verdrängung der Juden aus der Wirtschaft warteten, wiesen die Behörden darauf hin, dass „Nichtarier" eventuell rascher an eine Ausreisegenehmigung kommen könnten, wenn sie sich zum Verkauf ihres Unternehmens bereit fänden.[269] Daraufhin wandten sich Ausreisewillige auch an den Handelstrust um Rat. Noch vor dem Erlass des Reichskommissars über die „Zwangsarisierung" im Frühjahr 1941 erfuhr der HTW bei den Behörden jedoch, dass es der Besatzungsmacht keineswegs um eine Beschleunigung des Raubs oder eine Drückung der Verkaufspreise ging, die sie ohnehin festsetzen konnten, sondern vielmehr um die Auslieferung bisher nicht offen gelegter Devisenguthaben im Ausland. Ohne eine solche zusätzliche Lösegeldzahlung brauchte sich bald niemand mehr Hoffnung zu machen, dem deutschen Machtbereich zu entkommen. Eine weitere Schranke war das extrem komplizierte Genehmigungsverfahren, bei dem die Devisenschutzbehörden, die Wirtschaftsprüfstelle sowie die Sicherheitspolizei ihre Hand im Spiel hatten und am Ende das Reichssicherheitshauptamt in Berlin die endgültige Entscheidung fällte. Dieser Hürdenlauf war nur bei intensiver Beratung durch eine Bank zu bewältigen.

In den belegten Fällen mit Beteiligung des Handelstrusts West glückte das Koppelverfahren nur ein einziges Mal, ein anderes Mal endete die Entkoppelung von Vermögensverkauf und Devisenzahlung für die Betroffenen im Desaster. Diese jüdischen Firmeneigentümer benötigten für Abschluss und Genehmigung des Verkaufs ihres Besitzes insgesamt zwei Jahre. Als die letzte Stelle zustimmte, waren sie bereits deportiert. Um die Transaktion nicht zu verkomplizieren, hatte der HTW den Besitzern geraten, zuerst ihr Unternehmen zu veräußern und ihre Devisen erst danach für die Ausreiseerlaubnis einzusetzen. Das missglückte. In derselben Sitzung des Handelstrusts, in der im September 1942 mitgeteilt wurde, dass sich die Provision aus dieser „Arisierung" auf 20000 hfl. belaufen werde, hielt der Vorstand fest, dass sich die Bestimmungen des Befehlshabers der Sicherheitspolizei in der Frage der „Devisenbeschaffung für das Reichswirtschaftsministerium durch Bearbeitung von Abwanderungsanträgen gegen Zurverfügungstellung von Schweizer Franken" in letzter Zeit erheblich verschärft hätten. Die Verkäufer waren inzwischen vom Abtransport der niederländischen Juden erfasst. Es hatte ihnen nichts genützt, dass sie seit Monaten umgerechnet 266000 RM in Devisen anboten.

Glück hatte dagegen eine jüdische Fabrikantenfamilie, die das Junktim von Unternehmensverkauf, Lösegeldzahlung und Ausreisebewilligung bis zu ihrer Emi-

[268] Zitate nach ebd., S. 746; das folgende Zitat ebd., S. 741.
[269] Nach ebd., S. 736 ff.; das folgende Zitat ebd., S. 746; siehe auch Hilberg, Vernichtung, S. 606.

gration im Sommer 1943 aufrechterhielt. Nach Abschluss des Kaufvertrages mit einem deutschen Investor, dessen amtliche Genehmigung aber in der Schwebe blieb, waren es vor allem die keineswegs uneigennützigen Bemühungen des Handelstrusts (der sich dabei eine Provision von beinahe 80000 RM und eine Kreditfinanzierung in Höhe von gut 730000 RM zu verschaffen verstand), durch die das Koppelgeschäft letztlich zustande kam. Da die Familie ihren Devisenbesitz in die Waagschale warf, konnte der HTW wiederholt beim Höheren SS- und Polizeiführer in Den Haag persönlich nachstoßen. Die Familie konnte ausreisen, als viele niederländische Juden bereits ermordet waren. Der Handelstrust, der Karl Rasche Monate später von der außerordentlichen Zufriedenheit des deutschen Käufers berichtete, hatte eines seiner aufwändigsten, aber auch lukrativsten „Arisierungsgeschäfte" unter Dach und Fach. Die Dresdner Bank, so Friederike Sattler, hat sich „in diesem Fall über ihre holländische Tochtergesellschaft nicht nur selbst bereichert", sondern sich zu diesem Zweck „auch ganz ungeniert als Vermittlerin einer Lösegelderpressung betätigt".[270]

Angesichts der bescheiden gebliebenen Gewinne bei der Enteignung jüdischen gewerblichen Vermögens lag es für den Handelstrust und die Continentale nahe, die Erträge aus der Teilnahme am deutschen Raubzug gegen die holländischen und belgischen Juden wenigstens durch eine Beteiligung an dem ein gutes Jahr später einsetzenden Handel mit konfiszierten Werten aus „nichtarischem" Besitz aufzubessern. Auch dabei ließen sich die Dresdner Bank und ihre beiden Stützpunktbanken in ihrem Eifer nicht übertreffen.[271] Wegen des Beginns der „Zwangsarisierung" und der Aufhebung der Devisengrenze zwischen den Niederlanden und dem Deutschen Reich (die zu einem spektakulären Aufschwung an der Amsterdamer Börse führte) kam die Institutionalisierung der Vermögensverwertungsinstanzen beim Reichskommissar im Frühjahr 1941 genau zum richtigen Zeitpunkt. Bei der im Mai eingerichteten sog. Vermögensverwaltungs- und Rentenanstalt sammelten sich in knapp drei Jahren umgerechnet gut 357 Mio. RM an. Die ebenfalls vom Reichskommissar gelenkte Behörde zur Erfassung und Verwertung jüdischen Bar- und Effektenvermögens bekam im Sommer das Mäntelchen der zuvor still liquidierten Traditionsbank Lippmann, Rosenthal & Co (Liro) umgehängt. Dorthin mussten alle Juden ihr Vermögen umlegen. Verbindungsmann der Dresdner Bank und des HTW zur Liro war Hans Rinn, der Leiter der Börsenabteilung der Berliner Zentrale. Ebenso wie die Spitze des Handelstrusts hat er diese Funktion intensiv wahrgenommen. Der Liro-Geschäftsführer sagte später unter Eid aus, Rinn habe ihn „vor Beginn der Veräußerung von Effekten aus jüdischem Vermögen drei- bis viermal persönlich aufgesucht, was kein Vertreter einer anderen namhaften Bank getan habe", auch Vorstandsmitglieder des HTW „hätten sich wiederholt telefonisch erkundigt, welche Papiere zur Verfügung stehen würden".

Schon mehrere Wochen vor Verkaufsbeginn an der Amsterdamer Börse hatte Rinn nach einem persönlichen Besuch beim Geschäftsführer der Liro von seiner Abteilung eine Aufstellung mit Positionen fertigen lassen, die für die Dresdner

270 Bd. 3, Sattler, S. 741.
271 Nach Bd. 3, Sattler, S. 761 ff. (das folgende Zitat ebd., S. 765) und Bd. 3, Bähr, S. 814 ff.

Bank von besonderem Reiz waren, und sie dann Generalkommissar Fischböck zugeleitet. Da die dilettantische Vermarktung der geraubten jüdischen Effekten zu Turbulenzen führte, waren die Papiere eine Zeit lang nur direkt bei der Liro, später über einen holländischen Makler aber auch wieder an der Börse zu erwerben. Ebenso wie mehr als ein Drittel der Börsenmitglieder machte auch der HTW von dieser Möglichkeit Gebrauch. Den größten Teil der Papiere aus jüdischem Besitz, darunter auch Bankaktien aus „Judenvermögen",[272] wie der Dresdner-Bank-Vorstand auf Vorschlag Rasches beschloss, kaufte der Handelstrust direkt bei der Liro. Die Größenordnung blieb jedoch „eher bescheiden" und dürfte einen Anteil von 5% an den für ungefähr 100 Mio. hfl. außerhalb des Marktes verkauften Papiere kaum überstiegen haben. Nach späteren Angaben der Dresdner Bank, die in diesem Zusammenhang allerdings auch wahrheitswidrige Behauptungen aufstellte,[273] übernahm sie von den geraubten holländischen Effekten mit einem Gesamtwert von schätzungsweise 350 Mio. hfl. insgesamt weniger als 2%. Wegen fehlender Vergleichsangaben muss offen bleiben, ob sich die Dresdner Bank auch in diesem Geschäft stärker engagierte als andere deutsche Finanzhäuser. Der Geschäftsführer der Liro erklärte später jedenfalls, „dass infolge seiner Anstrengungen der Handelstrust West der weitaus größte Käufer der von Lippmann, Rosenthal & Co veräußerten Wertpapiere" gewesen sei.

In Belgien schienen die Voraussetzungen für das Geschäft mit konfiszierten jüdischen Effekten günstiger zu sein. Da der Continentale-Direktor über erstklassige Verbindungen zum Chef des Devisenschutzkommandos verfügte, deponierte die Dienststelle beschlagnahmte Wertpapiere gezielt bei der Dresdner-Bank-Tochter. Zwar verkauften auch die anderen deutschen Stützpunktbanken solche Effekten im Auftrag der Militärregierung an der Brüsseler Börse, doch nahm die Continentale Bank in diesem Wertpapiergeschäft „eindeutig eine Vorrangstellung" ein,[274] weil bei ihr während der Besatzungszeit sämtliche Erlöse zusammenflossen, die sie dann an die Okkupationsinstanzen weiterleitete. Im Unterschied zu Holland ergab sich in Belgien aber eine „Sondersituation", da die Masse der belgischen Papiere aus jüdischer Hand überhaupt nicht zur Verwertung kam. Zum einen führten viele Banken die Effekten einfach nicht ab, zum anderen war die Brüsseler Treuhandgesellschaft (ihr Konto führte die Continentale), die den abgeführten Teil davon verwaltete, durch belgisches Recht daran gehindert, dieses Vermögen zu veräußern, so dass es von der Besatzungsmacht auch nicht eingezogen werden konnte. Wieder wurden über eine besondere Nähe zur Macht gegebene Geschäftschancen der Dresdner Bank von widrigen Rahmenbedingungen eingeschränkt.

Ende Oktober 1943 ergab sich aber doch noch ein Lichtblick. Wie Hans Rinn in einem Vermerk für Karl Rasche mitteilen konnte, kamen „jetzt größere Posten aus holländischem Judenbesitz stammender Effekten, und zwar in einem ausmachenden Betrag bis zu bfrs. 70 Mil., in Brüssel zum Verkauf". Aus Tarnungsgründen und da auch die Stützpunktbanken der Commerzbank und der Deut-

272 So das Vorstandsprotokoll; zit. nach Bd. 3, Sattler, S. 764; das folgende Zitat und die Zahlenangaben ebd., S. 764f.
273 Siehe Bd. 3, Bähr, S. 821.
274 Ebd., S. 817; das folgende Zitat ebd., S. 819; das Folgende ebd., S. 819ff.

schen Arbeitsfront ihren Anteil abbekommen sollten, wünsche die Bankenkommission keine alleinige Vermarktung durch die Dresdner-Bank-Tochter, doch den „Löwenanteil“ erhalte „auf alle Fälle die Contibank“.[275] Der Handel mit geraubten holländischen Papieren, welche die Militärverwaltung schlicht als Reichseigentum einstufte, gewann deshalb für sie eine viel größere Dimension als der mit belgischen Papieren. Die Umsätze des Kontos bei der Continentale, auf das die Liro die geraubten Papiere aus Den Haag überstellt hatte, beliefen sich insgesamt auf mindestens 30 Mio. bfrs. Das war weder „ein ganz geringer Umfang“, noch entzog es sich gar der Kenntnis der Bank, womit sie eigentlich handelte, wie Joachim Entzian später behaupten sollte, der im Auslandssekretariat der Dresdner Bank mit Holland und Belgien befasst war und zugleich als Präsident des Verwaltungsrats der Brüsseler Tochter fungierte. Welcher Gewinn dabei gemacht wurde, lässt sich nicht mehr feststellen.

Der außerordentliche Eifer der Dresdner-Bank-Töchter in Holland und Belgien auf dem Felde der „Arisierung“ offenbarte sich auch bei der Verwaltung und Verwertung von Immobilien aus jüdischem Besitz.[276] Es waren der persönliche Sekretär Karl Rasches und Erich Rajakowitsch, die miteinander einen umfassenden Plan entwickelten. Rajakowitsch hatte als enger Mitarbeiter Eichmanns die Ausplünderung der Juden in Österreich durchgeführt und war vom Reichssicherheitshauptamt mit Beginn der „Zwangsarisierung“ in Holland zum Befehlshaber der Sicherheitspolizei nach Den Haag abkommandiert worden. Ihre Ende 1941 gewiss nicht ohne die Billigung Rasches geborene Idee sah eine zentrale Agentur zur Verwaltung und späteren Verwertung aller im deutschen Herrschaftsbereich aus jüdischem Besitz beschlagnahmten Liegenschaften vor, die mit Unterstützung der Dresdner Bank gegründet werden sollte. Der Leiter der Konsortialabteilung in der Berliner Zentrale griff den Gedanken sofort auf und ließ die Frage des „schwebenden Eigentums“ von der Rechtsabteilung prüfen. Deren Leiter hatte keine ökonomischen oder moralischen, aber taktische Bedenken, solche offensichtlich düsteren Geschäfte „im eigenen Namen zu betreiben“; betroffene Juden würden vielleicht vom Ausland her Ansprüche gegen die Dresdner Bank geltend machen. Man solle daher lieber an eine Gesellschaft denken, die einem durchaus gehören könne, ohne dass aber „die Beteiligung der Bank nach außen hin erkennbar“ sei.

Ein halbes Jahr später musste Rasches Sekretär dem SS-Offizier in Den Haag nach weiteren Besprechungen der Dresdner Bank mit dem Wirtschaftsministerium mitteilen, dass die Mobilisierung des jüdischen Grundvermögens noch nicht in Angriff genommen werde. Die Hoffnungen der Bank zerschlugen sich aber nicht nur deshalb, sondern auch deswegen, weil der sehr enge Kontakt zur Sicherheitspolizei in Den Haag weniger hergab als vermutet. Rajakowitsch kam nicht in das Amt des obersten Ausplünderers, sondern musste sich mit der Leitung des für die Deportationen verantwortlichen „Sonderreferats J“ bescheiden. Wiederum machte die Dresdner Bank, die sich hier neuerlich mit den unmittelbaren Exekutoren des Holcaust eingelassen hatte, die Erfahrung, dass Regimenähe immer neu erarbeitet werden musste, in den zerklüfteten Machtbeziehungen des Dritten

[275] Zit. nach ebd., S. 820; das folgende Zitat ebd.
[276] Nach Bd. 3, Sattler, S. 766 ff.; die folgenden Zitate ebd., S. 767.

Reiches großen Unwägbarkeiten unterworfen war und meist dann den größten Nutzen abwarf, wenn auch die entsprechenden NS-Funktionäre ein genuines Eigeninteresse an dieser Liaison entfalteten, zudem möglichst weit oben in der Hierarchie angesiedelt waren und, wie im Osten, nicht durch allzu viel politische oder institutionelle Rücksichtnahmen behindert waren. In Brüssel und Den Haag herrschten solche Idealbedingungen nicht. Trotzdem wies die Berliner Zentrale den Handelstrust an, ihren aufgeschlossenen Partner in der Sicherheitspolizei laufend über den Fortgang der Dinge bei der Verwertung der Immobilien zu unterrichten, die ihren Eigentümern seit Frühjahr 1942 entzogen wurden. Der Organisator der Deportationen in Holland seinerseits tröstete die Dresdner Bank mit der Zusage, „in der nächsten Zeit sukzessive die Gelder der von ihm verwalteten Kassen über die Handelstrust zu leiten".[277]

Als die Verwertung des jüdischen Grundbesitzes im Frühjahr 1944 in Gang kam, stieg die Dresdner-Bank-Tochter mit einer eigenen Immobilienfirma ein, die sich der Vermittlung „zinsbringender Objekte" an deutsche Kunden widmete, Mietshäuser verwaltete und Hypotheken beschaffte. Sonderlich entfalten konnte sich dieses Unternehmen, mit dem die Dresdner Bank und der HTW bei der „Arisierung" wiederum „nichts unversucht"[278] ließen, angesichts der Kriegslage nicht mehr. Ebenso wie sein Verhalten bei den „Arisierungsvermittlungen" und Lösegelderpressungen bestätigt auch dieses Gebaren das Gesamturteil Friederike Sattlers, die dem Handelstrust West im Unterschied zu den anderen deutschen Bankentöchtern „ein allgemein aggressiveres Auftreten bei der Suche nach Geschäftsmöglichkeiten"[279] mit dem Unglück der Juden bescheinigt.

Ebenso wie im Altreich und überall in den von Deutschland okkupierten Gebieten war es aber auch in Holland und Belgien nicht die bedenkenlose, von allen Banken allerdings in unterschiedlicher Intensität mit betriebene Auspressung der vogelfrei gestellten Juden, aus der sie ihre Haupterträge zogen, sondern die Einschaltung in die Kriegswirtschaft. Der Handelstrust West und die Continentale Bank, die auch auf diesem Geschäftsfeld von der Berliner Zentrale eng geführt wurden, waren vornehmlich „Instrumente der Besatzungswirtschaft"[280] und der Rüstungsfinanzierung. Daraus zogen sie den Löwenanteil ihrer rasch anwachsenden Profite. Da die viel kapitalkräftigeren einheimischen Banken in beiden Ländern mit zunehmender Kriegsdauer immer zögerlicher wurden, sich an der Kreditierung von Wehrmachtsaufträgen zu beteiligen, blieb dieses Feld weitgehend den deutschen Stützpunktbanken überlassen. Beide Volkswirtschaften hatten in wachsendem Maße deutsche Verlagerungsaufträge auszuführen, und es war das selbstverständliche ökonomische Interesse der scharf miteinander konkurrierenden deutschen Bankentöchter, mit Rüstungskrediten und Anzahlungsbesicherungen ins Geschäft zu kommen. Hier hatten sie ihr „wichtigstes Standbein".[281]

Als hauptsächliche Geschäftsfelder kristallisierten sich naturgemäß schnell die Kreditierung der Hersteller von Kriegsgerät aller Art, die Finanzierung von zivi-

277 Ebd., S. 767.
278 Zitate ebd., S. 769.
279 Ebd., S. 698.
280 Bd. 3, Bähr, S. 793; das Folgende nach Bd. 3, Sattler, S. 769 ff., und Bd. 3, Bähr, S. 802 ff.
281 Bd. 3, Sattler, S. 700; das Folgende nach ebd., S. 776 ff.

len und militärischen Versorgungsinstanzen sowie Finanzdienstleistungen für Besatzungsbehörden heraus. Dank seiner guten Kontakte zum Werftbeauftragten der Kriegsmarine etwa hielt der HTW lange eine Monopolstellung im Zwischenfinanzierungsgeschäft mit holländischen Werften. Auch der größte Teil der Gelder, die der deutsche Werftbeauftragte den holländischen Schiffsbauern zuleitete, lief über die Konten der Dresdner-Bank-Tochter. In Belgien waren die unter Feindvermögensverwaltung stehenden Ford-Werke in Antwerpen wichtigster Kunde der Continentale.[282] Auch in Belgien tätige deutsche Firmen bezogen Darlehen. Noch größere Summen gingen an Wehrmachtsdienststellen wie etwa das Feldbekleidungsamt der Luftwaffe, das Anfang 1942 einen reichsverbürgten Kredit von umgerechnet nicht weniger als 12,5 Mio. RM erhielt; er überstieg das Grundkapital des Geldgebers um das Fünfzehnfache.

Handelstrust West und Continentale Bank spielten aber nicht nur in der Rüstungsfinanzierung eine „wichtige Rolle", sie bewährten sich auch als Finanzdienstleister der Okkupationsbehörden. Der HTW führte neben Konten von Marinedienststellen sowie der Zentralbauleitung der Waffen-SS und der Polizei, auf dem es im letzten Besatzungsjahr zu Umsätzen von monatlich über 10 Mio. hfl. kam, auch das der Oberkasse des Reichskommissariats; zu dieser Zeit lag es bei einem Guthaben von über 20 Mio. RM. SS-Konten gab es bei der Continentale augenscheinlich nicht, doch sonst sah es in Brüssel ähnlich aus. Die Continentale verwaltete neben den schon erwähnten Konten der maßgeblichen Instanzen bei der Ausplünderung der Juden Kontokorrentguthaben von Dienststellen des Militärbefehlshabers, des Speer-Ministeriums oder des Beschaffungskontors für Kohlen im Westen mit allein fast 5 Mio. RM.[283]

Ebenso wie bei der Kommerzialbank im Generalgouvernement[284] ergab sich aus den geschäftlichen Schwerpunkten der deutschen Stützpunktbanken ein ungesundes, ganz von ihrer „außerordentlich hohen politischen Abhängigkeit"[285] geprägtes Bilanzbild. Ende 1943 standen beim Handelstrust West mit seiner 1 Mio. hfl. Grundkapital Kreditschuldner mit Verbindlichkeiten in Höhe von gut 3,9 Mio. hfl. Gläubigern mit Guthaben von nicht weniger als 39 Mio. hfl. gegenüber, davon die Hälfte mit täglicher Fälligkeit. Wie sehr und wie lange die Dresdner Bank hier ihre Gewinnchancen in unmittelbarer politischer Abhängigkeit zu wahren gedachte, lehrt der Blick auf das Verhältnis von Eigenkapital und Fremdkapital, das größtenteils aus Einlagen des Besatzungsapparats bestand. Anfang 1944 betrug es bei der Deutsche-Bank-Affiliation H. Albert de Bary 1:4, bei der Commerzbank-Tochter Rijnsche Handelsbank 1:10, beim Handelstrust West jedoch 1:43.

Solange in den Jahren der Euphorie ein dauerhaft deutsch beherrschter Kontinent als realistische Zukunftsperspektive gelten konnte, waren die Dresdner Bank-Töchter in Holland und Belgien im Hinblick auf das nationalsozialistische „Neue Europa" nicht nur eine ökonomisch rationale, langfristige Zukunftsinvestition. Im Unterschied zu manchem Abenteuer der Dresdner Bank im Kielwasser

[282] Nach Bd. 3, Bähr, S. 820ff., das folgende Zitat ebd., S. 804.
[283] Nach Bd. 3, Sattler, S. 771, und Bd. 3, Bähr, S. 799.
[284] Siehe oben, S. 146ff.
[285] Bd. 3, Sattler, S. 771; das Folgende ebd., S. 771f.

der deutschen Eroberungen, etwa der Handels- und Kreditbank im Reichskommissariat Ostland,[286] warfen der HTW und die Continentale auch schon kurzfristig Gewinn ab. Dabei waren bei beiden Töchtern die Erträge aus dem Kreditengagement in der Kriegswirtschaft mit Abstand die bedeutendsten Gewinnbringer.[287] Die Bilanzsumme kletterte in der nur dreieinhalbjährigen Existenz der Brüsseler Affiliation von anfänglich knapp 24 Mio. RM auf beinahe 70 Mio. RM. 1943 lagen die Bilanzsummen der Continentale und des HTW mit 50 bzw. 60 Mio. RM nicht sehr weit auseinander. Auch die Amsterdamer Tochtergesellschaft war seit 1939 stark gewachsen und erzielte steigende Gewinne. Die Angaben differieren etwas, doch stieg der Rohgewinn des HTW von 1941 bis 1943 von 390 000 RM über 580 000 RM auf über 1 Mio. RM an. Damit konnte die Dresdner-Bank-Tochter bis 1943 den Abstand zu der seit langem eingeführten, anfangs ungleich stärkeren Deutsche-Bank-Tochter de Bary mit ihrem zwanzig Mal höheren Grundkapital erheblich verkürzen. 1941 war deren Bilanzsumme noch mehr als fünfeinhalbmal so hoch, 1943 nur noch doppelt so groß. Beim Gewinn, der bei der Konkurrentin 1941 noch zehnmal so hoch gewesen war, übertraf der Handelstrust das Bankhaus H. Albert de Bary 1943 bereits um etwa ein Viertel.

Die Ursachen für dieses relative Zurückfallen hängen vermutlich mit dem „Eklat"[288] von Juni 1942 zusammen, der die ökonomische Gratifikationsmacht des NS-Regimes und die empfindlichen Konsequenzen allzu eigenständigen wirtschaftlichen Verhaltens schlagend illustriert. De Bary weigerte sich, amerikanische Anteilscheine aus dem Bestand der Liro zu realisieren, weil die Bank glaubte, bei der „Verwertung jüdischer Effekten" bisher zu kurz gekommen zu sein, wie der Wirtschaftsbeauftragte des Befehlshabers der Sicherheitspolizei feststellte. Daraufhin zog Reichskommissar Seyß-Inquart seine gesamten dort geführten Guthaben ab und ließ sich selbst vom Vorstand der Deutschen Bank nicht mehr gnädig stimmen. Die bei der Gewinnung von Debitoren nachgerade beängstigend rührige Rijnische Handelsbank scheint von der politischen Disziplinierung der großen Konkurrentin stärker profitiert zu haben als der HTW, auch wenn er von ihr bis 1943 nicht ganz eingeholt werden konnte. Die „Position des Handelstrusts zwischen geschäftlich vermeintlich übermächtiger ‚alter' Konkurrenz und äußerst dynamischer ‚junger' Konkurrenz" mag mit dazu beigetragen haben, dass die Tochter der Dresdner Bank in den Niederlanden ein „besonders aggressives Auftreten"[289] an den Tag legte.

Die Repräsentanz in Paris

Der Grad der Vehemenz, mit der die zweitgrößte deutsche Bank, die inzwischen zu einem der führenden Finanzhäuser des Kontinents aufgestiegen war, ihre Interessen im eroberten Europa verfolgen und dabei ihre besondere Regimenähe ausspielen konnte, hing direkt sowohl von der jeweiligen Strategie des Dritten

286 Siehe unten, S. 192f.
287 Nach Bd. 3, Sattler, S. 700ff., und Bd. 3, Bähr, S. 797ff.
288 Kreutzmüller/Kučera, Vernichtung der jüdischen Gewerbetätigkeit, S. 214; das Folgende einschließlich des Zitats ebd.
289 Bd. 3, Sattler, S. 701.

Reiches als Sieger- und Besatzungsmacht in den einzelnen Länder als auch davon ab, welches Standing sich das Geldhaus dort in den Vorkriegsjahren erworben hatte. Die von der Dresdner Bank in Frankreich eingeschlagene „Kooperationsstrategie“[290] spiegelte exakt die Haltung, die das Dritte Reich gegenüber dem geschlagenen Erzrivalen einnahm, um ihn für eine maximale wirtschaftliche Kollaboration zu gewinnen und seine Integration in das nationalsozialistische „Neue Europa“ nicht von vornherein zu verschütten. Trotz der Installierung eines deutschen Militärbefehlshabers in Paris erfreute sich die französische Regierung zunächst weitreichender Kompetenzen. Das leistungsfähige einheimische Bankensystem blieb intakt und erhielt auch keine Konkurrenz durch die deutschen Großbanken, welche hier nur kleine Repräsentanzen eröffnen konnten, die kein eigenes Geschäft betreiben durften. Für die Spitzenmanager der französischen Finanzinstitute hatten sich die politischen Rahmenbedingungen zwar vollständig verwandelt, die Beziehungen zwischen ihnen und ihren deutschen Kollegen orientierten sich jedoch trotz der Besatzungsherrschaft weiterhin „an den traditionellen Gepflogenheiten internationaler Geschäftspartner“, an der „Anerkennung der Gleichwertigkeit beider Seiten“ und der „gegenseitigen Respektierung der geschäftlichen Interessen“. Die Dresdner Bank setzte in erster Linie ihre bewährte Geschäftsbeziehung mit einem der führenden Institute des Landes fort, der ausgeprägt kollaborationsgeneigten Banque de Paris et des Pays-Bas.[291]

Für die Pariser Vertretung der Dresdner Bank mit ganzen vier Angestellten, die von dem regimeskeptischen Vorstandsmitglied Hans Pilder eng mitbetreut wurde, war ein Direktor in der Auslandsabteilung der Zentrale zuständig, den die NSDAP Mitte der dreißiger Jahre wegen parteischädigenden Verhaltens ausgeschlossen hatte. Wichtige Geschäfte führte die Repräsentanz praktisch nur in Zusammenarbeit mit französischen Instituten durch, allen voran der Paribas. Als maßgeblicher Aktionär der Banque des Pays de l’Europe Centrale hatte sie sich gegenüber der Dresdner Bank schon 1938/39 bei der Abtretung ihrer österreichischen und tschechoslowakischen Filialen sehr umgänglich gezeigt.[292] An dem ganz dem Komment entsprechenden Umgang änderten die neuen Machtverhältnisse wenig. Auf dem Höhepunkt der deutschen Machtentfaltung entstanden sogar visionäre Zukunftspläne, die von einer Minderheitsbeteiligung der Dresdner Bank an der Paribas bis zu gemeinsamen Engagements in Osteuropa reichten.[293]

Ihre mit Abstand wichtigste Aktivität in Frankreich entfaltete das Haus von Carl Goetz bei Verflechtungsgeschäften, jedoch nicht innerhalb des Landes, wo die Unternehmerschaft gegen deutsche Übernahmen nicht weniger allergisch war als in Holland und Belgien und das Resultat ebenfalls nahe Null lag, sondern bei Kapitaltransaktionen im Auftrag deutscher staatlicher Stellen und Privatfirmen, die auf den Erwerb französischer Beteiligungen in Nord-, Ost- und Südosteuropa aus waren. Dort hatten in der Zwischenkriegszeit massive französische Investitionen stattgefunden, die angesichts der neuen deutschen Dominanz für ihre Besitzer

[290] Bd. 3, Bähr, S. 868; das Folgende nach ebd., S. 864.

[291] Grundlegend zur französischen Bankenpolitik dieser Zeit Jean-Marc Dreyfus, Pillages sur ordonnances: aryanisation et restitution des banques en France, Paris 2003.

[292] Siehe oben, S. 85ff. und S. 112f.

[293] Siehe Bd. 3, Bähr, S. 849ff.; das folgende Zitat ebd., S. 850.

viel an Wert eingebüßt hatten und nach und nach abgebaut werden sollten. Dabei arbeiteten die Deutsche Bank und die Dresdner Bank, denen das Reich Mittel für den Aktienerwerb zur Verfügung stellte, mit ihren Geschäftspartnern in Frankreich „insgesamt recht reibungslos zusammen". Bei diesen Verflechtungsgeschäften spielten „Arisierungen" so gut wie keine Rolle, da die Verdrängung der Juden aus der Wirtschaft von der Vichy-Regierung durchgeführt wurde und sie darauf achtete, dass die übernommenen Vermögen möglichst im Lande blieben. Lediglich bei dem Erwerb von Anteilen des Witkowitz-Konzerns im Protektorat kam es zu einem Zusammenspiel zwischen der französischen Regierung, den deutschen Besatzungsbehörden und der Dresdner Bank.[294] Pilder machte in längeren Gesprächen mit einem Vertreter des deutschen Devisenschutzkommandos und einem promeninenten französischen Bankier gar den Vorschlag, eine Sonderstelle zur Verwertung der beschlagnahmten Rothschild-Pakete zu schaffen, „bei der wir mitarbeiten können".[295] Die kam nicht zustande, aber die Idee zeigt, dass die Vereinnahmung jüdischen Eigentums mittlerweile auch für Bankiers eindeutig nichtnationalsozialistischer Couleur zu einem selbstverständlichen Vorgang geworden war.

Bei dem Erwerb von französischen Auslandsbeteiligungen hatte die Dresdner Bank bis Mitte 1942 acht Abschlüsse erzielt, die wichtigsten als Kommissionär für das Dritte Reich. Neben Škoda-Aktien für die Reichswerke Hermann Göring und einer Beteiligung für die Haupttreuhandstelle Ost ging es vor allem um die strategisch höchst bedeutsame Übernahme der Norsk Hydro Elektrik Kvaelstof in Oslo, hinter der das Reichsluftfahrtministerium stand und für die mit fast 300 Mio. ffrs. auch der mit Abstand höchste Betrag aufgewendet wurde. Der größte norwegische Industriekonzern befand sich 1941 zu 60% in französischem Besitz, etwa 25% hielt die I.G. Farben. Hans Kehrl ging es bei der Norsk Hydro vor allem um deren für die Luftrüstung essenzielle Aluminiumproduktion. Da es sich um hoch geheimes „heikles Geschäft"[296] handelte und die Paribas über beträchtliche Anteile verfügte, lag es für ihn nahe, sich an die Bank seines Vertrauens zu wenden, die bereits so viele bedeutsame Transaktionen im Auftrag der Vierjahresplanbehörde gemanagt hatte. Bis zum Herbst gelang es dem Anfang des Jahres von Görings Generalreferenten beauftragten Pilder, knapp 13% der französischen Anteile zu erwerben. Dabei unterstützte ihn die Paribas trotz der zunächst abwehrenden Haltung der Vichy-Regierung nach Kräften und steuerte auch eigene Papiere bei, wobei es zu dem Gentlemen's Agreement kam, dass sich die Position der Bank in dem norwegischen Konzern deswegen nicht verschlechtern würde. Eine starke Kapitalerhöhung, bei der die Dresdner Bank den französischen Aktionären ihre Bezugsrechte abkaufte, stellte im Zuge dieses vielfach bewährten Verfahrens die deutsche Mehrheit dann sicher.

Wie bei den Beteiligungskäufen für die Reichswerke und die HTO, die der deutschen Ostexpansion zugute kamen, leistete der als „Demokrat" verschriene Pilder auch bei dieser bei weitem größten Transaktion der Dresdner Bank aus französischem Besitz dem Reich, wie Johannes Bähr festhält, „nicht weniger gute

[294] Siehe Bd. 3, Wixforth, S. 300ff.
[295] Zit. nach Bd. 3, Bähr, S. 855.
[296] Bd. 3, Bähr, S. 858; das Folgende nach ebd., S. 858ff.; das folgende Zitat ebd., S. 853.

Dienste, als es der Nationalsozialist und Expansionsspezialist Karl Rasche an seiner Stelle hätte tun können". Ebenso wenig wie Carl Goetz zeigte Pilder irgendwelche Reserven, der nationalsozialistischen Landnahme in Europa zuzuarbeiten, wenn es dem geschäftlichen Interesse seines Hauses diente. Worin er sich von Rasche unterschied, waren Fragen der Methode und des Stils. Bei der Erfüllung von Aufträgen für das nationalsozialistische Regime, die gute Provisionen abwarfen, bedurften die beteiligten Bankiers keiner ausgeprägten Selbstüberredungsgabe, um sich als Agenten im Dienste des nationalen Interesses eines kriegführenden Reiches zu verstehen. Die Deutsche Bank und ihr für das Auslandsgeschäft zuständige Vorstandsmitglied Hermann Josef Abs engagierten sich in Frankreich genauso für das Verflechtungsgeschäft, erzielten aber ein größeres Gesamtvolumen und bewegten viel stattlichere Summen als ihre Konkurrentin – vor allem in Südosteuropa, wo sie schon immer eine ungleich stärkere Stellung einnahm als die Dresdner Bank. Allein ihre Übernahme von Aktien der Bor Kupferbergwerke und Hütten AG in Jugoslawien, der größten Europas, hatte ein siebenfach höheren Wert als die Norsk Hydro-Transaktion.[297]

[297] Ebd., S. 254ff., sowie Gall, Abs, S. 111f.

4. Enttäuschungen in Südosteuropa und der Sowjetunion

Auf dem Balkan selbst gab es für die Dresdner Bank überhaupt kein Ankommen gegen ihre Rivalin.[298] Die Deutsche Bank hatte dort seit jeher eine beherrschende Stellung inne,[299] und das Reich beließ den alten und den nach seinem Blitzfeldzug im Frühjahr 1941 neu entstandenen südosteuropäischen Ländern lange ein beträchtliches Maß an Eigenständigkeit. Wieder waren es die politischen Rahmenbedingungen und die unterlegene eigene geschäftliche Position, die dem Ehrgeiz der zweitgrößten deutschen Bank Grenzen setzten. Namentlich Hermann Josef Abs verstand es, den Einfluss seines Hauses über zahlreiche Beteiligungen der Creditanstalt noch zu verstärken. Dabei spielte die Rivalität zur Dresdner Bank durchaus mit, deren politischen Bonus man kannte und wiederholt so schockierend deutlich vor Augen geführt bekommen hatte. „Auf alle Fälle ist zu vermeiden", so Abs noch vor dem deutschen Ausgreifen auf den Balkan, „dass etwa die Dresdner Bank aus dem Umstande, dass die Deutsche Bank über die Creditanstalt eine stärkere Position im Südosten erlangt, gleichfalls eine entsprechende Erweiterung ihrer Interessensphäre im Südosten erhalte."[300] Zwar fehlte es dem Institut von Carl Goetz nicht an energischem Expansionswillen, doch seine Mehrheitsbeteiligung an der Kroatischen Landesbank in Zagreb entpuppte sich frühzeitig als geschäftlicher Fehltritt.

Serbien war für die Dresdner Bank auch kein glücklicheres Terrain. Ihre Süd-Bank in Belgrad galt ihr vor allem als „Option für eine Zukunft im Sinne der deutschen Besatzungsherrschaft",[301] denn eine nennenswerte Geschäftstätigkeit entfaltete sie nicht mehr. Praktisch überall auf dem Balkan dominierte die Deutsche Bank mit ihren Tochtergesellschaften. Deswegen blieben sie auch bei den großen Transaktionen in der Schwer- und Rohstoffindustrie führend. In Bulgarien, wo die Rivalin ebenfalls überlegen war, konnte man lediglich ein Kooperationsabkommen mit der Bulgarischen Handelsbank vorweisen. In Rumänien, wo bis in die letzten Kriegstage hinein ebenfalls nicht auf deutsche Bajonette zu bauen war, genoss ihre Tochtergesellschaft, die Societatea Bancara Romana, ein hohes Maß an Eigenständigkeit. Da die Niederlage der Wehrmacht bald alle Träume von den unbegrenzten Möglichkeiten bei der Erschließung des „Südostraumes" zerstörte, war die „im Schatten des machtpolitischen Vordringen des ‚Dritten Reiches'"[302] vollzogene Expansion ein einziger Fehlschlag. Das muss eine besondere, über die rein bankwirtschaftliche Bilanzierung hinausgehende Enttäuschung für Männer wie Emil Meyer und Karl Rasche gewesen sein, die sich im Einklang mit den Zielen des NS-Regimes wussten, sie zum Wohle ihres Instituts nutzten und sie ohne Widerspruch des Vorstandskollegiums aktiv durchzusetzen halfen.

Die größte Überraschung erlebten sie jedoch in der Sowjetunion, dem sofort von einer Mordwalze überrollten Kernland des nationalsozialistischen Weltanschauungsprogrammes. Im europäischen Teil der UdSSR, die im Spätsommer

298 Nach Bd. 3, Wixforth, S. 651 ff.; siehe auch Gall, Abs, S. 73 ff.
299 Vgl. James, Deutsche Bank, S. 164 ff.
300 Zit. nach Gall, Abs, S. 74.
301 Bd. 3, Wixforth, S. 660.
302 Gall, Abs, S. 87.

1941 so gut wie geschlagen schien, sah Hitler „nur Rohstoffquelle und Absatzgebiet, nicht ein Feld für industrielle Produktion."[303] Mit der Errichtung der beiden Reichskommissariate Ukraine und Ostland (welches die baltischen Staaten und Weißrussland umfasste, Reichsmarkgebiet wurde und wo eine an den Strukturen des Altreichs orientierte Neuordnung des Kreditwesens auf dem Programm stand) erhielt Göring vom Reichskanzler neuerlich die „wirtschaftliche Prärogative".[304] In der Ukraine wurden nur öffentlich-rechtliche Institute zugelassen,[305] was die großen Geldhäuser derart auf die Palme brachte, dass sie Anfang 1942 einen lesenswerten gemeinsamen Appell an Reichswirtschaftsminister Funk richteten: „Die besetzten Ostgebiete werden für die wirtschaftliche Zukunft Deutschlands eine kaum zu überschätzende Bedeutung haben", stellten die acht Vorstandsmitglieder der Deutschen Bank, der Dresdner Bank, der Commerzbank und der Bank der Deutschen Arbeit fest, die den Brief unterzeichneten. „Das deutsche Volk wird hier den Lebensraum finden, um dessentwillen dieser Krieg geführt werden muss. Die Umstellung der Wirtschaft in diesen Gebieten und mehr noch ihr Ausbau bedarf außerordentlicher Anstrengungen", meinten die Bankiers weiter, nicht ohne hinzuzufügen, dass sie den eingeschlagenen Weg dorthin für völlig falsch hielten. „Die kreditwirtschaftlichen Bedürfnisse dieser Gebiete werden aber zweckmäßiger Weise nicht dauernd durch eine staatliche Kreditorganisation nach dem Vorbild der bisherigen bolschewistischen Wirtschaftsordnung zu befriedigen sein." Damit hofften sie Walter Funk, der für seine Abneigung gegen jedwede Form der Staatswirtschaft bekannt war, zu gewinnen und ihn zur Annahme ihres weit reichenden Angebots in der Schlussformel zu bewegen: „Die deutschen Filialgroßbanken stellen sich Ihnen, Herr Reichsminister, gemeinschaftlich zur Erfüllung dieser großen Aufgaben zur Verfügung." Doch es nutzte nichts, es blieb bei der Entscheidung für eine öffentlich-rechtliche Bankenstruktur in der Ukraine.

Im Ostland dagegen begrüßten die Behörden den Elan der Berliner Institute, möglichst rasch wieder im von der Roten Armee geräumten Baltikum und damit in dem neuen Reichskommissariat präsent zu sein.[306] Am allerwenigsten zum Jagen getragen werden musste der alte Baltikumskämpfer Karl Rasche. In seinem Hause waren die Erörterungen noch nicht abgeschlossen, da teilte er im „Freundeskreis Reichsführer SS" bereits mit, sich alsbald ins Baltikum begeben zu wollen, um mit den neuen Verwaltungsstellen über die Eröffnung einer Privatbank zu verhandeln. Anfang Oktober erteilte Reichskommissar Lohse die Genehmigung, und die kurz zuvor von der Dresdner Bank gegründete Handels- und Kreditbank AG nahm unter dem Vorsitz Rasches mit Filialen in allen größeren Städten des neuen Ostlands das operative Geschäft auf. Die Dresdner Bank hatte damit eine stärkere Präsenz als ihre beiden Hauptkonkurrentinnen. Ihre Tochter in Riga, die vor allem Geschäfte mit den staatsdominierten Großunternehmen zu tätigen ver-

303 Zit. nach Volkmann, Die Sowjetunion im ökonomischen Kalkül des Dritten Reiches 1933–1941, in: ders. Ökonomie und Expansion, S. 320.
304 Mollin, Montankonzerne, S. 201.
305 Siehe Bd. 3, Wixforth, S. 627 ff.; die folgenden Zitate ebd., S. 621 und S. 627 f.
306 Das Folgende nach Bd. 3, Wixforth, S. 621 ff.

suchte,[307] blieb in den gut drei Jahren ihrer Existenz allerdings immer ein Sorgenkind, denn sie machte durchweg Verluste, welche die Mutter auszugleichen hatte. Obwohl die Dresdner Bank in der bis Spätsommer 1942 anhaltenden Goldgräberstimmung alles daran setzte, ihre Führungsrolle bei der Finanzierung der Schwer- und Rüstungsindustrie, die sie dank ihrer Regimenähe vor allem im Sudetenland und im Protektorat erworben hatte, auch auf die Reichskommissariate Ostland und Ukraine auszudehnen, gelang das nicht. Wie die anderen großen Banken nahm sie zwar an der Durchdringung und Ausbeutung der sowjetischen Gebiete über ihre Zusammenarbeit mit den Monopolgesellschaften teil, „eine prominente Rolle", so Harald Wixforths Befund, „spielte sie dabei aber nicht." Er führt die Trübung des über fünf Jahre hinweg besonders engen Verhältnisses zwischen der Dresdner Bank und den maßgeblichen Wirtschaftsbehörden auf die im Zuge der Revitalisierung des Antikapitalismus in der NSDAP und der laut werdenden Forderungen nach einer „Bankenrationalisierung"[308] anwachsenden „Aversion in der Berliner Ministerialbürokratie gegen den ungezügelten Expansionsdrang der privaten Großbanken" zurück, dem nun mit einer Stärkung der regionalen und staatlichen Institute gegengesteuert werden sollte. Zum anderen sahen Parteien und Ministerien in der politischen und ökonomischen Penetration der zum deutschen Lebensraum deklarierten Gebiete im Osten eine nationale Aufgabe, „bei der sie wenn eben möglich auf privatwirtschaftliche Elemente verzichten wollten". Hinzu kam der Einflussverlust des Göringschen Machtblocks in der inzwischen von Speer beherrschten Rüstungswirtschaft. Auch dieser Wandel beeinträchtigte die Zugangschancen, die Karl Rasche und damit der Dresdner Bank zuvor in besonderem Maße zuteil geworden waren.

Anders als andere Tochtergesellschaften konnte die Handels- und Kreditbank ihre Liquidität auch durch die Zusammenarbeit mit den Organen des nationalsozialistischen Herrschaftsapparates nicht recht stärken.[309] Trotz der spärlichen Überlieferung ist immerhin belegt, dass so gut wie alle im Reichskommissariat Ostland tätigen Dienststellen Konten bei ihr unterhielten und ihr damit ebenso wie in Polen einen tiefen Einblick in ihr Raub- und Mordgeschäft gaben. Zu ihnen zählten verschiedene Monopolgesellschaften, die bis zum Schluss im Haben waren; das zuvor mit Sicherheit wesentlich umfangreichere Guthaben der Deutschen Umsiedlungs- und Treuhand-Gesellschaft stand im Herbst 1944 bei gut 2,7 Mio. RM; das Konto „Treuhandbetriebe", hinter dem sich die Guthaben einer Vielzahl von beschlagnahmten Unternehmen verbargen, belief sich zu dieser Zeit auf 12,5 Mio. RM; reichsdeutsche Dienststellen standen Ende April 1945 mit über 3,5 Mio. RM, das Reichskommissariat Ostland mit 1,5 Mio. RM als Kreditoren zu Buche. Die Konten der Wehrmacht, der Waffen-SS, der NSDAP sowie der Einsatzgruppen der Sicherheitspolizei und des SD, die im Reichskommissariat und im rückwärtigen Heeresgebiet Nord und Mitte 1941/42 375 000 Juden erschossen,[310] waren zu diesem Zeitpunkt schon abgeräumt. Allen diesen Dienststellen

[307] Siehe ebd., S. 630 ff.; die folgenden Zitate ebd., S. 639.
[308] Siehe unten, S. 207 ff.
[309] Nach Bd. 3, Wixforth., S. 641 ff.
[310] Hilberg, Vernichtung, S. 409.

war die Dresdner Bank in der besetzten Sowjetunion derselbe bewährte Finanzdienstleister wie anderswo auch.

Ungeachtet mancher politischer Einschränkungen, denen sie namentlich in der Sowjetunion und in Frankreich unterworfen waren, und trotz widriger Rahmenbedingungen, auf die sie sich in manchen Ländern einzustellen hatten, erzielten die großen staatlichen und privaten Banken durch ihr Ausgreifen in die eingegliederten und besetzten Gebiete natürlich sehr starke Zuwächse. Die Deutsche Bank und die Dresdner Bank expandierten dabei seit dem Aufbruchsjahr 1938 „deutlich stärker als der gesamte Bankensektor".[311] In den Jahren zwischen ihrer Reprivatisierung 1937 und dem Höhepunkt der Expansion des Dritten Reiches 1942 stieg die Bilanzsumme der Dresdner Bank von 2,51 Mrd. RM auf 5,73 Mrd. RM, 35% davon steuerten ihre größtenteils neu errichteten bzw. stark ausgebauten Tochterbanken bei.[312] Die Gewinnsteigerung war ebenfalls beträchtlich. Der Vorsteuergewinn verdreifachte sich in diesen Jahren fast von 27 Mio. RM auf knapp 73 Mio. RM, das Betriebsergebnis stieg von gut 18 Mio. RM auf etwa 31 Mio. RM. Die Eigenkapitalrendite verbesserte sich von 10,72 auf 14,66. Parallel dazu wuchs auch ihr Eigenvermögen von 233 Mio. RM auf 426 Mio. RM (1943) an. Die Expansion der Dresdner Bank in Europa, die im Windschatten der deutschen Divisionen erfolgte und „nicht auf ihrer eigenen ursprünglichen Marktposition und betrieblichen Stärke" beruhte,[313] war ein gutes Geschäft gewesen, doch auf dem Höhepunkt ihres Erfolges begann der Boden bereits zu schwanken. Die Kriegswende war erreicht. Die überspannten Kräfte des Dritten Reiches reichten weder hin, den eroberten Kontinent zu behaupten, noch, den eigenen Untergang aufzuhalten. Das führte nun auch die Dresdner Bank an den Rand des Abgrunds.

[311] Bd. 1, Bähr, S. 189; das Folgende nach ebd., S. 169ff.
[312] Siehe Bd. 1, Bähr, S. 35.
[313] Bd. 3, Wixforth, S. 891.

VII. Am Rande des Abgrunds 1943/45

1. Erodierende Regimenähe, Kriegswirtschaftsfinanzierungen, suspekte Geschäfte

Herrschte nach dem Sieg über Frankreich die Auffassung vor, der Krieg sei zwar noch nicht gewonnen, man könne ihn aber auch nicht mehr verlieren, so lief die Mehrheitsmeinung der Bevölkerung nach der verheerenden Steigerung des Bombenkriegs, nach der Kriegswende im Pazifik, der Landung der Alliierten in Nordafrika und insbesondere nach dem Untergang der 6. Armee in Stalingrad mittlerweile auf die Lageeinschätzung hinaus, dass man den Krieg zwar nicht mehr gewinnen könne, ihn aber noch nicht verloren habe. Die Hoffnung auf ein irgendwie glimpfliches Kriegsende sank nur langsam. Noch im Januar 1944 schrieb etwa Franz Urbig, der langjährige Aufsichtsratsvorsitzende der Deutschen Bank, an Abs: „Alles hängt von der großen Frage ab: wie wird der Krieg enden?“[1] Erst im Sommer setzte der eigentliche Absturz des Dritten Reiches ein, der sich in mehreren deutlich voneinander scheidbaren Etappen vollzog. Nach der Ardennen-Offensive und dem Vorprellen der Roten Armee zur Oder waren die letzten psychologischen und materiellen Reserven der Nation erschöpft.[2] Das Anlageverhalten der Dresdner Bank zeigt, dass auch sie 1943 noch nicht mit einem zu dieser Zeit ohnehin kaum vorstellbaren Desaster rechnete, wie es mit der bedingungslosen Kapitulation und der kompletten Besetzung sogar des Altreichs im Mai 1945 dann eintrat.[3] Doch ihre ausgeprägte Regimenähe begann nach der Kriegswende zu erodieren.

Ebenso wie ihre Konkurrentinnen war auch die Dresdner Bank stark in die immer umfassender werdenden deutschen Kriegsanstrengungen eingebunden. Vor der Hauptversammlung im Frühjahr 1943 wies der eben gewählte Vorstandssprecher Karl Rasche darauf hin, in welch umfänglicher Art und Weise sein Haus unentbehrliches Know-how, seinen „Rat“ und „weitgreifenden Kundendienst auf allen Gebieten“ dem kriegführenden Reich zur Verfügung stelle. Bei den Tochtergesellschaften zeigte sich dies zwar in besonders eindrücklicher Weise, doch das nichtnationalsozialistische Vorstandsmitglied Alfred Busch sah in dieser „öffentlichen Aufgabe der privaten Banken“ generell ein signifikantes Merkmal der Finanzinstitute während des Krieges. Dazu zählten die Aufrechterhaltung des Zahlungsverkehrs unter schwieriger werdenden Bedingungen – bei einem zuletzt um die Hälfte geschrumpften Personalbestand –, das Engagement in der Rüstungsfinanzierung und der Kriegsversorgungswirtschaft, die Übernahme risiko-

[1] Zit. nach Gall, Abs, S. 118.
[2] Siehe Klaus-Dietmar Henke, Die amerikanische Besetzung Deutschlands, München 1995, S. 27f.
[3] Vgl. Bd. 1, Bähr, S. 196. Das Folgende nach ebd., Kap. V.1–4; die folgenden Zitate ebd., S. 192f.

reicher Kredite in den angegliederten und besetzten Gebieten, die Unterbringung von Staatspapieren im Publikum, verdeckte Auslandsaktionen oder etwa die Unterstützung bei dem sehr kompliziert gewordenen Importgeschäft und Clearing-Verkehr. Das „eigentliche kommerzielle Geschäft" war nach Busch seit 1938 so stark zurückgegangen, dass sich der öffentliche Anteil am Geschäft der Dresdner Bank 1942 bereits auf 70% belaufen habe. So gewann sie „als Beraterin und Vermittlerin" Gewicht,[4] während ihre Bedeutung als Finanzier abnahm. In der zweiten Kriegshälfte spielten das einträgliche, nun auf die besetzten und neutralen Länder beschränkte Auslandsgeschäft und der früher nicht minder lukrative Effektenhandel praktisch keine Rolle mehr. In dem durch Kapitallenkung und Krieg inzwischen völlig deformierten Bankwesen prägten vor allem drei Felder die Geschäftstätigkeit, nämlich die steril gewordene Geldanlage in Staatstiteln, das alle Proportionen sprengende Spargeschäft und die kriegswirtschaftliche Kreditfinanzierung.

Bei Kriegsbeginn hatten auch die Großbanken Anschluss an die boomende Konjunktur gefunden, doch das profitable Kreditgeschäft klassischer Prägung blieb wegen des starken staatlichen Anteils an der Rüstungsfinanzierung und der hohen Liquidität der glänzend verdienenden Industrie weit hinter der allgemeinen Wirtschaftsentwicklung zurück und stagnierte mehr oder weniger. Das war mit ein Grund dafür, weshalb die Anfang der dreißiger Jahre noch existenziell gefährdete Dresdner Bank „umso aggressiver" alle Chancen nutzte, „die ihr die Politik des Dritten Reiches bot". Der Anteil der gewährten Darlehen blieb in der Gesamtbilanz immer weiter hinter den rasant wachsenden Einlagen zurück, die sich bis 1943 gegenüber 1937 auf etwa 22% der Bilanzsumme verdreifacht hatten. Selbst der von Speer im Vorjahr verfügte Anzahlungsstopp für Rüstungsaufträge, der eine von den Banken euphorisch antizipierte Finanzierungswende für sie einzuleiten schien, brachte wegen der Geldflüssigkeit der Rüstungskonzerne keinen entscheidenden Umschwung. Immerhin stieg die Zahl der Schuldner bei der Dresdner Bank 1943 gegenüber dem Vorjahr um gut ein Viertel an, um 1944 dann wieder abzusinken. In ihrer Kreditpolitik hielt die Bank – von wenigen Ausnahmen abgesehen, bei denen ihr ein politischer Rabatt unumgänglich schien – an den kommerziellen Standards fest, doch mussten Rüstungskredite mit Sonderkonditionen vergeben werden, so dass 1943 nur noch ein Zehntel der neu ausgelegten Darlehen zu Normalkonditionen bewilligt werden konnten. Anfang 1944 bestand lediglich die Hälfte der gesamten Ausleihungen in Höhe von ungefähr 800 Mio. RM aus herkömmlichen Wirtschaftsdarlehen, der Rest floss in die Kriegswirtschaft des Reichs. In der zweiten Kriegshälfte gelang es der Dresdner Bank, vor allem mit einigen der riesigen reichsdominierten Versorgungs- und Verteilungsgesellschaften ins Geschäft zu kommen und sich so „ein weiteres kriegswirtschaftliches Standbein aufzubauen". Jetzt waren diese ihre größten Debitoren, nicht mehr die Rüstungskonzerne.

In der Grundstoff- und Rüstungsindustrie blieben die Reichswerke Hermann Göring und die staatlichen Junkers Flugzeug- und Motorenwerke die wichtigsten

[4] Ebd., S. 184. Das folgende Zitat ebd.; die folgenden Größenordnungen ebd., S. 187, 190, 203, 205; das nachfolgende Zitat ebd., S. 204.

Geschäftspartner der Dresdner Bank. Beide hatte sie über Karl Rasche und Emil Meyer eindeutig dank ihrer Regimenähe gewinnen können.[5] Mit dem Aufstieg Albert Speers zum Herrn der Kriegswirtschaft, dem damit verbundenen Machtverlust Görings und den Attacken gegen die privaten Banken lockerten sich allerdings die engen Geschäftsbeziehungen zum Reichswerke-Konzern, der inzwischen selbst mehrfach umgebaut worden war. Nun drängten hier zunehmend öffentliche Banken hinein.[6] Der unverändert regimenahen Dresdner Bank blieb nichts anderes übrig, als sich mit diesen Verschiebungen innerhalb des Regimes abzufinden, obwohl 1943 mit Hans Kehrl der Intimus von Karl Rasche zum „Chefplaner"[7] des Reichsministeriums für Rüstung und Kriegsproduktion aufstieg und auch Paul Pleiger, ein noch älterer Weggefährte, immer größeres Gewicht in der Kriegswirtschaft gewann. Schon ab Mitte 1942 musste die Dresdner Bank der Preußischen Staatsbank (Seehandlung) bei der Kapitalbeschaffung die Führung der Konsortien überlassen, wenngleich sie nach wie vor mit einer hohen Quote rechnen durfte. Ende 1943 verzeichnete sie über ihre Töchter die höchsten Umsätze bei den Reichswerke-Gesellschaften in der „Ostmark", im Sudetengebiet, im Protektorat und im Generalgouvernement, zu denen sie ihre Verbindungen dank der Protektion Pleigers und Kehrls bereits im Zuge der Konzernbildung geknüpft hatte; mit Umsätzen von 146 Mio. RM bei der Gewerkschaft Witkowitz hielt die BEB in Prag den Spitzenplatz. Trotz des relativen Einflussverlusts der Dresdner Bank blieben die Reichswerke mit einer zu über 84% in Anspruch genommenen Kreditlinie von 166 Mio. RM einer ihrer größten Kunden.

Noch größer war das ebenfalls früh politisch eingefädelte Engagement bei den Junkers-Werken, deren Limit Mitte 1942 bei 186 Mio. RM lag.[8] Doch auch hier verstärkte sich die öffentliche Finanzierung noch, seit bald nach Kriegsbeginn die Bank der Deutschen Luftfahrt (BDL) gegründet worden war und den größten deutschen Flugzeughersteller übernahm. Die BDL setzte allerdings auf ein kooperatives Verhältnis zu den privaten Banken und machte keinen Versuch, die Dresdner Bank aus ihrer angestammten Position bei Junkers und anderen Flugzeugunternehmen zu verdrängen. Im Gegenteil, da die Staatsbank auf enge Partnerschaft setzte und Emil Meyer sein Mandat im Aufsichtsrat beibehielt, konnte sein Haus seine „Vorrangstellung" behaupten. Das gelang ihr in scharfer Auseinandersetzung mit der nachdrängenden Deutschen Bank deswegen gerade auch dann, als infolge des Endes der Anzahlungen bei staatlichen Aufträgen die Bankkredite 1942/43 hier zwar „eine neue Dimension", aber letztlich doch nicht den erwarteten Umfang annahmen, weil die Flugzeughersteller lieber die billigen staatlichen Gelder in Anspruch nahmen. Ökonomische Rationalität gebot der Dresdner Bank und anderen an der Finanzierung der Luftrüstung beteiligten Banken jedoch seit Herbst 1944 eine „zurückhaltendere" Geschäftsstrategie, da die zur Kreditsicherung abgetretenen Forderungen aus Aufträgen nun zum Risiko wurden. Obwohl das Reichswirtschaftsministerium der Auffassung war, man „könne nicht die Maßstäbe anlegen, die in normalen Zeiten für das Bankgeschäft

[5] Siehe oben, S. 80f. und 57f.
[6] Nach Bd. 1, Wixforth, S. 353ff.
[7] Müller, Manager, S. 118.
[8] Nach Bd. 1, Bähr, S. 390ff.; die folgenden Zitate ebd., S. 392, 394 und 395.

gültig wären", und der Junkers-Vorstand sein Befremden kundtat, wehrte sich die Dresdner Bank mit ausdrücklichem Einverständnis Emil Meyers erfolgreich gegen die späte Verdoppelung eines Konsortialkredits auf 400 Mio. RM. Eine solche exorbitante Ausweitung wäre zu diesem Zeitpunkt nicht nur kaufmännisch unverantwortlich gewesen, sie hätte in der Phase des unübersehbaren Niedergangs auch der von allen Unternehmen in der Endphase eingeschlagenen Flexibilisierungsstrategie widersprochen, für die bevorstehenden Unwägbarkeiten die eigene Geldflüssigkeit zu erhöhen. Ungeachtet ihres nachdrücklichen Engagements und ihrer Einnahmen aus den Luftrüstungskrediten waren die privaten Gelder der Dresdner Bank und der anderen Institute aber keineswegs die Voraussetzung für den Ausbau der Luftwaffe. Im Vergleich zum staatlichen Finanzierungsanteil blieben sie beinahe unerheblich.

In der zweiten Kriegshälfte lösten einige der großen, vom Reich beherrschten Versorgungs- und Verteilungsunternehmen Konzerne wie Junkers oder die Reichswerke als bedeutendste Schuldner der Dresdner Bank ab. Größter Debitor mit etwa 85 Mio. RM (die Reichswerke lagen unter 20 Mio. RM) war in den Jahren 1943/44 nicht etwa ein Rüstungskonzern, sondern die Reichsstelle für Eier und Fette. Die Reichsstelle für Tiere und tierische Erzeugnisse stand mit 76 Mio. RM zu Buche.[9] Zu diesen kriegswirtschaftlichen Versorgungsunternehmen zählten auch die in privater Rechtsform entstandene, jedoch ausschließlich im Reichsauftrag tätige Zentraltextilgesellschaft (Zentratex) und die Zentrallagergemeinschaft für Bekleidung (ZLG). Die eine, Ende 1939 gegründete Gesellschaft kaufte Textilien vor allem in den besetzten Ländern auf und verkaufte sie dann im Altreich, das andere, Ende 1941 entstandene Unternehmen beschaffte und verteilte Bekleidung. Die führende Rolle der Dresdner Bank bei der in ganz Europa tätigen Zentratex ging einmal mehr auf die politische Einflussnahme von Hans Kehrl zurück. Die überragende Stellung des Instituts von Karl Rasche kam schon darin zum Ausdruck, dass es bei allen Konsortialkrediten, deren Limit sich Anfang 1942 auf 164 Mio. RM belief, einen Anteil von 45% bis 50% hatte.

Doch auch hier trübte die Regimenähe der Dresdner Bank nicht ihre ökonomische Rationalität, da sie sich bei der Zentratex nicht aus politischer Gefälligkeit gegenüber ihrem Mentor engagierte, sondern einfach in einem einträglichen Geschäft mit überschaubarem Risiko. Die Firma florierte, konnte ihre Lagerbestände als Sicherheit einsetzen und hatte zudem einen beruhigenden politischen Rückhalt in der Tatsache, dass, wie sie herausstrich, „die Person des Herrn Präsidenten Kehrl so eng mit der Zentratex und deren gesamten Geschäfte verbunden ist, dass im Ernstfalle die Zentratex nicht von Herrn Präsidenten Kehrl bzw. dem Reichswirtschaftsministerium in Stich gelassen werden kann". Nach drei Jahren schwunghaften Handels mit dem Raubgut, das sich die Zentratex, wie die Dresdner Bank genau wusste, völkerrechtswidrig aus Privatbesitz aneignete, ging das Geschäft auf die Vierjahresplanbehörde über. Es wäre verwunderlich gewesen, wenn sich auf dem Höhepunkt der militärischen Entfaltung eines Machtstaats, der die Bindung an das Recht durch das Recht des Stärkeren ersetzt hatte, ausgerechnet die Dresdner Bank, die sich seit Jahren selbst über früher respektierte Normen

[9] Bd. 1, Bähr, S. 205; das Folgende nach ebd., Kap. VII.9; das folgende Zitat S. 400.

hinwegsetzte und namentlich im Osten zu einer Mittäterin und zu einem Bestandteil der Besatzungsmaschinerie geworden war, an der Verletzung internationaler Rechtsnormen gestoßen hätte.

Ab 1943 setzte die Bank die Finanzierung der Erfassung und Verwertung von textilem Raubgut über die Zusammenarbeit mit der Zentrallagergemeinschaft Bekleidung fort, an deren Spitze als eine Art Zwitter von staatlichem Funktionär und privatem Unternehmer Josef Neckermann stand. Die ZLG, die in ganz Europa tätig wurde und bald so gut wie alle Bekleidungsaktionen durchführte, versorgte deutsche Zivilarbeiter, im Auftrag Sauckels Zwangsarbeiter und später auch ausgebombte Familien mit Textilien zum Teil „äußerst suspekter"[10] Herkunft. Die ZLG kam mit der Dresdner Bank über eine persönliche Empfehlung des zuständigen und mit Neckermann eng kooperierende Ministerialbeamten im Reichswirtschaftsministerium ins Geschäft, der mit Emil Meyer gut bekannt war. Diese Empfehlung führte im Herbst 1943 zu einem Konsortialkredit unter Führung der Dresdner Bank, an dem sie weit vor Deutscher Bank und Commerzbank mit der hohen Quote von 40% (24 Mio. RM) beteiligt war. Dafür sah sie über schlechte geschäftliche Erfahrungen mit Neckermann, der als Privatunternehmer über „Arisierungen" expandiert hatte, und über ihre frühere Einschätzung hinweg, dass die „sonstige Mentalität des Herrn N. eine gewisse Zurückhaltung ratsam erscheinen lässt". Beim Einmarsch der Alliierten waren die Schulden der ZLG bei der Dresdner Bank auf 44 Mio. RM angewachsen.

Ebenfalls im Strudel des deutschen Zusammenbruchs untergehend, zunächst aber mit Blick auf ein künftiges nationalsozialistisches Europa genauso von großen Zukunftserwartungen begleitet, war schließlich das Engagement der Dresdner Bank und anderer Finanzinstitute bei der rechtzeitig vor dem Überfall auf die Sowjetunion aus dem Boden gestampfte Kontinentale Öl AG.[11] Dieses Abenteuer „verweist symptomatisch auf die Diskrepanz zwischen den Hoffnungen der deutschen Erdölwirtschaft in den Jahren 1941/42 und der Realität in den Jahren nach Stalingrad". Die geschäftlichen Erwartungen der Bank und speziell Karl Rasches verknüpften sich eng mit dem Anspruch der Ölgesellschaft, das führende Unternehmen der Branche in Europa zu werden und beim Öl eines Tages eine Stellung wie die I.G. Farben in der Chemie oder die Reichswerke im Montansektor einzunehmen. Die konkurrierenden Geldhäuser beurteilten die Chancen ähnlich.

Die Deutsche Bank machte am nachdrücklichsten ihren Anspruch geltend, bei der Gründung und Finanzierung des Riesenvorhabens die erste Geige zu spielen. Ihr Bestreben, „als größtes deutsches Bankinstitut überall dort, wo über Anschluss, Annexion oder militärische Eroberungen neue ‚Einflussgebiete' entstanden, nicht nur vertreten zu sein, sondern den größtmöglichen Einfluss zu nehmen",[12] führte sie auch hier wieder in die direkte Konfrontation mit der Dresdner Bank, die bei der Gründung des Göringschen Montanriesen vier Jahre zuvor dank ihrer größeren Regimenähe die Führungsrolle errungen hatte.[13] Tatsächlich kon-

[10] Ebd., S. 403; das folgende Zitat ebd., S. 406.
[11] Nach Bd. 1, Wixforth, S. 360ff.; die nachfolgenden Zitate ebd., S. 369.
[12] Gall, Abs, S. 109.
[13] Siehe oben, S. 80ff.

zedierte Abs der Rivalin nach Intervention Rasches die „Mitführung" in dem Konsortium zur Finanzierung eines Unternehmens, bei dem sich allerdings schon bei der Gründung im Frühjahr 1941 herausstellte, dass die Banken aufgrund der Kapitalverteilung auf die Rolle „eines reinen Geldbeschaffers ohne Mitsprache- und Gestaltungsrecht" beschränkt blieben.[14] Eine Chance, sich aus diesem nun nicht mehr sehr attraktiven Engagement zurückzuziehen, bei dem das Reich auf die Expertise der privaten Finanzinstitute und Erdölfirmen angewiesen war, bestand nicht, zumal Görings Staatssekretär an die staatspolitische Verantwortung aller Beteiligten appellierte. Nach Übernahme des kleineren Teils des Aktienkapitals von insgesamt 80 Mio. RM ging es für die fünf beteiligten Großbanken nur noch um die Ausgestaltung des ebenfalls übernommenen Konsortialkredits über 40 Mio. RM. Die beiden Rivalinnen, die ahnten, dass sie sich in eine unsichere Sache hineinbegaben, die selbst bei günstigstem Kriegsverlauf lange Zeit keine Gewinne abwerfen würde, trugen schließlich einen Anteil von jeweils 25%. Beide, Rasche und Abs, erhielten ein Mandat in dem hochrangig besetzten Aufsichtsrat unter Vorsitz des Reichswirtschaftsministers.

Die ersten praktischen Resultate der ebenso ambitionierten wie komplizierten und ganz von den Erfolgen der Wehrmacht abhängigen Geschäftstätigkeit der Kontinentale Öl AG in Rumänien, Galizien, dem Baltikum und der Sowjetunion ließen lange auf sich warten. Erst um die Jahreswende 1942/43 hatte sie ihren Kredit ausgeschöpft. Zur Stillung des wachsenden Kapitalhungers des Staatsunternehmens nahmen die Konsortialbanken jetzt nicht nur die Volleinzahlung der übernommenen Aktien vor, sie prolongierten außerdem einen Teil ihres Darlehens. Bei der innerhalb des Konsortiums aufflammenden Debatte über die bankkaufmännischen Konsequenzen aus der immer unsicherer werdenden Lage des totgeborenen Ölgiganten vermieden es Abs und Rasche gleichermaßen, ihr Standing bei den Behörden durch Neuverhandlungen oder gar eine prinzipielle Debatte zu beeinträchtigen. Der Vertreter der Berliner Handels-Gesellschaft hatte nämlich neue Sicherheiten zur Deckung des Kredits verlangt und dabei ungewöhnlich deutlich auf die „Entwicklung der letzten Monate im Osten" verwiesen. Immerhin kündigten die Großbanken an, ihre unprofitablen und perspektivlosen Aktien zu gegebener Zeit zu verkaufen.

In seiner Bank war es vor allem Karl Rasche, der sich auch jetzt noch ausdrücklich dafür einsetzte, das Engagement bei der Kontinentale nicht nur fortzusetzen, sondern sogar noch auszuweiten.[15] Zur Vorsicht mahnende Mitglieder der Geschäftsleitung, darunter Alfred Busch, fanden kein Gehör. „Die Fraktion um Rasche im Vorstand der Dresdner Bank, die die rücksichtslose Expansions- und Ausbeutungspolitik des NS-Regimes vorbehaltlos unterstützte, konnte ihre Position auch in diesem Fall gegenüber anderen Stimmen durchdrücken." Schon im Jahr zuvor hatte Rasche trotz des unausgeschöpften Konsortialkredits gegen die Skepsis der Kollegen ein zusätzliches Darlehen seines Hauses in Höhe von 20 Mio. RM durchgesetzt, womöglich in der Hoffnung, so die Position der

[14] Bd. 1, Wixforth, S. 362, das voraufgegangene Zitat ebd.; ebenso Gall, Abs, S. 111.
[15] Siehe Bd. 1, Wixforth, S. 365 ff.; das folgende Zitat ebd., S. 366.

Dresdner Bank bei dem vermeintlich zukunftsträchtigen Ölriesen gegenüber der Konkurrenz weiter zu stärken.

Eine der Tochtergesellschaften der Kontinentale Öl, die Ost Oel GmbH,[16] die unter anderem die Ausbeutung der Ölvorkommen im Kaukasus vorbereiten sollte, erhielt von der Dresdner Bank-Tochter Hardy & Co. im Sommer 1942, als man mit der baldigen Eroberung Stalingrads rechnen durfte, anstandslos die Prolongation eines Diskontkredits über 5 Millionen RM. Wiederum war es Rasche, der sich gemeinsam mit Hugo Ratzmann, Teilhaber bei Hardy und Leiter der HTO-Stelle in Posen,[17] für diesen Schritt stark machte; wohl nicht zuletzt deswegen, weil auch Hermann Josef Abs von der Deutschen Bank mit einer günstigen Offerte in Erscheinung getreten war. Noch im Sommer 1943, als die Kraft der Wehrmacht in der Sowjetunion endgültig gebrochen wurde, stieg die Dresdner Bank mit fast 5 Mio. RM in einen Konsortialkredit der Deutschen Industriebank für eine im Generalgouvernement und der Ukraine operierende Tochtergesellschaft der Kontinentale ein. Im November 1944 – die Rote Armee stand an der Weichsel –kamen Zweifel an der Bonität der Schuldnerin auf, die ihre Geschäftstätigkeit inzwischen eingestellt hatte. Die Dresdner Bank, die ihre Nähe zum NS-Regime zu lockern versuchte, machte daraufhin Anstalten, von der Muttergesellschaft eine Bürgschaft zu fordern, doch deren stellvertretendem Vorstandsvorsitzenden, dem späteren Bundesbankpräsidenten Karl Blessing, gelang es noch Anfang 1945, die Bedenken seines Geldgebers zu zerstreuen. Es kann an sich nur Fatalismus gewesen sein, wenn Alfred Busch dem Vorstand daraufhin empfahl, auf eine zusätzliche Kreditsicherung zu verzichten. In der Endphase des Dritten Reiches konnte es schnell zu einem heiklen Unterfangen werden, sich mit vom NS-Regime leicht missdeutbaren Manövern aus staatlichen Engagements zu lösen zu versuchen, in die man sich nicht lange zuvor zukunftsgewiss hineinbegeben hatte.

Noch mehr galt das für die Einbindung der Bank in die Kriegsfinanzierung, der sie sich überhaupt nicht entziehen konnte. Wie alle anderen Institute entwickelte auch sie sich zu einer „Kapitalsammelstelle“ des Reichs. Von Kriegsbeginn bis 1943 war die Anzahl der Kunden der Dresdner Bank um gut 60% auf 1050000 angewachsen.[18] Darin drückte sich vor allem die Zunahme des vom Staat massiv geförderten Spargeschäfts aus, das wegen des Kaufkraftüberhangs und der Kapitallenkungsmaßnahmen inzwischen exorbitante Dimensionen erreicht hatte. 1944 war das Volumen der Einlagen um beinahe 1500% größer als zehn Jahre zuvor und machte inzwischen nicht mehr nur knapp 5%, sondern mit annähernd 2 Mrd. RM fast ein Viertel der Bilanzsumme aus. Die Berliner Großbanken verwahrten zwar nur gut 4% der gesamten deutschen Spareinlagen, sie führten ihre Kunden aber genauso hinters Licht wie die beherrschenden Sparkassen. Da die Kundengelder längst in der Staatsschuld verloren und keineswegs mehr frei verfügbar waren, diese Tatsache aber nicht mitgeteilt werden konnte, begingen die Geldhäuser gegenüber ihren Sparkunden, die sich auf ihre Bank verließen, „wenn auch

[16] Nach ebd., S. 369ff.
[17] Siehe oben, S. 141.
[18] Nach Bd. 1, Bähr, S. 176; die Größenordnungen ebd., S. 226 und 187; die Zitate ebd., S. 192 und 227.

gezwungenermaßen, einen schweren Vertrauensbruch". Auch die Dresdner Bank wusste spätestens seit der Kriegswende genau, dass die Sparguthaben bald wertlos sein würden und der Staat seine Bürger um ihre Spargroschen betrog. Gleichwohl würden ihr auch nach dem Untergang des Dritten Reiches „die Sparer als Kunden erhalten bleiben" und sich erneut daran machen, Vermögen zu bilden und die Angebote ihrer Bank nutzen.

Neben den Spargeldern flossen auch die meisten anderen Anlagemittel in die Kriegskasse eines Staates, dessen Verschuldung Ende 1944 mit etwa 350 Mrd. RM für damalige Verhältnisse längst eine hoffnungslose Größenordnung erreicht hatte. Ebenso wie das private Bankgewerbe als Ganzes waren die Bilanzen eines jedes einzelnen Instituts durch die staatliche Kapitallenkung deformiert. Schon in den letzten drei Vorkriegsjahren hatte sich der Bestand an wenig rentierlichen Staatspapieren bei der Dresdner Bank auf 27% der Aktiva verdreifacht, 1944 waren es mit etwa 5,2 Mrd. RM dann nicht weniger als 60%.[19] Bei der Konkurrenz sah es ähnlich aus. Insgesamt waren die Großbanken über ihre Investitionen in Staatstitel viel stärker an der Kriegsfinanzierung des Dritten Reiches beteiligt als über die Vergabe von Rüstungskrediten. Dennoch hielten sie nur knapp 9% sämtlicher Reichschuldtitel, die öffentlichen Banken und Sparkassen dagegen fast 40%. Der riesige Bestand an Staatspapieren, der sich zum Schluss bei der Dresdner Bank aufgehäuft hatte, machte gerade einmal 2% sämtlicher Schuldtitel aus. Das bot freilich keinen Trost. Die Großbanken wussten, dass sie am Rande des Abgrunds standen, weil ihre Existenz inzwischen „vollständig von der Zahlungsfähigkeit des Reiche abhing". Da im Krieg überdies immer mehr Kredite reichsverbürgt waren, mussten auch die Aktienfilialbanken, ohne einen Ausweg zu haben, „damit rechnen, dass sie einen Staatsbankrott nicht überstehen würden". Solange die Hoffnung auf ein irgendwie glimpfliches Kriegsende noch nicht gänzlich erloschen war, konnte auch ein weniger regimenahes Finanzinstitut als die Dresdner Bank gute Gründe dafür finden, dem Reich und damit *nolens volens* dem NS-Regime seine Unterstützung zu leihen.

Die Hilfestellung der Deutschen Bank und der Dresdner Bank für den kriegführenden Staat erschöpfte sich nicht in der Finanzierung von Rüstungs- und Versorgungsunternehmen. Auch ihre Auslandsaktivitäten, die sich seit Kriegsbeginn auf die eroberten Gebiete und die neutralen Länder beschränkten, hatten für das NS-Regime wegen ihrer verzweigten Beziehungen und umfassenden Kenntnisse große Bedeutung. Das galt für die Beratung der Reichsministerien, die Durchsetzung von Kapitalverflechtungen und die Beschaffung von Devisen und Rohstoffen ebenso wie für einige „suspekte Geschäfte",[20] welche die Dresdner Bank gemeinsam mit Behörden und Militärstellen durchführte. Auch dabei musste sie die Balance zwischen den Interessen des Dritten Reiches und ihren eigenen Geschäftszielen zu wahren versuchen, ökonomische Rationalität und Regimenähe nach Möglichkeit miteinander vereinbaren.

Während eine Firma wie die Deutsche Ansiedlungsgesellschaft, die in der zerschlagenen Tschechoslowakei nach außen hin anfangs als Tochter der Dresdner

[19] Die Angaben ebd., S. 192, 183 und 191; die Zitate ebd.
[20] Nach Bd. 1, Bähr, Kap. VIII; das Zitat ebd., S. 415.

Bank in Erscheinung trat, tatsächlich aber bereits als Unternehmen der SS operierte,[21] Ausdruck der besonderen Nähe der Bank zum „Schwarzen Orden" und einer manifesten Mittäterschaft war, gehörte die unmittelbar nach Kriegsbeginn gegründete Tarnfirma Allgemein Waren-Finanzierungs-Gesellschaft mbH (Allwafinag) zu den kriegsbedingten Abwehrmaßnahmen, die vom Reichswirtschaftsministerium im Geheimen gefördert wurden und die sich auch die Deutsche Bank zunutze machte.[22] Dabei ging es darum, seit der Wirtschafts- und Bankenkrise durch Stillhalteabkommen geschützte Vermögenswerte im Ausland durch ihren Transfer auf eine Tarngesellschaft ohne Auslandsschulden und scheinbar ohne Verbindung zu einem Konzern mit Auslandsschulden vor der Beschlagnahme als feindliches Vermögen zu bewahren. Über ein streng vertrauliches Rundschreiben an ihre Filialen ermunterte die Dresdner Bank ihre Kunden dazu, diese Möglichkeit zu nutzen. Die Geschäftsführung der Allwafinag übernahm Joachim Entzian, der im Auslandssekretariat die Abteilung Sonderaufgaben leitete. Die Firma mit ihren über 40 Auslandskonten büßte ihre Bedeutung jedoch schneller als erwartet ein, da sich durch die Siege der Wehrmacht das Problem der Vermögensbeschlagnahme in Europa seit Sommer 1940 nicht mehr stellte. Die Allwafinag widmete sich danach anderen Aufgabe, blieb über Entzian aber dem Oberkommando der Marine (OKM) eng verbunden, für das die Dresdner Bank seit längerem verdeckte Unternehmungen erledigte und das noch bei Kriegsende eine Devisenkonto in Millionenhöhe bei der Allwafinag unterhielt.

Die Verbindung der Dresdner Bank mit der deutschen Kriegsmarine[23] war den Interessen beider Seiten förderlich, wie etwa der Handelstrust West, wo Entzian den Vorsitz im Verwaltungsrat innehatte, an seiner Vorzugsstellung bei der Finanzierung von deutschen Werftaufträgen in Holland mit Befriedigung feststellen konnte.[24] Das OKM, das frühzeitig erkannte, dass die Treibstoffsynthetisierung im Rahmen des Autarkieprogramms ihren Ölbedarf niemals decken konnte, war schon seit Mitte der dreißiger Jahre bestrebt, sich andere Quellen zu sichern. Die Marine wandte sich deshalb an die Geschäftsleitung der Dresdner Bank, die auf Initiative des Reichswirtschaftsministeriums unter anderem mit ihrer Deutsch-Südamerikanischen Bank[25] bereits in verschiedene Erkundungen zum sehr komplizierten Ölimport eingeschaltet war. In idealer Verquickung von Reichsinteresse und eigenem Interesse übernahm sie eine quasi-staatliche Aufgabe von strategischem Gewicht. Immerhin sollte die von der Dresdner Bank gegründete Gesellschaft für überseeische bergbauliche Unternehmungen GmbH, deren Risiken die Marine abdeckte, Ölfelder ermitteln, etwaige Konzessionsverträge mit ausländischen Regierungen vorbereiten und gleichzeitig, wie Admiral Raeder an Göring schrieb, das „politische Risiko, welches mit der Ölkonzession im Ausland verquickt sein kann", ermitteln.[26]

[21] Siehe oben, S. 132f.
[22] Nach Bd. 1, Bähr, Kap. VIII.2.
[23] Nach ebd., Kap. VIII.1.
[24] Siehe oben, S. 186.
[25] Dazu und zu den Auslandsfilialen der Dresdner Bank Bd. 1, Bähr, Kap. VI.
[26] Zit. nach ebd., S. 420; die folgenden Zitate ebd., S. 422.

Bis die Seeblockade einsetzte, die solchen Überlegungen ein Ende setzte, konnte das Haus von Carl Goetz wenig aus seiner Vertrauensstellung machen, die Spezialbeziehungen zur Kriegsmarine litten darunter aber nicht. Es blieb „unstrittig die Bank des OKM". Gemeinsam mit dem dort für Ölprojekte zuständigen Abteilungsleiter führte Entzian weiterhin „Tarngeschäfte in der Schweiz" durch und „wirkte bei mehreren Schweizer Tarnunternehmen des OKM mit". Anfang 1942 stellten Dresdner Bank und Marineleitung ihre Liaison auf die Grundlage eines streng vertraulichen Beratungsvertrags. Entzian besorgte Öl in Portugal, charterte Tanker, stellte Risikogarantien für Schiffe in Schweden und kaufte über eine von ihm erworbene Tarnfirma sogar einige Dampfer in der Türkei. Eine Hand wusch die andere. Noch ein Jahr vor Kriegsende belief sich das Sonderkonto der Kriegsmarine für derartige Operationen bei der Dresdner Bank auf ein Guthaben von mehr als 3 Mio. RM.

Die neutrale Türkei war auch der Hauptschauplatz der Raubgoldgeschäfte, die von der Dresdner Bank zwischen Anfang 1942 und Mitte 1944 getätigt wurden.[27] Anders als ihre Dienstleistungen für das Oberkommando der Marine galten sie aber nicht strategischen Zwecken, sondern entsprangen gewöhnlichem „marktorientierten Gewinnstreben".[28] Ebenso wie die Deutsche Bank, die hier Vorreiterin war,[29] zielte das Institut darauf ab, die enormen Preisunterschiede für Gold in Deutschland und am Bosporus, wo viele auf die Inflation mit einer Flucht in das Edelmetall reagierten, für Arbitragegewinne zu nutzen.[30] Nach einigen Ankäufen in der Schweiz erwarb die Dresdner Bank das Gold gegen Devisen bei der Reichsbank. Über ihre Istanbuler Filiale, die Deutsche Orientbank (DOB), gelangte es dann zum Verkauf an berechtigte Ausländer, meist Diplomaten. Bei diesem Goldkreislauf kamen alle auf ihre Kosten: die Reichsbank, die Devisen einstrich; die Dresdner Bank und ihre Endabnehmer, die das Gold in der Türkei an den Mann brachten; schließlich die türkische Nationalbank, die an einer Reduzierung des Notenumlaufs interessiert war. Die Tatsache, dass es sich bei den so gewinnbringend losgeschlagenen Münzen und Barren um Raubgut handelte, das sich Deutschland zum einen aus den Zentralbanken namentlich Hollands und Belgiens völkerrechtswidrig angeeignet und zum anderen im Zuge der Judenverfolgung an sich gebracht hatte, tat dem schwunghaften Handel keinen Abbruch.

Insgesamt liefen 6,15 Tonnen Raubgold über die Dresdner Bank. Mit etwa 5,5 Tonnen verkaufte sie etwas mehr als die Deutsche Bank. Bei Kriegsende lagen in ihren Depots in München und Ankara noch 635 Kilogramm. Den Ankara-Schatz mit 100 Kilogramm Barrengold und 20000 Goldmünzen belgischer, britischer, französischer und italienischer Prägung konnte die Dresdner Bank Mitte der sechziger Jahre auf abenteuerlichen Wegen wieder nach Deutschland zurückführen. Es gibt keinen Zweifel, dass am Raubgoldhandel beteiligte Bankiers wie der als „Demokrat" verrufene Hans Pilder oder der regimekritische DOB-Direktor Hans von Aulock wussten, dass sie ein Hehlergeschäft betrieben und das Gold

[27] Im Detail Johannes Bähr, Der Goldhandel der Dresdner Bank im Zweiten Weltkrieg, Leipzig 1999.
[28] Bd. 1, Bähr, S. 463.
[29] Siehe Jonathan Steinberg, Die Deutsche Bank und ihre Goldtransaktionen während des Zweiten Weltkrieges, München 1999.
[30] Nach Bd. 1, Bähr, Kap. VIII.5; das folgende Zitat ebd., S. 476.

keineswegs in gutem Glauben bei der Reichsbank erwarben, wie es die Apologie nach 1945 wollte. Den Münzen sah man ihre Herkunft mit bloßem Auge an. Die „Kaltschnäuzigkeit" im Umgang mit dem Raubgut war auch zwanzig Jahre nach dem Krieg noch ungebrochen, da etwa das Vorstandsmitglied Hans Rinn, Edelmetallfachmann und Münzsammler, aus dem zurückgeführten Fundus ansonsten wohl kaum einige besonders rare Goldstücke für seine Privatsammlung erworben hätte.

Den umgeschmolzenen Goldbarren konnte man ihre Herkunft aus fremdem Besitz nicht ansehen, auch jenen mindestens 275 Kilogramm nicht, die einschließlich des Zahngoldes von herausgebrochenen Kronen und Brücken aus der Beraubung von ermordeten Juden stammten und von SS-Hauptsturmbannführer Bruno Melmer seit August 1942 bei der Reichsbank eingeliefert wurden. Über die Dresdner Bank lief ungefähr ein Zehntel des gesamten „Opfergoldes". Es ist aber wohl auszuschließen, dass sich die mit dem Goldhandel befassten Mitarbeiter der Bank darüber im Klaren waren, dass in einigen Barren Gold von Ermordeten steckte. Sollte SS-Standartenführer Emil H. Meyer, der gut über den Holocaust zumindest in Polen orientiert war,[31] dank seiner engen Beziehungen zur NS-Spitze von der Leichenschändung und Leichenfledderei zur Erlangung von Devisen gewusst haben, wird er dem Auslandssekretariat und der Devisenabteilung, die sich „fest in der Hand nicht-nationalsozialistischer Bankiers"[32] befanden, ein solches Staatsgeheimnis ziemlich sicher nicht anvertraut haben. Der Raubgoldhandel der Dresdner Bank belief sich zwar nur auf höchstens 1% der gesamten Goldabgaben der Reichsbank und der Ertrag daraus hatte für ihre Gesamtbilanz keine signifikante Bedeutung, doch summierte sich der hieraus gezogene Gewinn immerhin auf mindestens 1,5 Mio. RM – ungefähr soviel, wie ihre Tochtergesellschaft in Amsterdam im selben Zeitraum erwirtschaftete.[33]

Die erste Bezugsquelle in dem Goldarbitragegeschäft war zunächst die Schweiz gewesen. Dort konnte die Dresdner Bank aber nur gut 11% des von ihr gehandelten Goldes erwerben, doch beeinträchtigte das ihre seit Jahrzehnten bestehenden guten Beziehungen zu den berühmten Bankhäusern des Nachbarlandes nicht. Vielmehr nutzte sie wie andere deutsche Banken die Drehscheibe Schweiz neben der Devisenbeschaffung weiterhin für anderweitige Geschäfte und für Transaktionen mit Drittländern.[34] Trotz wiederholten Avancen vermieden es die Schweizer Traditionshäuser mit ihrer Ausstrahlung in die meisten kriegführenden und neutralen Staaten jedoch „tunlichst, sich in die europäischen Expansionsbestrebungen der Dresdner Bank einbinden zu lassen". Eine von Carl Goetz 1941 angebotene gemeinsame Beteiligung an der französischen Paribas[35] lehnte das die Schweizerische Bankgesellschaft (SBG), neben dem Schweizerischen Bankverein ihr wichtigster Partner, wegen der „heutigen unübersichtlichen Verhältnisse (politi-

31 Siehe oben, S. 154.
32 Bd. 1, Bähr, S. 471.
33 Siehe oben, S. 187.
34 Nach Bd. 1, Bähr, Kap. VIII.3; die folgenden Zitate ebd., S. 442; grundlegend Marc Perrenoud u. a., La place financière et les banques suisses à l'epoque du nationalsocialisme. Les relations des grandes banques avec l'Allemagne (1931–1946), Zürich 2002.
35 Siehe oben, S. 188.

sche Situation, Transferfragen etc.)" ab. Eineinhalb Jahre später erging es Karl Rasche ähnlich.

Die Schweiz diente vor allem dem erwähnten Leiter der Abteilung Sonderaufgaben im Auslandssekretariat als Stützpunkt für Geschäfte im Auftrag des Oberkommandos der Marine. Für dieses erwarb Entzian in dem Alpenland in enger Zusammenarbeit mit schweizerischen Gewährsleuten mehrere Tarnfirmen und stellte sie dem OKM für den verdeckten Ankauf von Tankern und andere Transaktionen zur Verfügung, in die auch die Allwafinag[36] und die Istanbuler Niederlassung der Dresdner Bank eingeschaltet waren. Carl Goetz, Karl Rasche und der für das Schweiz-Geschäft zuständige Hans Pilder reisten wiederholt in das Nachbarland, wobei sie seit dem fortschreitenden Niedergang der deutschen Machtstellung zwei gleichermaßen unerfreuliche Tendenzen zu registrieren hatten: zum einen, dass der wachsende Druck der Alliierten immer deutlichere Auswirkungen auf das Verhalten der Partnerbanken zeitigte, zum anderen, dass die Deutsche Bank dort in Gestalt von Hermann Josef Abs und seinem „vielleicht problematischsten Mitarbeiter",[37] dem mit guten Beziehungen zu SS-Obergruppenführer Oswald Pohl gesegneten Schweizer Staatsbürger Alfred Kurzmeyer, überaus agil operierte. Etwas verärgert schrieb der Aufsichtsratsvorsitzende Goetz an den Vorstand, die Bank hätte allen Grund, der Konkurrentin „das Terrain nicht zu überlassen".[38] Nach dem Eindruck von Johannes Bähr konnte die Dresdner Bank den Aktivitäten des „Duos Abs-Kurzmeyer in der Schweiz" jedoch „wenig entgegensetzen".

Seit Sommer 1944, als niemand mehr an der Niederwerfung des Dritten Reiches zweifeln konnte, gestalteten sich die Geschäftsbeziehungen mit der Schweiz immer zäher. Im Februar 1945 gab das Land schließlich der Forderung der Alliierten nach und blockierte sämtliche deutschen Vermögenswerte. Parallel zur Erodierung der Regimenähe der Dresdner Bank setzte bei einigen Bankiers aber schon früher eine merkliche Differenzierung im Umgang mit ihren Kollegen von der deutschen Großbank ein. Namentlich von Karl Rasche begann man abzurücken. So hielt etwa der Generaldirektor der SBG im Herbst in einem handschriftlichen Vermerk fest: „Dr. Rasche ist in Bern ganz schlecht angesehen; wenn er in der Schweiz sei, befasse er sich mit Geschäften, die in Bern äußerst ungern gesehen werden; er sei in sachlicher Hinsicht gänzlich unerwünscht." Der Vorstandssprecher der Dresdner Bank zählte zu den wenigen Spitzenbankiers, die dem selbst auf dem Höhepunkt der nationalsozialistischen Machtentfaltung bei den großen deutschen und schweizerischen Banken niemals verloren gegangenen „Interesse an der Wahrung einer langfristigen Geschäftspartnerschaft und an einträglichen gemeinsamen Geschäften nach dem Krieg" nur im Wege stehen konnte.[39]

[36] Siehe oben, S. 203 f.
[37] Gall, Abs, S. 62.
[38] Bd. 1, Bähr, S. 446; die folgenden Zitate ebd., S. 446 und 445.
[39] Ebd., S. 448.

2. Ideologischer Gegenwind und Palastrevolution

Der enorme Machtzuwachs und Prestigegewinn, den die privaten Großbanken durch ihre Expansion in Europa und ihre Mitwirkung bei der Indienstnahme und „Germanisierung" der eroberten Gebiete erzielt hatten, verschafften ihnen im Gefüge des NS-Staates dennoch nicht die unangefochtene Stellung, die sie erstrebten. Der schlummernde Antikapitalismus der NSDAP, der mit einem handfesten wirtschaftlichen Ehrgeiz der regionalen Parteigranden einherging, erwachte während des Krieges mit einer Vehemenz, die die Existenz der Flaggschiffe des deutschen Kreditwesens unmittelbar zu gefährden schien. Die Gauleitungen, welche die Entwicklung der Großbanken nie aus den Augen verloren und das alte Thema einer Zurückstutzung des privaten Kreditwesens („Bankenrationalisierung") jetzt wieder auf die Tagesordnung brachten, verfolgten die Expansion des sog. großen Kapitals mit zunehmendem Verdruss. Das nichtnationalsozialistische Vorstandsmitglied Alfred Busch traf einen Motivstrang dieses Konflikts, der nach der Winterkrise 1941/42 offen ausbrach, recht genau, als er ihn seinen Kollegen so deutete: „Es ist mehr eine gefühlsmäßige Einstellung gegen uns. Die Filialbanken sind zu groß geworden, ihr Einfluss muss eingedämmt werden. Der ‚Segen' aus der mit den Waffen erkämpften Gebietsausweitung kommt einseitig den Großbanken zugute."[40]

Mit der ersten größeren Verschärfung der Kriegsanstrengungen sahen die Gauleiter nicht nur die Gelegenheit gekommen, ihren neuen Futterneid in altes Ressentiment zu kleiden, sondern auch, um jetzt endlich ihre Eigeninteressen durchzusetzen. Die nationalsozialistischen Gaufürsten und ihre Entourage, die stark mit den Sparkassen und öffentlichen Regionalinstituten verfilzt waren, zielten darauf ab, den Konkurrenzdruck durch eine massive Reduktion des Filialnetzes der privaten Großbanken abzufangen und sie nach Möglichkeit zu zerschlagen, in Gaubanken aufzuteilen und so ihre eigene Machtbasis in der Wirtschaft weiter zu stärken. Solchen Bestrebungen waren die Aktienfilialbanken im Zuge ihrer Geschäftsausweitung wiederholt begegnet, doch nun standen sie, zumal Hitler selbst davon sprach, die privaten Großbanken müssten „zusammengestrichen" werden, einem besonders gefährlichen Angriff des NS-Regimes gegenüber. Mit einigen Filialschließungen war es nach der Ernennung Albert Speers zum Minister für Bewaffnung und Munition im Frühjahr 1942 nicht mehr getan, als auch Göring und Martin Bormann, der Leiter der Parteikanzlei der NSDAP, den Druck erhöhten. Wie bei den Attacken 1933/34[41] stand wieder der gesamte Ordnungsrahmen des privaten Kreditwesens zur Disposition.

Die unter Beschuss geratenen Aktienfilialbanken wurden erst nach und nach gewahr, dass sie es nicht mit einer fest gefügten Phalanx, sondern mit höchst unterschiedlichen Interessenlagen innerhalb des NS-Regimes zu tun hatten. Das begann bei den mit der Bankenfrage befassten Gauwirtschaftsberatern, unter

[40] Zit. nach der grundlegenden Abhandlung von Johannes Bähr, „Bankenrationalisierung" und Großbankenfrage. Der Konflikt um die Ordnung des deutschen Kreditgewerbes während des Zweiten Weltkrieges, in: Harald Wixforth (Hg.), Finanzinstitutionen während des Nationalsozialismus, Stuttgart 2000, S. 77; das folgende Zitat ebd., S. 81.

[41] Siehe oben, S. 46ff.

denen Ideologen wie Hellmut Börnicke (Mark Brandenburg) oder Walter Rafelsberger (Wien) zu Pragmatikern gewordene Persönlichkeiten wie Heinrich Hunke (Berlin) oder Walther Schieber (Thüringen) gegenüberstanden. Es setzte sich fort in dem Kalkül der Reichsleitung der NSDAP, das wirtschaftliche Machtstreben der Gauleiter eher zu kanalisieren als zu befördern, um deren Verselbstständigung nicht noch mehr Vorschub zu leisten.[42] Bormann machte sich das Konzept der Bildung von „Gaubanken" deshalb nicht zu eigen, war aber geneigt, die Großbanken über einen drastischen Abbau ihrer Zweigstellen, mit der Abschaffung des Depotstimmrechts und der Verdrängung aus dem Spargeschäft an empfindlicher Stelle zu treffen. Im Reichswirtschaftsministerium mit dem politisch schwachen, aber wirtschaftsfreundlich gesinnten Walther Funk an der Spitze, das seine Autorität in der Bankenpolitik durch den entfesselten Gestaltungswillen der Gauleiter bedroht sah, standen sich unter den maßgeblichen Beamten ebenfalls dezidierte Großbankengegner und Fachleute gegenüber, welche die Unentbehrlichkeit der international erfahrenen Institute betonten, die dem Dritten Reich ihre guten Dienste seit Jahren engagiert zur Verfügung stellten. Schließlich Hitler selbst, der sich gegenüber einer Eindämmung der Bankenmacht zwar aufgeschlossen zeigte, solange das die Kriegsanstrengungen nicht störte, seine Partei aber nicht mit eigener Verantwortung in der Privatwirtschaft belasten wollte.

Zur Quadratur des Kreises dieser widerstreitenden Interessen setzte das Wirtschaftsministerium auf eine „kompensatorische Strategie", mit der es Funk tatsächlich gelang, „die Großbankenfrage in eine Personalfrage zu überführen".[43] Diese Strategie war sorgfältig flankiert. Zum einen erfolgte das durch die Einbindung eines von der NSDAP-Zentrale im Sommer 1942 aus der Taufe gehobenen Ausschusses zur „Bankenrationalisierung", in dem sich unter der Schirmherrschaft Bormanns ein gutes Dutzend prominenter Gauwirtschaftsberater zusammengefunden hatte, in das nun anhebende Tauziehen, zum anderen durch die ministerielle Unterstützung der alten Parteiforderung nach einer drastischen Zurückschneidung der Großbankenfilialen. Damit kam Funk einem im Krieg ohnehin angezeigten Anliegen ebenso nach wie dem Bestreben der Parteikanzlei nach einer nationalsozialistischen Ausrichtung des Bankwesens, ohne dabei aber die Strukturen des privaten Bankgewerbes antasten zu müssen.

Als sich die Mitglieder des Bormann-Ausschusses Anfang September 1942 zu einer Besprechung einfanden und dessen Vorsitzender Börnicke dabei seine Überzeugung kundtat, der Kapitalismus „müsse im Kriege auseinanderfallen, damit er nachher nicht wieder aufleben könne", brach der Sonderbeauftragte des Wirtschaftsministeriums für Bankenrationalisierung solchen Bekenntnissen mit der Feststellung die Spitze ab, dass „das Entscheidende für die nationalsozialistische Ausgestaltung des deutschen Bankwesens die *Personalfragen* seien". In der Gewissheit, dass die NSDAP über kein Reservoir vorzeigbarer Großbankenmanager verfügte, und in Kenntnis der Tatsache, dass es der Chef der Parteikanzlei ablehnte, den Leitungsgremien der Aktienfilialbanken Kandidaten der Partei aufzuzwingen, forderte der Ministerialbeamte die Versammelten etwas maliziös so-

[42] Vgl. Kopper, Bankenpolitik im „Dritten Reich", S. 349ff.
[43] Bähr, „Bankenrationalisierung", S. 85 und 92; das folgende Zitat ebd., S. 85f. (Hervorhebung im Original).

gleich auch auf, entsprechende Personalvorschläge zu unterbreiten. Das Ringen zwischen Partei, Ministerium und Großbanken um das von Funk in Aussicht gestellte Revirement nach nationalsozialistischen Grundsätzen begann im Spätherbst. Die Filialschließungen, welche im Zuge der Totalisierung der Kriegsanstrengungen forciert wurden und die privaten Geldhäuser mit einem Verlust von beinahe 30% härter trafen als die politisch besser geschützten öffentlichen Institute, gewannen jetzt zwar eine neue Qualität, doch angesichts der Zerstörung von Geschäftsstellen durch den Bombenkrieg und des immer dichter werdenden Gestrüpps widerstreitender kriegswirtschaftlicher Interessen wurde dieser Teil der „Bankenrationalisierung" ein gutes Jahr nach Beginn des Angriffs der radikalen Wirtschaftsideologen gestoppt.[44]

Für die regimenahe Dresdner Bank war es eine irritierende Erfahrung, dass nun auch sie den ideologischen Gegenwind zu spüren bekam, ohne im Dickicht der nationalsozialistischen Machtverhältnisse, wie gewohnt, Ansatzpunkte zur Einflussnahme zu finden. Durch Schachts Abwehr der frühen Angriffe der NSDAP auf die großen Banken, infolge der Zusammenarbeit mit dem NS-Regime während der Landnahme in Europa und wegen des dabei zur Selbstverständlichkeit gewordenen Umgangs mit den mächtigen Männern des Dritten Reichs war wohl eine trügerische Sicherheit entstanden, die keine realistische Ahnung von den politischen Erschütterungen entstehen ließ, wenn die ohnehin schwer bestimmbare Tektonik des Führerstaates unter dem Druck einer kritischer werdenden Kriegslage in Bewegung geraten sollte. Die anfängliche Ratlosigkeit der Geschäftsleitung zeigte sich unter anderem darin, dass sie ihren Münchener Filialdirektor, der ein großes Guthaben der NSDAP-Reichsleitung verwaltete, damit beauftragen musste, Näheres über die Absichten Bormanns und der Gauleiter in Erfahrung zu bringen. Obgleich er die Frontstellungen in etwa eruieren konnte, klagte Vorstandsmitglied Busch im Spätsommer 1942 noch immer: „Man lässt uns völlig im Unklaren, was man eigentlich von uns will."[45]

In dieser unverhofft aufgebrochenen Krise rückten die angegriffenen Großbanken enger zusammen. Sie hatten keine Hoffnung, dass die erwogene Mobilisierung prominenter Industrieller hilfreich sein könnte, und wenig Illusionen darüber, dass man sich bei der Abwehr der personalpolitischen Zumutungen des „Bormann-Ausschusses" zuvörderst auf sich selbst verlassen müsse.[46] Die Großbanken standen jedoch keineswegs auf so verlorenem Posten, wie sie zunächst befürchteten, denn unter den gemäßigteren Partei- und Wirtschaftsfunktionären des NS-Regimes hatten sie, wenn es darauf ankam (und wie das Schicksal der personalpolitischen Infiltrationsversuche des großbankenfeindlichen NSDAP-Flügels auch sogleich zeigte), ausreichend Fürsprecher von Gewicht. Diese wollten das wertvolle und bewährte Instrument der international tätigen Geldhäuser im Interesse eines funktionierenden Kreditwesens nicht ruiniert sehen. Schließlich schwächte der hohe Anteil nicht-radikaler nationalsozialistischer Wirtschaftspragmatiker unter deren Vorstands- und Aufsichtsratsmitgliedern – wie das Beispiel der Dresdner Bank am besten belegte – die Funktionsfähigkeit der Aktien-

[44] Siehe Bd. 1, Bähr, S. 248.
[45] Zit. nach Bähr, „Bankenrationalisierung", S. 82 und 93.
[46] Siehe Gall, Abs, S. 115f.; das folgende Zitat ebd., S. 114.

filialbanken ebenso wenig wie die Durchsetzung der nationalsozialistischen Regimeziele. Karl Rasche konnte einen ebenfalls im „Freundeskreis Reichsführer SS“ verkehrenden Vorstandskollegen von der Deutschen Bank Mitte November darüber aufklären, dass es der politischen Seite zwar um fundamentale Neuordnungsbestrebungen gehe, man aber „zunächst unter Hintanstellung der Lösung des sachlichen Teiles das Personalproblem aufzugreifen“ versuche. Die radikalen Gauwirtschaftsberater verlangten von der „katholischen Bank“ denn auch sofort die Entlassung unter anderem von Abs, die Funk verhindern konnte, erhoben danach aber postwendend die Forderung, niemand anderen als ausgerechnet Hellmuth Börnicke, den erklärt großbankenfeindlichen Vorsitzenden des Bormann-Ausschusses und Generaldirektor der Brandenburgischen Provinzialbank, zum Vorstandsvorsitzenden der größten deutschen Bank zu bestellen.

Der Dresdner Bank erging es ähnlich, obwohl sie sich explizit auf den Standpunkt stellte, „dass es völlig überflüssig sei, einige Gauwirtschaftsberater in den Vorstand zu nehmen, denn es seien ja genügend der Partei vertrauenswürdige Personen in der Leitung“.[47] Die gleichwohl an den Tag gelegte Hartnäckigkeit der radikalen Gauleiter zeigt, dass es ihnen weniger um eine gewissermaßen abstrakte Verstärkung des nationalsozialistischen als vielmehr ihres höchstpersönlichen Einflusses zu tun war. Falls sie damit Erfolg hatten, musste das namentlich die Position von Emil Meyer und Karl Rasche schwächen. Schon allein deswegen zogen sie mit an einem Strang, als die Geschäftsleitung der Dresdner Bank mit Unterstützung des Reichswirtschaftsministeriums ihre Reihen gegen unerbetene Eindringlinge schloss. Der Bormann-Ausschuss gab ihr allerdings keine allzu harte Nuss zu knacken, denn er verlangte den Vorstandsvorsitz für sein Mitglied Julius Maier, den Gauwirtschaftsberater von Südhannover-Braunschweig und Inhaber einer Privatbank, der in den Augen Rasches nichts als „ein kleiner Provinz-Bankier“ war. Einstimmig erteilte der Dresdner-Bank-Vorstand ihm den Auftrag, die Kandidatur Maiers zu Fall zu bringen. Das gelang ebenso wie es die Deutsche Bank mit ministerieller Unterstützung verstand, den Einzug Börnickes in ihr Führungskollegium zu vereiteln. Damit war der personalpolitische Druck aber noch nicht endgültig abgewettert, denn nun zielten die Gauleiter auf Veränderungen wenigstens im Aufsichtsrat. Davor konnte das Reichswirtschaftsministerium die Bank nun nicht mehr bewahren, wenn es gegenüber Bormann glaubwürdig bleiben wollte und die clevere Umpolung der Struktur- in Personalfragen den gewünschten Erfolg bei der Konservierung des Kreditwesens zeitigen sollte. Deswegen musste sich sogar die Dresdner Bank noch ein wenig bewegen.

Es entbehrt nicht der Ironie, dass die radikalen NSDAP-Wirtschaftsideologen in ihrem offenen Kampf gegen die Großbanken ordnungspolitisch nichts und in den Vorstandsetagen personalpolitisch wenig ausrichteten, mittelbar aber eine erfolgreiche Palastrevolution in der Dresdner Bank auslösten. Sie tobte kurz und heftig und beendete Weihnachten 1942 die jahrelange Dominanz von Carl Goetz an der Spitze des Geldhauses, das mittlerweile zu den bedeutendsten Europas zählte. Da das Vorstandskollegium dem Ansturm der radikalen Gauwirtschaftsberater einmütig widerstanden hatte, war ihm und insbesondere seinem Wortfüh-

[47] Zit. nach Bd. 1, Bähr, S. 109; das folgende Zitat ebd., auch zum Folgenden.

rer Karl Rasche ausreichend neues Selbstbewusstsein zugewachsen, um es sogleich zu einer kollektiven Attacke zu nutzen. Dabei handelte es sich gerade nicht um einen „politisch motivierten Putsch“[48] (wie Goetz wieder einmal in einer falschen, auch von der amerikanischen Militärregierung aufgegriffenen und danach historisch verfestigten Darstellung nahe legte), den der regimenahe Rasche mit höherer Rückendeckung inszeniert hätte, sondern um eine ganz persönliche, politisch nicht zu überhöhende Niederlage in einem internen Machtkampf, in dem sich der Vorstand einmütig einer seit Jahren anhaltenden „Bevormundung“ durch seinen Aufsichtsratsvorsitzenden entledigte. Dieser Konflikt, der nach der gemeinsam verantworteten Expansion des Konzerns in Europa zum Ausbruch kam, war seit längerem vorprogrammiert, und zwar zum einen durch die weitreichenden Eingriffsrechte in die Vorstandsarbeit, die Goetz 1936 nach seinem Wechsel in den Aufsichtsratsvorsitz zugestanden worden waren,[49] zum anderen wohl auch durch eine gewisse Unruhe unter den nachdrängenden Führungskräften, die ihre Aufstiegschancen durch die frühen oder taktisch motivierten Berufungen regimenaher Vorstandsmitglieder wie Meyer, Rasche und Carl Lüer gehemmt sahen. Anfang Dezember 1942 war der gemeinsame Wunsch, die Vormundschaft von Carl Goetz zu beenden, so stark geworden, dass die Mitglieder des politisch überaus heterogenen Vorstands zurückstellten, was sie trennte. Einvernehmlich fassten sie den lapidaren Beschluss: „Die Führung der Bank liegt ausschließlich und eindeutig in den Händen des Vorstandes in seiner Gesamtheit.“ Damit wurde „Goetz per Vorstandsbeschluss aus der Geschäftsleitung entfernt“.[50]

Sich nach seinen großen Leistungen für die vor dem Bankrott gerettete und zu ungeahnter Höhe geführten Bank so kalt abservieren lassen zu müssen, traf Goetz derart, dass er umgehend zu einem fulminanten Gegenstoß ansetzte. Dem war letztlich zwar kein Erfolg beschieden, was er aber offenbarte, war, dass der parteilose Aufsichtsratsvorsitzende jederzeit in der Lage war, in der *crème* des NS-Regimes nicht weniger schwergewichtige politische Verbindungen zu aktivieren als seine offen nationalsozialistischen Kollegen. Im Endeffekt agierte der vorgeblich von einer politischen Intrige regimenaher Vorstandsmitglieder Gefällte Seite an Seite mit prominenten Nationalsozialisten gegen den bekannt nationalsozialistischen Frondeur Karl Rasche, um den sich neben den Parteigenossen Alfed Hölling, Emil Meyer und Hans Schippel sowie den parteilosen Gustav Overbeck und Hugo Zinßer auch so dezidierte Nichtnationalsozialisten wie Alfred Busch und Hans Pilder scharten.

Zur bunten Riege der Goetz-Kombattanten zählten keine Geringeren als Reichswirtschaftsminister Funk persönlich, der Gauwirtschaftsberater von Berlin, Heinrich Hunke, oder auch der radikale Vorsitzende des Bormann-Ausschusses Hellmut Börnicke. Falls noch mehr NS-Prominenz Goetz zur Seite gesprungen sein sollte (der Generalbevollmächtigte für den Arbeitseinsatz, NSDAP-Gauleiter Fritz Sauckel etwa, den er in Finanzfragen beriet und zweimal zu Verhandlungen

[48] Ebd., S. 114; hier auch die eingehende Analyse des tatsächlichen Hergangs; das Folgende ebd., S. 105.
[49] Siehe oben, S. 74f.
[50] Bd. 1, Bähr, S. 110; das Folgende nach ebd., S. 110ff.

mit dem französischen Ministerpräsidenten Laval über die Rekrutierung von Fremdarbeitern nach Paris begleitete), so hat das keine Spuren in den Akten hinterlassen. Auch über die Winkelzüge etwaiger Rasche-Unterstützer findet sich nichts in den Unterlagen. Schwerstes Geschütz fuhr Hunke auf, später Chef der Auslandsabteilung im Goebbels-Ministerium, der zugleich Präsident des Werberates der deutschen Wirtschaft war. Eine Woche nach dem Vorstandsbeschluss gegen Goetz konnte der Abgeschobene nämlich ein Schreiben in Empfang nehmen, das der Gauwirtschaftsberater unter anderem mit dem in der Wolle gefärbten NS-Wirtschaftsfunktionär und Reichsbankvizepräsidenten Lange abgestimmt hatte: Es übertrug Carl Goetz zweifellos nicht ohne dessen Wissen die Position des Vorstandsvorsitzenden der Dresdner Bank! Doch damit hatte der Aufsichtsratsvorsitzende seinen Einfluss hinreichend demonstriert. Er war klug genug, sich nicht gegen den erklärten Willen des gesamten Vorstands durch die NSDAP neu inthronisieren zu lassen. Vielmehr gab er in einer gemeinsam mit Rasche unterzeichneten Einverständniserklärung seine Eingriffsrechte in die Vorstandstätigkeit faktisch auf. Zur Gesichtswahrung des Unterlegenen und seiner hohen Unterstützer versicherten Emil Meyer und Karl Rasche dem Berliner Gauwirtschaftsberater, dass sie den „dringlich geäußerten Wünschen der verschiedenen behördlichen und politischen Stellen" entsprochen hätten, den Rat des Herrn Goetz ihrer Bank möglichst lange zu erhalten.[51] Der Machtkampf war entschieden. Einhellig bestimmten die Vorstandsmitglieder Karl Rasche zu ihrem Sprecher, der ihre Interessen in den aufgeregten letzten Wochen des Jahres 1942 so effizient durchgesetzt hatte. Er blieb es bis 1945.

Carl Goetz zog sich in der Folgezeit auf seine Verpflichtungen als Aufsichtsratsvorsitzender und dazwischen meist auf sein Gut in Oberbayern zurück. Bei der Politisierung des Aufsichtsrats, die zur Kompensation der Niederlagenserie der radikalen Großbankengegner im Kernbereich der „Bankenrationalisierung" in die Wege geleitet wurde, spielte er allerdings noch einmal eine Schlüsselrolle. Dieses Revirement begann nach der Katastrophe von Stalingrad und fügte sich in die Umbesetzungswelle, die nun über die deutsche Wirtschaft hinwegging. Bei der unvermeidbaren Nazifizierung ihrer Aufsichtsorgane wurden der Deutschen Bank und der Dresdner Bank die erwünschten Kandidaten jedoch keineswegs aufgezwungen,[52] sondern sie konnten selbst das Vorschlagsrecht ausüben. Dabei wurde der Dresdner Bank unmissverständlich bedeutet, weniger geschäftlich wichtige Persönlichkeiten zu berücksichtigen als solche, „die nach ihrer Einstellung eine absolute Gewähr für eine nationalsozialistische Ausrichtung der Gremien bieten".[53] Nun veränderten sich die politischen Gewichte im Aufsichtsrat, der zu zwei Dritteln aus Parteigenossen bestand, aber nicht nationalsozialistisch dominiert war, im Frühjahr 1943 „entscheidend".

Carl Goetz machte von seinem Vorschlagsrecht gegenüber dem Reichswirtschaftsministerium insofern sorgfältigen Gebrauch, als er Persönlichkeiten in den Aufsichtsrat der Dresdner Bank holte, „die sowohl die gewünschte politische Ein-

51 Zit. nach ebd., S. 113.
52 Siehe auch Gall, Abs, S. 116.
53 Zit. Nach Bd. 1, Bähr, S. 117; zum Folgenden ebd., S. 115 ff.; die folgenden Zitate ebd., S. 117, 119 und 118.

stellung hatten als auch zu ihren geschäftlichen Interessen passten". Das führte die Bank zu später Stunde noch ein beträchtliches Stück näher an das NS-Regime heran, denn jetzt wurden einige schwerste Kaliber installiert, die in der Kriegswirtschaft des Dritten Reichs über ungleich viel größeren Einfluss verfügten als die radikalen Gaufunktionäre im NSDAP-Bankenausschuss. Zu den Schwergewichten zählten der Stellvertreter Hunkes in der Berliner Gauleitung, zugleich Vorstandsvorsitzender bei den Norddeutschen Eiswerken; der NSDAP-Gauwirtschaftsberater von Hessen-Nassau und Vorstandsvorsitzende der Metallgesellschaft AG, ein SS-Angehöriger; sodann der zu Görings Parteibuchmanagern zählende Generaldirektor der Klöckner-Werke und ehemalige Ministerialbeamte im Vierjahresplanamt; und schließlich mit dem SS-Offizier und thüringischen Gauwirtschaftsberater Walther Schieber eine Zentralfigur des Speer-Ministeriums, die auch das Vertrauen Himmlers und sogar Zugang zu Hitler besaß. Zum ersten Stellvertreter von Goetz wurde der SS-Brigadeführer und preußische Staatsrat Wilhelm Meinberg, Reichsobmann des Reichsnährstands, gewählt, der ebenso wie ein weiterer stellvertretender Aufsichtsratsvorsitzender, der SS-Offizier Hellmuth Roehnert, zu den „einflussreichsten Verbindungsleuten zwischen Partei und Wirtschaft" zählte. Der Rüstungsmanager war im Reichswerke-Konzern zum Vorstandsvorsitzenden bei Rheinmetall-Borsig aufgestiegen und hatte mehr als drei Dutzend Aufsichtsrats- und Beiratsmandate inne, darunter eines bei Junkers, einem der größten Kreditnehmer der Dresdner Bank.[54] Der von Carl Goetz durchweg erhobene Anspruch seiner eigenen Distanz zum NS-Regime stößt sich mit den Realitäten seiner geschäftlich zweckmäßigen, aber ausgesprochen stromlinienförmigen Personalpolitik bei der Erweiterung des Aufsichtsrats ebenso wie mit der mühelosen Mobilisierung nationalsozialistischer Rückendeckung im Kampf mit dem rebellierenden Vorstand.

Als sich die radikalen Großbankengegner mit dem renommierten Hans Pilder dann doch noch ein Opfer unter den Vorstandsmitgliedern der Dresdner Bank suchten, war der Widerstand von Goetz begrenzt. Pilder hatte sich als stellvertretender Aufsichtsratsvorsitzender der Länderbank schon seit längerem den Zorn des Wiener Gauwirtschaftsberaters Walter Rafelsberger, eines Mitglieds des Bormann-Ausschusses, und des ehemaligen österreichischen Wirtschafts- und Finanzministers Hans Fischböck zugezogen, der inzwischen in Den Haag als Generalkommissar für Finanz und Wirtschaft amtierte, weil er bei dem erwünschten eigenständigeren Kurs der Dresdner-Bank-Tochter auf dem Balkan nicht recht mitzog.[55] Beide österreichischen NS-Funktionäre waren dem Haus von Carl Goetz 1938 bei der Bildung der Länderbank sehr behilflich gewesen.[56] Der Beschluss im Arbeitsausschuss des Aufsichtsrats von Oktober 1943, den in Wien bereits zurückgezogenen Pilder auf Drängen des Reichswirtschaftsministeriums nun auch aus dem Vorstand der Dresdner Bank zu entfernen, hatte einen längeren Vorlauf, bei dem Carl Goetz und Karl Rasche die Zweischneidigkeit der Allianz mit den nationalsozialistischen Machthabern spüren und zudem eine Machtdemonstra-

[54] Siehe oben, S. 197f.
[55] Nach Bd. 1, Bähr, S. 121.
[56] Siehe oben, S. 86.

tion erleben konnten, die ihnen die Grenzen ihrer Handlungsfreiheit im NS-Staat anschaulich vor Augen führte.

Der Druck, den die Wiener Gauleitung unter Baldur von Schirach gegen Pilder entfachte,[57] erreichte seinen kritischen Punkt just, als der Bormann-Ausschuss seine Offensive gegen die Großbanken startete. Da wandte sich SS-Sturmbannführer Rafelsberger, als sei er selbst der Chef des Dresdner-Bank-Konzerns, nämlich direkt an Hans Pilder, um ihm zu eröffnen, in einer Besprechung mit Rasche habe er zum Ausdruck gebracht, dass im Aufsichtsrat der Länderbank „seitens der Partei nur mehr solche Männer als erwünscht angesehen werden können, die durch ihre bisherige Tätigkeit den Beweis erbracht haben, dass sie im besonderen Ausmaß im Sinne der nationalsozialistischen Idee tätig und einsatzbereit sind". Sein Verbleib in diesem Gremium sei deshalb „nicht mehr möglich", wie er Herrn Rasche mitgeteilt habe.[58] Soviel Rasanz bereitete selbst einem Rasche Unbehagen, und er empfahl seinem Parteigenossen und SS-Kameraden, sich darüber auch direkt mit Carl Goetz ins Benehmen zu setzen. Zu dieser Bitte nahm Rafelsberger in aller wünschenswerten Offenheit Stellung. Er könne gerne mit Goetz sprechen, ließ sich der NS-Funktionär herbei, er sei allerdings der Meinung, dass „dieses Gespräch nur informativen Charakter haben kann, da ich in Ihnen den Parteigenossen im Vorstand der Dresdner Bank sehe, mit dem allein ich derartige Dinge verbindlich besprechen möchte". Er wolle eine „sachlich richtige Lösung" herbeiführen, und dafür „sehe ich die besten Voraussetzungen gegeben, wenn wir als Parteigenossen diese Dinge regeln und dann auch durchführen".[59]

Damit war der Fall erledigt, aber keineswegs im Sinne der Bank. Pilder musste, wie gesagt, seinen Platz im Aufsichtsrat der Länderbank räumen. Das war ein schwerer Schlag gegen die Personalhoheit der Dresdner Bank, die immerhin ein Kernelement ihres formell nicht angetasteten Eigentumsrechts darstellte, und ein hoher Preis für die seit Jahren aus eigenem Antrieb gepflegte enge Zusammenarbeit mit dem Spitzenpersonal des NS-Regimes. Aber gerade deswegen konnte sie sich einer derartigen Bevormundung nun nicht mehr entziehen. Im Herbst 1943 wurde Hans Pilder von seinem Institut, dem er seit Jahrzehnten gedient hatte, gekündigt. Zu dieser Zeit war die Dresdner Bank nicht nur politisch, sondern auch ökonomisch dem Abgrund ein ganzes Stück näher gerückt. Auch wenn den großen privaten Geldhäusern in dem Bankenkonflikt eine Niederlage erspart geblieben war, so zeichnete sich ihr Erfahrungsumfeld, so Johannes Bähr, doch „schon vor Stalingrad durch eine erhöhte Unsicherheit und einen entsprechenden Verlust an Vertrauen in die Vorhersagbarkeit der weiteren Entwicklung aus".[60]

[57] Siehe Feldman, Länderbank, S. 137ff.
[58] Schreiben Rafelsbergers an Pilder v. 19. 9. 1942; Historisches Archiv der Dresdner Bank, Bestand 96, Auslandssekretariat, Akte 5460-2000.
[59] Schreiben Rafelsbergers an Rasche v. 19. 9. 1942; ebd.
[60] Bähr, „Bankenrationalisierung", S. 93.

3. Am Ende

Beginnend mit dem Fanal des Desasters von Stalingrad, endgültig dann im letzten Kriegsjahr, prägten in allen deutschen Unternehmen Existenzsicherung und Substanzerhaltung die Strategie der Geschäftsleitungen. Wegen des wachsenden Durchhalteterrors des NS-Regimes gegen die eigene Bevölkerung war sie allerdings sorgfältig zu camouflieren, manchmal gar als erhöhte Anstrengung für den Kriegseinsatz zu deklarieren. Tatsächlich aber bestimmte nun im besonderen Maße das nüchterne Kalkül ökonomischer Rationalität die schleichende Aufkündigung gegenüber einem System, dem man in den Jahren der Euphorie gewaltige wirtschaftliche Erfolge zu verdanken gehabt hatte. Das ehedem imponierende Staatsschiff sank jetzt, und gerade die Männer der Wirtschaft waren umsichtig und vernünftig genug, sich so rechtzeitig und unauffällig von Bord zu begeben, dass es dem Kapitän und seinen letzten Getreuen verborgen blieb. Folgte offener Gegnerschaft, ja oft schon willkürlich als Defätismus eingestuftem Verhalten die Vernichtung auf dem Fuße, so blieben die Optionen des Regimes in der allgemeinen Erosion insgesamt doch begrenzt, da die noch arbeitenden Unternehmen, wie etwa die Banken durch die unbedingte Aufrechterhaltung des Zahlungsverkehrs, mit zur „Chaos-Begrenzung“[61] beitrugen.

Bei der Dresdner Bank dürfte der schwere Bombenangriff auf Berlin Ende November 1943, bei der ihre Zentrale in der Behrenstraße teilweise zerstört wurde, von manchem Mitarbeiter als Zeichen des kommenden Zusammenbruchs verstanden worden sein.[62] Denn sofort danach begann sich die einheitliche Leitung des Konzerns insofern aufzulösen, als nun vier dezentrale Vorstandsgruppen gebildet wurden, die nach Ressortgesichtspunkten zusammengestellt und über ganz Deutschland verteilt waren. Die Teams installierten sich neben Berlin (wo die Koordinationsfunktion für das Gesamtunternehmen vor allem von Gustav Overbeck wahrgenommen wurde) in Bad Nauheim, München und Breslau/Dresden. Letzteres, die Vorstandsgruppe Ost, wurde von den politisch denkbar weit auseinander liegenden Direktoren Busch und Meyer gemeinsam geleitet. Die schiere Notbewältigung und das gemeinsame Management des Niedergangs ließen die ideologischen Differenzen, die man schon bei der Fronde gegen Carl Goetz zurückgestellt hatte,[63] weiter verblassen. Neben den Hemmnissen einer angeschlagenen Infrastruktur, welche die Kommunikation innerhalb des Konzerns wie mit den Kunden zunehmend beeinträchtigten, nahmen auch die Belastungen des täglichen Dienstbetriebs immer mehr zu. Bis Kriegsende reduzierten die Einberufungen und Auskämmaktionen die Belegschaft, die seit Herbst 1944 eine 56-Stunden-Woche zu leisten hatte, um zwei Drittel.[64]

Spätestens seit der Dezentralisierung der Konzernspitze begann die Dresdner Bank genauso wie alle anderen Gewerbebetriebe damit, sich für die völlig unwägbaren Verhältnisse in den Wochen und Monaten des Zusammenbruchs der staatlichen Ordnung zu wappnen. Es gibt bei ihr keine Hinweise auf „ausgearbeitete

[61] Bd. 1, Bähr, S. 195.
[62] Nach ebd., Kap. III.3.
[63] Siehe oben, S. 210ff.
[64] Nach Bd. 1, Bähr, Kap. V.6; die folgenden Zitate ebd., S. 196 und 195.

Nachkriegsplanungen", doch was die nächste Zukunft erforderte, wusste ein erfahrener Bankier auch so. Alles stand im Zeichen von „Flexibilität und Risikobegrenzung", der unbedingten Steigerung der Liquidität und einer möglichst umfassenden Hereinholung oder wenigstens Reduzierung von Krediten. Während eine Steigerung der Liquidität, die in den Kriegsjahren um 70% gelegen hatte, auf 90% gelang, war der Rückbau der Darlehensschulden naturgemäß schwieriger, zumal es einige Finesse verlangte, sich den Kunden gegenüber entsprechend zugeknöpft zu geben und dafür alle möglichen betriebswirtschaftlichen Argumente zu bemühen, ohne sich dabei mit einer allzu realistischen Beurteilung der deutschen Siegesaussichten zu weit aus dem Fenster zu lehnen. Jeder Einzelfall lag anders; wenn es sich bei den Schuldnern jedoch um langjährige Geschäftspartner handelte, wenn obendrein politisch sensible Hintergründe im Spiel und die Summen außerdem überschaubar waren, scheint man mitunter großzügiger verfahren zu sein als bei anders gelagerten Umständen.[65] Manches lief einfach weiter und war kurzfristig nicht mehr zu korrigieren, doch normalerweise gewann 1944 die bankkaufmännische Vorsicht die absolute Oberhand.

Nach der Zertrümmerung der Ostfront durch die Rote Armee, der Landung der Westmächte in Frankreich und der definitiven Lähmung der Rüstungsproduktion durch den Bombenkrieg im Sommer des letzten Kriegsjahres begann auch der verzweigte europäische Konzern der Dresdner Bank zu schrumpfen und seine bis fast zuletzt forcierte Regimenähe zu erodieren. Stärker noch als die bald Routine werdenden Hiobsbotschaften von den Tochtergesellschaften traf den Vorstand die Nachricht von der Verhaftung ihres Aufsichtsratsvorsitzenden.[66] Wie Tausende anderer Bürger hatte die Gestapo Carl Goetz nach dem Attentat vom 20. Juli in Haft genommen und verhört, wohl wegen seines Kontakts zu dem Aufsichtsratsmitglied Carl Wentzel, einem später hingerichteten deutschnationalen Großgrundbesitzer und aktiven Hitler-Gegner. Goetz war, in seiner Stellung nicht überraschend, auch mit dem früheren Reichskommissar für Preisüberwachung und dem preußischen Finanzminister, Carl Goerdeler und Johannes Popitz, bekannt. Es gibt aber keinen Hinweis in privaten und amtlichen Unterlagen und keine Zeugenaussage, die darauf hindeuten, dass Goetz über die Widerstandsplanungen unterrichtet oder gar aktiv daran beteiligt gewesen ist. Mit Sicherheit gehörte er keiner regimefeindlichen Gruppierung an. Das hielt ihn nach dem Krieg jedoch nicht davon ab, eine Beteiligung am Widerstand gegen Hitler für sich zu reklamieren. In den Fragebogen der amerikanischen Militärregierung schrieb er beispielsweise: „Seit 1939 Beteiligung an Opposition Oster-Popitz-Wentzel-Goerdeler." Daneben verbreitete Goetz die Lesart, Goerdeler habe ihn als Bankenkommissar der neuen Reichsregierung vorgesehen gehabt und ihn durch entlastende Aussagen sogar „vor dem Strang" gerettet. Eine Bestätigung dafür gibt es nicht. Seine Behauptungen fügen sich jedoch nahtlos in die Vernebelung seines Verhaltens während des Dritten Reichs, die Goetz nach 1945 sogleich bewusst und systematisch betrieb.[67] Im Sommer 1944 war der Aufsichtsratsvorsit-

[65] Siehe beispielsweise Bd. 3, Wixforth, S. 247 (Ringhoffer-Tatra-Werke), S. 357 (SS-Wirtschaftsverwaltungshauptamt), oder Bd. 1, Wixforth, S. 369 (Kontinentale Öl AG).
[66] Nach Bd. 1, Bähr, S. 122f.; das folgende Zitat ebd., S. 123.
[67] Siehe oben, S. 2ff.

zende natürlich der Solidarität seines Vorstands sicher, der einschließlich Karl Rasches alle Hebel in Bewegung setzte und seine mannigfaltigen Beziehungen zu den Spitzen des NS-Regimes spielen ließ, um ihn wieder frei zu bekommen. Das gelang schließlich, wobei eine Intervention Sauckels bei Ernst Kaltenbrunner, dem Chef des SS-Reichssicherheitshauptamts, den Ausschlag gegeben haben könnte. Nach seiner Entlassung im November zog sich Carl Goetz ganz auf seinen Landsitz zurück und trat in der Bank bis zur Kapitulation nicht mehr in Erscheinung.

Dort ging es ohnehin nur noch um Abwicklung und Schadensbegrenzung. Die ersten Affiliationen, so die mit großen Erwartungen auf das Geschäft in der Ukraine gestartete Niederlassung der Kommerzialbank in Lemberg,[68] mussten ihren Rückzug bereits im Frühsommer 1944 antreten. Die Deutsche Handels- und Kreditbank in der Slowakei litt seit Sommer unter den bürgerkriegsähnlichen Unruhen und vergab überhaupt keine Kredite mehr.[69] Die Geschäftsleitung der Continentale Bank floh nach einer letzten Besprechung mit Rasches Vorstandsgruppe West Anfang September aus Brüssel.[70] Wegen der Falschmeldung, die Alliierten hätten bei Arnheim den Rhein überschritten, brach beim Handelstrust West zur selben Zeit Panik aus. Während nur noch Teile der Belegschaft zum Dienst erschienen, harrte man unter unsäglichen Lebensbedingungen im abgeschnittenen Holland noch den Winter über aus. Die Anzahl der Kunden war schon im Herbst um 35% zurückgegangen, ein Kreditabbau wegen des Stillstands der Wirtschaft fast unmöglich.[71] Die Ostbank in Posen und die Kommerzialbank in Krakau wichen gleich nach dem Jahreswechsel nach Leipzig aus. Die BEB in Prag verminderte ihren eigenen Wertpapierbestand um zwei Drittel, brachte das normale Bankgeschäft mehr schlecht als recht über die Runden und war im Frühjahr 1945 am Ende.[72] Da lagen die Dresdner-Bank-Filialen im zusammengeschmolzenen Altreich schon fast alle im amerikanischen, britischen, französischen oder sowjetischen Besatzungsgebiet. 636 Angestellte waren inzwischen als Soldaten gefallen, fast zwei Drittel davon 1943/44, mehr als 90 Ziviltote forderten Luftangriffe. Darunter waren mehr als 40 Angestellte, die bei der Zerstörung Dresdens im Februar 1945 ihr Leben lassen mussten. Auch das Stammhaus der Dresdner Bank in der König-Johann-Straße fiel dabei in der Stadt, die bis zuletzt ihr juristischer Sitz gewesen war, in Schutt und Asche.[73] Angesichts der Schlussoffensive der Roten Armee gegen die Reichshauptstadt schloss die Hauptbank am 21. April 1945 ihre Pforten. Eine Woche später wies der sowjetische Stadtkommandant die Finanzinstitute an, jegliche Geschäftstätigkeit einzustellen. Der Tag der deutschen Kapitulation fand die eine Hälfte der Vorstandmitglieder im Westen, Norden und Süden Deutschlands, die andere Hälfte in Berlin. Professor Dr. Dr. Emil H. Meyer, der sich so tief wie kein anderer Spitzenbankier mit dem nationalsozialistischen Regime und persönlich mit den Exekutoren des Völkermords eingelassen hatte, feierte kurz zuvor noch seinen 59. Geburtstag. In seiner Wohnung in Char-

68 Siehe Bd. 3, Wixforth, S. 547.
69 Ebd., S. 418.
70 Bd. 3, Bähr, S. 823f.
71 Bd. 3, Sattler, S. 785ff.
72 Siehe Bd. 3, Wixforth, S. 242f.
73 Siehe Bd. 1, Bähr, S. 251f. und 198.

lottenburg beging er am selben Tag Selbstmord, an dem Generalfeldmarschall Keitel in Karlshorst seine Unterschrift unter die Kapitulationsurkunde setzte. Karl Rasche wurde verhaftet.

Da eine reguläre Hauptversammlung nicht mehr möglich war, lud die Dresdner Bank zu Erläuterung des Geschäftsberichts 1944 am 11. April 1945 zu einer Pressekonferenz in die zerbombte Hauptstadt.[74] Sie wurde von dem Nichtnationalsozialisten Alfred Busch abgehalten (er starb sieben Jahre später nach langem Martyrium im DDR-Zuchthaus Waldheim), der seinem Haus schon seit einem Vierteljahrhundert diente. Die Veranstaltung wollte, sofern jemand jetzt noch einer Zeitung habhaft werden konnte, um das „Vertrauen des breiten Publikums" werben, das wegen der enormen Einbußen namentlich bei den Auslandstöchtern wankend geworden war. Die Dresdner Bank sei in der Lage, alle diese Verluste abzudecken, habe durch Wertberichtigungen „für jeden denkbaren Fall" vorgebaut und verfüge über volle Kassen, konnte Busch mitteilen. In seinem Bekenntnis zur Bedeutung des Auslandsgeschäfts schwang wie auch schon bei Karl Rasche die Hoffnung auf eine baldige Rückkehr zur Normalität im Bankwesen mit, wenn schon aus der deutschen „Neuordnung" Europas nichts geworden war. Auf der 70. Ordentlichen Hauptversammlung ziemlich genau zwei Jahre zuvor hatte der frisch gebackene Vorstandssprecher bereits gefordert, nach dem Krieg, der ihm da gewiss noch nicht als verloren galt, einen durchgehenden Abbau der staatlichen Kapital- und Wirtschaftslenkung vorzunehmen. Diesem unbefangenen Optimismus der Bankiers hinsichtlich einer umstandslosen Normalisierung des Wirtschaftslebens, den sie mit führenden Industriellen teilten,[75] konnten die Siegermächte wenig abgewinnen. Nach einem langen Kampf auf Leben und Tod gegen Hitlers Armeen hatten sie nicht den Eindruck, als hätten die großen Banken und ihre Spitzenmanager alles unterlassen, was dem Eroberungs-, Unterwerfungs- und Vernichtungsdrang des Dritten Reiches dienlich gewesen war.

Als das NS-Regime 1944/45 seinem Untergang entgegenging, war der spektakuläre geschäftliche Aufschwung der drei Berliner Aktienfilialbanken seit dem Machtantritt Hitlers gut an ihren Bilanzen ablesbar. Die Dresdner Bank hatte seit 1942, als die deutsche Expansion ihren Gipfelpunkt erreichte, beim Geschäftsvolumen und beim Gewinn noch einmal kräftig zulegen können[76] und blickte, als sie am Rande des Abgrunds stand, auf eine – den reinen Zahlen nach – Erfolgsgeschichte sondergleichen zurück. Ihre Bilanzsumme hatte sich seit 1933 auf 8,61 Mrd. RM (1944) mehr als verdreifacht, der Reingewinn auf 34,7 Mio. RM (1943) beinahe verachtfacht, der Bruttoüberschuss auf 78,6 Mio. RM (1943) verzehnfacht. Die Eigenkapitalrendite war von 2,86% auf 15,42% angestiegen. Mit diesem Ergebnis hatte die Dresdner Bank den Abstand zur Deutschen Bank während der NS-Zeit zwar nicht verringern können, er vergrößerte sich aber auch nicht signifikant, wie man es nach ihrem viel tieferen Fall 1931/32 hätte erwarten können. Es spricht wenig dafür, dass das Haus von Carl Goetz und Karl Rasche Anschluss gehalten hätte, wenn es seine besondere Nähe zum NS-Regime ökonomisch nicht so zielstrebig genutzt hätte.

[74] Ebd., S. 197; die Zitate ebd. und S. 198; das Folgende ebd., S. 196.
[75] Vgl. Henke, Besetzung, S. 533ff.
[76] Siehe Bd. 1, Bähr, Kap. V.1.

Natürlich stand der enorme Geschäftszuwachs der Großbanken im Zuge der Rüstungs-, Kriegs- und Besatzungswirtschaft auf schwankendem Boden, weil ihre wirtschaftliche Existenz an Schuldnern hing, allen voran am Deutschen Reich, mit deren baldiger Zahlungsunfähigkeit spätestens seit der Kriegswende gerechnet werden musste. Immerhin bestanden bei der Dresdner Bank zuletzt zwei Drittel der Aktiva aus Staatspapieren. „Gedanken über den Umgang mit dem absehbaren Bankrott des Hauptschuldners" sind für sie dennoch nicht überliefert.[77] Niemand wusste, was mit diesen Forderungen, über die nach Kriegsende nicht verfügt werden durfte, geschehen würde.[78] Hinzu kamen immense Substanzverluste und die völlige Unwägbarkeit hinsichtlich des Verhaltens der Sieger, welche die Bank sogleich in einen „Existenzkampf" stürzten. Das Filialnetz, das 1937 insgesamt 322 und 1943 noch 260 Geschäftsstellen umfasst hatte, wurde 1945 durch den Aderlass in Ostdeutschland, in der Ostzone und in Ostberlin noch einmal um nicht weniger als 162 Zweigstellen verringert. Diese Amputation warf die Dresdner Bank in der Konkurrenz mit ihrer schärfsten Rivalin mit einem Schlag wieder weit zurück, da sie im Vergleich zu dieser im Osten relativ stark vertreten gewesen war. Hinzu kam als wohl einschneidendster Verlust die Schließung der Berliner Zentrale, ihres eigentlichen Geschäfts- und Kompetenzzentrums, und die Enteignung der dortigen Immobilien. Der Personalbestand der Bank schrumpfte gegenüber 1942 um beinahe 80%, und Gustav Overbeck gab im Sommer 1945 die Devise aus, die Kreditvergabe müsse einstweilen „unter dem Gesichtspunkt betrieben werden, dass die Bank evtl. im Konkurs ist". Wie kurz vor dem Machtantritt der Nationalsozialisten hing das Schicksal der Dresdner Bank gleich nach dem Untergang des Dritten Reiches ein zweites Mal am seidenen Faden.

[77] Ahrens, Die Dresdner Bank in Mithaftung (Ms.), Kapitel 2, S. 2.
[78] Hierzu und zum Folgenden ebd., Kapitel 5; die folgenden Zitate ebd., S. 1 und S. 54.

Nachwort

Nach dem weitgehenden Zusammenbruch des deutschen Finanz- und Bankensystems im Sommer 1931 waren die Jahre des Dritten Reichs für die großen Banken Jahre des Aufschwungs, obgleich sie sich nach Überwindung der Krise ohne die Verzerrung und Verödung ihrer traditionellen Geschäftsfelder durch die Lenkungsmaßnahmen des NS-Staates wohl noch stärker hätten entfalten können. Nach dem Machtantritt der Nationalsozialisten stellten sie sich auf den Boden der von Judenfeindschaft, Autarkiewirtschaft, „Wehrhaftmachung" und Expansion geprägten neuen Tatsachen. Die privaten Großbanken verstanden es, ihren Sachverstand in die Meinungsbildung der Staats- und Parteistellen einzubringen, häufig wurde ihr Rat erbeten, doch nennenswerten Einfluss auf politische Entscheidungen gewannen sie nie. Der Primat der Politik galt auch im Bankwesen. Das trifft für die volkswirtschaftlichen Weichenstellungen ebenso zu wie für die rassistische Radikalisierung, für die Innen- und Kriegspolitik genauso wie für das höchst unterschiedliche Vorgehen in den seit 1938 gewonnenen und besetzten Gebieten, wo die Dresdner Bank und ihre hauptsächliche Rivalin, die Deutsche Bank, eine bedeutsame und davor nicht für möglich gehaltene Ausweitung ihrer Geschäftstätigkeit erreichten. Dorthin konnten sie aus der geschäftlichen Enge des Altreichs ausbrechen und Gewinne erzielen, die in erheblichem Maße zu ihrem Geschäftserfolg beitrugen. Der nationalsozialistische Expansionismus und ihr eigenes Expansionsinteresse trafen sich hier.

Während dieser Expansion verfolgten die beiden führenden deutschen Bankhäuser, wie in der NS-Zeit generell, unverwandt ihr betriebswirtschaftliches Grundanliegen der Gewinnerzielung und langfristigen Bestandserhaltung durch ein kluges Risikomanagement. Ebenso wie alle anderen größeren Unternehmen begaben sie sich dabei unvermeidlich in das Spannungsverhältnis von ökonomischer Rationalität, Regimenähe und Mittäterschaft, doch besaßen sie ausreichend eigenen Spielraum, um ihre Gangart selbst bestimmen zu können. Die Dresdner Bank, das zeigen die von Johannes Bähr, Harald Wixforth, Dieter Ziegler und ihren Mitautorinnen und Mitautoren erarbeiteten Ergebnisse sehr deutlich, hätte sich im Dritten Reich durchaus anders verhalten können, als sie es tatsächlich getan hat, und sich nicht zu einem Unternehmen mit einer ausgeprägten, bald in offene Mittäterschaft mündenden Nähe zum neuen Regime zu entwickeln brauchen; zumal sie mit ihrer Geschäftstätigkeit, wenig verwunderlich, keine weltanschauliche, sondern eine bankbetriebswirtschaftliche Zielsetzung verfolgte.

Treibende Kraft der Annäherung an die neuen Machthaber waren denn auch nicht politische Komplizenschaft oder gar politischer Druck, wie Ankläger und Apologeten nach 1945 behaupteten, sondern das bewusste und gezielte Bestreben der Geschäftsleitung der Dresdner Bank, sich in den neuen Rahmenbedingungen optimal zu positionieren, diese für die eigenen geschäftlichen Interessen maximal auszunutzen und so alle Chancen für eine möglichst rasche Konsolidierung des Finanzinstituts zu wahren, das 1931/32 dem Bankrott nur dank massiver staatlicher Stützung entronnen war. Hinter diesem ökonomisch rationalen Kalkül stand besondere Dringlichkeit, da die Bank wirtschaftlich stärker in Mitleidenschaft gezogen worden war als die Deutsche Bank und die Commerzbank und sie deshalb eine dauerhafte Schwächung ihrer Marktposition befürchten musste.

Für die Entwicklung der Dresdner Bank zwischen 1933 und 1945, die im vorliegenden Band auf der Basis der Studien von Johannes Bähr, Harald Wixforth und Dieter Ziegler aus mehr zeitgeschichtlicher Perspektive nachgezeichnet wurde, war es von erheblicher Bedeutung, dass es Hitlers Umgebung frühzeitig gelang, im Vorstand des vorübergehend reichseigenen Instituts zwei ausgesprochen regimenahe Bankiers zu platzieren, die ihre politischen Sonderbeziehungen zur Spitze der Machtblöcke Hermann Görings und Heinrich Himmlers dank der hochgradig personalisierten Einflussstrukturen des Führerstaats massiv zum wirtschaftlichen Vorteil ihres Hauses einsetzen konnten. Namentlich in der gezielt geknüpften Verbindung zu rüstungs- und kriegswirtschaftlichen Unternehmen staatlichen oder halbstaatlichen Charakters, bei ihrer Expansion in Österreich, im Sudetenland sowie im Protektorat Böhmen und Mähren schlug dieser Sonderbonus zu Buche. Die keineswegs nationalsozialistisch beherrschte Geschäftsleitung unter dem bis in die zweite Kriegshälfte hinein dominierenden nichtnationalsozialistischen Ausnahmebankier Carl Goetz wusste dieses strategische Potenzial zu nutzen und begrüßte den damit erzielten betriebswirtschaftlichen Zugewinn sehr. Damit konnte sie den Abstand zum Branchenprimus Deutsche Bank insgesamt zwar nicht verringern, eine noch weitere Distanzierung jedoch verhindern, mit der bei der viel schlechteren Ausgangslage der Dresdner Bank an sich zu rechnen gewesen wäre. Da die Ertragschancen der Aktienfilialbanken insgesamt aber auch im Dritten Reich stärker von der allgemeinen Marktentwicklung und der gewachsenen eigenen Marktposition als von ihrer Nähe zum NS-Regime abhingen, schlug sich der ökonomische Ertrag ihrer politischen Protektion und Kollaboration in ihren Bilanzen zwar nieder, gewann letztlich aber nicht ausschlaggebenden Stellenwert.

Die von der Dresdner Bank bereits zwei, drei Jahre nach dem Machtantritt Hitlers energisch forcierte Regimenähe beruhte auf einer ökonomisch rationalen Erwartungsbildung und Entscheidungsfindung. Ihre politische Sonderbeziehung versprach nicht nur kurzfristige Gewinne, sondern eröffnete auch die Aussicht auf eine längerfristig herausgehobene Position in einem mutmaßlich bald nationalsozialistisch beherrschten Europa. Je enger die Geschäftsleitung der Bank ihr Verhältnis zu den mit enormer Gratifikationsmacht ausgestatteten Staats- und Parteistellen gestaltete, je mehr sie das Vertrauen der Regimespitzen gewann, je größere Gewogenheit sie dort nicht bloß durch konforme Bekundigungen, sondern mit abrechenbaren Dienstleistungen erzeugte – und hier war die Dresdner Bank ihren Hauptkonkurrentinnen voraus –, desto freundlicher, so ihr Kalkül, würde die Zukunftsperspektive in einem System sein können, in dem sich bürokratisch-institutionelles Entscheidungsverhalten zunehmend zugunsten eines politischen Klientelismus verflüchtigte.

Noch vor Kriegsbeginn war die Dresdner Bank über ihren Draht zu nationalsozialistischen Spitzenfunktionären zum bevorzugten Partner der tonangebenden Vierjahresplanbehörde und zur Vertrauensbank der SS geworden. Beide Machtblöcke, namentlich den mit ihrer Hilfe expandierenden Montankoloss der Reichswerke Hermann Göring, unterstützte sie in ihrer Entfaltung unmittelbar. Da die Nähe zum NS-Regime eine ökonomisch rationale Geschäftsstrategie war, war eine Mittäterschaft bei dessen Verbrechen vorgezeichnet. Bei einem Teil des Leitungspersonals bestand mindestens in den mittleren Jahren des Dritten Reichs zudem ein beträchtlicher weltanschaulicher Gleichklang, der die Kooperation erleichterte. So gut wie nie musste sich die Dresdner Bank ihre ausgeprägte Regimenähe mit finanziellen Gefälligkeitsleistungen erkaufen, fast immer konnte sie die betriebswirtschaftliche Rationalität ihrer geschäftlichen Entscheidungen wahren. In dem breit diversifizierten Routine- und Massengeschäft, das die Bilanzen vor allem bestimmte, unterschied sich ihr Geschäftsgebaren kaum von dem anderer Aktienfilialbanken. Für die Vermutung, die Deutsche Bank, von der wir weniger wissen, sei damals weniger gewinn- und expansionsorientiert gewesen als ihre Rivalin, finden sich einstweilen keine Anhaltspunkte, einige dagegen für deren Bestreben, von den Staats- und Parteistellen, einschließlich der SS, ähnlich bevorzugt behandelt zu werden wie die Dresdner Bank.

Das Vertrauen höchster NS-Funktionäre war ein Sonderkapital der Dresdner Bank, häufig wurde es zu beiderseitigem Nutzen eingesetzt. Doch obgleich man (wie in Österreich oder der Tschechoslowakei) mit den nationalsozialistischen Funktionären am selben Strang zog, ließ sich darauf keine dauerhafte Allianz gründen, wie die Dresdner Bank, jedenfalls die nationalsozialistischen Aktivisten in ihrer Geschäftsleitung, in den Zeiten euphorischer Landnahme und engster Komplizenschaft offenbar annahm. Dazu waren die regimeinternen Machtverschiebungen (etwa der Abstieg des allmächtigen Wirtschaftsdiktators Hermann Göring) nicht nur viel zu unkalkulierbar, sondern auch die beiderseitigen Interessenlagen zu unterschiedlich. Denn auf Regimeseite standen in dieser asymmetrischen Symbiose allgemeinverbindliche, aber höchst veränderliche politische Ziele und Zwecke im Vordergrund, auf Unternehmensseite das konstante Motiv der eigenen ökonomischen Nutzenmaximierung. Das brachte es mit sich, dass sich, wie mit der SS, mal eine stabile geschäftliche Dauerbeziehung entwickelte, sich die Vierjahresplanbehörde die Dresdner Bank mal als Werkzeug zunutze machte wie im Sudetenland und im Protektorat Böhmen und Mähren, ihr aus besatzungsstrategischen Erwägungen mal das Nachsehen gab wie in Belgien, sie gewissermaßen im Stich ließ wie in Oberschlesien oder sie in der Ukraine ebenso wie alle anderen Privatbanken ganz ausschaltete. Auch deswegen wuchsen die Bäume der Dresdner Bank zur Genugtuung der Konkurrenz, die der imperialistischen Vision eines deutsch beherrschten europäischen Wirtschaftsraums oft nicht weniger beflügelt anhing, im Dritten Reich nicht in den Himmel.

So wie das öffentliche Klima in Deutschland angesichts des unwiderstehlich erscheinenden Erfolgskurses Hitlers beschaffen war und wie die Dinge bis 1942/43 (als die Nähe zu dem vielleicht doch nicht siegreichen Regime zu erodieren begann) lagen, bedurfte es in Bankkreisen ebenso wie in anderen gesellschaftlichen Milieus und Institutionen keiner besonderen Gabe zur Selbstüberredung, um sich in seiner Tätigkeit als Spitzenbankier zugleich im Dienste einer nationalen Sache zu wähnen, die von der Sache der Nationalsozialisten oftmals nicht leicht scheidbar war, und sich dabei einer Gangart zu befleißigen, die einige Jahre zuvor noch als unkollegial, unmoralisch oder sogar verbrecherisch gegolten hätte. Bei dem moralischen Versagen vieler Wirtschaftseliten stand nicht allein internalisierte ökonomische Rationalität, sondern, in ihrem temporären Gleichklang mit einem hoch ideologisierten Regime, auch politische Irrationalität Pate. Das Bewusstsein für die ethischen Grenzen wirtschaftlichen Handelns war keineswegs abhanden gekommen, aber betäubt. Auch die Männer in den Vorstandsetagen der Dresdner Bank und der zahlreich neu hinzugewonnenen Auslandstöchter waren zu sehr Geschäftsleute, um sich dieser Grenzen während des Wiederaufstiegs ihres Hauses nach der Krise von 1931/32 allzu deutlich erinnern zu wollen. Offensichtlich wäre die Erwartung des heutigen Betrachters jenseits des damaligen Verhaltenskontextes angesiedelt, verantwortliche und wohlinformierte Bankiers, die sich über den verbrecherischen Charakter des Regimes nicht hinwegtäuschen konnten, hätten bei einigen Engagements zweifelhafter Natur bewusst gegen den Impuls ihrer ökonomischen Rationalität handeln sollen – und nicht erst dann, wie es ein Direktor der Dresdner Bank bei einem Kreditantrag tat, wenn man blutbefleckte Kleidungsstücke mit Durchschusslöchern vor sich sah.

In der Tendenz beobachten wir die rasche Erosion professioneller Normen und moralischer Standards in der Wirtschaft überall, weil alle Unternehmen in demselben Spannungsfeld von ökonomischer Rationalität, Regimenähe und Mittäterschaft arbeiteten. Bei der Dresdner Bank führte diese Enthemmung aufgrund ihrer ökonomischen Situation, ihrer personellen Voraussetzungen und ihrer politischen Möglichkeiten jedoch besonders weit: zu einer frühen Kaltschnäuzigkeit im Umgang mit jüdischen Geschäftspartnern und Mitarbeitern (die eine gezielte Einschaltung von Polizei und Gestapo in womöglich mehr als einem Falle nicht scheute) sowie zur Mitwirkung an der polizeilichen Lösegelderpressung von auswanderungswilligen „Nichtariern“ in den Niederlanden; zu einem mitunter besonders aggressiven Vorgehen bei der „Arisierung“, die insgesamt allerdings kein sonderlich profitables Geschäft war; zu engstem Schulterschluss mit der nationalsozialistischen Wirtschaftsbürokratie bei der „Germanisierung“ des bedeutenden tschechoslowakischen Rüstungs- und Rohstoffpotenzials, welcher den Kriegskurs Hitlers direkt förderte und bei dem es sogar zum eigeninitiativen Bruch des Bankgeheimnisses kam, der allen, die in dem Unternehmen daran mitwirkten, vor Augen führte, dass es die Geschäftsleitung selbst war, die sich jetzt über einst geheiligte Grundsätze des „Bankenanstands“ hinwegsetzte; aus ihrer besonderen Regimenähe entwickelte die Dresdner Bank ferner vertrauensvolle und bis zum Schluss stabile Geschäftsbeziehungen mit der Sklavenhalterwirtschaft der SS, deren Austreibungs- und Umsiedlungsstellen in Ostmitteleuropa sowie mit ihren Führungs- und Terrororganen, welche die finanzielle und regimeinterne Manövrierfähigkeit des „Schwarzen Ordens“ erweiterten; ferner führte ihre professionelle Enthemmung zur Stellung als führendem Finanzdienstleister der obersten Besatzungs- und Ausbeutungsorgane im unterjochten Polen und schließlich zu einer in Holland und im Generalgouvernement gezielt angebahnten Komplizenschaft mit den Exekutoren des Judenmords. Vertiefte Nachdenklichkeit oder eine

Kurskorrektur lösten diese in der Logik der eigenen Geschäftsstrategie liegenden Aktivitäten nicht aus. Die (von der Deutschen Bank genauso betriebenen) Geschäfte mit Raubgold und „Opfergold" lassen sich dagegen ebenso wenig auf die besondere Regimenähe der Bank zurückführen wie die von Johannes Bähr und Harald Wixforth entdeckte Tatsache, dass die beiden Zwillings-Gaskammern in Auschwitz-Birkenau zwischen August 1942 und Juni 1943 von einer Baufirma errichtet wurden, die seit langem unter dem maßgeblichen Einfluss der Dresdner Bank stand.

Nicht in erster Linie darin, dass selbstverständlich auch sie in die Finanzierung der Rüstungs- und Kriegswirtschaft, in quasi-hoheitliche offene und geheime Aufträge des Deutschen Reichs oder in die arbeitsteilige Judenverfolgung eingebunden war, liegt die besondere historische Verantwortung der Dresdner Bank, sondern in ihrer keineswegs auf das Fehlverhalten einzelner Manager zurückzuführenden Mittäterschaft im ideologischen Kernbereich nationalsozialistischer Politik. Begreift man ökonomische Rationalität, Regimenähe und Mittäterschaft nicht als alternative, sondern eng miteinander verquickte Handlungsmuster, so wird deutlich, wie leicht ganz normales Wirtschaftshandeln in einer moralisch, politisch und ökonomisch außer Rand und Band geratenen Weltanschauungsdiktatur zu ethisch inakzeptablem Verhalten und schwerer historischer Schuld führt.

Über 50 Jahre lang hat sich die Dresdner Bank nicht für die Tatsachen interessiert, die Johannes Bähr, Harald Wixforth und Dieter Ziegler in siebenjähriger Forschungsarbeit zutage gefördert haben. Doch als ihr Vorstand im Herbst 1997 unter dem Druck der Öffentlichkeit erkannte, dass fortgesetzte Indifferenz gegenüber dem eigenen Verhalten im Nationalsozialismus mehr geschäftlichen Schaden als Nutzen zu stiften begann, wandte er sich mit der Bitte an den Herausgeber und Inhaber des Lehrstuhls für Zeitgeschichte der Technischen Universität Dresden, die Erarbeitung der vorliegenden Geschichte der Dresdner Bank im Dritten Reich auf den Weg zu bringen. Dabei wurde rasch deutlich, dass die historischen Quellen viel zu reichhaltig, das Thema Nationalsozialismus und „Finanzkapitalismus" selbst an einem einzigen Beispiel viel zu komplex und das Recht der Geschichtswissenschaft und der Öffentlichkeit auf Aufklärung zu gut begründet war, als dass es mit der ursprünglich erbetenen schmalen Monographie sein Bewenden haben konnte. Gerade weil es dem Auftraggeber nicht immer leicht fiel, war es für uns ein ermutigendes Zeichen aufgeklärter Unternehmenskultur, dass er über den ursprünglich vereinbarten Rahmen hinaus ein immer tieferes Eindringen des Forschungsteams in eine oft genug irritierende, mitunter schockierende Vergangenheit zuließ – und finanzierte. Damit hat die Bank in respektabler Weise den Weg auf die Höhe der in unserem Lande mittlerweile erreichten Erinnerungskultur gefunden.

Literaturverzeichnis

Aalders, Gerald, Geraubt! Die Enteignung des jüdischen Besitzes im Zweiten Weltkrieg, Köln 2000.

Abelshauser, Werner/Hesse, Jan-Otmar/Plumpe, Werner (Hg.), Wirtschaftsordnung, Staat und Unternehmen. Neue Forschungen zur Wirtschaftsgeschichte des Nationalsozialismus. Festschrift für Dietmar Petzina zum 65. Geburtstag, Essen 2003.

Ahlheim, Hannah, Die Commerzbank und die Einziehung jüdischen Vermögens, in: Herbst/Weihe (Hg.), Die Commerzbank und die Juden, S. 138–172.

Ahrens, Ralf, Der Exempelkandidat. Die Dresdner Bank und der Nürnberger Prozess gegen Karl Rasche, in: VfZ 52 (2004), S. 637–670.

ders., unter Mitarbeit von Köhler, Ingo/Wixforth, Harald/Ziegler, Dieter, Die Dresdner Bank in Mithaftung. Konsequenzen der NS-Zeit 1945–1957, München 2006 (i.E.).

„Arisierung" im Nationalsozialismus. Volksgemeinschaft, Raub und Gedächtnis, hg. im Auftrag des Fritz Bauer Instituts von Wojak, Irmtrud und Hayes, Peter, Frankfurt/Main 2000.

Bähr, Johannes, „Bankenrationalisierung" und Großbankenfrage. Der Konflikt um die Ordnung des deutschen Kreditgewerbes während des Zweiten Weltkrieges, in: Wixforth (Hg.), Finanzinstitutionen, S. 71–94.

ders., Der Goldhandel der Dresdner Bank im Zweiten Weltkrieg, Leipzig 1999.

ders./Banken, Ralf (Hg.), Ausbeutung durch Recht? Einleitende Bemerkungen zum Einsatz des Wirtschaftsrechts in der deutschen Besatzungspolitik 1939–1945, in: dies. (Hg.), Europa, S. 1–29.

dies. (Hg.), Das Europa des „Dritten Reichs". Recht, Wirtschaft, Besatzung, Frankfurt/Main 2005.

Bajohr, Frank, „Arisierung" als gesellschaftlicher Prozess. Verhalten, Strategien und Handlungsspielräume jüdischer Eigentümer und „arischer" Erwerber, in: „Arisierung", S. 15–30.

Banken, Ralf, Kurzfristiger Boom oder langfristiger Forschungsschwerpunkt? Die neuere deutsche Unternehmensgeschichte und die Zeit des Nationalsozialismus, in: GWU 56 (2005), S. 183–196.

Barkai, Avraham, Das Wirtschaftssystem des Nationalsozialismus: Ideologie, Theorie, Politik 1933–1945, Frankfurt/Main 1988.

ders., Die „stillen Teilhaber" des NS-Regimes, in: Gall/Pohl (Hg.), Unternehmen im Nationalsozialismus, S. 117–120.

ders., Vom Boykott zur „Entjudung". Der wirtschaftliche Existenzkampf der Juden im „Dritten Reich", Frankfurt/Main 1987.

Benz, Wolfgang/Buchheim, Hans/Mommsen, Hans (Hg.), Der Nationalsozialismus. Studien zur Ideologie und Herrschaft. Hermann Graml zum 65. Geburtstag, Franfurt/Main 1993.

Berg, Nicolas, Lesarten des Judenmords, in: Herbert (Hg.), Wandlungsprozesse, S. 91–139.

Berghahn, Volker, Big Business in the Third Reich, in: European History Quaterly 21 (1991), S. 97–108.

ders., Writing the History of Business in the Third Reich: Past Achievements and Future Directions, in: Nicosia/Huener (Hg.), Business and Industry, S. 129–148.

Berghoff, Hartmut, Moderne Unternehmensgeschichte. Eine themen- und theorieorientierte Einführung, Paderborn 2004.

Bracher, Karl Dietrich, Die deutsche Diktatur. Entstehung, Struktur, Folgen des Nationalsozialismus, Köln 1969.

Brandes, Detlef, Die Tschechen unter deutschem Protektorat, München 1969.

Brendel, Gregor, Zur Macht der Banken in Deutschland. Eine empirisch-historische Untersuchung, Münster 2001.

Broszat, Martin, Nationalsozialistische Polenpolitik 1939–1945, Stuttgart 1961.

ders. und Schwabe, Klaus, in Verbindung mit Herbst, Ludolf/Hürten, Heinz/Krüger, Peter/Müller, Klaus-Jürgen und Volkmann, Hans-Erich (Hg.), Die deutschen Eliten und der Weg in den Zweiten Weltkrieg, München 1989.

Browning, Christopher, Die Entfesselung der „Endlösung". Nationalsozialistische Judenpolitik 1939–1942, München 2003.

Buchheim, Christoph, Die besetzten Länder im Dienste der deutschen Kriegswirtschaft während des Zweiten Weltkriegs. Ein Bericht der Forschungsstelle für Wehrwirtschaft, in: VfZ 34 (1986), S. 117–145.

ders., Unternehmen in Deutschland und NS-Regime 1933–1945. Versuch einer Synthese, Manuskript (erscheint in der HZ).

ders., Zur Natur des Wirtschaftsaufschwungs in der NS-Zeit, in: ders./Hutter/James (Hg.), Zerrissene Zwischenkriegszeit, S. 97–119.

ders./Hutter, Michael/James, Harold (Hg.), Zerrissene Zwischenkriegszeit. Wirtschaftshistorische Beiträge. Knut Borchardt zum 65. Geburtstag, Baden-Baden 1994.

Budraß, Lutz, Flugzeugindustrie und Luftrüstung in Deutschland 1918–1945, Düsseldorf 1998.

Die Tagebücher von Joseph Goebbels, hg. von Elke Fröhlich, Teil 1, Aufzeichnungen 1923–1941, Bd. 4, München 2000.

Dreyfus, Jean-Marc, Pillages sur ordonnances: aryanisation et restitution des banques en France, Paris 2003.

Erker, Paul, „A new business history"? Neuere Ansätze und Entwicklungen in der Unternehmensgeschichte, in: Archiv für Sozialgeschichte 42 (2002), S. 557–604.

ders., Einleitung: Industrie-Eliten im 20. Jahrhundert, in: ders./Pierenkemper (Hg.), Deutsche Unternehmer, S. 217–290.

ders., Industrie-Eliten in der NS-Zeit. Anpassungsbereitschaft und Eigeninteresse von Unternehmern in der Rüstungs- und Kriegswirtschaft, Passau 1993.

ders./Pierenkemper, Toni (Hg.), Deutsche Unternehmer zwischen Kriegswirtschaft und Wiederaufbau. Studien zur Erfahrungsbildung von Industrie-Eliten, München 1999.

Feldman, Gerald D., Der Bankier Hermann Josef Abs aus Sicht des 21. Jahrhunderts: Überlegungen zu Lothar Galls Biographie (Manuskript).

ders., Die Allianz und die deutsche Versicherungswirtschaft 1933–1945, München 2001.

ders., Die Deutsche Bank vom Ersten Weltkrieg bis zur Weltwirtschaftskrise, in: Gall/Feldman/James/Holtfrerich/Büschgen, Deutsche Bank, S. 137–314.

ders., Financial Institutions in Nazi Germany: Reluctant or Willing Collaborators?, in: Nicosia/Huener (Hg.), Business and Industry, S. 15–42.

ders., Holocaust Assets and German Business History: Beginning or End?, in: German Studies Review 25 (2002), S. 23–34.

ders., The Creditanstalt-Wiener Bankverein in the National Socialist Period, 1938–1945 (Website Publikation: http://www.histcom.at).

ders., The Länderbank Wien AG in the National Socialist Period (Website Publikation: http://www.histcom.at).

ders., „Wer spinnt?", in: German Politics and Society 20 (2002), S. 40–45.

Fischer, Albert, Hjalmar Schacht und Deutschlands „Judenfrage". Der „Wirtschaftsdiktator" und die Vertreibung der Juden aus der deutschen Wirtschaft, Köln 1995.

Fischer, Wolfram, Die Wirtschaftspolitik des Nationalsozialismus, Hannover 1961.

Friedländer, Saul, Das Dritte Reich und die Juden, Bd. 1, München 1998.

Gall, Lothar, Der Bankier Hermann Josef Abs. Eine Biographie, München 2004.

ders./Feldman, Gerald D./James, Harold/Holtfrerich, Carl-Ludwig/Büschgen, Hans E., Die Deutsche Bank 1870–1995, München 1995.
ders./Pohl, Manfred (Hg.), Unternehmen im Nationalsozialismus, München 1998.
Gehrig, Astrid, Nationalsozialistische Rüstungspolitik und unternehmerischer Entscheidungsspielraum. Vergleichende Fallstudien zur württembergischen Maschinenbauindustrie, München 1996.
Hayes, Peter, Die Degussa im Dritten Reich. Von der Zusammenarbeit zur Mittäterschaft, München 2004.
ders., Industry and Ideology. I.G.-Farben in the Nazi era, Cambridge 1987.
Heinemann, Isabel, „Rasse, Siedlung, Deutsches Blut". Das Rasse- und Siedlungshauptamt der SS und die rassenpolitische Neuordnung Europas, Göttingen 2003.
Hellmich, Simon Niklas, Großbanken und Sparkassen aus der Sicht der nationalsozialistischen Wirtschafts- und Soziallehren, in: Wixforth (Hg.), Finanzinstitutionen, S. 17–41.
Henke, Klaus-Dietmar, Die amerikanische Besetzung Deutschlands, München 1995.
Herbert, Ulrich (Hg.), Nationalsozialistische Vernichtungspolitik 1939–1945. Neue Forschungen und Kontroversen, Frankfurt/Main 1998.
ders. (Hg.), Wandlungsprozesse in Westdeutschland. Belastung, Integration, Liberalisierung 1945–1980, Göttingen 2002.
Herbst, Ludolf, Banker in einem prekären Geschäft: Die Beteiligung der Commerzbank an der Vernichtung der jüdischen Gewerbetätigkeit im Altreich (1933–1940), in: ders./Weihe (Hg.), Die Commerzbank und die Juden, S. 74–137.
ders., Der Krieg und die Unternehmensstrategie deutscher Industrie-Konzerne in der Zwischenkriegszeit, in: Broszat/Schwabe (Hg.), Eliten, S. 72–134.
ders., Der Totale Krieg und die Ordnung der Wirtschaft. Kriegswirtschaft im Spannungsfeld von Politik, Ideologie und Propaganda 1939–1945, Stuttgart 1982.
ders., Die nationalsozialistische Wirtschaftspolitik im internationalen Vergleich, in: Benz/Buchheim/Mommsen (Hg.), Nationalsozialismus, S. 153–176.
ders./Weihe, Thomas (Hg.), Die Commerzbank und die Juden 1933–1945, München 2004.
Hilberg, Raul, Die Vernichtung der europäischen Juden, Frankfurt/Main 1990.
Holtfrerich, Carl-Ludwig, Die Banken aus makroökonomischer Sicht, in: Gall/Pohl (Hg.), Unternehmen im Nationalsozialismus, S. 37–40.
Jabloner, Clemens u. a. (Hg.), Schlussbericht der Historikerkommission der Republik Österreich. Vermögensentzug während der NS-Zeit sowie Rückstellungen und Entschädigungen seit 1945 in Österreich, München 2003.
James, Harold, Banks and Business Politics in Nazi Germany, in: Nicosia/Huener (Hg.), Business and Industry, S. 43–65.
ders., Die Deutsche Bank im Dritten Reich, München 2003.
ders., Die Deutsche Bank und die „Arisierung", München 2001.
ders., Die Deutsche Bank und die Diktatur 1933–1945, in: Gall/Feldman/James/Holtfrerich/Büschgen, Deutsche Bank, S. 315–408.
ders., Verbandspolitik im Nationalsozialismus. Von der Interessenvertretung zur Wirtschaftsgruppe: Der Centralverband des Deutschen Bank- und Bankiergewerbes 1932–1945, München 2001.
Jančik, Drahomír, Die „Arisierungsaktivitäten" der Böhmischen Escompte Bank im Protektorat Böhmen und Mähren 1939–1945, in: Ziegler (Hg.), Banken und „Arisierungen", S. 143–173.
Jansen, Christian/Niethammer, Lutz/Weisbrod, Bernd (Hg.), Von der Aufgabe der Freiheit. Politische Verantwortung und bürgerliche Gesellschaft im 19. und 20. Jahrhundert. Festschrift für Hans Mommsen zum 5. November 1995, Berlin 1995.
Kehrl, Hans, Krisenmanager im Dritten Reich. 6 Jahre Frieden – 6 Jahre Krieg. Erinnerungen, Düsseldorf 1973.
Kershaw, Ian, Der NS-Staat. Geschichtsinterpretationen und Kontroversen im Überblick, Reinbek 1994.

ders., Hitler 1889–1936, Stuttgart 1998.

Kopper, Christopher, „Effizienz" der ideologischen Postulate in der Ökonomie, in: Gall/Pohl (Hg.), Unternehmen im Nationalsozialismus, S. 41–44.

ders., Zwischen Marktwirtschaft und Dirigismus. Bankenpolitik im „Dritten Reich" 1933–1939, Bonn 1995.

Kreutzmüller, Christoph/Kučera, Jaroslav, Die Commerzbank in den böhmischen Ländern und in den Niederlanden, in: Herbst/Weihe (Hg.), Die Commerzbank und die Juden, S. 173–221.

Lepsius, Rainer M., Plädoyer für eine Soziologisierung der beiden deutschen Diktaturen, in: Jansen/Niethammer/Weisbrod (Hg.), Von der Aufgabe der Freiheit, S. 609–615.

Les biens des victimes des persécutions anti-juives en Belgique. Spoliation-Rétablissement des droits-Résultats de la Commissions d'Étude. Rapport finale de la Commission d'Étude sur le sort des biens de membres de la Communauté juive en Belgique spoliés ou délaissés pendant al guerre 1940–1945, Brüssel 2001.

Loose, Ingo, Die Beteiligung deutscher Kreditinstitute an der Vernichtung der ökonomischen Existenz der Juden in Polen 1939–1945, in: Herbst/Weihe (Hg.), Die Commerzbank und die Juden, S. 223–270.

ders., Die Commerzbank und das Konzentrations- und Vernichtungslager Auschwitz-Birkenau, in: Herbst/Weihe (Hg.), Die Commerzbank und die Juden, S. 272–309.

ders., Die deutschen Kreditinstitute und die Ausraubung Polens 1939–1945, (Diss.) Berlin 2005.

Lorentz, Bernhard, Die Commerzbank und die „Arisierung" im Altreich. Ein Vergleich der Netzwerkstrukturen und Handlungsspielräume von Großbanken in der NS-Zeit, in: VfZ 50 (2002), S. 237–268.

ders./Erker, Paul, Chemie und Politik. Die Geschichte der Chemischen Werke Hüls 1938–1979. Eine Studie zum Problem der Corporate Governance, München 2003.

Madajczyk, Czesław, Die Okkupationspolitik Nazi-Deutschlands in Polen 1939–1945, Berlin 1987.

Meyen, Hans G., 120 Jahre Dresdner Bank, Frankfurt/Main 1992.

Mollin, Gerhard Thomas, Montankonzerne und „Drittes Reich". Der Gegensatz zwischen Monopolindustrie und Befehlswirtschaft in der deutschen Rüstung und Expansion 1936–1944, Göttingen 1988.

Mommsen, Hans, Der Ausnahmezustand als Herrschaftstechnik des NS-Regimes, in: ders., Von Weimar nach Auschwitz, S. 248–267.

ders., Die Realisierung des Utopischen: Die „Endlösung der Judenfrage" im „Dritten Reich", in: GuG 9 (1983), S. 381–420.

ders., Erfahrungen mit der Geschichte der Volkswagenwerke GmbH im Dritten Reich, in: Gall/Pohl (Hg.), Unternehmen im Nationalsozialismus, S. 45–54.

ders., Hitlers Stellung im nationalsozialistischen Herrschaftssystem, in: ders., Von Weimar nach Auschwitz, S. 214–247.

ders., Konnten Unternehmer im Nationalsozialismus apolitisch bleiben?, in: Gall/Pohl (Hg.), Unternehmen im Nationalsozialismus, S. 69–72.

ders., Manfred Grieger, Das Volkswagenwerk und seine Arbeiter im Dritten Reich, Düsseldorf 1996.

ders., Von Weimar nach Auschwitz. Zur Geschichte Deutschlands in der Weltkriegsepoche. Ausgewählte Aufsätze, Stuttgart 1999.

Müller, Rolf-Dieter, Der Manager der Kriegswirtschaft. Hans Kehrl: Ein Unternehmer in der Politik des Dritten Reiches, Essen 1999.

ders., Triebkräfte des Krieges oder: Die Suche nach den Ursachen der deutschen Katastrophe, in: Volkmann, Ökonomie und Expansion, S. 1–17.

Musial, Bogdan, Recht und Wirtschaft im besetzten Polen (1939–1945), in: Bähr/Banken (Hg.), Europa, S. 31–57.

Neumann, Franz, Behemoth. Struktur und Praxis des Nationalsozialismus 1933–1944, Frankfurt/Main 1988 (Nachdruck).

Nicosia, Francis R./Huener, Jonathan (Hg.), Business and Industry in Germany, New York 2004.

Ockenfels, Axel, Fairneß, ökonomische Theorie und experimentelle Evidenz, Tübingen 1999.

Office of Military Government of Germany, Ermittlungen gegen die Dresdner Bank (1946), bearbeitet von der Hamburger Stiftung für Sozialgeschichte des 20. Jahrhunderts, Nördlingen 1986.

Osterloh, Jörg, Nationalsozialistische Judenverfolgung im Reichsgau Sudetenland 1938–1945, München 2006.

Overy, Richard J., War and Economy in the Third Reich, Oxford 1994.

ders./Otto, Gerhard/Howink ten Cate, Johannes (Hg.), Die „Neuordnung“ Europas. NS-Wirtschaftspolitik in den besetzten Gebieten, Berlin 1997.

Perrenoud, Marc/Lopez, Rodrigo/Adank, Florian/Baumann, Ian/Cortant, Alain/Peters, Suzanne, La place financière et les banques suisses à l'époque du nationalsocialisme. Les relations des grandes banques avec l'Allemagne (1931–1946), Zürich 2002.

Petzina, Dietmar, Autarkiepolitik im Dritten Reich. Der nationalsozialistische Vierjahresplan, Stuttgart 1968.

Plumpe, Gottfried, Die I.G. Farbenindustrie AG. Wirtschaft, Technik, Politik 1904–1945, Berlin 1990.

Plumpe, Werner, Unternehmen im Nationalsozialismus. Eine Zwischenbilanz, in: Abelshauser/Hesse/Plumpe (Hg.), Wirtschaftsordnung, S. 243–266.

Roth, Karl-Heinz, Einleitung des Bearbeiters, in: Office of Military Government for Germany, Ermittlungen gegen die Dresdner Bank (1946), bearbeitet von der Hamburger Stiftung für Sozialgeschichte des 20. Jahrhunderts, Nördlingen 1986, S. VII-CXXXV.

Schausberger, Norbert, Der Griff nach Österreich: der „Anschluss“, Wien 1988.

Simpson, Christopher (Hg.), War Crimes of the Deutsche Bank and the Dresdner Bank: Office of Military Government (U.S.) Reports, New York 2001.

Spoerer, Mark, Die Automobilindustrie im Dritten Reich: Wachstum um jeden Preis?, in: Gall/Pohl (Hg.), Unternehmen im Nationalsozialismus, S. 61–68.

ders., Von Scheingewinnen zum Rüstungsboom. Die Eigenkapitalrentabilität der deutschen Industrieaktiengesellschaften 1935–1941, Stuttgart 1996.

Steinberg, Jonathan, Die Deutsche Bank und ihre Goldtransaktionen während des Zweiten Weltkrieges, München 1999.

Stiefel, Dieter (Hg.), Die politische Ökonomie des Holocaust. Zur wirtschaftlichen Logik von Verfolgung und „Wiedergutmachung“, Wien 2001.

Teichova, Alice, An Economic Background to Munich. International Business and Czechoslovakia 1918–1938, Cambridge 1974.

dies., Instruments of Economic Control and Exploitation: the German Occupation of Bohemia and Moravia, in: Overy/Otto/Howink ten Cate (Hg.), Die „Neuordnung“ Europas, S. 83–108.

dies., Wirtschaftsgeschichte der Tschechoslowakei, Köln 1988.

Thamer, Hans-Ulrich, Verführung und Gewalt. Deutschland 1933–1945, Berlin 1986.

Turner, Henry A., Unternehmen unterm Hakenkreuz, in: Gall/Pohl (Hg.), Unternehmen im Nationalsozialismus, S. 15–24.

Unabhängige Expertenkommission Schweiz-Zweiter Weltkrieg (Hg.), Die Schweiz und die deutschen Lösegelderpressungen in den besetzten Niederlanden, Beiheft zum Bericht: Die Schweiz und die Flüchtlinge zur Zeit des Nationalsozialismus, Bern 1999.

Volkmann, Hans-Erich, Die Eingliederung der Sudetengebiete und Böhmen-Mährens in das Deutsche Reich, in: ders., Ökonomie und Expansion, S. 183–205.

ders., Die Sowjetunion im ökonomischen Kalkül des Dritten Reiches 1933–1941, in: ders., Ökonomie und Expansion, S. 303–322.

ders., Zum Verhältnis von Großwirtschaft und NS-Regime im Zweiten Weltkrieg, in: ders., Ökonomie und Expansion, S. 75–101.

ders., Ökonomie und Expansion. Grundzüge der NS-Wirtschaftspolitik. Herausgegeben von Bernhard Chiari, München 2003.

Weihe, Thomas, Die Verdrängung jüdischer Mitarbeiter und der Wettbewerb um Kunden im Nationalsozialismus, in: ders./Herbst (Hg.), Die Commerzbank und die Juden, S. 43–73.

Wiesen, Jonathan S., West German Industry and the Challenge of the Nazi Past, Chapel Hill 2001.

Winkler, Heinrich August, Der lange Weg nach Westen. Deutsche Geschichte vom Ende des Alten Reiches bis zum Untergang der Weimarer Republik, München 2000.

Wixforth, Harald, Auftakt zur Ostexpansion. Die Dresdner Bank und die Umgestaltung des Bankwesens im Sudetenland 1938/39, Dresden 2001.

ders., Banken und Lobbyismus in der Weimarer Republik und in der NS-Diktatur, in: Bankenlobbyismus (Bankhistorisches Archiv, Beiheft 44), Stuttgart 2004, S. 31–56.

ders., Die Macht der Banken. Debatten, Untersuchungskonzepte, Ergebnisse (Arbeitspapier Nr. 2/1997 der Gesellschaft für Unternehmensgeschichte), Münster 1997.

ders. (Hg.), Finanzinstitutionen in Mitteleuropa während des Nationalsozialismus, Stuttgart 2001.

Ziegler, Dieter (Hg.), Banken und „Arisierungen" in Mitteleuropa während des Nationalsozialismus, Stuttgart 2001.

ders., Die deutschen Großbanken im „Altreich" 1933–1939, in: Stiefel (Hg.), Holocaust, S. 117–147.

ders., Die Verdrängung der Juden aus der Dresdner Bank 1933–1938, in: VfZ 47 (1999), S. 187–218.